Rügen
Deutschlands Schönste

Andreas Küstermann

ISBN 978-3-86037-361-3

1. Auflage

©2008 Edition Limosa
Agrimedia GmbH
Lüchower Str. 13a
29459 Clenze

Telefon (0 58 44) 97 11 63-0
Telefax (0 58 44) 97 11 63-9
mail@limosa.de
www.limosa.de

Satz und Layout: Zdenko Baticeli, Jana Mengel, Heiko Niemüller
Redaktion: ostSeh redaktionsbureau Andreas Küstermann
Schlussredaktion: Friederike Salfeld

Gedruckt in Deutschland.
Der Inhalt dieses Buches ist auf säurefreiem, alterungsbeständigem Papier gedruckt,
hergestellt aus chlorfrei gebleichtem Zellstoff aus FSC-zertifiziertem Holz.

Alle in diesem Buch enthaltenen Angaben, Daten, Ergebnisse usw. wurden nach bestem Wissen erstellt und mit größtmöglicher Sorgfalt überprüft. Dennoch sind inhaltliche Fehler nicht völlig auszuschließen. Daher erfolgen die Angaben und Hinweise ohne jegliche Verpflichtung oder Garantie des Verlages, des Herausgebers oder der Autoren. Diese übernehmen deshalb keinerlei Verantwortung für etwa vorhandene Unrichtigkeiten.

Das Werk einschließlich aller seiner Teile ist urheberrechtlich geschützt. Jede Verwertung außerhalb der engen Grenzen des Urheberrechtsgesetzes ist ohne Zustimmung des Verlages unzulässig und strafbar. Das gilt besonders für Vervielfältigungen, Übersetzungen, Mikroverfilmungen und Einspeicherung und Verarbeitung in elektronischen Systemen.

Andreas Küstermann

RÜGEN

Deutschlands Schönste

Vorwort

»Drum Leut', haltet zusammen. Muss jeder etwas Extras haben? Nutzt nur dem Feind! Drum Leut' haltet zusammen!« So ähnlich druckte ein Naturwarenhersteller den Aufruf zur Solidarität vor langen Jahren auf seine Etiketten. Das hat mich beeindruckt.

In diesem Buch kommen Insulaner manchmal eher zufällig zweimal vor. Menschen begegnen sich oft mehrmals. Was sie wissen, geben viele gerne weiter. Also begegnen wir uns doch gleich so, dass das gemeinsame Potenzial Lust macht, die Begegnung ein drittes, viertes Mal zu wiederholen. Wir sind auf unserer Insel noch zu wenige, die zusammenhalten und etwas bewirken wollen und können.

Es muss aber noch vieles bewegt werden. Dass einzelne Ideengeber auf Rügen Dinge voranbringen, ist nicht immer offensichtlich. Diese Menschen wirken durch ihr Tun. Das Ziel dieses Buches ist es, auch einen Zugang zu diesem nicht Offenkundigen zu schaffen. Zu diesem prägenden, jedoch nicht so präsenten Rügen. Zu Regionen und Menschen, die all ihr Tun nicht so plakativ profilieren.

Dennoch nehmen sie eine wichtige Funktion wahr: Bei ihnen befinden sich die Freiräume, nach denen unsere Gäste aus den Bettenhochburgen der Insel suchen. Alle kulturelle Aktivität ist daher auch Wirtschaft. Wollen wir die Gäste den Tag über behalten, müssen wir etwas (an-)bieten. Mehr als das Erwartete an kulturellen Angeboten, an Kunsthandwerk, an besonderen Plätzen...

Und keinesfalls alljährlich weniger Natur, die unsere Gäste hier vorfinden. Es ist nicht allein »unsere« Insel, so lange wir mit zahlreichen Gästen davon leben. Zwar ist sie der Lebensraum derer, die sich hier ernähren und den Tag gestalten, aber auch derer, die hier ihre freie Zeit verbringen. Und die ihre für diese Zeit gesparten Urlaubsbudgets hier anlegen... Dafür sollten wir die Insel zusammenhalten.

Spannende Lektüre wünscht Ihnen

Andreas Küstermann

Grußwort

Ganz Rügen in einem einzigen Buch – da es hier um Deutschlands größte Insel geht, kein ganz einfaches Unterfangen. Denn keine Region der Insel gleicht der anderen: Die unterschiedlichsten Kultur- und Freizeitangebote, historische Spuren allerorten und architektonische Kleinode dürften so manchen Reisenden noch immer überraschen. Einige der schönsten Seiten einer faszinierenden Insel konnten in Text und Bild dennoch auf Papier gebannt werden – eine spannende Momentaufnahme. Denn Rügen ist ein Reiseziel »im ständigen Wandel«. Mit neuen Buchungswegen, veränderten Erwartungen der Gäste und einer sich stetig wandelnden Marktsituation hat es auch Rügen zu tun – und als Urlaubsdestination in wenigen Jahren große

Sprünge gemacht: Die touristische Infrastruktur entwickelt sich kontinuierlich weiter und ist auf dem besten Weg zur Vollendung. Bei all diesen Veränderungen hat Rügen seinen natürlichen Charme, seine landschaftlichen Reize bewahren können. Mit diesem Buch, so hoffen wir, ist es gelungen, auf charmante, unterhaltsame und informative Weise ein farbenfrohes Bild einer faszinierenden Insel zu zeichnen. Wir wünschen uns, dass es den Blick des Lesers schärft, dass es dem Betrachter bekannte Perspektiven neu eröffnet und ihn ermuntert, zu entdecken, was er vorher noch nicht kannte...

Ralf Hots-Thomas,
Geschäftsführer der Tourismuszentrale Rügen

Grußwort

Sie halten ein aktuelles Rügen-Buch in der Hand, verehrte Leser.

Doch seine Wurzeln reichen weit – es steht in einer langen, knapp 120jährigen Traditionslinie bis hin zu dem Altenkirchener Pfarrer und Sänger Gotthard Ludwig Kosegarten. Es war eine Zeit, als vom Geist der Romantik und nationaler Aufbruchstimmung bewegte junge Männer ihre Blicke und Schritte auch gen Norden wandten und in der stillen wie wildbewegten Landschaft am Rande des Baltischen Meeres zur Natur und zu Gott, zu Heimat, Vaterland und wohl auch zu sich selbst fanden. Davon künden bis heute ihre empfindsame Lyrik und erstaunliche Reisebücher.

Der freischaffende Journalist Andreas Küstermann ist Hauptautor und Herausgeber dieses neuen Buches. Wie es sich für einen Journalisten gehört, interessiert ihn alles, geht er ungewöhnliche Wege, stellt Fragen über Fragen, recherchiert, sucht immer wieder nach dem Besonderen, strebt aber auch nicht zwanghaft Vollständigkeit an. Wie in einer bunten Folge fließen seine Orte, Themen, Menschen, Begegnungen und Erlebnisse am Leser vorüber, der durchaus nicht zum Hintereinanderlesen verpflichtet ist. Verschiedene Handschriften tun sich in diesem Sammelwerk auf – Co-Autoren haben das Ihre hinzugegeben. Ein Füllhorn der Informationen und Eindrücke eröffnet sich, ein buntes Rügen-Magazin, gewissermaßen ein Patchwork-Buch.

Da kommt einer wie Andreas Küstermann auf die Insel Rügen und bleibt. Er hat sich in das für einen Fremden unerwartet große, vielgestaltige und solcherart unübersichtliche Ländchen verliebt. Längst hat er seine neue Heimat unzählige Male in alle Richtungen durchquert und mannigfaltige Erkenntnisse und Eindrücke gesammelt. Darüber legt er nun sein Buch vor. Er führt seine Leser zunächst in das weniger bekannte, von der Tourismusliteratur fast unbeachtete flache Land der Felder, Wiesen und Schilfzonen Westrügens. Danach erschließt er ihnen viele weitere Teile der Insel, wobei man nur staunen kann über all' die Plätze, an denen der Berichterstatter Authentisches wie Überraschendes entdeckt. Küstermann hat spannende Stoffe gefunden, die das Ungewöhnliche betreffen, aber auch Alltägliches erheben. Es geht um Existentielles und Beispielhaftes, um Menschen, die aufbrechen, die etwas wagen, leisten, reüssieren oder vielleicht auch scheitern.

Das macht möglicherweise das Neue an diesem Buch aus: Es nimmt nicht Ewigkeit für sich in Anspruch, sondern den jetzigen Tag, ohne auf Historisches zu verzichten. Diese Stunde, dieses Jahr sind ihm wichtig. Später werden sie Geschichte sein. Der Autor hält also den Augenblick, das Vergängliche für die Ewigkeit fest. Die Protagonisten befinden sich in unserem Heute. Da wirkt der Gastronom neben dem Bauern, der Seemann neben dem Baumeister, der Künstler neben dem Hotelier. Menschen über Menschen. Wir lernen Lindemann, Reeckmann und Deutschmann, Nestmann, Nordmann und Schimmelmann kennen, Ohm und Thom, Hick und Huck, EleNa und StefaNo. Natürlich geht es nicht ohne Geschichte, aus der Jaromar, Svanvithe und Störtebeker, Malte zu Putbus, Ernst Moritz Arndt, Philipp Galen und Hans Fallada zu uns herüberlugen.

Die Verschiedenartigkeit der Beiträge schafft – auch in ihrer unterschiedlichen Qualität – eine sehr intensive Sicht, wie es offizielle, schöngeschliffene Textsammlungen oft nicht erreichen. Originelles, Einmaliges, Anderes, auch Nebensächliches tritt einem entgegen. Manche Probleme werden nicht verschwiegen, manches – gebaut auf Hoffnung – wirkt andererseits wieder nivelliert. Vieles hilft dem fremden Leser auf seiner Inseltour, manches ist wohl nur durch den Insider zu entschlüsseln.

Auch sprachlich erleben wir ein ungewohntes Buch. Der journalistische Stil dominiert, er bevorzugt kurze Sequenzen, abrupte Wendungen und verzichtet auf konventionelle Syntax. Das kann lebendig und erfrischend wirken, suggeriert aber zugleich Eile, ja Hektik. Nun, es ist unsere Zeit und oft ihr Ton, ob es uns gefällt oder nicht! Man mag das Punktuelle ebenso als Zeichen für die Unvollkommenheit unseres Wissens über eine Sache annehmen – bekanntlich hat niemand die Wahrheit gepachtet.

Der vor Jahren zugezogene Rügener Andreas Küstermann weiß mehr über diese Insel als viele Rüganer. Er erlaubt sich – zwar nicht immer, aber oft – den »anderen« Blick auf die Region und die Menschen. Küstermann weiß, dass er privilegiert ist, das Vorrecht genießt, von Berufs wegen über Rügen streifen zu dürfen von Arkona bis Zudar. Mit seiner Mobilität und Wissbegier, gestützt auf Recherchen und sein Archiv, steht er in der Tradition zahlreicher berichtender und erzählender Vorgänger. Und so ist er autorisiert, als einer ihrer Nachfolger über die großartige Insel Rügen zu schreiben – seinen Lesern zur Freude!

Karl-Ewald Tietz

Karl-Ewald Tietz
Vorsitzender, Ernst-Moritz-Arndt-Gesellschaft e.V.

Inhalt

Rügen – Wie eine Insel betreten?
Ohne Zweifel – Deutschlands Schönste! 8
Wie eine Insel betreten? 10
Altefähr – Neue Fähren – Brückenort 13
Brückenbau subjektiv erlebt 14
Aussteiger seit 25 Jahren 17
Swingend auf zwei Rädern zum Sonntag der Dreifaltigkeit 18
Ökobauer verliert knappe Ackerfläche 20
Peter Dolacinski – Urvater Rügener Fayencen 21
Gingst ist und bleibt Regionalzentrum 22
Auf alte Bücher werden neue Hoffnungen gesetzt 24
Marktfrieden auf dem Museumshof 26

Westrügen – Wild und ruhig
Kerzen und Hände aus Wachs 28
Ackerbürgerdorf – künstlerisches Profil gefällig? 30
Offene Gärten als Renner 31
Farbenspiel im Abendlicht 32
Fliegerträume – einmal im Jahr 33
Mit Puppen begeistern 34
Liddow – Schon lange Gefühle für Kultur 36

Ummanz – Verkannte Insel
Feuer am Fokker Strom 38
Schöne Haut vom edlen Pferd 40
St. Marien zu Waase 42
Wenn's den Wassersportlern zu wohl wird... 43
Ornithologen verlängern die Saison 44
Die mit dem Kranich lebt 45
Sand- und Tonnenköniginnen 46

Hiddensee – Süßes Ländchen
Was erzählt wird über Hiddensee 48
Seebühne – an nahem Ufer so fern 51
Das Trauma des Vergänglichen 52
Geschichten aus einer anderen Zeit 55

Wittow – Raues Windland
Militarisierung Nordrügens 56
Ein Gottesdienst für die Jagd 59
Der Fotojäger 60
Kein Maulwurf auf Wittow 65
Die Wittower Fähre 66
Schnelle Meister lieben Rügen 67
Kreidebrücke mit morbidem Charme 69
Fallada auf Rügen 70
Dranske – das Ende der Insel? 71
Die Pfarrkirche Altenkirchen 72
Kleinbahn – Ende einer Strecke 73
Unter Türmen, auf Bunkern und Heiligtümern 74
Finden und Entdecken 76

Schaabe – Tor nach Jasmund
Drei Versuche zum geheimen U-Boot-Hafen 78
Vom »Effi« mit Kleckerburgen 82

Jasmund – Quelle und Meer
Markenzeichen Heilkreide mit Tradition 84
Trivialität als Lebenselixier 87
26er-Fischkutter – begehrt bis Afrika 88
Flettner-Röhren als Antrieb 91
1795 – Sagarder Kursaison beginnt 93
Das Gold des Goldbergs: Die Kreide 97
Biotop und Museum am kleinen Königsstuhl 100
Auch Rügen im Klimawandel 101
Das weiße Schloss am Meer 104
Nachhaltige Fischerei 105
Die Spur der Steine 106
Ein Ort am Hang kämpft 108
Die Annemarie des Kpt. Julius Pennes 110
Nationalparkzentrum Königsstuhl 111
Nationalpark auf Rügen 112

Bergen – Im Herzen der Insel
Bergen – die Inselmitte 114
Naherholung und Freizeitpark 116
Kreiskulturhaus Bergen 117
Bergen – einst eine Hafenstadt 120
Die Hängenden Gärten von... Bergen 124
Pflaumenfruchtaufstrich und Keramiknonne 127
Wenn eine Kirche zu feucht ist 130
Golfen und Tauchsport in einem? 134
Störtebeker – ein Pirat macht den Sommer 136

Ostseebad Binz – VIEL MEER FLAIR
Seebrücken haben noch Potenzial 138
Die Lieder des Wizlaw von Rügen 140
Anarchie am »Petit Montmartre« 145
Bäderarchitektur ist Sammelsurium 150
Vertraute Gesichter 152
Der Meister der Schale 154
Bausoldat fordert Gedenken 161
Ohne Dokumentationszentrum geht nichts 165

Lancken-Granitz – Am Fuße des Schlosses
Jagdschloss Granitz 168
Kräuter? Weiß der Geyer! 172

Ostseebad Sellin – Dichter am Horizont
Vom Fischerdorf zum Ostseebad 174
Jeder möchte mit Eisbär 183
Begegnungen in der Provinz 189
Wie wird Essen zum Erlebnis? 192
Selliner schaffen Wintervergnügen 194

Ostseebad Baabe – Vom Fischerdorf zum Badeort
Baabe am Graben des Mönchguts 196
Oldtimer MS Lamara 197

Ostseebad Göhren – Staatlich anerkannter Kneipp-Kurort
Der Stein des Lichts schwimmt oben 202
Wohltätern konträr zu ihrer Zeit 204
Ohne Rauch keine Leistung 206
Tradition selbsterklärend 210

Mönchgut – Eigenwilliger Süden
Tut Kohle Rügen gut? 212
Bäderantisemitismus im 19. und 20. Jahrhundert 214
Mit Raddampfer Freia auf Seebrückentour 216
Fisch allerorten 217

Kirchenviertel mit Museen	218
Das Schöpfwerk Lobbe	219
Hafen Gager nimmt Fahrt auf…	222
Alt Reddevitz	223
Für Höhenflüge in die Zickerschen Berge	224
Schafe auf Trockenrasen	228
Unterrichten in Klein Zicker	231
Rügenmarkt hat Bestand	235
Night-Kite-Riding	235

Putbus – Weiße Residenz

Die Stadt nach Plan	236
Das IT-College Putbus	238
Holzmesse ringt um äußeres Profil	242
Der Roland rast und rast, neuerdings sogar auf sächsisch	244
Putbus – verkappte Kulturhauptstadt	246
Schwimmen und wohnen	248

Garz – Älteste Stadt

Hier taktierte Jaromar	250
Drei Garzer Stolpersteine verändern Rügen	252
Prinzessin Svanvithe – eine Rügener Sage	254
Ernst Moritz Arndt allgegenwärtig	256
Vergessenes Gut Rosengarten	259
Rügen mit seinen Schätzen bewahren	260

Zudar und Südwest – Nahezu vergessen?

Nicht vergessen – Zudar und Südwest	264
Landschaf, vorpommersch, rauhwollig	266
Lernen im Gutsgalopp	268

Rügen – Abgang mit »Wellenbrusen«

Vom Holzfass zur Frühwarntonne	270
Rügen mit eisigem Panzer	272
Das Wasser zeigt uns die Grenzen	274
Orts- und Personenregister	276
Bildquellennachweis	278
Danksagung	278

> Bei den Beiträgen mit grauen Überschriften handelt es sich um (Selbst-)Darstellungen der Protagonisten dieses Buches. Die mit blauen Überschriften versehenen Beiträge sind redaktionelle Darstellungen zu verschiedenen Themen.

Rügen – Wie eine Insel betreten?

Ohne Zweifel – Deutschlands Schönste!

Viele Gründe, Rügen zu lieben

Ohne Zweifel: Rügen ist Deutschlands schönste Insel. Warum? Nun, Schönheit ist eine sehr subjektive Angelegenheit. Schönheit kommt aus dem Empfinden heraus, dem Gefühl. Und wenn die Empfindungen, die Gefühle, vielfältig angesprochen werden, stimmen, kommt Schönheit aus Vielfalt. Alle finden hier ihre Schönheit. In der Addition ergeben sich objektive Fakten. Über eine Million Besucher, sieben Millionen Übernachtungen: Das ist ein Votum mit den Füßen. Und wohin tragen diese ihre Besitzer? Da wird's schwieriger! Hiddensee, beispielsweise, wird von manchen per Schiff via Stralsund angefahren, ohne Rügen zu berühren. Eine Glaubensfrage. Wie zu früheren Zeiten die kleine, süße Insel – das »söte Länneken« – ebenso die Dissidenten anzog. Der Schriftsteller Gerhart Hauptmann (1862–1946) war einer, und Thomas Mann (1875–1955) ebenso. Wenn die Hiddenseer das auch nicht gerne hören: Sie ist Teil Rügens. Und zur großen Insel gehörend, liegt dort ein Teil der Schönheit Rügens.

Zweimal so groß wie Berlin

Der Landkreis Rügen, mit 974 Quadratkilometern knapp unter den Tausend, ist zweimal so groß wie Berlin. Nicht wundern also, wenn die Erkundungstouren vom Kap Arkona bis zum Zudar oder von Westrügen nach Binz, geschweige denn aufs Mönchgut, Kilometer fressen. Kapitän Klaus Wünscher, ein echter sächsischer Seebär auf seinem

*Rügen hat: seine Alleen und
Sorgen damit wegen zunehmenden Verkehrs*

Rügen – Wie eine Insel betreten?

Rügen hat: Landschaften mit Türmen

Rügen hat: maritim immer was zu bieten...

Sassnitzer Kutter Kalinin, schwört auf sein Rügen von der Kreideküste aus. Dort heißt es auch, Rügen sehen heißt Sassnitz sehen... Und Wünscher erzählt beim bullernden Geräusch seiner Maschine gerne die Geschichte der Urlauberfamilie, die nach ihrer Schiffstour zur Kreideküste ab dem Sassnitzer Hafen noch zu Bauer Kliewe nach Westrügen wollte. Dann ans deutsche Nordkap und ins Stralsunder Meereskundemuseum. Geschafft hätten sie nicht einen Bruchteil davon. 547 Kilometer macht die Umrundung der Insel ungefähr aus und wer sich das Eiland nicht wirklich vorstellen kann, weil die Verzahnung von Bodden und Land immer wieder zum Ändern der Richtung führt, geht am besten vom Landeplatz Güttin in die Luft. Eine andere Form der Schönheit. Vor allem während der Rapsblüte. Dort geben die Piloten die Orientierung vor für die größte deutsche Insel. Und beraten gerne, bei welcher Wetterlage und Jahreszeit welches die beste Route ist.

Mehr als Anfahrt nach Hiddensee

Wer jedoch über Westrügen fährt, sollte sich im Klaren darüber sein, dass der Westen der Insel

Rügen hat: historische Gutshäuser und große Agrarstrukturen

nicht nur zum Durchfahren taugt. Das Regionale Zentrum Gingst wird wegen seiner nur rund 1500 Einwohner leicht verkannt. Überraschende Erkenntnisse von Schönheit steuert es dennoch bei: als prämierte ländliche Gemeinde. Schönheit, die im Westen der Insel aus liebevoll organisierten Märkten rund um Kunst, Buch oder Trödel und einem Handwerkermuseum besteht, dessen Museumshof unter einem Apfelbaum heute längst eine Attraktion durch seinen Grünen Markt bereithält. Oder durch erstaunliche musikalische Darbietungen auf der wohl kleinsten Inselbühne. Weiter gen Norden quert der aufmerksam Westrügen passierende Besucher die Wittower Fähre. Ganze Kindergruppen fuhren diesen Weg in früheren Jahren von Bergen aus per Schmalspur- oder Kleinbahn bis Wiek über die Fähre. Umsteigen in Bergen bis zur Fähre galt noch bis 1971. Sie alle erinnern sich heute noch gerne an die schönen Eindrücke.

Wittow, das Windland, hat eine eher herbe Schönheit. Windkraft wird allerorten gezogen, Kraut auch und diese Kohlart ist entgegen allen Mutmaßungen zarter als ihre Festlandsverwandtschaft. Vermutlich schon vom salzigen Wind vorgegart, wie jener Spitzenkoch erfahren musste, dem sein erstes Irish Stew mit dem Kohl vergarte. Er hatte eben die Zeit mit bayrischem Weißkraut kalkuliert. Dann folgt die karger werdende Landschaft mit ihren früheren Sperrgebieten. Türme am Kap Arkona. Schönheit der Architektur, der Geschichte, Natur auf der Militärliegenschaft am Bug.

Schönheit = Addition der Vielfalt

Die Summe unserer begonnenen Addition bringt Besucher aus den vollen Bädern. Nach dem Norden, Westen, Süden, Osten. Dort finden alle die gesuchte Schönheit oder eher Attraktivität in Sterne-»Herbergen« und lukullischen Küchen. Die Sehenswürdigkeiten, Bäderarchitektur, Kultur und Shopping, die liegen zwischen Kap Arkona, Neuendorf, Glewitz und Göhren. Tradition, Landschaft: Immer wieder vielfältig und völlig anders Oder in der fürstlichen Residenz Putbus und ihrem klassizistischen Theater.

Rügen hat: gewiefte Gastronomen und Köche...

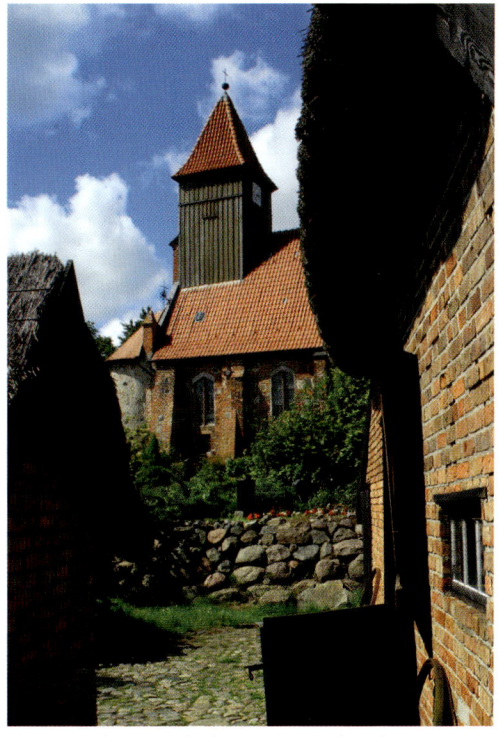

Rügen hat: Geschichte(n) an Land und im Wasser...

Vielfalt ist also hier die Grundlage für Schönheit. Vielfalt macht interessant. Vielfalt lässt keine Langeweile am Strand aufkommen. Und bietet den Rezeptoren aller Sinne ständig neues Futter. Darum also trägt Rügen beim Attribut »Deutschlands Schönste!« eben kein Fragezeichen.

Wie eine Insel betreten?

Von Notwendig- und Nützlichkeiten

Rügen wurde lange ein Handelshafen vorenthalten. Die Hanse (12.–17. Jahrhundert) legte Wert auf ihr Monopol. Und das wurde in der Städtehanse mit dem Stralsunder Hafen gefestigt. Rügen war dessen Bollwerk. Im rein militärischen Sinne. Solange Rügen nicht fiel, konnte sich Stralsund sicher fühlen. Also war Rügen befestigt durch Schanzen und wer anderswo als an den Fährstellen an- und ablegte und mit Fracht Handel trieb, hatte sich zu legitimieren. Von Stralsund ging der natürliche Weg über die Grahler Fähre nach Rügen. Der das Fährrecht inne hatte, sah nicht so gerne andere Bestrebungen. Wie das Übersetzen von Bahnwaggons zur Königslinie – Trajekt genannt – oder den Verkehr über Seebrücken in den 1920er Jahren. Denn Straßen waren auf Rügen lange kaum existent. Alles verließ sich auf die seit 1683 vom Posthaus Dranske aus existierenden Heringstransportwege. Dort landete die Post der Schweden an. Erste Touristen – die Berliner Pastorenfamilie Schleiermacher hatte die Einzigartigkeit dieser Insel schon in Preußen verbreitet – machten die Reise bis Stralsund und dann per Schiff gen Rügen oder Rugya. Vor dem gewünschten Ort wurde man wegen des schmalen und teils seichten Fahrwassers vom großen Schiff zum kleineren Boot »ausgebootet«: mit Sack und Pack entlang der Bordwände, durch Rumpftüren und auf den tanzenden Wellen, das hatte seine Tücken, war lange Jahre jedoch mit Waren und dem touristischen, neuen Kleinod Mensch gängige Praxis. Doch warum es nicht den Schweden nachtun? Die hatten bei Göhren eine nahezu eintausend Meter lange Seebrücke als Landungssteg gebaut, um Truppen und Material trockenen Fußes von Bord zu bringen. Aus strategischen Gründen wurde sie später wieder zerstört. Wie die letzten echten Seebrücken aus Angst während des ersten Weltkriegs. Immerhin hätte »der Russe« landen können. Tat er ja dann auch. 1945.

Aus Angst stand übrigens auch die DDR mit den letzten Seebrückenfragmenten der 20er Jahre auf Kriegsfuß, sofern diese durch Wind und Eis nicht sowieso nutzlos geworden waren. Ein Land, in dem schon eine Luftmatratze am Wasser als Möglichkeit der Republikflucht galt, argwöhnte natürlich bei so viel Weg ins Wasser. Der Klassenfeind war überall.

Straßen? Mangelware auf Rügen

Rückblick

Statt auf die fehlenden Straßen zu starren, lohnte es sich also, die schon ankommende Normalspur-Eisenbahn mit der 1895 begonnenen Kleinbahnspur der Insel zu verknüpfen. Mittels sogenanntem Trajekt setzten die Großwaggons bei Altefähr über das Wasser. Die landwirtschaftliche Prägung Rügens durch große Güter verschaffte der Insel in Windeseile ein Kleinbahn-Schienennetz vom Feinsten, das heute in kompletter Form viel Nutzen brächte, die Lösung essentieller Probleme! Leider sind davon nur noch rund 70 Kilometer mit der Strecke Putbus, Binz, Göhren erhalten.

Zwar ging es Anfang des 19. Jahrhunderts nur um Rüben und Getreide, später auch einmal um Mineralwasser aus Rosengarten bei Garz sowie Kreide von Jasmund oder Klein Stubben. Ein Plätzchen für die Menschen fand sich jedoch meist auch auf den Waggons. Beim Ausbau dieses Verkehrsmittels gab es dann später Personenwaggons. Der 1896 eröffnete Bahnhof Bergen Süd galt als Schnittstelle der Kleinbahn in den Süden und in den Norden. Göhren, Altefähr und Altenkirchen waren Endbahnhöfe. Wiek mit Kreideverladebrücke ausgestattet. Und auf dem Weg nach dem Windland Wittow gab es noch eine weitere Fähre. Deren alte Eisenreste zeugen am Übergang nach Wittow noch heute davon. Put-

Leben an der Kaikante
Frachtanlieferung für die Fähren

Rügen – Wie eine Insel betreten?

bus – Altefähr, 1897 eröffnet, wurde 1967 stillgelegt. 1968 dann die Strecke Fährhof Wittow bis Altenkirchen. Und im September 1971 der Todesstoß mit Stillegung von Bergen bis Fährhof. Was würde das heute die Insel und private Geldbörsen entlasten, führe in den Westen Rügens eine Kleinbahn.

Eine der Eisenbahn- und auch Fuhrwerk-, dann Autofähren ließen die modernen wirtschaftlichen Nachfolger bald nach der Wende abwracken. Trotz Protestes von Liebhabern. Das zweite Fährdenkmal ging 2006 per Schleppverband nach Barth. Selbst die Originalschiffspapiere befanden sich noch an Bord. In Barth soll die Fähre umgebaut und in ein Café für ein Museum am Hafen verwandelt werden. Auf Rügen fand sich leider kein Kreis von Unternehmern dafür. Erst recht nicht der verarmte Landkreis. Dabei hätte das schwimmende Denkmal nur per Kran aus dem Wasser geborgen und beispielsweise nach Putbus zum Kleinbahnmuseum transportiert werden müssen. Rund zehntausend Euro waren taxiert. Fundament und Sockel natürlich zusätzlich. Still verschwand somit auch diese Fähre am Haken eines Schleppers hinter dem Horizont.

Brücken- und Eisenbahngeschichte

Auf dieser Geschichte basiert die neue Brücke am Strelasund. 1936 legten dort die Nationalsozialisten den alten Rügendamm für Autos und die Breitspurbahn nebst den Klappbrücken an. Und versäumten glücklicherweise, diesen vor den Sowjettruppen, die dann 1945 doch kamen, zu sprengen. Ein Novum der Eisenbahngeschichte blieb. Auf dem Gelände des Fährhafens Sassnitz liegt auch noch russisch-finnische Breitspur. Drei Spurbreiten also auf Rügen.

Heute zieren Kleinbahnschwellen noch den Landstrich des wilden Westens als Weidepfosten. Auf den ehemaligen Bahndämmen konnten nach 1989 unproblematisch Radwege angelegt werden. Der Landkreis Rügen erhielt die Kleinbahn 1995 offiziell wieder zurück. Die Rügensche Kleinbahn GmbH & Co machte sie zur RüKB. 1999 kam einer der wenigen Gleisneubauten der Republik mit dem Dreischienengleis nach Lauterbach hinzu, durch das nun Normalspur und Kleinbahn im Wechsel den Hafen anlaufen konnten. Die Besitzverhältnisse der Kleinbahn waren jedoch so schlecht geregelt, dass sie keinen Gewinn »einfuhr«. Seit 2008 fahren nach einem Übernahmekrieg die Sachsen mit ihren eigenen Lokomotiven die Rügensche Kleinbahn, bis mit dem vorherigen Eigentümer alles geklärt ist. Vielleicht hätte der Landkreis sein Rechtsamt mit guten Juristinnen und Juristen doch behalten sollen.

Trajektschiff in Fahrt vor der Kulisse Stralsunds mit Reisenden an Deck (Foto: Verlag Sutton)

Rügen – Wie eine Insel betreten?

Die Rügenbrücke kommt

Ein letztes Mal zur Rügenquerung. Der alte Rügendamm galt mit zunehmendem Tourismus als irreparabel beschädigt, gar verrottet. Da die Hauptstadt der DDR bis '89 alle Investitionen wie magnetisch angezogen hatte, war die Freude in der Region darüber, dass bis 2007 nun die Autobahn A20 und am Ende eine Brücke als Monumentalbauwerk den Strelasund nach Rügen queren sollte, ein Pfund, mit dem geworben wurde. Damit nie wieder jemand von Stau beim Betreten oder Verlassen der Insel spräche. Dachten sich die Touristiker. Damit der Fährverkehr schneller an- und abläuft. Dachten sich die Hafenplaner.

Heute wird die Insel dank all dieser Verknüpfungen und einer regen Protest- bis Entscheidungsphase über ein dreispuriges – geplant 80 Millionen, realisiert 100 Millionen Euro teures – Bauwerk angesteuert. Die B96n ohne Querungen von Orten und der Bahn lässt wegen versäumter Regelungen an Vogelschutzgebieten noch auf sich warten. Sie wird also vorerst in Bergen enden. Alle Beteiligten werden dann spüren, was es bedeutet, wenn die Insel schneller per Pkw zu betreten ist. Staufreiheit heißt weiter das Stichwort.

Faszination Rügen wird nicht nur möglich durch die Aussicht von der neuen Rügenbrücke. Faszination Rügen lässt sich empfinden in diesen wenigen fünf bis fünfzehn Minuten, wenn der Ankömmling die Wittower Fähre samt Fahrzeug quert, fußläufig nach Vilm oder Hiddensee übersetzt und am Ende mit der Glewitzer Fähre die Insel wieder direkt über das Wasser verlässt. Manche meinen, über das Wasser per Schiff sei die einzig richtige Art, zumindest als Urlauber eine Insel zu betreten. Und zu verlassen.

Brückenöffnungszeiten gilt es dennoch zu beachten – am alten Rügendamm.

Die Ziegelgrabenbrücke wird täglich (bei Bedarf)

von 2.30 bis 2.50 Uhr,
von 5.20 bis 5.40 Uhr,
von 9.20 bis 9.40 Uhr,
von 17.20 bis 17.40 Uhr und
von 21.30 bis 21.50 Uhr

geöffnet.

Empfehlung:

Den alten Rügendamm nicht während und eine halbe Stunde nach der Brückenöffnung passieren. Für Technik-Freaks ist die Brückenöffnung und die Durchfahrt der Schiffe ein sehenswertes Ereignis. Sagt www.ruegencenter.de, bei dem noch mehr Wissenswertes erwähnt wird.

Das sogenannte Trajekt war zur Beförderung von Eisenbahnwaggons über den Sund gedacht. (Foto: Verlag Sutton)

Während der Fahrt konnten die Passagiere den Waggon verlassen und erste Seeluft atmen. (Foto: Verlag Sutton)

Am 5. Oktober 1936 wurde mit einer aufwendigen Inszenierung der Eisenbahnbetrieb über die neu geschaffene Strelasundquerung eröffnet. Der Autoverkehr folgte erst 1937.

Erdbewegungen mit Kipploren

Eisenbahner schmücken ein grünes Tor am Rügendammstellwerk

Altefähr – Neue Fähren – Brückenort
Ein Dorf sucht neue Idenditäten

Altefähr, heute mit fünf Ortsteilen und rund 10 000 Einwohnern, hat vermutlich schon immer, sicher jedoch seit dem Jahre 1200 als Fährhafen gedient. Die erste Nennung des Ortes findet sich im Stadtarchiv Stralsund im Jahr 1240. Hier wird der Ort als »bei der ollen Fähre« erwähnt, bei dem Fürst Wizlaw I. der Stadt Stralsund für 90 Mark rügenscher Münze »die Feldmark des an Stralsund anstossenden Dorfes« verkaufte. Das Fährrecht vererbte sich in Folge mit dem Grund und Boden. Eine Fähre verband Rügen also schon seit Menschengedenken mit dem Festland.

Als die Fährleute ihr Vorrecht des Transports zu verlieren drohten, wurden sie auch schon einmal rabiat. In trauter Einheit mit der Hansestadt. 1581 wurden Brückenversuche nahe des alten Standorts durch Entfernen der Pfähle sabotiert, schreibt die Stralsunder Chronik. Im Juni 1583 jedoch ließ der fürstliche Landvogt Heinrich Normann »eine Klappbrücke zu Grahl verfertigen und ins Wasser dort an den Strand setzen, damit man ebenso wie bei der alten Fähre Pferde und Wagen übersetzen könne«. Der Rat jedoch ließ wiederum die Anlage zum Erhalt der Freiheit Stralsunds zerstören. Curt von der Oehe, der Rädelsführer, bekam als Strafe sein Landgut vom Fürsten entzogen. Faktisch behielt Stralsund das Recht, den Fährbetrieb zu dominieren. Doch die Fährleute standen wegen zu großer Eigenmächtigkeiten und Unzuverlässigkeit in der Kritik, wie ein Bericht in der Stralsunder Zeitschrift Sundine 1835 belegt. Der Mangel an Aufmerksamkeit der Fährleute gegenüber der steigenden Zahl von Reisenden wird bemängelt. Unpünktlichkeit und Langsamkeit. Ab Ende des 19. Jahrhunderts wurde mit hohen Frequenzen übergesetzt. Insbesondere wurden landwirtschaftliche Produkte über die Fähre nach Stralsund gebracht. Einen weiteren Aufschwung nahm der Ort mit der Aufnahme des Eisenbahn-Fährverkehrs. Ab 1909 war die Eisenbahnfähre Teil der Schnellzugverbindung zwischen Berlin und Stockholm, welche die Fährverbindung der Königslinie (Sassnitz-Trelleborg) einschloss. Nach der Fertigstellung des Rügendammes im Jahre 1936 wurde der Fährverkehr eingestellt. Dass die Fährleute ihre Macht behalten hatten, zeigten die Entschädigungsverhandlungen seit dem Beginn des Trajekts 1883. 1894 wurde die Fährgesellschaft schon für den Fall, dass eine feste Brücke entstünde, mit 80 000 Mark abgefunden. Gleichwohl erhielt sie nach einem Gutachten des Oberverwaltungsgerichtes vom Februar 1935 nochmals eine Abfindung.

Der Blick von Altefähr nach Stralsund zieht nicht nur die Blicke von Malern an.

Eine Segelschule hat im Hafenrevier ein altes Haus durch Sanierung zum Leben erweckt. Ihre Absolventen sind international tätig.

Speckgürtel für Stralsund

Altefähr ist heute zwar ein beliebter Naherholungsort der Stralsunder. Die Personenfähre verkehrt zwischen 1. Mai und 30. September. Doch haben die Brücke und die neue Straßenplanung den Ort ins Abseits gerückt. Anziehungspunkte sind vor allem der Heringszug und die Surfschule im Hafen. Die dörfliche Kirche St. Nikolai wurde im 15. Jahrhundert erbaut. Ein Backsteinbau mit saalartigem Langhaus und Westturm. Dessen Obergeschoss wurde 1692 in Fachwerk erneuert. Der Altar stammt von 1746 aus der Werkstatt von Michel Müller, die Ausmalung des Kirchenraumes von 1912. Neben der Kindten-Orgel sind vor allem die in der Kirche direkt erlebbaren Votivschiffe Zeichen für maritime Verbundenheit.

Anglerglück am Abend. Ein kapitaler Hecht. Lecker!

Rügen – Wie eine Insel betreten?

Brückenbau subjektiv erlebt
Die einen fotografierten begeistert – andere bleiben skeptisch

Sie ist in ihrer Gesamtlänge 4970 Meter lang. Die Brückenbauwerke umfassen 2831 Meter, die Dammbauwerke 455,95 Meter. Auch das Auftragsvolumen mit 85 Millionen Euro und schlussendlich die Bausumme von rund 100 Mio Euro sind rekordverdächtig. Und die Brücke stand als Hort einer neuen, modernen Identität der Insel mehrheitlich nie in Frage. Wenngleich sie anfangs für die Finanzierung ein wenig wie Sauerbier an private Investoren feilgeboten worden war. Doch »Maut sei Dank« blieb der 1936 erbaute und 1945 fast gesprengte Rügendamm über so viele Jahre die einzige Verbindung zwischen Rügen und dem Festland, erhalten.

Was machte die Faszination des Bauwerkes neben seiner unumstrittenen Ingenieurleistung aus? Was ließ die Menschen in ganzen Kohorten zu Führungen pilgern, so dass sich eine eigene Führerkultur mit kleinen Experten entwickelte? Was ließ Fotografen wie Jens Frank gleich zu Anfang die Kamera in Anschlag bringen, um davon eine Art Chronik zu erstellen?

Die subjektiven Ebenen zwischen manchen Bürgern und der Wirtschaft sind vielfältig und werden immer subjektiv bleiben. Ebenso wie der noch heute geführte erbitterte Kampf um Vogelrastplätze, die Rügen in typischer Weise ausmachen. Und der daraus resultierende, bis heute fehlende, Anschluss der B96n an die Brücke. Und damit der Rückgang des zur Saison ach so verflixten Staus, der Vermieter wie Gäste verzweifeln lässt. Denn einen Verkehrsentwicklungsplan über die Brücke und die Straße hinaus oder ein Verkehrsleitsystem hat Deutschlands größte Insel mit einer Fläche nahezu zweimal so groß wie Berlin nicht. Zahlenmäßig mit inzwischen nur noch 70 000 Einwohnern als Landkreis eigentlich zu mager auf der Brust, heimst sich der Tourismus doch jeden Sommer rund eine Million Gäste mit rund 60 000 Betten ein. Wenn im Rundfunk von Hamburg oder Berlin künftig also »Sonne an den Küsten« angesagt ist, lockt die Spritztour dank der Brücke um so mehr. Und endet dann in der Mitte der Insel abrupt im Stau. Denn die Alleen von beispielsweise Garz nach Putbus werden auch künftig nicht mehr als Tempo 80 in knappen Begegnungen zulassen. Und trotzdem kommen die Touristen doch, oder?

Also warum?!

Da war ein reger Geschäftsführer im heutigen Fährhafen Sassnitz, Ortsteil Mukran, der fand, dass die Zukunft statt der Eisenbahnanbindung des Fährhafens vor allem Lastkraftwagen bräuchte. Und die Straße. Am besten einen Ringverkehr über die Feuersteinfelder. Dieser jedoch kam nie richtig zum Tragen. Groß wäre der Aufschrei gewesen. Aber immerhin, dreispurig durch die Allee von Strüßendorf hinter Bergen sollte es für die Brummis schon gehen. Lange unbeachtet wurde hier Lobby für den lotsenfreien Tiefwasserhafen gemacht, die kaum jemand in ihren Folgen wirklich ernst nahm. Auch seltsamerweise nicht die Stadt Sassnitz, die jenen Herrn, der später über aus seiner Kasse finanzierte Bordellbesuche in St. Petersburg stolperte, immerhin als

14

Der Panoramablick von Altefähr nach Stralsund ist um einen neuen »Turm«, den Pilon der Brücke, erweitert.

Blick vom Stralsund vorgelagerten Dänholm, heute maritim, früher militärisch bedeutend, auf die alte Hansestadt.

Blick auf den Stralsunder Ziegelgraben mit (v.R.) Südhafen an der Volkswerft, Klappbrücke und neuer Rügenbrücke.

Geschäftsführer beschäftigt. Vor diesem Hintergrund machen Brücke und Straße natürlich mehr Sinn denn als Zubringer für jene Urlauber, die von Ostern bis September zeitweilig in Scharen und stauverdächtig einfallen.

Was also noch?

Das dürfte tiefer liegen. Denn das Urgestein der Insel hat häufig genug noch zu DDR-Zeiten erlebt, dass der marode Staat für seine Hauptstadt alles tat. Und dass dort auch alles endete. Und nun soll plötzlich aus dem Fonds Deutsche Einheit eine Autobahn A20 gen Rügen zielen und den Norden erschließen. Und nicht an Rügen vorbeilaufen, sondern die Insel mit dem Rügenzubringer und als Sahnehäubchen mit eben jenen Milliönchen auch noch durch eine Brücke verbinden. »Endlich!! Endlich kommen wir Insulaner mal dran«, schien David Volksmund zu sprechen. Und so traute sich an das »Wunder von Rügen« kaum jemand heran. Selbst B90/Grüne schickten zwar fleißig eine Europaabgeordnete zu Veranstaltungen, die das künftige Prinzip »From Ship to Rail« als im Anrollen und daher den Zug über den Damm schon, die Brücke aber als wenig zukunftsträchtig pries. Doch angesichts der Regierungsbeteiligung hätte sich das kleine Häufchen Widerständler sicher auch mal einen Staatsminister aus dem Verkehrsressort erhofft...

Schnee von gestern

Heute ist die Frage, wann das moderne Verkehrsleitsystem für die Spurregelung störungsfrei läuft – immerhin war es bis Ostern 2008 schon ein halbes Jahr in der Erprobung – und wie streng stürmische Winde und Schnee zuschlagen müssen, dass die Brücke am Pylon von 128 Metern, gehalten von Stahlseilen mit 140 Tonnen Gewicht und 18 Zentimeter Durchmesser, wegen ihrer starken Steigung und mangelndem Enteisungssystem gesperrt werden muss. Oder ob zur Abwechslung mal wieder ein Waagebalken der Klappbrücke am Ziegelgraben für die Züge ausfällt. Wir Insulaner und die Brücke werden also noch viel zusammen erleben.

15

Rügen – Wie eine Insel betreten?

Rügen für Leckerschmecker

Rügentypisch einkaufen und schlemmen in der »Alten Pommernkate«

Ferien auf Rügen – Das ist vor allem das unvergessliche Erlebnis der Vielseitigkeit. Dass man die Kraft der Insel auch schmecken kann, das beweist das breit gefächerte Sortiment guter Rügenprodukte in Rügens größtem Bauernmarkt. Nicht zu verfehlen ist die rotgestrichene »Alte Pommernkate« direkt an der B96 in Rambin, knapp 7 km nach Passieren des neuen Rügendamms. Kinderspielplatz, blumengeschmückte Sonnenterrasse und eigener Parkplatz gehören dazu. Der Markt bietet fast alles, was die Insel Rügen an kulinarischen Produkten und schönen Dingen aufzuweisen hat: Hausmacher-Wurstwaren und Käsespezialitäten, Sanddorn, Honig und feine Konfitüren, Eier, Obst und Gemüse, Kosmetik und Tees. Aber auch Rügenliteratur in großer Auswahl und gute preiswerte Kinderbücher sowie allerhand Schönes und Kurioses für Haus und Hof. Von Pflanzgefäßen über Kerzen zu einmaligen Urlaubsandenken reicht das Angebot, das Groß und Klein zum Stöbern einlädt: es gibt die schönsten Geschenkartikel rund ums Jahr, von pfiffig über maritim bis antik... Und ständig wird das Sortiment erweitert. Das Bauernmarkt-Café ist, wie der Rügenmarkt, das ganze Jahr über geöffnet und nicht nur in den ruhigen Wintermonaten ein interessantes Ausflugsziel. Allein wegen der leckeren Kuchen und Torten aus der hauseigenen Konditorei lohnt sich ein Besuch. Ab 8 Uhr wird ein zünftiges Frühstück serviert, ganztägig gibt es deftige Gerichte, ofenfrischen Räucherfisch und Fischbrötchen. Die regelmäßigen bunten Veranstaltungen in der »Alten Pommernkate« sind Besuchermagnete für Einheimische und Urlauber gleichermaßen. Der Rügener Bauernmarkt öffnet ganzjährig täglich von 8–19 Uhr, im Juli und August sogar bis 20 Uhr seine Pforten.

Da lachen Kinderherzen: Softeis macht glücklich!

Öffnungszeiten

Der Rügener Bauernmarkt & Café »Alte Pommernkate« in Rambin präsentiert an den Wochenenden abwechselnd die Erzeuger von leckeren Rügenprodukten im Bauernmarkt. Ein Besuch lohnt sich immer. Der Rügener Bauernmarkt »Alte Pommernkate« in Rambin liegt direkt an der B 96 und hat täglich von 8–19 Uhr geöffnet, im Juli und August bis 20 Uhr.

Frühstück unter dem Pavillon als romantisches Urlaubserlebnis

Blumenschmuck ist ein Markenzeichen der »Alten Pommernkate«.

Rügener Bauernmarkt & Café »Alte Pommernkate«
Hauptstraße 2a/an der B 96 · 18573 Rambin
Tel. (03 83 06) 6 26 30 · Fax (03 83 06) 6 26 31
altepommernkate@aol.com
www.altepommernkate.com

Rügen – Wie eine Insel betreten?

Was für ein Empfang auf der Wiese nach den Hinweisschildern zur Kaffeetasse.

Aussteiger seit 25 Jahren

Die kleine Kolonie um Klaus Hanitzsch

Klaus Hanitzsch (62) kam 1983 von Berlin nach Rügen. Genauer nach Rothenkirchen. Das liegt im Eingangsbereich der Insel. Jemand hatte ihm gesagt, auf Rügen würden ganze Dörfer zusammengeschoben. Niemand wolle mehr dort wohnen. Und Teile der Regionalregierung wollten lieber Land für Ackerbau entsiedeln.
In einer Ringtauschaktion vermittelten Klaus und Bettina Hanitzsch eine Mieterin aus dem begehrten Rothenkirchener Katen nach Binz. Die dortigen Mieter nach Berlin. Um so den Katen in Rothenkirchen beziehen zu können.

Die Bankkauffrau und studierte Ökonomin widmete sich fortan der Selbstversorgung. Und den Schafen auf dem Deich. Während Klaus Hanitzsch Bisamratten jagte. Gemeinsam zogen sie ihnen das Fell ab. Und verkauften es zur Weiterverarbeitung für acht Mark. Eine Aktion des praktischen Deichschutzes. Beide gehörten vor 25 Jahren zu den ersten Aussteigern.
Klaus Hanitzsch blieb. Ebenso Bettina nach der späteren Trennung. Hinzu kam Dagmar als Klaus' neue Lebensgefährtin. Es entstand im alten Schweinekoben eine urige Insiderkneipe mit unzähligen Sammelsurien an den Wänden: die »Kaffeetasse«. Die kein Amtsschimmel mehr stoppen konnte.
Der Sammler sammelt, wenn er Platz hat. Klaus Hanitzsch produziert zudem Monster aus Keramik und wilden Farben für seinen Monstergarten. Brüste, Hinterteile und Hände in Ton abgenommen, gebrannt für seinen Feuergarten. Keramikfliesen für Türen, Tore und Wände im Biergarten. Und auch das Kneipenpublikum sammelt. Deshalb sammelt sich was an.
Ob es sich hier nun um naive Kunst von Rügen handelt, wie Kunstkenner Walter Gustav Goes einmal dem Publikum einer Ausstellung nahebringen wollte, oder ob die Bildnisse, Abbilder und Monstergestalten nicht einfach ohne weitere

Attribute Ausdruck von Lebensfreude sind, bleibt immer dem Publikum überlassen. Das kann den skurrilen Ort auch während der Ruhetage am Montag und Dienstag besuchen. Und trifft dabei vielleicht auch auf Künstler wie Mick van Cook und Peter Unsicker. Vielleicht auch auf Bettina. Und wird eingeladen. Zu einem Gericht aus ihrem Garten.

Einer der Begründer, der Künstler Klaus Hanitzsch

Tanz des Derwischs mit der Gruppe Hosh Neva

Kultur- und Wegekirche Landow, die vermutlich älteste Fachwerkkirche Mitteleuropas

Swingend auf zwei Rädern zum Sonntag der Dreifaltigkeit

Kultur- und Wegekirche Landow als Multikulti-Leuchtturm der Region

Vor Jahren hatte der Stralsunder Biker Jörn Demlow mit Hans Löbnitz die Idee, etwas zum Saisonauftakt mit vielen Gleichgesinnten zu organisieren. »Unser Vorbild war der große Bikergottesdienst in Bad Doberan. Also suchten wir eine regionale und kleinere Alternative.« Das sagt einer der Mitbegründer einer inzwischen guten Tradition rund um die Wegekirche Landow. Nicht religiös sei die Motivation, obwohl die Predigten von Pastor Christian Ohm bisher immer klasse gewesen seien. Aber Monika Schultz aus Stralsund bringt es wohl am besten auf den Punkt: »Ein kurzes Innehalten ist es für mich und ein Erinnern an die Biker, die nicht mehr unter uns sind. Viele sind ja leider trotz Unfällen unerschütterlich in ihrem Fahrstil.« »Kirchlich sind die meisten nicht, aber warum soll man das nicht mitmachen? Wir treffen uns hier und fahren dann zusammen mit den Rüganer Bikern aus.« Sagt ein anderer. Die kommen auch, nur etwas später. Uwe Ruppert habe noch an seiner India schrauben müssen, sagt jemand, und wer die Rügener Bikes anschaut, weiß warum: Alles Oldtimer. Die Fahrzeuge. Aber immerhin. Allerdings sind die Grimmener ganz weggeblieben. So werden es statt 100 nur rund 30 Leute zusätzlich zur Landower Gemeinde, die mit kerzengeschmücktem Haus empfängt und so gar nicht fremdelt, wie alle so gemischt in der Kirche sitzen.

Die Stralsunder Gospelmates heizen ein. Allen wird warm. Und gemeinsam wippen die Zehen. Die Biker sind heute die Farbtupfer neben der sonntäglichen Kirchengemeinde. »Da kommt Bewegung in die Kirche«, sagt Christian Ohm und swingt nahezu in Worten weiter, als er in der Predigt witzelt, dass glücklicherweise das Wetter als Ausrede für die etwas geringe Beteiligung herhalten kann. Das goldene Dreieck der christlichen Symbolik des Sonntags Trinitatis, der Dreifaltigkeit, setzt er ins Verhältnis zu Verkehrszeichen und Warndreiecken, begrüßt zudem ebenso die, die mit dem Fahrrad oder zu Fuß gekommen sind. Und dann nehmen alle die drei gelben, roten und blauen Bändsel als symbolische Erinnerung mit hinaus in ihren Sonntag. Dann geht's erst zur Stärkung im Schatten der Bäume. Dann auf die Ausfahrt.

Älteste Fachwerkkirche Mitteleuropas

Die Wegekirche Landow ist nach Untersuchungen des Restaurators Tilo Schöfbeck die wahrscheinlich älteste ihrer Art Mitteleuropas. Das Eichenholz der Fachwerkkonstruktion stammt von Baumfällungen aus dem Jahr 1312 oder 1313. Die hölzerne Kirche wurde um 1546 einfach ummauert, da Holz nicht mehr als zeitgemäßer Baustoff

Für den Blick auf die Aufführungen, wie hier des jüdischen Theaters Mechaje, blieb auch die restaurierte Kanzel am Boden.

Rügen – Wie eine Insel betreten?

... immer wieder eine besondere Stimmung.

angesehen wurde. Bei den fortdauernden Sanierungsarbeiten, der eigentlich zu DDR-Zeiten aufgegebenen Kirche, stieß Schöfbeck dann auf das alte Fachwerk.

Der rege Förderverein entscheidet viel mit der Gemeinde. Dadurch finden zahlreiche Veranstaltungen, wie die Konzerte der Festspiele Mecklenburg-Vorpommern, statt. Die meisten der Veranstaltungen, die sich auch thematisch an die Sonntage angliedern, denkt sich Pastor Ohm aus. Wie das jüdisches Theater Mechaje. Als studierter Arabist kann Ohm ganz eigene Schwerpunkte setzen. Allerdings gefällt der Umgang mit der historischen und erst durch das Engagement Vieler geretteten Kirche nicht allen. Das jahrelange Sommercamp der Dresdner Restauratoren wurde 2007 abgesetzt, weil der Freundeskreis und der Pastor nach langen Debatten entschieden hatten, die instandgesetzte Kanzel von Elias Kessler am Boden zu lassen. Sie hätte die Sicht bei Theateraufführungen gestört.

Die große Toleranz zeigt sich an Installationen wie die der Künstlerin Esther Dittmer, die auch 2008 wieder antrat. Ihre »Honks« standen wie beleuchtete Geister im Kirchgarten, in dem auch die alten Kreuze des Friedhofes stehen. Und in mancher Inselkirche wäre das allein als Skandal gesehen worden. Nicht so in Landow.

Kirchliche Galerie, Bühne oder Konzertsaal

Etabliert hat sich jedoch noch mehr. Dass Heidrun Kratzsch mit ihren Seidenmalereien, wie gemacht für die alten Ziegelwände, gemalte Zyklen an die Wand zaubert, ist auch schon fast eine Tradition. Ebenso wie die Eröffnung des Musiksommers zu Pfingsten. Neu jedoch ist die Kooperation mit den Rotaryclubs Rügens, Stralsunds und Skurups in Form von »balticum concertant«. Das zweite Jugendmusikcamp Ende Mai greift nicht nur alte Traditionen im Raum des Baltischen Meers auf, sondern fördert über diese Begegnung auch die Musik.

Kunstausstellungen, wie hier Seidenmalerei von Heidrun Kratzsch, gehören jedes Jahr dazu.

Das philharmonische Orchester Vorpommern klinkt sich ein, wenn Esther Dittmer eine Installation zu »Ab und An Wesenheit« aufbaut. Diesmal in der Kirche.

Klezmer meets Jazz – Jazz meets Klezmer symbolisiert die Bandbreite ebenso wie die Filmnacht oder der christlich-israelische Sonntag. Im Juli. Dass Brahms nicht fehlen darf, dessen 175. Geburtstag 2008 ansteht und der auf Rügen den ersten Satz seiner vierten Symphonie komponiert hat, scheint ebenso selbstverständlich, wie die Tatsache, dass sich das Programm zwischenzeitlich sogar in den Oktober drängt. Der wunderbaren kleinen Kirche wird's gut tun. Und Pastor Ohm wird kundtun, wofür er in diesem Jahr das Geld einsammeln und anlegen wird. Denn eins ist klar: All das geschieht zwar auch zur Bespaßung. Der Erhalt der Kirche jedoch ist der Hauptspaß des regen Pastors.

Esther Dittmer ist hier seit Jahren Gast mit ihren Installationen. Dies Jahr mit ihrem ›Honks‹.

Rügen – Wie eine Insel betreten?

Kater »Perser« ist mit allen Urlaubern und den Gänsen gut Freund.

Ob Ziege oder Schwein – keins ist gern allein

Ökobauer verliert knappe Ackerfläche

Versiegelung für Straßen und Häuser vernichtet weiterhin Land

20,1 Kilometer Straße von Altefähr bis Bergen mit 16 Brücken als dreispurige Trasse für 70 Millionen Euro. Am Anfang die Brücke. So der Stand. Bis die Widerspruchsverfahren in Brüssel entschieden sind, wird sich die Summe erneut erhöht haben. Das sind die bisher offiziellen Kosten vom Ende des »Rügenzubringers« bis Bergen. Auf der Strecke bleibt auch Ackerland. Die Insel ist ausgereizt. Zertifizierte Bio-Äcker schmerzen da besonders.

In Samtens hinterm Bahndamm und dem Abzweig nach Poseritz liegen Gehöft und Hofladen der Landwirtsfamilie Ilona und René Thom. Rund 60 Hektar betreiben sie mit Biopark-Zertifizierung. 600–1000 Hühner, Gemüse, Kartoffeln, Getreide und auch Blumen sind im Angebot. »Man muss ja flexibel bleiben«, ist René Thoms Devise. Deshalb auch das Ferienhaus aus Holz am zweiten Standort Stönkvitz. Und ein zweiter Bioladen. Der erste in Samtens befindet sich direkt neben der Straße und wird von »Oma« betrieben.

Überhaupt nicht mehr flexibel sind Thoms jedoch, schauen sie auf die Pläne, die Samtens und Stönkvitz einkreisen, besser abtrennen. »4,5 Hektar eigene Fläche soll ich abgeben und habe keinen Ersatz dafür«, sagt der Landwirt, der schon zu DDR-Zeiten das Land privat bewirtschaftet hat. »Wir mussten dafür ganz schön schuften, sagt ‚Oma' Christel Thom. Umsonst bin ich heute nicht so kaputt!«

»Drei Jahre dauert es, bis die Anerkennung für eine Biopark-Fläche erfolgt. Nun verlieren wir in Stönkvitz das Land für eine Hecke als Ausgleichsmaßnahme der Straße. Auf bestem Ackerland. Wie paradox!« René Thoms Sorge ist die Fruchtfolge. Die schreibt ihm das Biopark-Reglement vor, um keine Monokulturen zu betreiben. Hinzu kommt der Wertverlust, denn hinter dem Haus fallen 72 Alleebäume. Die autobahnähnliche Auffahrt kreist das Thomsche Land förmlich ein. Wie das den 1000 Freilaufhühnern mit ihren täglich rund 800 Eiern gefällt, kann niemand einschätzen. »Die Landgesellschaft hat zehn Prozent Ausgleich versprochen«, sagt Thom skeptisch, »doch wo soll das Land herkommen? Auf Rügen gibt es keines mehr«. Sechs Landwirte, fünf davon konventionell, trifft es insgesamt.

60 000 Hektar Ackerland steht den Landwirten auf Rügen noch zur Verfügung, ist vom Geschäftsführer des Kreisbauernverbandes Lothar Püschel zu erfahren. Wieviel Land dem erneuten Straßenbau zum Opfer fällt, kann aber niemand so genau sagen. 300 Hektar lautet eine Schätzung des NABU. Zertifiziert biologisch gewirtschaftet wird im Ackerbau neben Thom nur noch in Bisdamitz, Kransdorf, Grahler-Fähre... Und bei einigen Obstplantagen und Verarbeitern. Bio-Gemüse jedoch ist auf Rügen rar. Die sieben Bioläden und Reformhäuser müssen von weit her einkaufen. Produziert wird in Rügens Landwirtschaft allerdings ungefähr siebzig mal mehr Getreide, als die Insel zur Versorgung benötigt. Das geht in den Handel.

Die sonst scheuen Hühner kennen ihre Futtergeber.

20

Peter Dolacinski – Urvater Rügener Fayencen

Kobaltblaue Bemalung hat hier ihren Ursprung

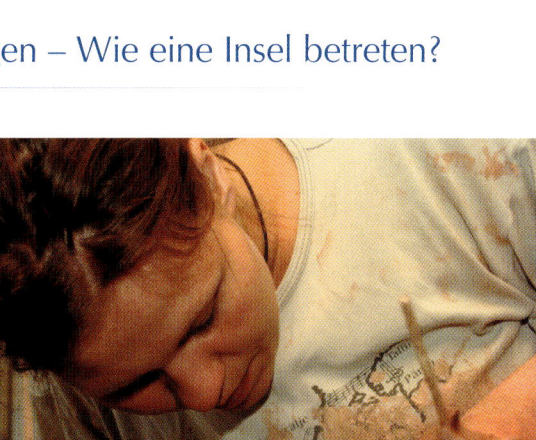

Töpferin Nicole Schweinitzer dreht, misst oder formt Ausgüsse an Krüge.

Rund 20 Keramikerinnen und Keramiker leben und arbeiten heute auf der Insel Rügen. Überall verstreut. Von Stralsund aus die Insel betretend, am Eingangstor zu Rügen und nachdem der kleine Ort Rambin durchfahren ist, sieht der Ankömmling ein erstes Hinweisschild des Keramikers Peter Dolacinski (62). Die Werkstatt des Töpfermeisters liegt malerisch eingebettet zwischen Hünengräbern, Wald, Feldern und Wiesen. Hinter den »Neun Bergen« von Rambin. Der Sage nach ein Ort voller Zauber und Magie. Hier entstehen die Rügener Fayencen mit ihrer typischen kobaltblauen Bemalung auf seidenmatter weißer Glasur.

Viele Töpferinnen sind durch die Werkstatt dieses »Rügener Keramik-Urgesteins« geprägt worden. Haben sich gar hier ihr Rüstzeug für eigene Werkstätten erworben – auch auf Rügen. Und während die Thüringer Gesellin Nicole Schweinitzer (25) an der Scheibe dreht, erzählt Meister Dolacinski:

»Es gab in den 70er und 80er Jahren auch in der DDR Tendenzen, den Städten zu entfliehen und aufs ›Land‹ zu gehen. Mein erster Versuch, eine eigene Keramikwerkstatt mit Freunden aufzubauen war in Partschefeld, einem kleinen Thüringer Bergdorf. Später konnte ich in den Unterlagen der Stasi lesen: ›...die Ansiedlung des Töpfermeisters Dolacinski konnte erfolgreich verhindert werden!‹«

Zu DDR-Zeiten, erinnert sich Dolacinski, waren fünf oder sechs Töpfer auf der Insel ansässig. Die Menschen standen auch nach Keramik Schlange. »Damit möglichst viele etwas bekamen, konnte ich jedem nur drei Artikel verkaufen. Werbung war nicht notwendig. Kein Schild stand an der Straße.«

Heute macht der Töpfermeister auf sich aufmerksam. Die Frage nach der Ortswahl beantwortet er mit: »Zufall! Auf einer Wanderung mit Freunden 1981 durch diese Gegend schaute eine Frau aus einem Fenster der vier Häuser. Nach einem Gespräch fragte sie, ob ich nicht ihr Haus mit dem einliegenden Stall kaufen möchte? Sie müssten wegen Umzugs nach Samtens ihr Eigentum verkaufen, um eine Wohnungszuweisung zu erhalten. Das Land sollte entsiedelt werden.«

Ein Jahr dauerte es, bis er Eigentümer war. Weitere fünf Jahre, bis die Elektrik für den Ofen und die Umbauten standen. Seit dieser Zeit prägt seine Art der seidenmatten Fayencen die Gefäße. »Ich kam aus einem der letzten mit Holz feuernden Steinzeugbetriebe der DDR. Da auf dem Haus ein Schilfdach war, erübrigte sich wegen Feuergefahr diese Art des Brennens. Neuland war auch der Eigenbau des Elektroofens. Töpfe sollten entstehen, die ihre Spannung nicht aus der Zufälligkeit des Holzfeuers erhielten, sondern aus der milchig weißen seidenmatten Glasur und der darauf angelegten blauen Bemalung.«

Dieser nördliche große Himmel, das blaue Meer, die unendlich weite Landschaft und dieses besondere Licht über allem fängt sich darin. Das ist die Rügener Fayence des Töpfermeisters Dolacinski.

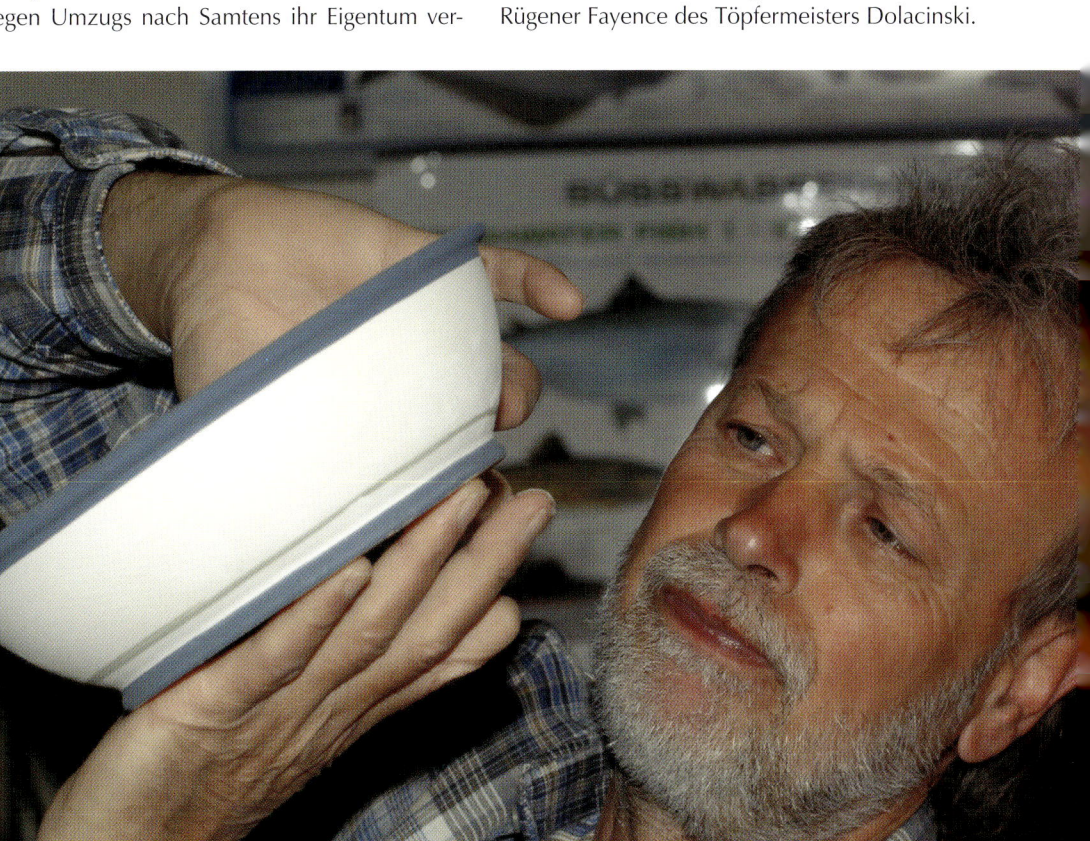

Das typisch milchweiße Blau der Rügener Fayencen.

Ob prüfend, bejahend, verwerfend oder zufrieden – den letzten Blick hat der Meister.

Gingst ist und bleibt Regionalzentrum

Kommune und Bürger müssen diese Aufgabe übernehmen

Der Tourismusverein Westrügen nimmt sich der Vermarktung an.

Das sanierte und farblich gestaltete Gingster Zentrum in Richtung St. Jacobi

Das große Angerdorf Gingst wurde 1232 als »Ghynxt« erstmalig urkundlich erwähnt. Neben Garz und Bergen war Gingst ein bedeutender Marktflecken Rügens und trug einmal Stadtrechte. Die wirtschaftliche Blüte hielt bis ins 17. Jahrhundert an. Bis dahin war Gingst das Handwerkerzentrum der Insel. 32 Innungszeichen zierten die Wände der Kirche. Die Innungen fast aller damals bekannten Gewerke waren hier ansässig.

Heute leben in und um Gingst rund 1400 Einwohner. Trotz oder weil das touristische Potenzial Westrügens nicht so üppig ist, kann der Urlauber fernab des Massentourismus noch Ruhe und Entspannung finden. Als Amtsgemeinde oder Zentralort bemühte sich das Gemeindeparlament erfolgreich um die Modernisierung aller kommunalen Einrichtungen und via Dorferneuerung auch der Straßen, Plätze und Häuser.

Die spätgotische Jacobikirche, erbaut etwa 1300, mit ihrer weithin sichtbaren und auffälligen Haube wurde im Laufe der Jahrhunderte mehrmals Opfer der Flammen. Sie erhielt nach dem Brand 1726 ihre vorherrschend barocke Ausstattung. Zu den wertvollsten Stücken zählt die spätbarocke Orgel des Baumeisters Kindt (1790). Auch Teile des Ortes brannten 1950 ab. Daran erinnert ein Denkmal am Marktplatz.

So oder anders steht es in jeder Beschreibung

Doch es gibt eine andere Seite, die Touristen selten sehen. Denn Gingst ist symptomatisch für zahlreiche der 42 Kommunen Rügens. Wurde der Ort als Regionalzentrum erst hofiert und zum Ausbau wichtiger Aufgaben wie dem Museum, dem Jugendclub oder dem Kindergarten ermutigt, verlor er diesen Status 2006 und bekam allenfalls noch Übergangsgelder für die Überbrückungszeit. Doch wie sollen die Gemeinden ihre Zentren gestalten, von denen das Leben einer ganzen Region ausgeht? Schließlich ist die Gesellschaft föderal und nicht zentral organisiert. Auch wenn Rügen seinen Status als Landkreis verlieren und gegen den Status »Stadt Insel Rügen« oder etwas anderes eintauschen würde, müssten die Regionen in ihrem Bemühen um Identität mit den Zentralgemeinden natürlich weiter Zuspruch finden. Um im Westen Rügens zu bleiben: Samtens hat zwar ein großes Gutshaus mit der dort ansässigen Verwaltung. Sonst jedoch wenig, um die Ausstrahlung eines regionalen Zentrums zu erlangen.

Was aber ist Gingst heute? Der Ort ist noch auf der Suche nach seinem neuen Profil. Schöns-

Auch die Wilden haben ihren Platz – in trauter Eintracht im Vereinsheim der Kleintierzüchter

Westrügen – Wild und ruhig

Junger Schuhmacher auf dem Museumshof

ter Ort zu sein, genügt nicht, wenngleich das in heutigen Zeiten auch ein wichtiger Marketingfaktor ist. Gingst hat derzeit vier Gastwirtschaften und das Restaurant im Rügen Park, dabei ist eine frisch angesiedelte Weinstube, ein Döner, manchmal zwei. Auch ein Hotel mit Restaurant. Der Versuch, etwas edlere Gastronomie am Markt oder später am Platz der Solidarität im früheren Haus der Jugend anzusiedeln, ist gleich mehrfach gescheitert. Etwas anspruchsvollere neben der durchaus ansehnlichen, bürgerlichen Küche findet der Gast in Gagern oder Kiebitzort. Fisch oder Geflügel nebst Spargel und Kartoffeln sind die ländlichen Spezialitätenangebote. Handwerk und Vermietung gehören ebenso zur Wirtschaft.

Tourismusverein kümmert sich

Der frisch gegründete kleine Tourismusverein Westrügen versucht das Naturkapital auf seine Art in der ländlichen Region »in Wert zu setzen«. Dazu gehören die Kraniche auf Ummanz ebenso wie der gesamte Vogelzug Westrügens oder auch der Umgang mit den Alleen.

Eine Besonderheit sind Gutshäuser und Parks, deren Renaissance durch touristische Nutzung gefördert wird. Boldevitz, Tribbevitz, Grubnow, Zubzow, Teschvitz, Haidhof, Karnitz, Venz, Streu und zahlreiche andere Gutshäuser sind Beispiele. Bücher geben über diese Prunkstücke Auskunft. Manchmal als Sammelwerk wie »Guts- und Herrenhäuser Rügens«, manchmal als einzelnes Buch über Herausragendes, wie das Herrenhaus Boldevitz.

Alte Handwaschtrommel auf dem Museumshof

Die Gutsanlage von Boldevitz

Auch andere Aktivitäten sind bemerkenswert: So beherbergt der Park in Pansevitz nicht nur eine alte Gutshausruine. Er ist zudem der erste Friedwald im Land für Urnenbestattungen außerhalb eines Friedhofes. Und die Kooperation der Familie zu Knyphausen mit dem Verein Insula Rugia hat zu einer beispielhaften Nutzung des Parkes für Kunstinstallationen geführt. Ein einzigartiges und gelungenes Beispiel der Nutzung Westrügener Naturschätze.

Andererseits – profane Wirklichkeit – bemängeln Bürger immer wieder, dass es Gingst versäumt habe, sich ins Radwegekonzept, beispielsweise mit einem Weg nach Pansevitz, einzuklinken. Bürgermeister Jürgen Briese weiß das und hält es für ein frühes Versäumnis, das andernorts nicht begangen wurde. Heute jedoch, und da sind wir wieder bei den Finanzen angelangt, schafft die Kommune so etwas nur noch im Verbund mit den Nachbarn von, sagen wir, Altefähr bis Schaprode. Und das, daran lässt er auch keine Zweifel, wird dauern. Abschnittsweise.

Nach Ende der Leibeigenschaft bestimmte die Hausweberei das Leben

Daher also kann Gingst nur froh sein darüber, dass die Region von Aktivitäten geprägt wird, welche die Kommune erst einmal keinen Cent kosten. Von denen sie aber durch deren zunehmende Popularität profitieren wird.

Ein Dino mit beweglichem Kopf fasziniert Kinder im Rügen Park.

Präsentation der Idee Bücherdorf von den Beteiligten am Stand auf dem Büchermarkt Gingst

Auf alte Bücher werden neue Hoffnungen gesetzt

Eine Initiative fördert den Weg zum Bücherdorf Gingst

Am Anfang stand einmal nicht das Wort, sondern eine Reise. Eine Frankreichreise von Heiko Mirass. Und seine Urlaubs-Entdeckung des Bücherdorfes Becherel in Frankreich. »Ich war völlig überrascht, dass in dem kleinen Dorf mit 950 Einwohnern 12 Antiquariate existieren.« Das fand er privat ebenso spannend, wie beruflich als Führungskraft bei der Agentur für Arbeit. Und brütete fortan mit Freunden über die Idee, derartiges auch in der strukturschwachen Region des Westens von Rügen anzusiedeln.

Im Winter 1999 wurde aus der Entdeckung ein Arbeitskreis unter sechs Freunden. Fast ein Jahr später standen zwei Frauen schon mitten in der Umsetzung einer ersten Projektidee für »Ein Bücherdorf für Rügen«. Die Ostsee-Insel und ein Bücherdorf wäre eine schöne Kombination, fanden damals die Antiquarin und die Pädagogin. Und suchten sich den 1200-Seelen-Ort Gingst für eine Felduntersuchung aus. »Damit das Gefühl der Entscheidung für eine Ansiedelung auch Hand und Fuß bekommt.« Das ist fast zehn Jahre her. Gingst als zu prägender Standort ist geblieben.

56 Bücherdörfer gibt es weltweit. Hay on Wye im englischen Wales gilt seit 1961 als Ursprung der Bewegung. Mühlenbeck-Friedersdorf bei Bitterfeld ist das erste seiner Art in Deutschland. Und weitere entstehen. »Warum«, so fragte sich die Bücherdorfinitiative damals, »sollen wir in einer Urlaubsregion wie Rügen mit über einer Million Besuchern nicht die Nummer 57 werden? Urlauber wollen nach ein paar Tagen mehr und laufen in umliegenden Antiquariaten auf.«

Erste Ansiedelungen – aber nicht in Gingst

Auf diesen Eindruck haben auf Rügen zwischenzeitlich schon einige Unternehmen reagiert. Das Wort von Kai Plümecke, Holger Wendlands Bücherbahnhof in Lietzow, das Antikcafé in Lauterbach und Lüt-

Westrügen – Wild und ruhig

Autorenlesungen wie die »3. Gingster Lese« locken auch Autoren wie Christoph Hein, hier in die Kirche St. Jacobi, Gingst.

Immer dabei: Der Mann für alle Fälle mit seiner mobilen Kapelle

Im Lesezelt mit regionalen und zugereisten Publizisten

teLit in Prora oder Peter Müller mit seinem Antiquariat im Steinstübchen Lohme sind für Bücher immer zu haben. Das Museum in Gingst richtet derzeit brandaktuell einen Leseboden ein.

Fachleute begegnen der meist ersten Frage nach Konkurrenz mehrerer solcher Unternehmen an einem Fleck mit dem Argument, dass die Geschäfte ja gerade wegen der Kooperation kommen und die Kunden immer profitieren. Wer bibliophil ist, wird bei einer projektierten Mindestzahl von fünf Antiquariaten zu Beginn der Ansiedlung in jedem Fall mit einer Kleinigkeit fündig werden. »Das muss nicht nur Rügenliteratur sein«, schwebt einem Verleger vor, der sich vorstellen könnte, auch Insel-Verlage im Winter mit Versandarbeit nach Internetbestellung in Gingst zu bedienen.

Rückschläge bleiben auch nicht aus. So führte die damalige Förderung der beiden Frauen über einen Verein zur Regionalentwicklung nur bis zur theoretischen Reife des Projektes. Systematische und professionelle Herangehensweise führte zur Ansiedelung immerhin einer Buchhandlung im Ort, der niemand eine Überlebenschance gegeben hatte. In Befragungen wurde jedoch auch festgestellt, dass kaum eines der besuchten anderen Bücherdörfer zu Anfang den Kontakt zur Kommune gesucht hat. In Gingst wurde und wird das bis heute anders gehandhabt. Durch frühe Treffen und Gespräche mit der damaligen Bürgermeisterin und auch mit dem heutigen Bürgermeister Jürgen Briese sind Beratungen über mögliche Standorte und die dazugehörenden Immobilien schnell und unkompliziert zu führen. Das auch, weil der Gemeinderat das Projekt begrüßen würde. Mit der gehörigen Portion Skepsis, da die besagten Rückschläge auch die Ungeduld fördern.

Nicht auf Bundesebene

Der Transport der Idee auf die Bundesebene ist bisher nicht gelungen. Gelder für Streifzüge über passende Messen, um dort Interessenten zu gewinnen, gab es nicht und privat kann der Zusammenschluss von großteils Freiberuflern und Selbständigen das nicht leisten. Experten jedoch für dieses Thema sind leider oder natürlich über ganz Deutschland verteilt. Der Effekt für den Arbeitsmarkt auf Rügen würde dann entstehen, wenn sich derlei Experten haben locken lassen und Geschäfte sich etabliert hätten. Im Alltag wäre dann Fachpersonal notwendig. Rund 700 organisierte von rund 1300 Antiquariaten insgesamt sind der Pool in Deutschland. Doch alleine mit den auf Rügen in der Branche Tätigen wäre auch eine Straße der Bücher als Vernetzung denkbar.

Doch statt großer Würfe ist auch 2008 Kleinarbeit ohne Budget angesagt. Büchermärkte im Sommer, ebenso wie Buch- und Trödelmärkte im Winter im Haus der Jugend, halten das Thema am Köcheln. Die »Gingster Lese« lockt in Kooperation mit »Parkkultur Rügen« und der »Kulturstiftung Rügen« literarische Prominenz. Wobei vor Ort KDW-Projektleiter Axel Markmann (Kreisdiakonisches Werk) mit der Initiative und dem geförderten Hartmut Groth derzeit an einer kleinen »Wagenburg« zum Thema Lesen arbeitet. Nachdem die »Kammer des verbrannten Buches« in einem Gebäude der Kirche vorerst auf Eis liegt.

Einig ist sich die sonst sehr unterschiedliche Gruppe von rund sechs bis acht Aktiven darin, dass bei Realisierung des Bücherdorfes Veränderungen in dem alten Angerdorf Gingst nicht ausbleiben dürften.

www.buecherdorf-gingst-ruegen.de

Das Angebot auf dem Gingster Büchermarkt hat sich einen Namen gemacht und zieht sommers im Freien wie winters im Haus der Jugend.

Märchenstunde im Lesezelt

Marktfrieden auf dem Museumshof

Grüner Markt ist bekannter Museumstreffpunkt

Es ist ein friedliches Bild: Der durch das alte Ensemble um das Gingster Efeuhaus eingefriedete Hof an den Gingster Handwerkerstuben. Vorne ein geschmiedetes Tor mit alten Zunftzeichen. Auf der Wiese vor den kleinen Häuschen Ackergerät. Ein Bruchteil der Sammlung, wie die Mitglieder des Fördervereins immer betonen. Sie würden gerne mehr aus dem Fundus zeigen. Vor allem mechanische Geräte mit Elektro- oder Verbrennungsmotor haben die auch unter den Oldtimerfreunden angesiedelten Sammler noch eingelagert. Doch ist das noch zeitgemäß? Nur bei adäquater Betreuung – und wer hat dafür Geld?

Gingster Handwerkertradition

Handwerk, das hatte in Gingst einmal große Bedeutung. 32 Zünfte waren mit ihren Zeichen an den Wänden der Kirche St. Jakobi verewigt und ein Steinmetzmeister hatte vor wenigen Jahren dort gar die Figur des Jacobus auf dem Jacobsweg gemeißelt und gespendet.
Im Jahr 1774 hob der Präpositus Johann Gottlieb Picht (1706–1810) mit Bewilligung der Landesregierung die Leibeigenschaft in dem unter ihm stehenden Teil des Ortes auf. Was zu nicht unerheblichen Konflikten mit anderen Regionen und den Grundbesitzern führte. Picht dachte jedoch weiter. Schule und Arbeit waren seine Prämissen und so unterstützte er die Ansiedelung von Hauswebereien und die Bildung der Kinder. Im Efeuhaus sind die alten Webstühle und ihre Umgebung mit Wohn- und Schlafräumen gut dokumentiert. Manchmal gewinnt Museumsleiter Olaf Müsebeck auch eine Handweberin, die sich dort zur Demonstration den einen oder anderen Tag niederlässt. Zu mehr reichen die Besucher und der Erlös jedoch nicht aus.

Das zweite Haus beherbergt neuerdings die Infostelle des Tourismusvereins Westrügen. Da war der Bürgermeister Jürgen Briese mit seiner Zustimmung sehr clever. Dachte er doch sofort daran, dass mit dieser Nutzung weiteres Publikum auf den Museumshof kommt. In den verschiedenen anderen Zimmern finden sich die Arbeitsstätten oder Wohnräume, beispielsweise eines Schusters.

Die Stärke des Anwesens liegt jedoch nicht beim Museum. Mit der Entscheidung, einen dritten, mit Dorferneuerungsmitteln sanierten Bau, zum Museumscafé einzurichten, wurde die Weiche in Richtung Kommunikation gestellt. Denn die knappe Besetzung bei zunehmend knapperen Mitteln und der freiwilligen Aufgabe Museum machten Schritte notwendig, die Gäste ohne spektakuläre Museumsevents heranlockten.

So kam der ohnehin idyllische Hof mit seinen Obstbäumen ins Spiel. Ein Hof, der im Sommer auch gerne mal als eine der kleinsten Bühnen Deutschlands konzertant in Erscheinung tritt. Dort findet vom Mai bis September oder auch Oktober, so es das Wetter zulässt, jeden Sonnabend ein grüner Markt statt. Da verkauft ein Schriftsteller dann als Zubrot den Biokäse des Hofgutes Bisdamitz. Die Biobauern Ilona und René Thom haben den Stand mit Naturwaren bestückt, vor allem mit frischem Gemüse. Und die Fischgaststätte Holzerland von Ummanz bietet fri-

Beispielsweise Klezmer auf dem Museumshof

schen Fisch an. Doch nicht nur Lebensmittel sind im Angebot. Gemälde, Strickwaren, am spektakulärsten jedoch des Fotografen Volkmar Herres Auftritt. Er ist Lichtbildner mit der Kamera Obscura. Was nicht mehr bedeutet, als eine Lochkamera, welche durch die Größe des Loches und die Dauer der Belichtung das Bild bestimmt. Ein Häuschen auf dem Hof verdeutlicht das Prinzip als begehbare Kamera. Kommunikation und Interaktion führen dann so weit, dass der Käseverkäufer beim Andrang auf das Häuschen davor Kopf steht. Ein witziges und zuerst unverständliches Bild. Doch die Physik des Lichtes führt eben dazu, dass die Besucher mit Volkmar Herre zusammen innen den Kopfstand durch das Loch umgekehrt sehen.

Genug zu reden gibt es auch am Stand des Tischlers, der ab und an seine Shaker-Möbel oder kleine Utensilien in dieser Stilrichtung verkauft.

Olaf Müsebeck backt derweil am Sonnabend im Lehmofen Brot. Ein sehr schmackhaftes Brot, das selten spontan zu haben ist. Keine Bückware eben, meist ist Vorbestellung erforderlich.

Wer seinen Einkauf abgeschlossen hat, findet fast immer Zeit für Kaffee und selbstgebackenen Kuchen, ein Fischbrötchen oder etwas anderes. Und während der Märkte im Dorf, wie dem für Bücher, Kunsthandwerker oder Flohmarkt, kommt auch manchmal eine herumziehende Band mit Klezmer oder anderem in das Geviert mit schattigem Grün.

Ort zum Verweilen

Dies alles lässt die Menschen nicht nur Verweilen. Es ist ein urtypischer Ort dörflicher Kommunikation, wie ihn die gesamte Region auch wahrnimmt. Hier sehen sich die verstreut wohnenden jüngeren Menschen ebenso wie am Mittwoch Abend im Dorf Schweikvitz bei Flammkuchen und Pizza. Sie haben ein Bedürfnis, sich zu treffen und auszutauschen. Das wiederum ist wichtiger als die Pflege des staubigen Inventars, hat Müsebeck schon längst erkannt. Wenn dann noch der Tischler publikumsträchtig am Sonnabend an einer alten Türe des Efeuhauses arbeitet oder das Schmiedepaar Kelting vor dem Hofeingang Damaszenerstahl für scharfe Klingen in der Esse schmiedet, dann ist der Kommunikationsort perfekt. Und wer durch den Ort fährt und zwar schöne, jedoch manchmal auch triste Idylle sieht, sollte einfach mal den Parkplatz am Rande des Museums aufsuchen.

www.historische-handwerkerstuben-gingst.de

Der Fotograf wird um Erklärungen zur Kamera Obscura gebeten.

Eine Bücherkundin hat sich in ein Kätzchen verliebt.

Der Käseverkäufer im Kopfstand für die Kamera Obscura

Westrügen – Wild und ruhig

Kerzen und Hände aus Wachs
Basteln und nebenbei ein Geschenk haben

Marie-Luis hat Besuch. In ihrem Heimatort Gingst. Von ihrer Freundin Elisa aus Dorn. Das liegt bei Hamburg. Doch was tun an einem Sonnabend mit der Freundin, wenn das Wetter nicht so stabil scheint? In Gingst. Es ist nicht eben der Ort, der das große Angebot bereit hält. Freiluft scheidet bei Kälte aus, oder...?

»Wir gehen dann fast immer zum Kerzenladen. Vor allem vor Festtagen können wir dort schöne Geschenke basteln«, meint Marie-Luis. Ihre Freundin stimmt zu.

Es riecht besonders in dem kleinen Raum an der Straße. Nach heißem Wachs, nach Honig, nach Stearin und Paraffin... Und es ist warm, was vor allem im Winter viele schätzen.

Blaue und gelbe Kerzen ziehen sie bei Tino Tittel, indem sie den Docht an einer Halterung immer wieder ins heiße Wachs tauchen. Am Ende, der Schniepel, der stehenbleibt, wird gleich abgeschnitten und wieder eingeschmolzen. »Rund 2,5 – 3,9 Tonnen Wachs kaufen wir im Jahr, verteilt über die Kessel mit neun Farben«,

Inhaber Tino Tittel zeigt Elisa, wie es funktioniert.

Der Kerzenmann hat immer neue Ideen, was seine Gäste oder er mit Wachs bauen könnten.

erzählt der Kerzen-Experte, der einmal kein Koch mehr sein wollte. Immer neue Ideen kommen ihm. Auch die Mädchen haben eine Idee. Lange tauchen sie ihre Hände in kaltes Wasser. Dann in blaues und rotes Wachs. Vier bis fünf Mal. Wenn es zäh wird, knetet es der Kerzenmann so lange, bis die abgegossene Hand abzuziehen geht. Auch mit gekrümmten Fingern. Marie-Luis und Elisa haben ein Andenken, das nicht runterbrennt.

Weltreise in Gingst
Ein Abenteuer unter Bäumen mit sinnlichen Reizen

Wenn sich am Osterwochenende die Tore des Freizeit- und Miniaturenparks in Gingst öffnen, dann fiebern zahlreiche Kinder und Erwachsene diesem Ereignis schon entgegen. Denn die bequeme Reise durch die Wunderwelt der Prachtbauten dieser Welt ist immer wieder ein Erlebnis. Bei jedem Besuch entdeckt man neue Details an den liebevoll gestalteten Modellen. Man kann sich hier einen wunderbaren Überblick über die gesamte Insel Rügen verschaffen. Aha, das gibt es noch alles außer Ostseestrand und Kreidefelsen zu sehen. Im Park stehen neben der Rügenlandschaft hundert Modelle im Maßstab 1:25, vom Deutschen Reichstag in Berlin bis zur Kathedrale Nôtre Dame in Paris – auch die sieben Weltwunder können »en miniature« besichtigt werden. Zur Wahl steht der Spaziergang oder die Parkeisenbahn Emma. Mit ihr kann der gesamte Rügen-Park unter fachkundiger Erklärung erfahren werden – ohne einen Schritt zu tun!

Für die Aktiven stehen fünfzehn Fun- und Fahrattraktionen für Spaß und Action den ganzen Tag über zur Verfügung. Stolz präsentiert sich der Knirps, nachdem er die Riesen-Superrutsche

Eine Flotte berühmter Schiffe vor der Towerbridge

Der Reichstag und die Pyramide von Gizeh

erfolgreich gemeistert hat. Im Luna Loop steht hier im wahrsten Sinne die ganze Welt Kopf. Im 40 000 Quadratmeter großen Freizeit- und Miniaturenpark sind durchaus nicht nur Kinder angesprochen.

Vom 20. März bis zum 2. November 2008 hat der Park geöffnet.

Rügen Park Gingst
Mühlenstrasse 22b · 18 569 Gingst
Tel. (03 83 05) 5 50 55
info@ruegenpark.de · www.ruegenpark.de

Lena und ihr Pony sind die besten Freunde

Der Kliewe-Hof mit Hofladen und den angeschlossenen Ferienwohnungen

Bei den hausgemachten Geflügelspezialitäten läuft einem das Wasser im Mund zusammen

Großes Geschnatter in Westrügen auf dem Landwirtschaftsbetrieb von Holger Kliewe

Der Erlebnis-Bauernhof Kliewe bietet Urlaub auf dem Bauernhof mit besonders viel Herz

Wo Ziegen und Ponies zu Freunden werden

Im Westen der Insel Rügen, idyllisch gelegen, mitten im Nationalpark Vorpommersche Boddenlandschaft, befindet sich der Landwirtschaftsbetrieb von Holger und Susanne Kliewe. Ein Ort, an dem man hervorragend die Natur und Ruhe genießen kann.

Erlebnis-Bauernhof
Ein Traum für kleine und große Kinder, vor allem aus der Stadt, ist der Erlebnis-Bauernhof mit vielen Tieren und aufregenden Mitmach-Aktionen. Auf der Beliebtheits-Skala ganz oben steht natürlich das Ponyreiten, gefolgt von Traktorfahren! Wenn es regnet, werden lustige Bastelnachmittage veranstaltet. Der große Spielplatz ist zum Toben da, darüber hinaus können die Kleinen mit dem Kettcar fahren und die Strohburg erklimmen. Viele Veranstaltungen und Hoffeste (Ostermarkt, Frühlingserwachen, Kindertag, Tag des offenen Hofes, Adventsmarkt) bieten ein buntes Rahmenprogramm für die ganze Familie. Spezielle Erlebnistage »Pferd« und »Bauernhof« für Kinder bringen das Leben auf dem Land näher. Die vielen Streicheltiere sind lieb und freuen sich auf die kleinen Besucher. Für Ausflüge gibt es einen eigenen Fahrradverleih und einen Familienkettcar-Verleih. Abends kommen dann alle zusammen und verleben gemütliche Grillabende oder genießen einen Cocktail.

Urlaub auf dem Bauernhof
Die komfortablen Ferienwohnungen sind alle mit vier und fünf Sternen klassifiziert. Wie es sich für einen echten Bauernhof gehört, sind alle Wohnbereiche urgemütlich und kinderfreundlich eingerichtet. Sämtliche Zimmer sind mit Balkon oder Terrasse ausgestattet und haben einen Ausblick auf das Wasser.

Hofladen
Markenzeichen des Hauses ist der eigene Hofladen. Besonders lecker und beliebt sind die Geflügelspezialitäten aus eigener Produktion. Spickbrust, Geflügelsauerfleisch und -sülze, Geflügelwurst, und Schlachtgeflügel aus bäuerlicher Freilandhaltung wurde nach traditionellen Rezepten und mit viel Liebe hergestellt. Dazu gibt es eine schöne Auswahl an regionalen Produkten und Geschenkartikeln. Der Laden hat jeden Tag von 9–22 Uhr geöffnet. In der Saison freuen sich Spontan-Griller sehr über die großzügigen Zeiten.

Hof-Restaurant
Auch das Hof-Restaurant hat täglich von 9–22 Uhr geöffnet und bietet durchgehend warme Küche ab 11 Uhr. Der Schwerpunkt der Küche liegt auf leckerer Hausmannskost, selbstgemachten Kuchensorten, tollen Eisbechern und diversen Kaffeespezialitäten. Den Gast erwartet ein gemütliches Kaminzimmer mit Spielecke und Blick in den Streichelzoo, ein lauschiger Wintergarten und eine herrliche Sonnenterrasse.

Landwirt Holger Kliewe
Mursewiek 1 · 18569 Ummanz
Tel. (03 83 05) 81 30 · Fax (03 83 05) 5 55 69
bauernhof-kliewe@t-online.de

Ackerbürgerdorf – künstlerisches Profil gefällig?

Plädoyer für einen sanften Generationenwechsel

Glückliche Gäste: Sie logieren in einem alten Gutshaus und kommen auf den Kunsthandwerkermarkt.

Das alte Ackerbürgerdorf mit einem künstlerischen Profil? Wer Gingst kennt, wird sich die Augen reiben. Schönste Kommune, ja schon, aber Künstlerdorf? Haben wir da nicht Putbus oder die Bäderorte?

Tatsächlich existiert im Umfeld des ehemaligen Zentralortes Gingst zwar eine Menge Land und auch Kunst, doch Bauern, Viehzeug und Ideen wie Maislabyrinthe herrschen im öffentlichen Bild vor. Ausnahme ist Museumsleiter Olaf Müsebeck, der schon lange seiner Vorreiterrolle mit Musik und teils auch Theater auf dem Museumshof gerecht wird. Gruppen wie das blaue Einhorn oder Jazz von Lutz Gerlach beleben im Sommer schon seit zehn Jahren den Museumshof an manchen Nächten. Und immerhin kommt keine Polizei mehr. Das war es dann aber auch. Dass die 775-Jahr-Feier solch einem landesweit bekannten Musiker eine größere Bühne bieten würde, da ist dann doch der Kulturausschuss der Gemeinde vor.

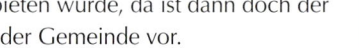

Mit welchem Zunder das Feuer entfachen für ein künstlerisches Profil?

Musik und Gemeinsamkeit....

Gingst muss eine andere Generation bedienen

Gingst lebt heute schon von der Jugend. Der Tourismusverein Westrügen wird von der charismatischen Sanddornhexe vorangetrieben. Nicht alleine, doch sie stellt einen Teil der nächsten Generation. Die Freie Schule in Dreschvitz ist zwar ein anderes Einzugsgebiet, doch ein Gros der Gründungseltern wohnt im Westen der Insel. Auch Orte wie Schweikvitz beherbergen künstlerisches Potenzial, das allerdings mehrheitlich sein Geld in den Bäderorten, sprich Binz verdient. Doch wie kleine Keimzellen wachsen Wurzeln. Die Zinkbadewannen der Keramikerin, die damals noch gegenüber dem Museum zur Bereicherung des Ortsbildes beigetragen haben und es bis in die Gemeindevertretersitzung als Anstössigkeit geschafft haben, sind zwar Vergangenheit. Doch es wirft ein Schlaglicht auf die Probleme, die Initiativen wie Büchermärkte, Kunsthandwerkermärkte, Töpfermärkte, Flohmärkte und eben diese ganze Zahl anderer Märkte und Veranstaltungen zu Anfang hatten. Die Zeiten, als die Kommune sich nicht traute, die Anwohner vom Marktplatz am Tag des Büchermarktes zu verweisen, weil die »immer« dort parken, sind aber glücklicherweise vorbei. Und auch die, dass »das dem Ort nichts bringt«. Dafür ist Gingst an solchen Tagen zu voll.

Aus kleinen Nestern ein großes?

Es wächst etwas... Aus dem Bikernest, aus dem Büchernest, aus dem Museumsnest... Wenn sich auch manche schwer damit täten, eine zweite Töpferei am Ort zu verkraften, wo sich doch andere mit mehreren Büchergeschäften anfreunden müssen. Und Kaffee nebst Öko-Backwaren lange nicht mehr nur an einer Stelle gereicht wird. Wo Lesungen längst nicht mehr im Buchhandel bleiben, sondern die umliegenden Güter einbeziehen. Und wenn der Museumshof für ein Konzert zu klein ist, müsste vielleicht doch der Rügen Park gewonnen werden. Der hat einen Zaun und ein Kassenhäuschen. Teschvitz wiederum hat einen Park, aber noch kein Leben darin.

Doch die Aktiven sind oft zu wenige, stehen im Beruf und haben schon eine Initiative am Hacken. Es müsste mehr im kommunalen statt im privaten Raum angeboten werden. Damit das Ackerbürgerdorf noch lebendiger wird. Und es bedarf passender Foren, in denen alle aufeinander treffen.

...damit das Feuer so auflodert...

Wann und wie das Eisen schmieden?

...damit Freude über Kunst und viel Publikum einkehrt...

Der Hase ist im Garten von Christel Kuschevitz das dominante Zeichen.

Im Schattenspiel eines alten Baumes lässt es sich überall gut ruhen.

Manchmal ist die Grasspirale grün, manchmal weiß oder von Wasser umflutet.

Auch die Seidenmalerin Heidrun Kratzsch und der Bildhauer Hans-Werner Kratzsch haben ihren sonst kaum einsehbaren Garten geöffnet.

Offene Gärten als Renner

Die zunehmende Lust am voyeuristischen Blick zu den Nachbarn

100 private Gärten, Vereinsgärten, Einrichtungen und Gärtnereien haben seit einiger Zeit im Juni in Mecklenburg-Vorpommern die Pforten für die Besucher geöffnet. Auf Rügen sind es derzeit fünf Beteiligte. Die Parkkultur um die Gutshäuser jedoch organisiert sich parallel (www.parkkultur-ruegen.de).

»Leider ist es mühsam, auf Rügen mit der Broschüre vorab etwas zu machen«, sagte Karola Kolbe. Sie war in Fernlüttkevitz ganz im Norden dabei und öffnete die Pforte zu 1200 Quadratmetern. Ihre Attraktion: Vier zum Sonnendach zusammengewachsene Platanen. »40 Gäste und fünf Liter Kaffee, fand ich ganz erheblich an Zuspruch.«

Kurze Gartenporträts, die Adressen und Öffnungszeiten mit kleinen Standortkarten bietet die Broschüre. Letztere wären im Westen der Insel hilfreich gewesen. Denn wer findet im Gewirr kleiner Ortschaften auf Anhieb nach Sylvin? Richtig, an der Kirche in Neuenkirchen vorbei, links ab und auf dem Gehöft des Künstlerehepaares Heidrun und Werner Kratzsch parken.

Erleben von Träumen

»Dieser Blick«, staunten manche gleich bei blauem Windhimmel an rotem Künstlerhaus vor dem Bodden. Hans-Werner Kratzsch und Gattin Heidrun hatten ihre seit Jahren sommers wie winters gepflegte Grasspirale und einen Jamie-Oliver-Kräutergarten im Swimmingpool vorzuweisen. Neben den Skulpturen des Meisters der groben Säge und des gefundenen Stahls. Im Poolgarten wächst auf der dritten Hangebene vor wasserblauen Poolwänden Salbei, Paprika, Cherrytomate, kleinblättriges Basilikum... Das Reizvolle hier ist der kurze Anstieg zwischen Wasser und Hang hinter dem Haus.

»So ab halb zehn kommen die ersten Gäste und dann hört es nicht mehr auf«, sagte Hans-Werner Kratzsch schelmisch mit Gärtnerhut. Beide hatten die Aktion aus Spaß mit Christel Kuschevitz aus Moritzhagen privat angefangen und haben sich nun in das offizielle Programm eingeklinkt. »Im August wollen wir nochmals öffnen«, sagt die aufgedrehte Hausherrin.

Die Funktion von Gärten bestätigt Familie Mühlwald aus Sagard. Hartmut Mühlwald verbringt seine Freischichten meist dort. »Retten, was die Familie hat liegenlassen«, sagt der Seenotretter des Kreuzers Wilhelm Kaisen unter Protest selbiger. »Natürlich schauen wir gerne, was andere machen.«

Umzug mit mehr Pflanzen als Möbeln

Christel Kuschevitz betreibt ihren Garten seit fünf Jahren und die Kinder bestätigen, der Umzug von Hessen habe mehr Pflanzen als Möbel transportiert. »Was sich ausgezahlt hat«, finden ein paar Dauercamper, von Nonnevitz kommend. »Schwer zu finden, aber dann wunderschön.«

Sabine Binder und Anke Meinke von der Baumschule Putbus sind gar beruflich da. »Wollen mal sehen, was unsere ›beste Kundin‹ so aus unseren Pflanzen und Bäumen macht«, lachen sie und bestaunen den Tisch aus Stahlgitter. »Der Zuspruch hängt sicher mit dem durchwachsenen Wetter zusammen«, sagt die inzwischen inselerfahrene Christel Kuschevitz. Die Camper bestätigen: »Wir wären sonst am Strand.«

www.offene-gaerten-mv.de

..Stein, Holz und ein fast mediterranes Flair..

Christel Kuschewitz brachte die Idee des offenen Bauerngartens aus Hessen mit nach Rügen.

Westrügen – Wild und ruhig

Unter den Wolken

»Delta Echo, Delta Bravo Fox, fünf Meilen südwestlich Rügen, erbitte Landeinformation«. Kontaktanbahnung im Tower des Landeplatzes Güttin. Zu Saisonzeiten ist der moderne Kontrollraum besetzt. Zur Vor- und Nebensaison trägt der »Diensthabende«, meist Geschäftsführer Gerhard Kleinert, ein mobiles Sprechgerät mit sich und antwortet: »Delta Bravo Fox, Güttin hat die 26 in Betrieb, Wind steht auf der Bahn mit drei.

Der Landeplatz Rügen (EDCG) mit Landebahn 26 und 08 aus der Luft.

Immer wieder werden Versuche gestartet, Rügen an den größeren Luftverkehr anzubinden. Wie hier für die Linie Köln-Rostock mit einem Rügen-Shuttle.

Landung nach eigenem Ermessen.« Die Aufforderung für den Piloten, Augen und Ohren offen zu halten, den Funk zu verfolgen und sich nochmals »zur Landung« zu melden.

Der Regionallandeplatz Rügen nahe des Ortes Güttin (ICAO-Kennung: EDCG) verzeichnet rund 10 000 Flugbewegungen im Jahr. Er liegt etwa acht Kilometer südlich der Stadt Bergen und wird von der Ostsee-Flug-Rügen betrieben.

Die Nutzung der asphaltierten Landebahn ist auf Flugzeuge mit einem Maximalgewicht von 5,7 Tonnen begrenzt. Es gibt Schlechtwetter- und Nachtflugbefeuerung.

Entstanden ist der Platz als Agrarflugfeld auf Rasen. Nach der ausschließlichen Nutzung für Agrarflüge von 1982 – 1990 wurden im Sommer 1990 erstmals Rundflüge mit Agrarschulflugzeugen über die Insel angeboten.

Versuche mit Linienflügen nach 1990 waren erfolglos. Im Mai 1993 wurden die 750 Meter Graspiste durch 900 Meter Asphaltlandebahn ersetzt. Es folgten der Bau eines Mehrzweckgebäudes mit Gaststätte, einer Tankstelle und eines kleinen Hangars. An einer Verlängerung und Instrumentenflugtauglichkeit wird gearbeitet.

Ostsee-Flug-Rügen GmbH
Flugplatz Rügen · 18573 Güttin/Rügen
Tel. (03 83 06) 12 89 · Fax (03 83 06) 2 11 59
www.flugplatz-ruegen.de

Ballonfahrer und Crew aus Bodenpersonal und Gästen kämpfen gegen den Wind

Durch eine geschickte Drehung bekommt Andreas Golze den Ballon aus dem Wind

Gleich nach Ausklinken von der Halterung am Auto bekommt der Ballon mit seiner roten Hülle schnellen Auftrieb durch den Brenner im Korb und die heiße Luft.

Farbenspiel im Abendlicht

Andreas Golze mit seinem »Sanften Riesen« startet von einer Wiese. Fahren nennt er es, weil der Vorgang mit Heißluft statt mittels Aerodynamik vor sich geht. Malerisch die rote Hülle des Heißluftballons vor dem Raps.

Meist ist es um die Abendzeit windstill und Ballonfahrer nutzen den Wechsel von Land- und Seewind oder der Abendthermik für ihre Starts gegen 19 Uhr. Hier hat Andreas Golze aber andere Sorgen. Und die bis zu drei Gäste packen mit an. Um mit ihnen starten zu können, muss Heißluft in die Hülle. Der stramme Nordwestwind aber drückt immer wieder die Ballonhülle ein. Nicht nur die Halteseile aus Edelstahl müssen dabei vor dem Gasbrenner geschützt werden. Auch die Hülle selbst. Durch eine geschickte Drehung schafft Golze es dann schlussendlich und bringt den Korb samt Gästen durch Ausklinken der Halterung am stehenden Auto frei.

Landen wird er nach einer Stunde auf dem Zudar. Wohin der Wind ihn treibt. Je nach Höhe lässt sich die Richtung steuern, weil die Winde nicht überall gleich wehen. Golze hat auch schon die Landung am Startplatz geschafft.

Seine Begleiterin am Boden sammelt am Ende alles Gerät, Passagiere und den Luftfahrer wieder ein. Nicht ohne die zünftige Ballontaufe. Das ist so Brauch und die Mitfahrer bekommen dabei ganz eigene Namen, die aus der Fahrt und der Landschaft entnommen sind.

Formationsflug aus besonderer Perspektive

Nicht anfassen, aber in jedem Fall genau hinschauen

Fliegerträume – einmal im Jahr

Der Aeroclub lädt zu seinen Flugtagen

Einmal im Jahr. Da verwandelt sich der Himmel nahe des kleinen Ortes Güttin. Es scheint der Flugbetrieb eines ganzen Jahres am Sonnabend und Sonntag durch die Luft zu brummen. Meist aus der Sonne kommend, denn mit dem Wetter haben die Pilotinnen und Piloten des Aeroclubs Rügen oft Glück. Auf die weibliche Form zu achten, ist hier gleich doppelt korrekt. Denn dies ist schon lange keine Männerdomäne mehr. Also nix mit tollkühn und auch nix mit Männern in fliegenden Kisten.

Die Stufen zum Pilotenschein

Fliegen ist eine strenge Ausbildungsdisziplin. Der einmal erworbene Schein wird einem nur für zwei Jahre gewährt und muss durch den Nachweis von Stunden im Flugzeug ebenso wie Starts und Landungen, also Erfahrung, immer wieder bestätigt werden. Scheinerhaltungsflieger, so heißt das im Fachjargon, gelten nicht als sichere Piloten. Geflogen mit Lehrer und später auch ohne wird schon vor der Privatpilotenlizenz. Alles alleine geht erst, nachdem eine theoretische wie praktische Prüfung absolviert worden ist, die jedem Bewerber für die Fahrerlaubnis die Tränen in die Augen treiben dürfte. Navigation, Meteorologie, Technik, Funksprecherlaubnis und auch Wissen über die menschliche Belastbarkeit sind gefragt. Nicht zu vergessen eine regelmäßige flugmedizinische Untersuchung. Dann kann es losgehen und der Verein trägt dazu bei, dass dieser Sport einer für Millionäre bleibt. Dafür ist das Vereinsleben anspruchsvoll und verlangt nicht nur einmal im Jahr, aber da ganz besonders, den vollen Einsatz seiner Mitglieder: dann, wenn am dritten Juliwochenende die Flugtage stattfinden.

Flugtage in Güttin

Dabei sind durchaus auch die alltäglichen fliegerischen Qualitäten bei Gästerundflügen gefragt,

Ju 52 im Anflug

die für die damit betrauten erfahrenen Pilotinnen und Piloten zusätzliche Routine bringen.
Als Gast sind an diesen Tagen jedoch auch Piloten dabei, die mal eine Karriere in schnellen Jets gemacht haben und noch immer mit kleinen, bunten Kunstflugmaschinen ein atemberaubendes Programm an den Himmel zaubern. Meist von einer Plattform aus kommentiert durch einen sprachgewandten und erfahrenen Flieger, der auch fachlich und in punkto Flugzeugtypen und -eigenschaften mehr rüberbringt, als zu sehen ist. Zwischendrin springen die »Fallis« mit Gästen vor dem Bauch im Tandem ab oder starten Oldtimer. Und landen. Apropos Oldtimer: Die gute alte Antonow II, ein Eineinhalbdecker, welcher die Fallschirmspringer aus Neustadt-Glewe meist zum Gruppensprung nutzt, ist ein zuverlässiges Ross. Seit 1947. Sie fliegt andernorts noch Passagiere in die Wildnis und wird im Süden der Republik schon im Museum bestaunt.
Sehen, hören, staunen oder gar einen Gästekunstflug mitmachen: das alles geht an diesen Tagen. Bis es dann wieder beschaulich wird. Auf dem Verkehrslandeplatz Rügen.

Gästekunstflug ist in jedem Alter sehr begehrt.

Westrügen – Wild und ruhig

Mit Puppen begeistern

Zehn Jahre kreatives Puppen-Theater und Theater nach Maß

Seit 1998 ist die Suhlerin Birgit Schuster mit ihrem Figurentheater »Schnuppe« auf Rügen ansässig. Mit dabei auch der kleine Angsthase. Ein Hase, der trotz Angst und Gefahren die Welt erobert. »Das Stück läuft gut. Nach wie vor. Doch wird es jetzt – angesichts seiner zehnjährigen Existenz – neu ausgestattet«, sagt die Theaterfrau mit dem Faible für selbstgemachte Figuren aus Schaumstoff.

Wenn das Figuren-Theater kommt

Die Szenen ähneln sich. Der rote Bus fährt bei einem Kindergarten, Jugendclub, Stadtteilzentrum vor. Groß beschriftet mit »Schnuppe-Figuren-Theater«. Heraus steigt die großgewachsene Theaterfrau, die beim Spielen ihren Pferdeschwanz meist unter einer schwarzen Kappe verbirgt. Nur das Gesicht bleibt sichtbar und die Hände, denen sie keine Handschuhe geben möchte. »Weil das noch auffälliger wäre.« Aber eigentlich, ja eigentlich möchte sie sich schon zurücknehmen und ihre Figuren sprechen, spielen lassen. »Sie sollen sich von mir lösen beim Spiel. Was bei Marionetten natürlich einfacher als bei Stabpuppen ist, die ihre Führung hinten am Kopf haben.«

Zurück zur Spielstätte. Dort wird ausgeladen. Bei Petterson und Findus beispielsweise eine ganze Regalwand. Mit Füllung. So sieht ihre Puppenversion dieses auch für das Theater Vorpommern mit Schauspielern gestaltete Stück aus. Natürlich alleine oder mit Hilfe der Spielstätte. Dann entsteht die mobile Kulisse und das Stück beginnt umgehend. Bei

Birgit Schuster im Königreich der Puppen. Dieser König war bei einem Auftragswerk »Theater nach Maß« der Moderator.

bestimmten Terminen, wie dem Kindertag, auch mehrfach am Tag. Und immer woanders.

Birgit Schuster stellte bislang 30 eigene Inszenierungen auf die Bühne. Ein Ende ist nicht abzusehen. Von Regie, Dramaturgie und Bühnenbau bis zum Spiel macht sie alles selbst. Sonst tingelt sie in Kindergärten und anderen Einrichtungen mit ihrem mobilen Figurentheater »Schnuppe« durchs Land. Zusammen mit dem Theater Vorpommern brachte die Künstlerin seit 2005 bereits das vierte erfolgreiche Stück mit Puppen auf die großen Bühnen. »Petterson und Findus« spielte die Rügenerin als erstes Stück beim Theater Vorpommern, vor allem in Greifswald und Stralsund, in 61 Vorstellungen vor 3720 Zuschauern. Schuster selbst bedauert, dass sie im Sommer auf Usedom, Föhr oder Amrum, in Nordrhein-Westfalen oder Bayern auftritt, während auf Rügen andere Bühnen von auswärts Vorstellungen geben. »Ich wünsche mir schon, dass die Zusammenarbeit mit einigen Hotels im Sommer auch beispielhaft für die meisten der Kurverwaltungen würde«, merkt sie kritisch an, will es jedoch auch gleich wieder zurückziehen. »Ein altes Lied.«

Einfühlen in die magische Welt der Kinder

Die Psychologin Heike Munse ist fasziniert von Birgit Schusters Arbeit: »Sie findet mit ihrem Puppenspiel in die magische Welt der Kinder und bietet ihnen Anstöße und Auseinandersetzung mit Themen, die Kinder in ihrer Alltagswelt beschäftigen.« Zu den Ostseefestspielen 2007 hat »Schnuppe« nicht nur den Pinocchio entwickelt. Ihr Atelier auf Rügen war wochenlang in eine große Staubwolke aus Kiefernholz für die jetzt rund drei Kilogramm schwere bewegliche Figur gehüllt. Sie gab für das Zusammenspiel auf der Bühne Schauspielern Puppenspielunterricht.

Puppe zum Thema und Stück Frühschwangerschaft. Auftragsarbeit eines Sozialamtes.

Pinoccio ist ihre größte Puppe und war im Bau die größte Herausforderung.

Westrügen – Wild und ruhig

Auch Nils Holgersson erlebt seine Abenteuer auf der großen Bühne.

Beim Puppenstück »Tomte Tummetot« wichtelt es gewaltig.

Und was meint sie selbst zu ihrer Puppe? »Einmal würde ich mir gerne den Puppenbau aus Holz von Profis unseres Metiers abnehmen lassen. Da gibt es zwei, drei in der Branche, die tolle Figuren bauen. Handgefertigte Puppen sind ihren Preis wert. Das einzuspielen ist für eine freie Puppenbühne nicht ganz so einfach.«

Staub und Schnipsel

Also füllen Schaumstoffschnipsel und Holzstaub ihr Atelier, das natürlich eng mit dem Wohnen verbunden ist. Der Wintergarten ist das Magazin, in dem einem reihenweise Gesichter der Inszenierungen oder andere Utensilien entgegenschauen. Ein Leiterwagen, auch, massige Schrankkoffer, aus denen sie besonders gerne mobile Stücke spielt oder eine Menge von Hüten, Mützen, Kappen... Und einen oder zwei Räume weiter dann die kleinen Werkbänke, in denen ein Kopf zum Schleifen klemmt. Oder der Griff dazu. Herausgekommen ist wieder mal ein Junge auf Suche nach Abenteuern. Der hatte eben Premiere am Theater Vorpommern: Nils Holgersson. Inszenierung, Bühne und Kostüme, Puppen und Puppenspiel – alles stammt von Birgit Schuster. Wie beispielsweise die großen Gänse in verschiedenster Version, auf denen Nils in die Welt fliegt. Zunehmend mit dabei ist Schusters Mann Jan Bernhardt, der als Kollege manchmal den anderen Blick auf die Inszenierung hat. Denn Jan Bernhardt ist ebenfalls Schauspieler und Fechtmeister am Theater. Und ein kritischer Gegenpart, bei manchen Theaterinszenierungen, je nach Spielplan, auch ein Mitspieler.

Theater nach Maß

Hinzugekommen ist auch das Theater nach Maß. Ämter, Wirtschaftsunternehmen oder andere Institutionen beispielsweise aus dem Naturschutz engagieren die Pädagogin und Mediengestalterin auch zu ganz anderen Themen. Wie beim Stück vom großen und kleinen Klaus vor einer Diskussion von Fischern um ihre weiteren Vermarktungsstrategien.

Manches allerdings ändert sich auch nicht, wie der kleine Angsthase – auch wenn er anlässlich des Jubiläums nun in der Ausstattung größer geworden ist, so wie auch Tochter Gesine wuchs. Trotz ihrer 14 Jahre bleibt sie weiterhin die erste Kritikerin der Stücke vor der Generalprobe.

*»Die drei kleinen Schweinchen«
– klassisches Reisetheater für innen und außen.*

»Berufe haben kein Geschlecht« – eine Auftragsarbeit.

35

Westrügen – Wild und ruhig

Rittergut hat Charme des Ursprünglichen erhalten

Liddow – Schon lange Gefühle für Kultur

Das 1318 erstmalig erwähnte Liddow, das ist Courts-Mahler-Spielstätte, Altertums- und Provinzgeschichte in einem. »Willst du denn auch ein Haus haben?«, kolportiert der Retter des Gutes, Rolf Reeckmann, die Geschichte. Zusammen mit dem am Anfang seiner bildhauerischen Karriere stehenden Hans Werner Kratzsch stromerte er über Westrügen. Damals, in den 70er Jahren sei er das vom Bürgermeister gefragt worden. Seine Antwort, dass ihm das Rittergut Liddow gefalle, brachte ihm den Wohnsitz auf dem verfallenen Gehöft und ab 1975 eine Lebensaufgabe ein. Ein Altbesitz, auf den es keine Restitutionsansprüche gab. Doch es war nach 1990 dennoch kein Zuckerlecken.

Gutsgeschichte exemplarisch

Graf zu Norman hatte das Anwesen 1860 als eines der ärmsten Güter der Region verkauft. Daher, so nimmt Reeckmann heute an, ist es 1871 nicht überbaut worden, wie die meisten wohlhabenderen Besitztümer der Region. Und hat daher auch keine architektonischen Brüche, die vielen Gutshäusern der Insel nicht immer zum Vorteil gereichen. Von 1862–1945 nannten es mehr als zehn Besitzer ihr Eigen. Der letzte, 1933 durch eine Auktion an das Gut gekommene Eigentümer, war ein Freund Lenins und lebte in Moskau. Der daher auf Liddow eingesetzte Verwalter wiederum hatte ein Faible

Gut Liddow in neuem und altem Zustand. Fachkundige können ermessen, was das Gut, mit einer kleinen Bootsbauwerkstatt versehen und einer großen Hallenscheune, an Arbeit geschluckt hat.

für Asien und China. Manche weibliche Angestellte musste angeblich Kimono zur unverzichtbaren Teezeremonie tragen.

»Eine Ausstellung im Gutshaus zeigt in der Vor- und Nachsaison, dass sich natürlich auch vor 1990 Menschen um alte Güter zu kümmern vermochten. Ohne Zuschüsse und vielleicht deshalb auch authentisch«, so Reeckmann in der Retrospektive.

Rolf Reeckmann baut am alten Kriegsfischkutter CARO.

Organisieren à la Mangelwirtschaft

1978 kamen beispielsweise palettenweise alte Ziegel des Greifswalder Doms im klassischen DDR-Tauschgeschäft zur fachgerechten Dachdeckung auf Gut Liddow an. »Ein Tausch für andere Arbeiten«, stellt Reeckmann klar. Die Bewohner sanierten nach und nach Schäden an den Dächern.

Im Umland finden sich weitere Schmuckstücke, wie das sanierte Gut Grubnow.

Rolf Reeckmann inmitten der Dauerausstellung über den Werdegang des Rittergutes

Umland: Das Gutshaus des Gutes Tribbevitz mit einer der häufigen Steingravuren auf einem eiszeitlichen Feldstein

»Nur Günther Schüler als Vorsitzender im Rat des Kreises hat verstanden, was wir hier machten«, sagt Reeckmann heute, dem nicht selten »Zusammenschieben« empfohlen wurde, wenn er wieder auf Materialsuche war. Eine Empfehlung, die neue Gutshaussanierer auch heute noch von Handwerkern hören.

Entwürfe für die später teilweise boykottierte Moskauer Olympiade sind dort in Zusammenarbeit mit dem 2007 verstorbenen Baumeister Ulrich Müther wegen der riesigen Scheunenhalle mit Werkstatt ebenso entstanden wie Spielzeug, das heute noch in vielen Kindergärten Anwendung findet. »Kein Omaspielzeug sondern solches mit hohem Anforderungsgrad«, sagt der Gestalter Carlos C. Reeckmann.

Im Heute angekommen

Heute gehört Karin und Rolf Reeckmann nach langem Kampf um die Rechte alles, was sie wollten. »Nur nicht das, worin wir wohnen«. Die Kooperation mit der Phoenix-Film, die Liddow zur Hauptspielstätte für die ZDF-Serie »Hallo Robbie« machte, sei nur eine logische Fortsetzung vormaliger Filme mit der DEFA und Reeckmann als Requisiteur gewesen. Reeckmanns alte Schiffe dienten von Liddow aus den »Fischern von Santa Barbara«, ein in Lauterbach gedrehter DEFA-Film, ebenso wie »Engels in London« oder »Eine Sommerliebe« mit Iris Berben. Manche Kulissen gibt es nur noch in Mecklenburg-Vorpommern, wie der Dreh zum Drama der Wilhelm Gustloff in Stralsund zeigt. Allerdings brachte der Beginn von »Hallo Robbie« auch jenen erbitterten Streit mit der damaligen Bürgermeisterin, die andere Pläne mit dem teils gemeindeeigenen Gut für die Gemeinde hatte. Somit lehnte sie den Film ab. In Folge wurde die denkmalgeschützte Holzbrücke von Unbekannt angezündet und Liddow blieb vier Jahre von der Ver- und Entsorgung abgeschnitten. Das eigens und nach langem Streit mit der Denkmalbehörde eingebaute neue Portal macht den Ausstellungsraum separat nutzbar. Und es lässt wieder Lesungen oder andere Nutzungen dieser wunderschönen, mit privater Initiative und Feingefühl erhaltenen Räume zu. Wenn keine Dreharbeiten sind, lässt sich dort Aufstieg und Fall der ehemals denkmalgeschützten Brücke zur Halbinsel nachvollziehen. Reeckmann hat dafür so viel Material gesammelt, dass sich daraus eine Dauerausstellung ergeben hat. Auch die Ausstellung über seinen Vater, den Künstler Carlos Rudolf Reeckmann (1903–1971) findet dort Platz. Und wenn ihm danach zumute ist, stöbert er aus der Zeit des früheren Filmgeschäftes in alten Requisiten und gestaltet einen Verkaufsmarkt mit Kunst und Kuriosa. Wer sich dort lange genug suchend aufhält, wird um ein Gespräch nicht umhin kommen. Das nicht selten bei Kaffee und Kuchen endet und zu Deftigerem übergeht. So allen Seiten danach ist. Liddow war und ist eben ein immer reizvoller und geschichtsträchtiger Ort.

Die Ausstellung ist außerhalb der Dreharbeiten bis Juni und ab Oktober täglich von 10–18 Uhr geöffnet.

Luftaufnahme mit Tribbevitz und Blick schräg nach Liddow

Nach vierjähriger Abgeschnittenheit wird die neue Brücke nach Liddow 2007 wieder eröffnet.

Ummanz – Verkannte Insel

Feuer am Fokker Strom

Oder: Sag zu Ummanz niemals Halbinsel

Es ist immer wieder erstaunlich, was Licht auf Rügen zaubert. Wer die Insel Rügen nicht kennt, glaubt, derartigen Bildern nicht trauen zu dürfen. Unwissende halten sie schnell für verkitscht und manipuliert. Doch die Nähe von Wasser und Licht erzeugt eine besondere Atmosphäre, in der solche Fotos entstehen. Malerei auf Rügen zeigt das immer wieder. Anfangs traut man den Motiven nicht. Hat jemand jedoch einmal erlebt, wie hier oben im Norden die Sonne Ende Juni, Anfang Juli nicht mehr ganz untergeht, der kleine Streifen am Horizont nicht weicht und ein Gefühl von Mitternachtssonne erzeugt, der wird es künftig glauben. Auch im Winter übrigens gibt es solche Erscheinungen mit einem nächtlichen, violetten Streifen am Horizont.

Boddenfischerei nur für Ortsansässige

Der Fischkutter der kleinen Boddenfischerei liegt an der Brücke des Fokker Stroms, geradewegs am Fischrestaurant Holzerland und dem Tor zur kleinen Schwesterinsel Ummanz. Mitten im Licht der untergehenden Sonne. Die hiesige Seite mündet in den Kubitzer Bodden, die andere Seite der Brücke heißt Koselower See, gehört zum Nationalpark Vorpommersche Boddenlandschaft und ist daher für jeglichen Wasserverkehr außer eben den der einheimischen Fischkutter gesperrt. Nicht nur der Hecht soll dort gut stehen... Auch manche Angler in Wathosen, die sich trotz Rangern des Nationalparks ihr heimisches Angelrevier im Einklang mit der Natur erhalten wollen.

Die Brücke darf keineswegs darüber hinwegtäuschen, dass wir uns auch hier von Insel zu Insel bewegen. Wenn wir zum Haflingerhof, dem Kite Island oder an den Kranichort Tankow fahren. Und: »Sag niemals Halbinsel zu Ummanz.« Auf »Insel« legen auch Mini-Insulaner großen Wert. Es gibt wenigstens einen wortgewaltigen russisch sprechenden Bewohner mit Gardemaß, der dem auch in der Öffentlichkeit laut widerspricht.

Duvenbeek heute sauberer denn je

Dort also, jenseits des Fokker Stroms mündet auch die Duvenbeek. Deren Wasser – von der Kreisstadt Bergen kommend – transportierte bis 1990 Reste der Fleischerei, der Molkerei und der Großbäckerei aus dem Bergener Industriegebiet. Gerade zu

Aus Äpfeln wird Edelbrand, der auch den Staatschefs beim G8-Gipfel gemundet hat.

Feuer am Fokker Strom

Nach-Wendezeiten kippte das Wasser hier und im kleinen Jasmunder Bodden mehrfach im Angesicht der anreisenden Touristen. Damals fischte noch das Militär nach den kieloben treibenden Fischen. Heute ist die Mündung der Duvenbeek im Zusammenhang mit einem Expo-Außenstandort mit einer Fischtreppe versehen, die zwar teuer, aber leider wenig funktionabel war und ist. Es wächst Gras in ihr, was aber niemand sieht, da ja Naturschutzgebiet und daher von Wasserseite betreten verboten angesagt ist.

Ihr Umfeld jedoch wurde zur riesigen Schilffläche als Absetzfläche. Dort klären die effizienten Rhizome des Schilfrohres, statt dem Wasser ungereinigten Durchfluss ins offene Gewässer zu gestatten. Eine Methode, die auf Rügen

Ummanz – Verkannte Insel

Kraniche sind das Zeichen von Ummanz

gen am Ende dazu führten, dass auch die Nahrungskette für die zahlreichen, hier gezählten alltäglichen und seltenen Vögel in Ordnung ist und damit zu deren Überleben beiträgt. Die Vogelzählungen in der Region beweisen die Wichtigkeit und dass ein Seeadlerpaar in der Gingster Heide brütet, bestätigt das. Wie es auch anders kommen kann, zeigen Studien zur verwendeten Munition beim Schießen auf Gänse. Gerade bei Seeadlern und anderen Großvögeln haben eklatant hohe Bleiwerte im Blut die Diskussion über ein Verbot von Bleikugeln im Vogelschrot verschärft und die Jägerschaft ist zwischenzeitlich sensibilisiert und denkt über Selbstbeschränkungen nach, um Verboten zuvor zu kommen.

Insgesamt hat sich doch herumgesprochen, dass es mehr als nur ein paar Spinner sind, die mit dem Vogelzug auf die Insel zu locken sind. Und auf diese Art beginnt der Tourismus sogar über die Gäste die Natur zu schützen. So sollte es ja auch sein. Im Idealfall.

Windsurfschülerin

Ideen sind gefragt: Das Schweinelabyrinth im Maisfeld

Äpfel wie die Sorte Ontario reifen auf Ummanz bis November

noch Mitte der 90er Jahre umstritten war. Der Effizienz von Schilfkläranlagen wollte niemand, zumindest keine Wasserbehörde glauben, auch wenn es andernorts lange schon Stand der Technik war. Manches tickt anders auf Inseln. Doch das neue Klärwerk für Vieregge, beispielsweise, geht nach der Dreikammerklärung noch in die Phosphatreinigung und leitet dann erst den bis auf fünf Prozent Rückstände geklärten Rest ins Schilf. Da bleiben dann wirklich keine Reste mehr und auch für Rügens Gewässer zunehmend weniger Zweifel an Badewasserqualität. Die kümmert zwar die Jungs und Mädchen an der Brücke des Fokker Stroms nicht, wenn sie dort ins Wasser springen. Doch andere Urlaubsgäste schauen schon nach der mit schöner Regelmäßigkeit verliehenen blauen Flagge für bestes Badewasser. Und natürlich fließen die echten Abwässer der Bergener Industrie heute in die dortige, leistungsstarke Kläranlage. Der Fisch im Bodden und die Vegatation bis hin zu vielen seltenen Vogelarten danken es.

Damit ist ein wenig erklärt, warum die Ruhe von Ummanz in Verbindung mit dem sauberen Wasser und den darum geführten Anstrengun-

Ummanz – Verkannte Insel

Schöne Haut vom edlen Pferd
Haflinger arbeiten täglich und sind nützlich

Norbert Briesemeister, 66, gehört in der Kurz- wie Langversion zum Haflingergestüt Ummanz. Er hat es mit aufgebaut und in der Nach-Wendezeit mit seiner Tochter zusammen ein zweites Mal für den Erhalt gesorgt. Das Brennzeichen der robusten Pferde, die eigentlich aus Tirol kommen, gleicht auch mehr dem Alpenveilchen als dem Mecklenburger Brandzeichen. Ein individueller Einschlag, den er sich gönnt. Pferdeschauen und Fohlenkörung nehmen das zur Kenntnis. Manches Jahr übrigens ist die Saison für das Gestüt in punkto Auszeichnungen besonders erfolgreich: »Von zehn vorgeführten Fohlen haben sechs eine Prämie erhalten.« Briesemeister ist auch sicher, dass die Haltungsform der Tiere in Gruppen sie besonders verträglich macht, vor allem für Kinder. Das beweist sich im angegliederten Verein immer wieder.

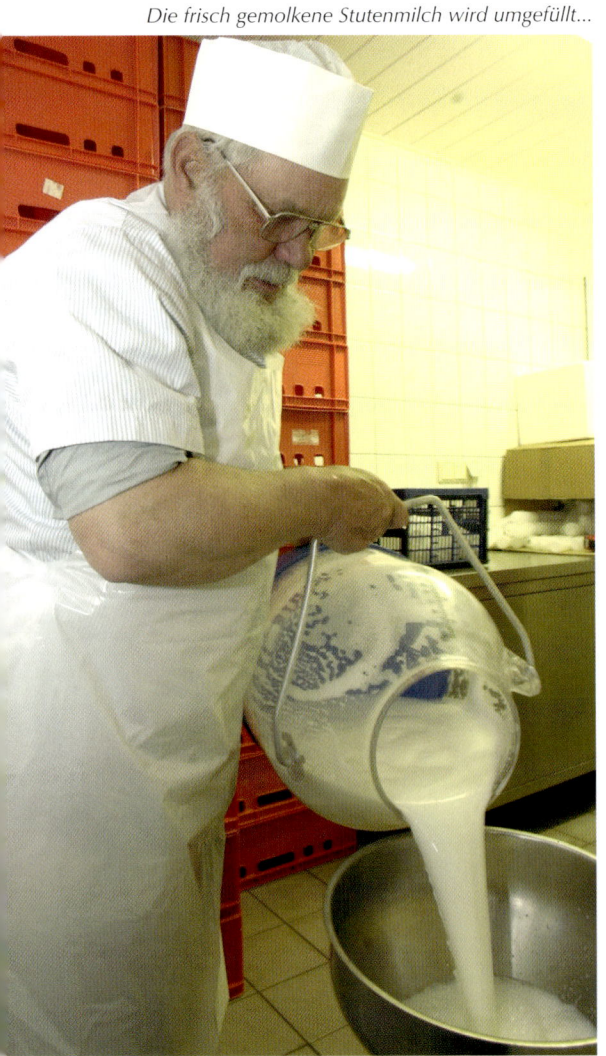

Die frisch gemolkene Stutenmilch wird umgefüllt...

Wie alles begann

1978 begann, was nach der Wende fast verloren ging. »Wir hatten zeitweise rund 80 Tiere hier auf der Weide und in den Ställen stehen«, sagt Briesemeister, der bei Insolvenz und Verkauf im Jahre 2003 ein Drittel als Familienbesitz übernahm. »Das waren wir dem Kulturerbe der Gemeinde schuldig«, ist er sich sicher. »Die 40 anderen Tiere gingen in ein Jugenddorf bei Neuruppin.«
Die Stuten geben Milch und die Jungtiere werden gut verkauft oder besser »mehr schlecht als recht, was den Preis anbelangt«, sagt der weißbärtige Chef, der auch für den Aufbau der Stutenmilchproduktion nach anfänglichem Drängen einiger Kunden zuständig war. Stutenmilch trinkt er selbst bei der Produktion im Frühjahr jeden Tag, der Rest wird für Wellnessanwendungen und Kosmetika sofort eingefroren und zusammen mit der Bergener Rugard-Apotheke vermarktet.
Viel Wert legt Briesemeister darauf, dass nicht, wie in anderen Milchbetrieben, die Fohlen am Ende darben müssen. »Wenn die Milch im Stall abgemolken ist, kommen die Fohlen immer noch zu ihrem Recht.«

... in Behältnisse abgefüllt und sofort schockgefrostet.

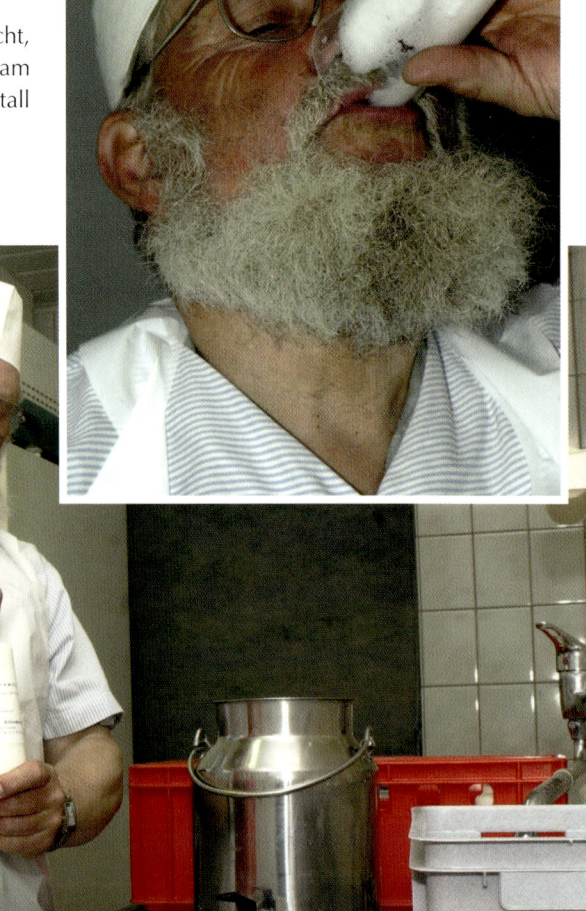

Weiterverarbeitung zum Pflegemittel

Die verarbeitende Pharmazeutisch Technische Assistentin ist auch Fachberaterin für Gesundheit und Prävention in der Bergener Rugard-Apotheke. Dort

Ein Schluck Stutenmilch – wie damals Tolstoi

Ummanz – Verkannte Insel

Urinstinkte: Die Stuten gruppieren sich um die am Boden ruhenden Fohlen.

Derweil sind die Märzfohlen schon in den Juni gewachsen und mit auf der Weide. Das bekommt auch der Stutenmilch gut.

widmet sie sich nach einem Generationenwechsel neben der Krankheit auch der Gesundheit, wie es die Chefin Edith Poggendorf beim Aufbau der Umweltapotheke zum Ziel hatte. Die Stutenmilch gilt dabei als spezielles Rügen-Produkt für Wellness. Sie ist nahezu exklusiv im Angebot, hat aber neben der Onlinevermarktung Probleme, im Alltag wahrgenommen zu werden.

Stutenmilch und Kosmetik daraus sind erhältlich zum einen in bei -18 Grad Celcius tiefgefrorener Form als Rohprodukt für Hotels und Anwender. Zum anderen auch frisch verarbeitet zu Körperlotionen und Cremes, wie sie nach der Rezeptur der Apotheke herstellt werden.

In der Winterpause wird in der Apotheke der tiefgefrorene Altbestand verarbeitet, bis die hochträchtigen Stuten im März fohlen. Dann kann nach einigen Wochen das Melken für die Stutenmilch als Vorzugsmilch nach den Kriterien der Milchwirtschaft für Lebensmittel wieder beginnen. Die Beachtung der Hygienevorschriften auf dem Herkunftshof, sind sehr entscheidend: Vom mobilen Melkgerät wird der Behälter vor der Milchküche getrennt. Die Schuhe werden gewechselt, die Hände gewaschen, die Haare bedeckt... Dann geht alles in die Behälter und diese wandern schockgefrostet sofort in die Gefriere. Der Status als Vorzugsmilch verpflichtet eben auch. Norbert Briesemeister, Chef der Haflingerzucht Ummanz, schwört auf einen Schluck Stutenmilch jeden Tag anstatt Arznei.

Die Apothekerin ist in punkto Heilwirkung zurückhaltender, sieht jedoch den Einsatz als diätetisches Lebensmittel ebenso wie als Mittel gegen Hautprobleme oder bei Störungen der Darmflora. Unumstritten ist der hohe Anteil verschiedener Wirk-, Nähr- und Heilstoffe in der Stutenmilch, die der Muttermilch sehr nahe kommt.

Jahrtausende bekannt

Chinesische Kaiser bezeichneten Stutenmilch als »Göttlichen Nektar«, Tolstoi trank sie regelmäßig. Briesemeister gleicht ihm da ein wenig. Am bekanntesten jedoch dürfte das Bad der schönen Kleopatra in Stutenmilch sein. Sie soll es nahezu pur angewendet haben. Zahlreiche Hotels haben ein solches Bad heute im Angebot. Gerne noch mit Rosenblättern zusätzlich dekoriert. 150 Milliliter werden dafür wenigstens eingesetzt. Zudem kann Stutenmilch mit Rosenöl und in Verbindung mit Packungen aus Rügener Heilkreide direkt auf der Haut verwendet werden, wie in Wellnessabteilungen Rügener Hotels praktiziert. Mehr dieser Anwendungen finden sich jedoch auf der Insel Usedom, weil der Prophet im eigenen Land nicht immer was gilt.

Die Stutenmilch in der Apotheke gefertigte Kosmetik ist leicht parfümiert, kann jedoch für Neurodermitiker ohne Duftstoffe hergestellt werden. Genau diese Gruppe reagiert häufig prompt mit Besserung ...und daher auch sehr dankbar auf das Produkt.

In der Apotheke wird aus der Rohmilch Creme und Lotion gerührt.

Ummanz – Verkannte Insel

Sattsehen am Blau des Wassers und Grün der Felder

Das Paradies ist auf Ummanz

Ferien auf der Insel Rügen – die Seele baumeln lassen. Im ruhigen Westen, auf der Halbinsel Lieschow, erwarten Sie reetgedeckte Häuser inmitten von Feldern und Weiden, umgeben vom Wasser des Nationalparks Vorpommersche Boddenlandschaft.

Der Tag beginnt mit Vogelgezwitscher und dem Wiehern der Pferde. Es gibt viel zu entdecken. Kinder können auf dem Spielplatz toben, den Kinder-Fuhrpark nach Herzenslust nutzen, die Tiere besuchen oder eine Runde reiten.

Morgens gibt es frische Brötchen oder auf Wunsch ein komplettes Frühstück. Im Sommer finden Grillabende am Lagerfeuer statt.

Fahrräder für Ausflüge stehen bereit und Angelfreunde können das Ruderboot nutzen. Rehe und Hasen sind oft nah an den Höfen zu sehen, Kraniche und Wildgänse ziehen am Himmel vorüber. Im Winter kann man am Kaminfeuer ein Buch lesen oder in der Sauna entspannen. Im Frühjahr erfreut man sich an leuchtend gelben Rapsfeldern. Jede Jahreszeit hat ihren eigenen Reiz.

Die Fünf-Sterne-Ferienwohnungen bieten Platz und höchsten Komfort für zwei bis acht Personen. Eine voll eingerichtete Küche, ein Bad mit Dusche und Badewanne, ein Wohnzimmer mit Kamin und dem herrlichen Blick auf die Vorpommersche Boddenküste – alles ist da. Gern geben die Gastgeber, Familie Kewitz, persönlich weitere Auskünfte.

Ein Haus wie aus dem Bilderbuch: traumhaft schön und top gepflegt

Reitstunden für Anfänger und Fortgeschrittene möglich

Rügen Ferienhof · Familie Kewitz
Lieschow 26 a/b · 18569 Ummanz
Tel. (03 83 05) 53 37 80
urlaub@ruegen-ferienhof.de
www.ruegen-ferienhof.de

Hell und gemütlich eingerichtete Ferienwohnungen

St. Marien zu Waase

Dorfkirche mit überraschendem Inventar

Die Kirche zu Waase hat als ihr bedeutendstes Inventar den Thomasaltar.

27,7 Millionen DM sind vom Land aus Mitteln der Städtebauförderung in den Jahren 1991–1993 in Kirchen investiert worden. Zusätzlich nochmals Mittel des Bundes aus dem Denkmalschutz. Das sagt genügend über den Zustand der Kirchen auf Rügen aus. Kirchen und ebenso andere bedeutende Kulturdenkmale verfielen über lange Zeit.

49 Kirchen existieren auf Rügen. Die älteste aus dem 12. Jahrhundert. Die St.-Marien-Kirche zu Waase wurde erstmals im Jahr 1322 als Ecclesia Omanz urkundlich erwähnt. Im Jahr 1341 wurde die Kirche dem Heilig-Geist-Spital der Hansestadt Stralsund unterstellt. Folgenschwer, denn auf diese Weise konnten auch notwendige Umbauten vermutlich von Fachwerk zu Stein finanziert werden.

Bedeutende Ausstattung

Für Waase und die Region das kostbarste Ausstattungsstück ist das Antwerpener Retabel: Ein spätgotischer Schnitzaltar aus dem Jahr 1520. Dieser wurde wahrscheinlich für eine englische Kirche erstellt, dann jedoch von Stralsunder Kaufleuten erworben und mangels Bedarf auch in Stralsund in Waase aufgestellt.

Der Altar zeigt Szenen aus dem Leben Thomas Beckets, des Lordkanzlers von König Heinrich II. Man stelle sich vor: Der Primas und Bischof von Canterbury, der vor Heinrich II. nach Paris floh, zurückkehrte und in seiner Kirche von vier Rittern ermordet wurde. Auf des Königs Befehl. Diese Darstellung findet sich dann in einer kleinen Dorfkirche in Waase.

Ummanz – Verkannte Insel

Surf-Hostel betreibt Kulturscheune auf Ummanz

Wenn's den Wassersportlern zu wohl wird...

Achim Keilich, was ging euch Kitern und Surfern eigentlich im Kopf rum, als ihr das frühere Feriencamp in Suhrendorf gepachtet habt, nun also ein Hostel unter der weltweiten Surf-Sonne betreibt und am Abend in der Scheune auch noch Konzerte anbietet...?
Na ja, wir sind eine Truppe Surfer, die versuchen, mit und von ihrem Traum zu leben. Auch Surf-

Spiel und Sport auf dem Hof des Hostels

Reviere in Deutschland liegen leider nicht immer da, wo das Leben pulsiert. Dafür sind die Spots aber ansonsten mit ihren individuellen Reizen versehen. Begonnen hat hier auf Ummanz alles mit unserer kleinen Schule Windsurfing Rügen. Nach und nach sind wir mit unseren Aufgaben gewachsen und haben unser Angebot und den Service erweitert und verbessert.

Seit 2006 seid ihr nun neben Betreibern von Windsurfing Rügen und Kite Island auch noch Herbergseltern geworden. Welche Herausforderungen kommen da auf so eine Truppe von Individualisten hinzu?
Unser Ziel ist es, Gästen einen entspannten Urlaub mit Sport, Spaß und netten Leuten in einer schönen Naturkulisse zu ermöglichen. Unser Sport ist übrigens nicht ganz ohne, weil wir am Rande des Nationalparks auch immer wieder auf die Einhaltung von Regeln mit dem Surfbrett und dem Kite achten müssen. Das ist eine Voraussetzung für unsere Schule. Sogenannte Scheucheffekte für Vögel in Zusammenhang mit dem Kitesurfen haben zu vielen Diskussionen und jenen Regelungen geführt.
Darüber hinaus bemühen wir uns um einen guten Service, setzen unsere Priorität jedoch auf Authentizität anstatt kühler Professionalität.
In klaren Worten ausgedrückt bedeutet das manchmal auch knallharte Arbeit, wenn der Tag auf dem Wasser gut, aber anstrengend, war und nun am Abend ein Konzert ansteht. Wir machen Pizzen im Steinofen und Drinks. Da kommen auch die Profis ins Schwitzen, wenn die

Was gibt's denn da zu sehen?

Anfänger, verrückte Loops, Speedsurfer oder der ganz normale Schulungsalltag

Leute beim Tanzen mit Gruppen wie »Hans der Kleingärtner« oder den »Bomberos« auch Durst bekommen und Mitternacht noch kein Ende abzusehen ist.

Ihr fangt auch eher wie bei Berliner Verhältnissen an. 21 Uhr auf dem flachen Land. Ist das nicht ein wenig spät?
Es gibt organisatorische Gründe dafür, die aus den Verpflegungszeiten im Hostel herrühren. Dann chillen auch viele nach einem sportlichen Tag. Sonne macht müde, Wassersport erst recht. Und weil wir die Begegnung mit den sonst hier nicht eben kulturell verwöhnten Bewohnern von Westrügen und unseren Gästen befördern wollen, geben wir denen auch eine Chance. Schließlich arbeiten viele bis spät im Tourismus oder der Gastronomie.

Eine alte, rustikale Scheune mit sichtbaren, grob behauenen Balken. Inmitten dieser eher ländlichen Umgebung und dann abgefahrene Musik. In Bergen macht eben eine Location dicht, die den Sprung nicht geschafft hat. Wie läuft es hier?
Wir können nicht klagen. Für hiesige Verhältnisse ist es gut angelaufen. Das Surf-Hostel hat ein Konzept und damit verbundene Ziele. Wenn wir die erreichen, geht es weiter. Und in zehn Jahren werden wir sehen, ob wir Lust haben, den Pachtvertrag zu verlängern.

Hans der Kleingärtner gehört zu einer der Bands, die vergangenes Jahr die Scheune des Surfhostels haben beben lassen.

Kraniche im Sonnenuntergang fliegen zu den Schlafplätzen im seichten Wasser. (Fotos auf dieser Seite: Rico Nestmann)

Ornithologen verlängern die Saison

Vogelliebhaber sind touristische Zähler

Ein Zwergsäger. Sagt der Mann am Spektiv und markiert ihn in seiner Kladde. Mittelsäger, Gänsesäger... 1167 Stück dieser scheuen Vögel haben die Mitarbeiter des Nationalparks Vorpommersche Boddenlandschaft gezählt. Die Außenstelle sitzt in Schaprode. Kraniche haben sie an diesem Zähltag, an dem nicht nur auf Rügen, in Mecklenburg-Vorpommern, sondern länderübergreifend Vögel gezählt werden, nur sieben Stück gesehen. Gezählt wird meist zu zweit. Bei Vögeln, die in großen Scharen vorkommen, wird in einer definierten Fläche geschätzt. Wie dieser Pulk von Silbermöwen. Lachmöwen, Sturmmöwen, Mantelmöwen und unbestimmte Möwen, die auf dem Zählformular auftauchen. Nah dran sind die Vogelzähler, gleich hinter der Brücke vom Fokker Strom. Denn dort ist eine kleine Beobachtungsplattform, von der nicht nur das gegenüberliegende Baugebiet, sondern auch bis zur Mündung der Duvenbeek zu sehen ist. Im Winter auch mal der Seeadler aus der Gingster Heide. Mehrere...
Den Eisvogel haben sie entdeckt. Jedoch keine Große Rohrdommel.

Ranger zählen den Vogelbestand

Auf diese Weise wird der Bestand in den Nationalparks auf Rügen regelmäßig kontrolliert. Und natürlich wissen die Zähler, dass sich in kalten Wintern am Fokker Strom, wie an der Wittower Fähre, wegen der leichten Beute an schwachen Vögeln die Seeadler sammeln. Und was die Profis beruflich tun, zieht nicht wenige Urlaubsgäste privat an. Vor allem die großen Kraniche sind vielen Gästen ein unvergessliches Schauspiel – im Frühjahr oder im Herbst.

Die tanzenden und balzenden Kraniche im Frühjahr

Die rastenden Kraniche im Herbst – Die Glücksvögel sind ein Besuchermagnet auf Ummanz.

Der Kranichrastplatz Ummanz aus der Luft – dorthin ziehen abends tausende von Vögeln.

Ummanz – Verkannte Insel

Die mit dem Kranich lebt

Keramik im Zeichen der Glücksvögel

Susan Schmorell ist eine jener Keramikerinnen, die in ihrem Werdegang auf Rügen die Fayencen kennengelernt und für sich perfektioniert hat. Wie so vieles auf einer Insel sich wieder begegnet und verzahnt. »Es war das letzte Jahr vor meiner Meisterprüfung 1987. Da kam ich nach Rügen zur Fayencemalerei.« Eine Erklärung für die noch in anderen Werkstätten anzutreffende, so typische Fayence. Sie hat sich auf der Insel geklont.

Ummanz Keramik – Alles Schmorell

Dabei kommt Susan ursprünglich aus Köthen und hat nach dem Abitur Keramformerin gelernt. Nach der klassischen Lehre über zwei Jahre in Klingmühl verschlug es sie, wie manch andere, auf die Insel. Der Meisterkurs mit Abschluss 1988 stoppte sie jedoch noch nicht. Zu nah war Heiligendamm als anerkannter Studienort für Kunstgewerke. So folgte das Studium Keramik in der Fachrichtung angewandte Kunst. Die begehrte Anerkennung als Kunsthandwerkerin erhielt sie schon 1991 in neuen Verhältnissen und brannte ihre Abschlussarbeit in der eigenen Werkstatt in Wusse auf Ummanz. Ihr Arbeitsplatz bis heute dort und recht unbehelligt vom allgemeinen touristischen Trubel. Denn ausgestellt ist ihre Ware gleich in der Ummanzer Touristeninformation am Eingang der kleinen Insel und Ende der Brücke über den Fokker Strom. »Es ist nicht selten, dass dort ganze Busladungen an Menschen zum Schauen aufschlagen. Da kann sich niemand mehr aufs Arbeiten konzentrieren, wenn plötzliche die Werkstatt voll ist.«

Mehr als Fayencen

Unrecht geschähe der Handwerksmeisterin allerdings, reduzierte man sie auf Fayencen. Die machen zwar die Alltagskeramik mit Flora und Fauna der Insel aus, Teekannen, Krüge,... doch kommt ebenso Engobenmalerei mit nicht gegenständlichen Motiven für künstlerische Einzelstücke in Frage. Da trägt dann die Farbe des Tons und ein dominantes Ornament die Optik. Oder komplett moderne Formen, die durch selbst hergestellte Mattglasuren in Spritztechnik wiederum völlig anders dekoriert werden. Auch Auftragsarbeiten, beispielsweise aus der Gastronomie, ergänzen ihre Vielfältigkeit. An der Scheibe sitzt sie dafür natürlich selbst. Regelmäßig.

Bekannt jedoch dürfte Susan Schmorell vor allem durch ihre Keramik mit dem Kranich sein. Den hat sie so gut im Handgelenk, dass sie der Tourismusverein Westrügen gleich eingespannt hat, ihre Fertigkeiten mit Grus Grus, so ist der Glücksvogel nach seinem Ruf benannt, für das neue Logo einzusetzen. Es ist auch nicht mehr weit von Wusse nach Tankow. Dorthin, wo die Ummanzer sagen, es gebe eine zweite Saison durch die reisenden Vögel und die Ornithologen. So fanden sie zusammen: Grus Grus und die Keramik.

Gebrauchskeramiken mit dem Kranich gehören zu den originelleren Rügensouvenieren.

Den neuen, genau bemessenen Klumpen Ton zentrieren und hochziehen

Höhenkontrolle am Stichmaß

Ummanz – Verkannte Insel

Die beteiligten Reiter ziehen mit Standarten durch Waase.

Sand- und Tonnenköniginnen
Prügelei um Berliner Heringstonnen auf Pferderücken

Auch ganz junge Debütantinnen trauen sich, wenngleich ihre Anreise mit der Tonne und per Kutsche stattfindet.

Die junge Steffi Krüger ist aufgeregt. Sie sitzt in der Kutsche von Norbert Briesemeister und fährt ihrem ersten Tonnenabschlagen entgegen. »Schau, wie mir die Hände zittern«, zeigt sie ihrem Nebensitzer Berthold Eichhorn die kleinen Finger vor, die nachher eine Keule und Zügel halten und koordiniert im Trab unter der Tonne zuschlagen müssen. Ihr Haflinger Andrea zieht vorne die Kutsche durch die Teilorte von Waase auf Ummanz. Direkt hinter Steffi steht auf dem Gepäckplatz des Zweispänners das Fass. »Eigens in Berlin für 120 Euro hergestellt«, so Briesemeister. »Früher nahm man natürlich alte Heringsfässer«, sagt er vom Bock.

Seit 1978 wird wegen der Ummanzer Haflingerzucht nur noch mit diesen Kraftpferden Tonnenabschlagen praktiziert. »Von 29 Tonnenkönigen hat es nur einer geschafft, dreimal hintereinander abzuräumen. Der durfte den Pokal dann behalten«, gibt Briesemeister zum Besten. Und, dass es dieses Jahr wieder passieren könnte, denn Ralf Fischer ist zu dieser Zeit nach seinen Siegen in Folge der neue Hoffnungsträger für einen zweiten Triple-Sieg.

Die verschiedenen Standarten und die Kleidung machen beim Umzug was her.

Die Regeln

In der Vorbereitung eines Festes mit Tonnenabschlagen wird zunächst ein Parcours errichtet, der aus der Reitbahn und aus je einem Auslauf an jedem Ende besteht. Der ist schwierig zu bekommen. Denn dieser Parcour ist danach eine Wüste. Im Zentrum der Reitbahn wird ein massives Holzgerüst errichtet, in dessen Mitte die mit Girlanden und Eichenlaub verzierte, frei schwebende Heringstonne hochgezogen wird. In solchen Holzfässern legten früher die Fischer die Salzheringe ein. Der aus etwa 25 bis 30 Haflinger-Reitern bestehende Tross reitet nacheinander und in sicherem Abstand im Galopp durch die Bahn und schlägt dabei mit einem Holzknüppel eigener Wahl gegen die Tonne. Die wird so Stück für Stück, meist jedoch sehr langsam, dezimiert. Der- oder diejenige, der mit seinem Schlag den Boden aus dem Fass entfernt, wird zum Bodenkönig. Zum Stäbenkönig wird gekürt, wer das letzte Stück des »Bauches« – also der Stäben – abschlägt. Wer schließlich den letzten Teil des Fasses – den übrig gebliebenen, verstärkten Deckel der Tonne – vom Haken herunterschlägt, wird zum Tonnenkönig. Und bezahlt die Zeche. Das jedoch geschieht häufig erst mit einem winzigen, letzten Stückchen, das den Keulen kaum noch Widerstand bietet und daher die Wucht des Schlages auspendelt.

In einigen Orten, wie in Waase, gibt es noch den inoffiziellen Titel des Sandkönigs. Dies ist allerdings ein wenig ehrenhafter Titel, bedeutet es doch, dass man als erster vom Pferd in den Sand gefallen ist. Und hoffentlich dabei unverletzt blieb. In einigen Orten – beispielsweise Ahrenshoop – wird auch auf die Würde des Bodenkönigs verzichtet. Die Königswürden werden für den Zeitraum eines Jahres verliehen.

Wieder zurück im Umzug auf Ummanz. Hinter der Kutsche, gleich nach der Tonne, reitet auch Frank Thesenvitz. Ein besonders zackiger Reiter. Er trägt in blau-weißer Kleidung die Standarde des Reiter-Vereins Ummanz und seine drei Siege – allerdings nicht hintereinander – auf seiner Schärpe. Derweil hat Briesemeister auch eine traurige Ansage zu machen: »Wir waren so stolz über die Beflaggung auf dem Weg zum Reitplatz und nun haben sie uns in der Nacht alle Flaggen geklaut.« Auch solche Rivalitäten, wie beim Maibaum, gibt es.

Dafür tragen hinter der Kutsche die drei früheren Tonnenkönige Standarten des Kreises, ebenso von Vorpommern und Mecklenburg-Vorpommern. Viele Bewohner sehen den Umzug allerdings nicht. »Die sind vermutlich schon am Tonnenplatz«. Wo die Kutsche und die 20 Reiter eben mit Beifall begrüßt werden. Steffi Krüger eilt an den Rüstplatz, wo ihr Kutschpferd nun Reitpferd wird. Berthold Eichhorn und Dieter Deutrich befestigen das in Berlin

Schlag auf Schlag

Einzug auf dem Festplatz und Parcour

Tradition zeigt sich meist bei altem Tuch.

Auf dem geschmückten Platz geht es nun Schlag um Schlag, bis Teil um Teil der Tonne fällt.

gefertigte Fass unter dem traditionellen Gestell in 3,50 Meter Höhe. Sven Deutrich kontrolliert mit seiner Keule die Höhe, während Kathrins Aufgeregtheit wie abgefallen ist. Sie muss jetzt satteln. Jemand hilft ihr.

Tonnenabschlagen ist ein Brauch, der sowohl dem Abzug der Schweden als auch dem Austreiben böser Geister zugeordnet wird. »Nach der Wende durfte es auch wieder Könige geben und die versteckten Schärpen kamen heraus«, zwinkert Briesemeister. Sandkönig wird hier tatsächlich, wer zuerst fällt, dann folgen Bodenkönig, Stäbenkönig und Tonnenkönig. Es dauert heute nahezu zwei Stunden. Das erfordert vom Publikum Geduld, von den Reitern Kondition. Manche Gäste haben für die Zeit ein eigenes Tischchen mit Kaffee- und später anderem Gedeck dabei.

Reihum im Trab, die Schiedsrichter entscheiden und immer muss Holz beseitigt werden. Die Sandkönigin fällt tatsächlich. Fast auf den Fotografen am Rand. Schmerzhaft auf »den darauf man sitzt.«

Als Tonnenkönigin gewinnt Anja Marzinski. Überraschend. Und als Debütantin hat sich Steffi Krüger bestens gehalten. Sie ist glücklich und stolz. Und wird natürlich im nächsten Jahr wieder dabei sein. Der Triple-Sieg von Fischer wurde nichts.

Hiddensee – Süßes Ländchen

Legende: Gründe für Hiddenseer, den Himmel zu verlassen

Was erzählt wird über Hiddensee

Zingster wollten einmal am Himmelstor Einlass begehren. Da meinte Petrus, der Himmel sei schon ganz voll und keiner könne mehr hinein. Die Zingster hörten jedoch die Hiddenseer krakeelen. »Können wir in den Himmel, wenn wir die Hiddenseer rausbringen?«, fragten die Zingster. »Wenn ihr das fertigkriegt, die Hiddenseer Krakeelmacher herauszuholen, dann könnt ihr meinetwegen in den Himmel«, sagte Petrus.
Die Zingster riefen in den Himmel: »Hiddenseer, Schipp up'n Strand«. Als die Angesprochenen das hörten, kamen sie eilig gelaufen und die Zingster konnten in den Himmel. (Renate Seydel: Hiddensee. Ein Lesebuch)

Alltag? Kutsch-Unfall auf autofreier Insel Hiddensee

Dass Hiddensee anders ist, zeigt auch diese aktuelle Episode:
Obwohl weitgehend autofrei, ist die Insel nicht vor Verkehrsunfällen gefeit. Im Juni 2008 kam es zu einem Unfall mit einer Pferdekutsche, bei dem ein Sachschaden von rund 5000 Euro entstand, wie die Polizeidirektion Stralsund mitteilte.
Die Pferde waren ihrer Kutscherin mitsamt der führerlosen Kutsche am Schiffsanleger durchgegangen. Offenbar hatte sie das stürmische Knattern der Werbefahnen im Wind irritiert. Bei ihrem Galopp durch Vitte beschädigten die Pferde mit Kutsche zunächst zwei Betonpfähle, einen Maschendrahtzaun, dann die Dachrinne und Holzverkleidung eines Wohnhauses und walzten mehrere Stühle und Tische platt. Da es sich um eine Insel handelt, konnte das Gefährt glücklicherweise später »gestellt« werden.

450 Mutterschafe von Wilhelm Neubauer geleitet Schäfer Falk Majewski auf und über die Fähre Vitte. Neubauer beweidet mit den Schafen den typischen Heiderasen, da die früher verwendeten Kühe zu viel Schaden angerichtet hatten.

Fahrräder trifft man allerorten und hält sich am besten immer schön rechts.

Was lernen wir daraus?

Verkehr auf Hiddensee sieht in jedem Fall anders aus. Zumindest Straßenverkehr, Schiffsverkehr... Nicht existent ist bis auf den Rettungshelikopter der Flugverkehr. Fallschirmsprünge soll es schon gegeben haben. Doch bei allem, was sich auf Hiddensee auf den Inselstraßen bewegt, ist Vorsicht angesagt.
So hatte mal einer vor die Pension Heiderose eine moderne Berliner Fahrradriksha gestellt. Ein klasse Gefährt, mit dem der Fahrer zwei Personen unter einem Dach über die Insel befördern kann. Doch halt: In der Nabe des Fahrzeugs war für Steigungen ein Elektromotor untergebracht. Zumindest die an diesem Abend tagende Gemeindevertretersitzung hatte ein Thema für den ganz ernsthaften Dialog über erlaubte Antriebsarten. Außer Bus, Arzt, Post und Feuerwehr sollten keine weiteren Autos fahren. Baufahrzeuge sind schon grenzwertig. Doch auf Hiddensee wird noch immer viel gebaut. Und irgendwo muss eben die Grenze gezogen werden. Die liegt bei zwei Tonnen Gewicht des Transportgutes. Erst darüber darf ein Fahrzeug einen Motor haben. Das wiederum zieht immer wieder Fragen nach sich, warum die allmorgendlich anlandenden Frachten unter zwei Tonnen dennoch nicht mit dem Kremser sondern mittels Elektroauto gezogen werden.

Apropos Feuerwehr

Ein Landtagspolitiker hörte den Ruf der freiwilligen Feuerwehr Hiddensee, sie müssten ihre Jugendfeuerwehrler immer per Privatfahrzeug zu Wettbewerben chauffieren. Also besorgte jener Politiker ein Fahrzeug aus dem Fonds der Bereitschaftspolizei, ließ es bei der feuerwehreigenen Werkstatt in Bergen checken und die Freiwillige Feuerwehr in Neuendorf sollte es übernehmen. Die Landrätin übernahm aus dem Feuerwehrfonds sogar die 1000 Euro Anschaffungskosten. Nur den Unterhalt sollte die Feuerwehr Hiddensee, also

Hiddensee – Süßes Ländchen

die Gemeinde, als freiwilige Aufgabe bezahlen. »Nix da!«, sagte der Bürgermeister. Im sonstigen Leben ein gestandener Kapitän und seine Argumente hörten sich so an: »Der Kämmerer hat gesagt und errechnet, dass neben dem Straßenbau nichts, aber auch überhaupt nichts anderes in den Haushalt einfließen kann. Also entweder die neue Straße oder das Feuerwehrauto.« »Ups«, sagte da nicht nur der Jugendwart zu Beginn eines kleinen Aufstands.

Hauptfahrzeug ist der Kremser

Generell ist also richtig, dass die Hauptbeförderung der Gäste auf Hiddensee per Kremser stattfindet. Das ist übrigens ein gummibereifter Wagen mit

Und wer genau hinschaut, findet sogar ein Brautpaar.

Fuß- und Feststellbremse und Pferdestärken vorne. Meist auch mit Planendach und einigen Fenstern darin. Zuständig für die Beförderung der Fracht unter zwei Tonnen, laut Gemeindesatzung. Ob es sonst eine Hochzeit ist oder auch nur ein des Flanierens überdrüssiger Mitfahrer: Wer nicht radelt oder wandert, kremsert. Doch nicht alle sehen das ein und spannen Elektrofahrzeuge vor den Hänger, den eben die Fähre gebracht hat. Ist für das Logistikunternehmen ja auch einfacher, als umzuladen. Ja, aber... Vertiefen wir das lieber nicht.

Im Winter jedenfalls stehen die Pferde dann im Stall bei Trent, Lohme oder sonst wo auf »Muttland«. Denn so ein Kremsersommer ist anstrengend für die Zugpferde und so dürfen sie im Winter ihre verdiente Erholung genießen.

Hohe Radfahrerdichte

Das Radfahren auf Hiddensee ist ein spezielles Thema. Jedem ambitionierten Biker sei empfoh-

Auch der Transport der Fahrgäste erfolgt üblicherweise per Schiff, wenn auch etwas komfortabler.

len sei, trotz eines guten Mountainbikes bei kurzem Aufenthalt lieber auf Mitnahme des eigenen Fahrrads zu verzichten und sich stattdessen eines auszuleihen. Warum? Nun, die Preisliste der Fähre sollte als Argument genügen... Und es gibt auf Hiddensee so viele Fahrräder, dass sich mancher wünscht, die Menschen würden sich ihrer Beine erinnern. 1500–2000, also doppelt so viele wie Einwohner. Meint der Dorfpolizist. Da bleiben also auch Fahrradunfälle nicht aus.

Und das klassische Orientierungszeichen für Seefahrer – der spitze Kirchturm von Schaprode.

Neben Fischern nutzen natürlich die Behörden wie die Wasserschutzpolizei moderne Schiffe.

Hiddensee – Süßes Ländchen

Weiße Flotte – nicht nur ein romantisches Wintermärchen

Fährverkehr im Winter gehört mit unvergesslichen Tagesausflügen zum Pflichtverkehr

Entspannung und Erholung finden Gäste der Weißen Flotte auch im Winter. Erst recht auf Rügens kleiner Schwesterinsel Hiddensee. Bereits auf der Überfahrt zur Insel Hiddensee weht den Fahrgästen die gesunde Seeluft um die Nase. Hiddensee, übrigens einer der drei sonnenreichsten Orte Deutschlands, liegt mit 18 Kilometer Länge und einem Kilometer Breite wie ein Wellenbrecher vor der Westküste Rügens. Ohne Baggerung der Fahrrinnen wäre sie vermutlich schon an ihr »Muttland« angewachsen.

Nostalgischer Charme in Kloster

Mit nostalgischem Charme ist Kloster das kulturelle Zentrum auf Hiddensee. Wie wilder Wein ranken sich die Häuser vom Bodden hinauf in die Hänge des Dornbuschwaldes. Bildschön das Heimatmuseum, zurückhaltend nobel das Hauptmann-Haus, würdevoll einfach die Inselkirche. Kloster vereint Seebad, Bauerndorf, Künstlerkolonie und Feriendomizil auf den ungepflasterten Wegen in sich. Mit Schilfrohr gedeckte weiße Häuser und der Seglerhafen prägen den Hauptort der Insel – Vitte.

Die neun Kilometer zwischen den drei Ortschaften braucht niemand zu erwandern. Denn auch bei einer gemütlichen Kutschfahrt bis zum Inselblick, dem Plateau nördlich von Kloster, bleibt noch genügend Zeit, die Eindrücke dieser wildromantischen Atmosphäre auf sich wirken zu lassen. Die Kutschpferde übrigens finden sich im Winter meist auf Rügen ein.
An Bord der modernen Boddenkreuzerflotte der Reederei Hiddensee lässt sich gerade bei Kälte alles an Annehmlichkeiten genießen. Die Reederei verkehrt auch im Winter bis zu 12-mal täglich zwischen Schaprode (Rügen) und der Insel Hiddensee.

Stärkeres Fährschiff lindert Witterung

Doch wenn das Frühjahr kommt, nimmt auch die Rügen-Fähre (Stahlbrode-Glewitz) auf der längeren der beiden Strecken meist um den 30. März um 6 Uhr früh die Fahrt mit ihrer Autofähre wieder auf. Der tägliche Fährbetrieb endet in der Vorsaison um 20.10 Uhr und während der Hauptsaison um 21.40 Uhr. Die beiden Autofähren der Weißen Flotte verkehren bis Ende Oktober zwischen Glewitz und Stahlbrode auf dem Festland. »Rund 288 000 Personen und 216 000 Pkw nutzten die Rügen-Fähre. Damit zeigt sich, dass die Fährverbindung trotz des neuen Rügenzubringers für viele zur echten Alternative geworden ist. ›Inselurlaub von Anfang bis Ende‹ eben.«

Starkes Reedereiunternehmen

170 Mitarbeiter hat die »Weiße Flotte« GmbH zwischenzeitlich wieder. Diese sorgen für einen reibungslosen Schiffsverkehr der 17 Schiffe, davon zwei Wassertaxen und zwei Fahrgastschiffe, vier Boddenkreuzer und neun Motor- und Autofähren. Firmensitz ist in der Hansestadt Stralsund. Sie gehört zur Muttergesellschaft Förde Reederei Seetouristik GmbH & Co. KG. Tochterfirmen sind die Reederei Hiddensee GmbH, die Reederei Zingst GbR.

Befördert werden pro Jahr um die 3,2 Millionen Personen, davon 330 000 nach Hiddensee. 850 000 Autos fahren übers Jahr mit der Weißen Flotte.

Reederei Weiße Flotte GmbH
18 439 Stralsund
Tel. (0 38 31) 26 81 19 · Fax (0 38 31) 26 81 30
Infoline
Tel. (01 80) 3 21 21 20 (0,09 EUR/Min)
Gruppenbuchung
Tel. (0 38 31) 26 81 38
info@weisse-flotte.de
www.weisse-flotte.com

Hafenrundfahrt und Brückenschau in Stralsund

Mit der MS Altefähr können Sie die Rügenbrücke bei einer unvergesslichen Hafenrundfahrt ab Stralsund oder Altefähr vom Wasser aus erleben.

Anlegen in Vitte – die Kremser warten schon. Auch in der Vor- und Nachsaison.

Der kleine und große Fährbetrieb als Pflichtaufgabe der Weißen Flotte

Das besonders flache Motorschiff Sundevit für Boddenkreuzfahrten rund um Lauterbach, Gager und Baabe

Die »Hansestadt Stralsund« im schmalen Fahrwasser nach Hiddensee

Alle wollen zum Dornbusch, dem Hiddenseer Wahrzeichen.

Seebühne – an nahem Ufer so fern

Hiddensee mit eigenem, ganz privaten Theater

Die Seebühne Hiddensee, 1997 aus dem Figurentheater »Homunkulus« in Berlin hervorgegangen, gastierte in vielen Ländern. Die Neugründung als eigenständiger Kammertheater-Betrieb war im Frühjahr 2004. Die Seebühne wurde 2008 elf Jahre alt. Intendant ist Karl Huck. Den ganzen Rest macht Wiebke Volksdorf.

Aus Sicht der Rüganer übrigens bedauerlich, dass Hiddenseer Feriengäste privilegiert sind. Denn sie haben den Übernachtungsplatz, der uns anderen Insulanern meist zur Saison und damit Spielzeit der kleinen Bühne vorenthalten bleibt. Seebühnenvorstellungen am Abend mit Fähranfahrt und retour mit dem Wassertaxi sind nicht wirklich attraktiv. Doch wer Karl Huck einmal hat spielen sehen oder gar zweimal, wird verstehen, dass seinem Theater und vor allem der Art der Inszenierungen besonderer Respekt gebührt. Gerne erinnere ich mich noch immer an die mehrfach gesehene »Schatzinsel«, deren Hauptrequisit ein Kontrabass ist. Aufgeschnitten und sehr wendig im Auf- und Abbau. Virtuos wie ein Jazzer. Zwischenzeitlich haben sich mit Holger Teschke, Rüganer, aber als Berliner Autor mit internationalem Flair gehandelt, und Karl Huck zwei Weltreisende zusammengetan. Teschke brachte ein paar Sprengsel aus einzigartig aufbereitetem Theaterstoff, den nur die Seebühne so gut, weil originell, inszenieren kann.

Kafka: »Ein Bericht für eine Akademie«

Eingefangen von einer Jagdexpedition, endlos lange gehalten in einem bedrückend engen Käfig auf einem Dampfer, sucht der Affe einen Ausweg. Instinktiv ahmt er die Menschen nach. Er will so »unbehelligt« sein, wie sie es anscheinend sind. Leicht lernt er sinnvolle Gesten und auch das Sprechen. Größere Probleme hat er mit dem Schnaps. Niemand erklärt ihm, dass dies sicher nicht ein notwendiger Bestandteil des Menschseins ist. Mehrfach betont er, dass er nur deshalb Menschen nachahmt, weil er einen Ausweg sucht, nicht jedoch, weil er die Freiheit erhofft.

Die Seebühne selbst residiert in einem alten Bootsschuppen. Und selbst wenn man die exponierte Lage am Deich nicht als exklusiv bezeichnen möchte, versteht man schon die letzten Worte in der Laudatio von Holger Teschke als leicht bedrohlich, wenn er berichtet, dass sich die Seebühne in Zukunft mehr Sicherheit wünscht. »Die neue Fahrt dreht sich (...) um einen etwas sichereren Heimathafen. (...) Doch Kapitän Huck und seine Mannschaft fürchten mit ihren Schätzen im Laderaum und dem Kartentisch voller Pläne weder die kommenden Stürme voraus noch die unbekannte Küste«.

Einblicke in den Förderverein, der rund 30 Mitglieder hat, gibt es unter www.hiddenseebuehne.de. Ziel des Vereins ist die Begleitung aller Fahrten der Seebühne. Also immer eine Handbreit Wasser unter dem Kiel. Die hohe Hand übrigens, nicht die flachgelegte...

In der Aufführung

Seebühne in Abendstimmung mit Puppengalerie

Karl Hucks vielgesichtige Aufführungen

Hiddensee einmal anders: Luftaufnahmen aus rund 1200 Metern Höhe. Die Welt verändert sich. Es ergeben sich erstaunliche Perspektiven.

Halt! Wandernde Insel Hiddensee

Das Trauma des Vergänglichen

Hiddensee. Die Insel mit dem Trauma des Vergänglichen. Die Insel, deren Bevölkerung darum kämpft, Natur nicht Natur sein zu lassen. Denn mit der Natur verliert Hiddensee im Norden Meter um Meter an Land. Von älteren Abbrüchen und Durchbrüchen abgesehen, brachen im Bereich des »Toten Kerl's« im Jahr 2000 insgesamt 120 000 Kubikmeter Geschiebemergel ab und stürzten ins Meer, im März 2004 nochmal 10 000 Kubikmeter. Und so verlieren die Hiddenseer Jahr für Jahr 30 Zentimeter ihrer Insel im Norden.

Im Süden gewinnen sie fünf Meter pro Jahr dazu. Und würden nicht Baggerschiffe den Schaproder Bodden freihalten, wäre das kleine Inselchen wohl schon längst an Rügen angedockt. Es fließt der Sand vom Norden der Insel gen Süden in die Stralsunder Fahrrinne. Doch wieviel Natur soll sein, wieviel Küstenschutz muss sein, wenn es um Vorspülungen eben jenes Sandes im Südwesten Hiddensees vor den naturgeschützten Teilen geht?

Wer sich wundert, warum manche Hiddenseer in solchen Diskussionen dazu neigen, dem Naturschutz im Süden der Insel nicht gerade Beifall zu zollen, sollte das wissen. Egon Schlieker, alter Fischer und Hiddenseer, ist schon mal aus Protest unerlaubt auf den südlichen Zipfel gewandert um gegen das Betretungsverbot zu demonstrieren. Doch eben jenes Betretungsverbot, des Vogelschutzes willen, sieht Schlieker als Kern allen Übels. »Der Fuchs kommt ja auch im Winter übers Eis, und dann sind die Bodengelege im Frühjahr weg«, argumentiert Schlieker. Das ändert sich erst mit Generationen.

Morphodynamischer Vorgang

Was hier bei Wind und Wetter passiert, wird im Fachchinesisch morphodynamischer Vorgang genannt. Womit auch belegt wird, dass jeder Eingriff an einem Ort an der Küste an einem anderen eine oft völlig unerwartete Reaktion nach sich zieht. Wie die Steine an der Seebrücke Sellin: Mit viel Aufwand sind sie dort kurz vor der Wende vom Helikopter abgeworfen worden. Doch dadurch sorgen die Verwirbelungen dafür, dass der schützenswerte Strand sich noch schneller zurückzog, als vorher.

Anflug im Süden in Richtung Nordwest – die Westküste hoch und dann den Blick zurück – vom Dornbusch nach Süden in Richtung Stralsund

Hiddensee – Süßes Ländchen

Trotz Steinen und Küstenschutz, oder eben gerade deswegen. Natur ist immer stärker. Daher achten die Hiddenseer ein klein wenig mehr als die auf dem Muttland auf solche Vorgänge. Doch auch das ändert sich seit Rügen zwar nicht bricht, aber neuerdings die Küsten wieder verstärkt abrutschen.

Schaprode ist der Schlüssel

Schaprode auf Rügen ist mit seiner über 800jährigen Geschichte an der flachen Küste Rügens der Schlüssel zum »Söten Länneken«, dem süßen Ländchen, wie das Eiland von den Einheimischen auch genannt wird. Dort sind viele Wiesenbesitzer wohlhabende Parkplatzinhaber geworden.

Wäre nicht die alte Kirche als Seezeichen spitz ausgeprägt und manch sehenswertes Haus des Hafenortes am Bodden, könnte Schaprode im Sommer fast für einen großen Parkplatz gehalten werden. Denn hier stehen im Sommer die Autos aufgereiht, die nicht auf die kleine Insel dürfen. Nur Lastanhänger der Versorger wie Bäcker, Post oder Lebensmittelhändler zieht der Traktor über die Rampe der Fähre Vitte.

Auch von Wiek fährt die Weiße Flotte und die Reederei Kipp auf das 17 Kilometer lange und zwischen 250 Metern und 3,7 Kilometern breite Hiddensee.

Wetterprediger in Kloster

Kloster, der nördlichste Ort Hiddensees, ist der Ausgangspunkt jeder Wanderung zum Dornbusch. Hier, wo das Wahrzeichen, »Hiddenseer Leuchtturm« steht (er kann mit seinen 102 Stufen erklommen werden), gibt auch der NDR in Wort und Bild das regionale Wetter wieder. Der Prediger des Wetters heißt meist Stefan Kreibohm.

In der Kirche predigt noch Pastor Manfred Domrös. Will aber abgeben. Seit 17 Jahren betreut der Theologe die protestantische Inselgemeinde und erzählt gerne Touristen aus seinen Erfahrungen. Und die sind nicht wenige. Neben 4000 Betten der festen Gäste kommen täglich rund 3000 Tagesbesucher mal eben herüber. So viele kamen früher das ganze Jahr auf die kleine Insel ohne Teerstraße, wissen alte Hiddenseer und die Nationalparkleute zu berichten.

Neuendorf nennt seine Kirche »Uns Tauflucht«. Der moderne Bau vereint optimal Gottesdienste und Kultur. Neuendorf ist die Grenze zum Süden Hiddensees. Dort, wo am Schwarzen Peter die Insel schon einmal zu brechen drohte, wird heute immer wieder Sand angespült. Doch der Süden ist tabu. Denn dort regiert der Naturschutz, besser der Vogelschutz. Plogshagen, als Ortsteil, wo 1837 bzw. 1840 die ersten Schulen der Insel gebaut wurden, gehört dazu und alles ist ein Denkmal, weil original erhalten.

Inselhauptstadt Vitte

Vitte, die Inselhauptstadt: Fährankunft und Einkaufsort mit Fahrradverleih. Besonders sehenswert ist das Hotelschiff im Hafen sowie das Haus Karussel, typisch geformt durch seinen quadratischen Grundriss und zwei Rundungen. Erbaut von der dänischen Stummfilmschauspielerin Asta Nilsen. Unweit auch ein Haus des Architekten Max Taut, die Blaue Scheune genannt und bekannt durch den Künstlerinnenbund. 1920 von der Malerin Henni Lehmann erworben.

Vitte nennt das letzte betriebene Zeltkino sein eigen. Auf Hiddensee hielt es 1963 mit der Tonkoffer-Kinoanlage TK-35 seinen Einzug und begeistert heute noch, modernisiert, mit aktuellen Filmen der Saison und mit Filmen, die schon leicht in die Jahre gekommen sind.

Kloster ist jedoch die kulturelle Hochburg. Das Gerhard-Hauptmann-Haus, die Buchhandlung, die Fotografin und die Verwaltung. Auch die Bibliothek im Henni-Lehmann-Haus mit dem kleinsten Shop und die größeren Einkaufsmöglichkeiten der Insel. Und wenn der Wetterfrosch Stefan Kreibohm nicht am Leuchtturm sendet, an seiner Station, sendet, befindet er sich vielleicht hier und erklärt im Henni-Lehmann-Haus das Wetter.

Einen Besuch wert ist auch das Heimatmuseum, welches nicht nur von der wechselvollen Geschichte unter Dänen, Schweden und Preußen erzählt, sondern auch vom legendären Wikinger-Goldschatz von Hiddensee, den Fischer fanden und nur nach und nach ablieferten. Die Reste kaufte das Stralsunder Museum an und ein Stralsunder Goldschmied fertigt Repliken auf Lizenz.

Hiddensee – Süßes Ländchen

Die Inselkirche in Kloster ist neben dem von Persönlichkeiten nur so strotzenden Friedhof das letzte Zeichen der Erstbesiedelung 1296 durch die Zisterzienser.

Grieben ist der vermutlich älteste Ort der Insel und Ausgangspunkt vieler Wandermöglichkeiten, so auf den Alt- und Neubessin oder über den Hochuferweg auf den Rübenberg zu einem alten Hügelgrab. Am Enddorn finden Radler einen eigens geschaffenen Fahrradparkplatz und können von dort weiterwandern. Es besteht blendende Aussicht nach Dranske, im zweiten Weltkrieg Seefliegerstützpunkt und zu DDR-Zeiten Marinestandort der 6. Flotille. Der Blick schweift gar weiter zum südlichen Bug, heute Naturschutzgebiet.

Kultur auf Hiddensee

Die russische Besatzungsmacht hatte so große Hochachtung vor Gerhard Hauptmann, dass er nach seinem Tod in Agnetental 1946 auf eine lange Odyssee gen Hiddensee ging. Dort ruht er in Kloster unter einem riesigen Findling mit dem alten Testament in der Hand. Thomas Mann wiederum konnte Hauptmann nicht wirklich leiden. »Eine Insel verträgt keine zwei Könige«, soll er einmal gesagt haben und in seinem Zauberberg den ständig in Kneipen rennenden Peperkorn nach Hauptmann geschaffen haben. Doch die Hiddenseer liebten ihren Hauptmann, dessen Haus heute als originalgetreues Museum bis hin zum Weinkeller und den Notizen im Schlafzimmer Atmosphäre verbreitet.

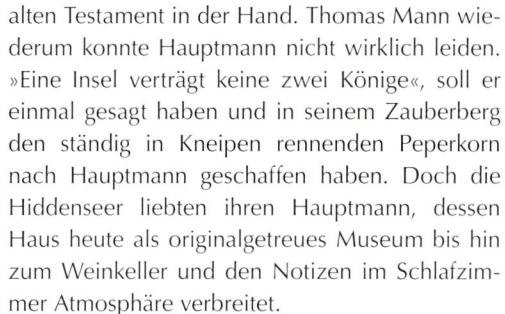

Anders als Rügen bietet Hiddensee noch Anonymität. Wer so schwer ankommt, geht auch schwer wieder. Und so weilen auch heute Dichter und Denker wie Günter Grass oder andere eher auf Hiddensee denn auf Rügen. Weil häufig völlig unbemerkt. Oder so beachtet, wie es sich geziemt: mit netten Abendveranstaltungen in überschaubarem Rahmen.

Ach ja, Hiddensee ist zwar nahezu autofrei, hat jedoch ein Fahrrad-Verkehrsproblem. Mit Motor ist nahezu jeder private Antrieb verboten.

www.seebad-insel-hiddensee.de

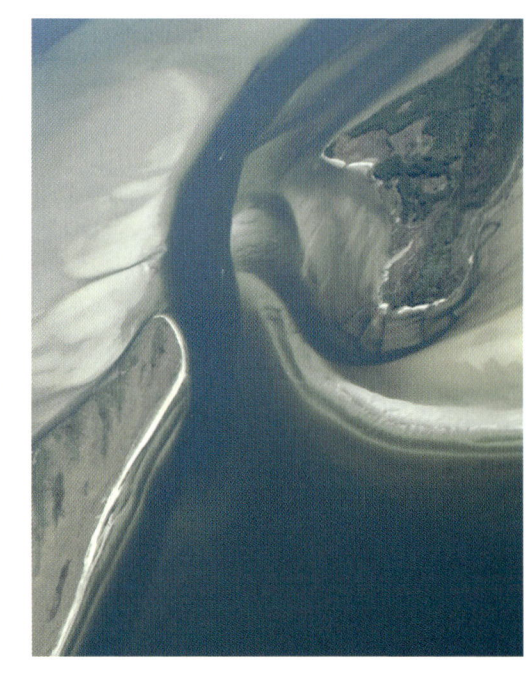

Hiddensee – Süßes Ländchen

Marion Magas gräbt das andere Hiddensee aus dem Sand

Geschichten aus einer anderen Zeit

Inselgeschichten aus einer anderen Zeit. Die erzählt Marion Magas und das schon zum zweiten Mal mit ihrem Buch von Inselfreunden und Lebenskünstlern. Während sich auf Rügen lange Zeit die Helden der Arbeit oder Grauröcke in Eiswintern oder anderen Ereignissen literarisch oder auch nur dokumentarisch profilierten, gab es auf Hiddensee so einiges mehr, bei dem man hinter die Kulissen schauen konnte. Schon in ihrem ersten Band hatte Marion Magas beschrieben, wie die mancherorts eher am Rand der DDR-Gesellschaft existierenden Intellektuellen des Arbeiter- und Bauernstaates, also die Nichtangepassten, die auch mal als Friedhofsgärtner oder Gemeindearbeiter tätig waren, wie die sich in den Sommermonaten zum Kellnern auf das Süße Ländchen verdingten. Um die Atmosphäre unter ihresgleichen unbehelligt genießen zu können. Denn ein Aufenthalt auf Hiddensee ohne Wohnung war damals nahezu unmöglich. Wer erwischt wurde, flog von der Insel. Da war der ABV, der Abschnittsbevollmächtigte, rigoros.

Marion Magas lässt als Herausgeberin vor allem frühere und noch heutige Hiddenseebesucher aus ihren Erinnerungen plaudern und bringt dies in Kapitel. Sie zeigt umfangreiches Erinnerungsmaterial in Form von heute schon historischen Fotos.

Mehr als Schwänke – Zeitgeschichte

Dass sich das Buch dabei nicht in Schwänken verstrickt, zeigt exemplarisch ein Aufsatz über den Parasitologen Wolf Dietrich Eichler von Curt-Heinrich Becker. Der beschreibt, wie der Hiddenseeliebhaber eine Außenstelle auf seiner geliebten Insel errichtete und dortselbst Examina abgenommen haben soll. Unbekleidet in der Strandburg, wurde kolportiert, während die Examinierten ordentlich in Zwirn und Schlips erschienen sein sollen. Fotos, ob gefälscht oder nicht, die schon 1954 darüber die Runde gemacht haben, machten seiner Karriere erst einmal ein Ende.

Becker beschreibt aber auch die möglicherweise wahren Hintergründe. So hatte sich Eichler in seinen Forschungen in Gegensatz zu einem russischen Experten begeben und wurde sofort als Reaktionär eingeschätzt. Geschichten, wie sie wohl in den Memoiren der kommenden Jahre noch mehrfach anklingen und vielleicht auch Aufklärung finden werden. Eine charmante Lektüre, erst recht am Originalschauplatz.

www.hiddensee-kultur.de

Gurke hat Besuch.

Feierabendbier vor der Unterkunft

Flundern putzen – gegen Schlafplatz

Aalräuchern der Saisonkräfte vor Flaschenvorräten, die den Hinterhof einer Kneipe vermuten lassen.

Militarisierung Nordrügens

Schnelle Schiffe und Wasserfliegerei fanden einen Platz – Fallada? Wer war das?

Am Abend des 5. Februar 1947 starb Hans Fallada an Herzversagen – die vielen »kleinen Tode« seines Lebens hatten sich zum Finale kumuliert. Er war in Berlin wieder allen Lastern verfallen, denen er in Gudderitz auf Rügen erlegen, in der Haftanstalt Greifswald und später Neustrelitz entsagt zu haben glaubte.

Die Drogensucht wollte er in Gudderitz mit Alkohol und Hilfe seines Freundes kurieren. Um seine Sucht zu finanzieren, hatte er als Gutsbeamter mehrfach an verschiedenen Stellen in die Kasse gegriffen und war wegen Unterschlagung verurteilt. Sein Roman »Wir hatten mal ein Kind« trägt insofern deutlich autobiografische Züge und spielt auch auf Rügen.

Windland Wittow, fruchtbares, windiges Land mit schwerem Boden. Und doch liegen die Höfe, die Güter und Rittergüter sowie andere gesellschaftlich genutzte Häuser meist nicht auf dem nördlichen Windland. Irgendwie scheint das Karge eher das Militär anzuziehen, wie etwa die Seefliegerstaffel, die den Piraten, Posthausbetreibern, Zöllnern und Seenotrettern folgte. Das kabarettistische Multitalent Marten Schmidt beschreibt in seinem Buch über die »Verschlusssache Bug« auf Rügens geheimer Landzunge, wie sich die militärische Fliegerei 1916 langsam dort breit machte. Küstennahe Flugplätze waren gesucht, von denen aus die neuen Seefliegerstaffeln operieren sollten. Der Erste Weltkrieg hatte die gegenüber den Panzern abgelehnte Flugwaffe doch zu selbstständig operierenden Einheiten der Aufklärung und später auch der direkten Kriegsführung werden lassen.

Erste Demilitarisierung

Als der Versailler Vertrag am 18. Januar 1919 geschlossen wurde, war es das »Aus« für die Flugtechnik. Ihr Abtransport fand mit der Kleinbahn statt. Nach Demontage der Seefliegerstation ging der Transport per Bahn so stark zurück, dass die Strecke zum Bug 1920 wieder eingestellt wurde;

Kapelle Vitt und das gleichnamige Fischerdorf am Hochufer nahe Kap Arkona. Touristisch wird es leicht neben Kap Arkona vergessen. Zu Unrecht. Bier kommt dort aus der Wand.

das bestätigt auch Marten Schmidt. Das Fahrwasser zwischen Bug und Hiddensee verlandete immer mehr und die Lotsenstation wurde ebenfalls geschlossen. Es schien Ruhe einzukehren. Urlauber kamen jetzt in den ehemaligen Fliegergebäuden unter. Doch die Militärs kannten die Umgebung noch und starteten unter dem Deckmantel der zivilen Luftfahrt mit Schwimmbooten und Wasserflugzeugen das wieder, was nach dem Versailler Vertrag verboten war. Mit Auslaufen des Pachtvertrages des Deutschen Beamtenbundes bekam die »zivile Luftfahrt« das Areal wieder. Und so, wie Dranske später die noch in ihrer Architektursprache deutlich erkennbare Grundschule Hermann Göhring erhielt, erhielt der Bug nach und nach die Strukturen für den Seefliegerhorst. Dem folgten mit Hochdruck Hangars und Wohnanlagen. Rund 16 000 Seenot- und Evakuierungseinsätze sind gegen Ende des Krieges von dort geflogen worden. Unter

Die Dornier 24 Wal gehörte zu den ständigen Gästen der Seefliegerstaffel auf dem Bug, während in Sellin zivile Modelle im regulären Flugplan von Stettin nach Frankfurt am Main flogen.

Mit diesem gigantischen Seekran kamen die Flugzeuge auch bei Eis oder Dünung ins Wasser. Er kam als Reparation zu den »Brüdern« in die Union der Sowjetischen Republiken.

Wittow – Raues Windland

Auf Wittow landet gerne der erste Storch.

Auch das Gasthaus »Schifferkrug« in Kuhle zählt sich zu den ältesten der Insel.

Der deutlich kenntliche Eingang der »Hermann-Göring-Schule« in Dranske.

Kriegsbedingungen, denn die Nazis hatten versäumt, die Seenotflieger unter den Schutz der Genfer Konvention zu stellen.

Die Nachkriegsjahre brachten erneut eine totale Demontage der Fluganlagen. Aber statt des kurzfristig geplanten großen Hafens und Durchstichs in Glowe zur Ostsee begnügte sich die Marine der NVA später mit dem strategisch ebenfalls günstigen Bug und legte ihre 6. Flotille dorthin. Leitstand auf Wittow am Kap Arkona, Waffenlager in Moritzhagen bei Vieregge und Bergen. Erneut wurde Rügen militarisiert.

Zweite Demilitarisierung

Nach vollständiger Auflösung des Stützpunktes 1990 begannen die Spekulationen. Ein Ferienresort mit Wasserlandeplatz war der Gipfel der Vorstellungen. Die Oetken-Gruppe entsandte einen Vertreter vor Ort, der mit der Planung einer Anlage für 3500 Menschen und dem Segel-Olympia-Standort beauftragt, auch Hoffnungsträger und dann Bürgermeister des zwischenzeitlich zwangsverwalteten, weil finanzlosen Ortes Dranske wurde.

Nach Räumung mit Convers-Mitteln steht alles still, der Bug ist gesperrtes Naturschutzgebiet und die Hoffnung besteht, dass dort Ruhe einkehrt. Betreten jedenfalls ist nur mit Führung und in wenigen Fällen erlaubt. Ruhe eingekehrt ist auch in Dranske, wo noch ein Museum an die »alten Zeiten« erinnert. Die aufwändig ausgebaute weiterführende Schule verrottet als Spekulationsobjekt in Privathand. Die Entwicklung anliegender Gutshäuser wie Lancken kommt wegen fehlender Eigenmittel der chronisch klammen Gemeinde nicht voran. Es fehlen die Eigenmittel. Surfen allerdings geht. Bis hin zu Weltmeisterschaften.

Ganz anders am Kap Arkona. Dort floriert das Tête-a-Tête mit dem Militär gleich neben der Kunst. In räumlicher wie personeller Einheit.

Regionale Küche

Wittow ist traditionell nicht nur Weizen, sondern auch Kohlanbaugebiet. Feiner, weicher Wittower Kohl. Leider kaufen auch Rüganer Gastronomen lieber bayerischen Kohl, weil der Preis inklusive Anlieferung ist. So geht also der Anbau zurück. Aber ein neu zugezogener Koch versuchte es mal wieder: Irish Stew stand auf seinem Speiseplan. »Sie glauben nicht, was passiert ist«, sagte er. Doch, die Rüganer wussten es. Verkocht war es. Warum? Wittower Kohl ist so zart, dass er mit Weißkohl in der Garzeit nicht zu vergleichen ist.

www.luise-berlin.de

Auch solche Plätze zwischen alten Buhnen lassen Wittows heimliche Schönheit erahnen.

Das beste Mittel, den Stau an der Wittower Fähre hinter sich zu lassen.

Wittow – Raues Windland

Wiek

Mehr als das Tor zum Kap Arkona

Dank seiner direkt am Bodden gelegenen AOK-Klinik, einst ein Kinderkurheim, ist die Ortschaft Wiek deutschlandweit bekannt. Der bereits in der Wendezeit bezeugte Handels- und Hafenplatz lebt mit seinen gastronomischen Einrichtungen sowie kleinen Geschäften heute vornehmlich vom Tourismus und der Verbindung zur See. Zwar wird Wiek als Durchfahrtstrecke zwischen Kap Arkona und der Wittower Fähre oder als Ausgangspunkt für Schiffsreisen nach Hiddensee gern genutzt, liegt aber dennoch abseits vom lebhaften Trubel der Seebäder.

Gute Busverbindungen und neu angelegte Radwege ermöglichen günstige Urlaubstage auch ohne Auto und somit leichten Zugang zu den Ostseestränden an Nordküste und Schaabe. Auch architektonisch kann Wiek mit alten, rohrgedeckten Katen, der Kurklinik im Florida-Stil aus der Bauhauszeit, den einstigen Offiziershäusern, der Kreidebrücke im Hafen und der gotischen Kirche Besonderheiten bieten.

Zum Ort gehören mehrere kleine Dörfer mit eigener ländlicher Prägung und alten Herrenhäusern, an denen sich noch gut die Spuren der Vergangenheit ablesen lassen.

Wieker Blasmusik

Schon seit 1958 wird das kulturelle Leben des Ortes maßgeblich von der Blaskapelle begleitet. Sie darf auf eine wechselvolle Geschichte in sich wandelnden Zeiten zurückschauen. Im Jahre 1993 konstituierte sich der Klangkörper neu als eingetragener Verein und entwickelte sich in der Folgezeit auch dank Unterstützung durch die Gemeinde und anderer Vereine und Sponsoren zu einem unverzichtbaren Bestandteil festlicher Ereignisse. Nicht nur im Ort oder auf der Halbinsel Wittow selbst, sondern darüber hinaus für die gesamte Insel. Die Wieker Blasmusik begleitet Festumzüge, umrahmt besondere Anlässe und gibt regelmäßige Konzerte. So jeweils im Sommer und zu Weihnachten in der gotischen Kirche zu Wiek.

Für diese Arbeit ist die Schulung von Nachwuchsmusikern von großer Bedeutung. Damit wird auch die Förderung von Kindern und Jugendlichen in diesem Metier intensiv betrieben. Das mündet zugleich in einer sinnvollen Freizeitbeschäftigung.

Wieker Heimatverein

Auf Initiative des einst in Wiek geborenen und seit mehr als einem halben Jahrhundert in Hessen lebenden Lehrers und Kinderbuchautors Günter Käning wurde im Jahre 1992 ein Heimatverein gegründet. Er bemüht sich um die Bewahrung von Sachzeugen, die Pflege des kulturellen Erbes, die Dokumentation von lokalhistorischen Ereignissen, Gestaltung von Festen und den Zusammenhalt der ehemaligen Wieker. In der nach dem Initiator benannten Kulturscheune sollen regelmäßige Ausstellungen zur Ortsgeschichte gezeigt werden, wobei Haushaltsgeräte sowie Arbeitsmaterialien aus Fischerei, Landwirtschaft und ortsüblichen Gewerken im Vordergrund stehen.

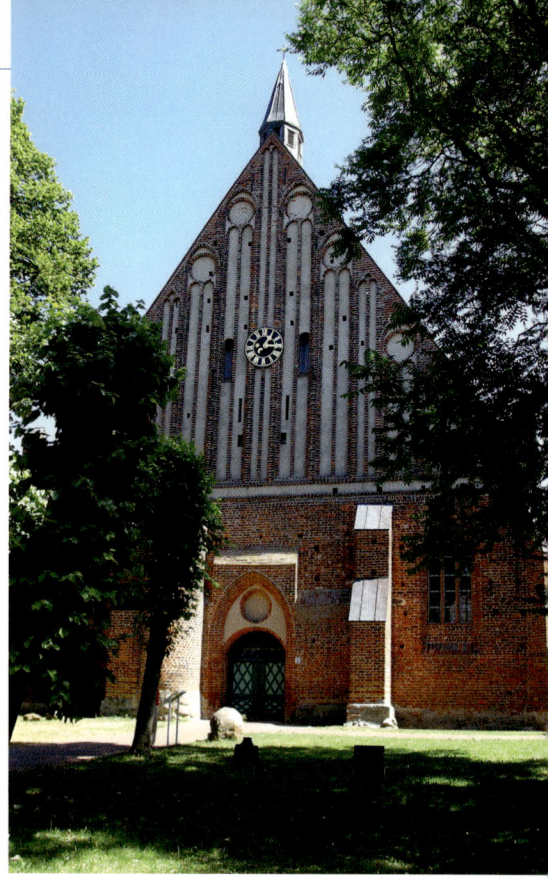

Die Wieker Kirche hat seit dem 16. Jahrhundert einen freistehenden Glockenturm.

Exportschlager Nummer eins ist heutzutage die Wieker Blaskapelle.

In zwei umfangreichen Büchern hat Günter Käning zudem die Geschichte von Wiek bis in die Gegenwart dargestellt. Der Heimatverein vertreibt diese Bände sowie weitere Kleinschriften zur Geschichte des Ortes. Besondere Beziehungen bestanden im 19. und auch 20. Jahrhundert zu herausragenden Persönlichkeiten wie dem Maler Caspar David Friedrich, dem Philiosophen Ernst Moritz Arndt, dem Theologen Friedrich Schleiermacher, dem niederdeutschen Schriftsteller Fritz Reuter, den Schriftstellern Gerhart Hauptmann und Hans Fallada und dem Physiker Otto Warburg.

Auch am Bodden hat der Hafen nicht nur für Segler oder Ausflügler mit den Fahrgastschiffen seine Reize.

Amt Nordrügen · Tourismusinformation
Am Markt 5 · 18556 Wiek
Tel. (03 83 91) 7 68 70 · Fax (03 83 91) 7 68 71
info@wiek-ruegen.de · www.wiek-ruegen.de

Wittow – Raues Windland

Wieker Kirche erstrahlt einmal jährlich in Grün

Ein Gottesdienst für die Jagd

Die Jagdhornbläser und die Wieker Blasmusik spielen zusammen auf.

Es ist eine ganz andere Stimmung am ersten Sonntag im November. Da erscheinen mit den Kirchgängern viele Grünberockte im Kirchhof. Sie grillen Wildschwein. Oder bauen Kochstellen auf. Beispielsweise für Wildgulasch. In der Kirche hängt das Geweih mit dem goldenen Kruzifix an der Kanzel und die Wieker Bläser sind vollzählig im Halbkreis am Altar aufgestellt. Die dominante Farbe in der Kirche ist neben dem Blau der Bläser grün. Denn das auf Rügen nahezu geräumigste Kirchenschiff ist zusätzlich zur Gemeinde gut gefüllt mit den Jagdgenossen. Es ist der Gottesdienst der Jäger in Wiek und damit etwas Besonderes. Pastor Klaus-Peter Lüdtke hat es geschafft, einen großen Teil der Jagdgemeinschaft Rügens auf diesen Termin einzuschwören. Und der den Drachen tötete, der Patron der Ritter, war wohl auch sowas wie ein früher Schutzpatron der Jäger. Wenngleich diese offiziell nicht unter seinen Fittichen stehen.

Reiterstandbild St. Georg

Die evangelische Pfarrkirche St. Georg zu Wiek ist eine gotische Backsteinkirche. Errichtet in der ersten Hälfte des 15. Jahrhunderts von Zisterziensern. Das heutige Gebäude entstand ab 1400 in mehreren Bauabschnitten. Erst der Chor, die Sakristei und das Langhaus. Um 1500 wurde im Inneren das hölzerne, 1,75 Meter hohe Reiterstandbild »Ritter Georg zu Pferde« aufgestellt. St. Georg ist Schutzpatron der Seefahrer und Reisenden. Im 16. Jahrhundert wurde der Kirchturm zerstört und

Der Pastor predigt zum Thema Jagd. Das Hubertus zugeschriebene weiße Geweih mit goldenem Kruzifix an der Kanzel.

um das Jahr 1600 durch einen freistehenden Glockenstuhl ersetzt. Im 18. Jahrhundert erhielt die Kirche ihren barocken Altar von Michael Müller. Auch der hölzerne Taufständer sowie einer der beiden Beichtstühle stammen aus dieser Zeit. Später folgte die Kanzel, das Gestühl, die Empore sowie die Orgel, gebaut vom Stettiner Orgelbauern Barnim Grüneberg (1828–1907).

Das leuchtende Kruzifix

Der Patron der Jagd ist ja St. Hubertus, sein Symbol das weiße Geweih mit dem golden leuchtenden Kruzifix.
Die Legende des Jägers Hubertus wird erst seit dem 15. Jahrhundert erzählt. Ihm soll ein mächtiger Hirsch mit dem Kruzifix zwischen den Geweihstangen erschienen sein. Dies bekehrte ihn. Die Grundlage für die Zuschreibung dieses Motivs an Hubertus war vermutlich seine Zeit als Einsiedler.

Und Pastor Lüdtke, dem seine Gemeinde nachsagt, er würde Nacht für Nacht reihenweise eigene Texte verfassen und das Zeitgeschehen akribisch dokumentieren, erhielt im Jahr 2008 eine hohe Auszeichnung der Landes-Jägerschaft. Überreicht durch Dr. Peter Jungmann, Vorsitzender des Kreisjagdverbandes. In Anerkennung seiner Verdienste um die Jagd und ihre Traditionen.

Die Jäger bereiten den Kirchgängern ein festliches Mahl nach dem Gottesdienst.

59

Ein Seeadler auf Beutezug. Diesmal erfolglos.

Der Fotojäger

Jagd mit Blende und Brennweite

Der Autodidakt Rico Nestmann, im Winter 1969 in Bergen auf Rügen geboren, beschäftigt sich von Kindesbeinen an mit der Natur vor seiner Haustüre. »Schon als Dreizehnjähriger durchstreifte ich fast täglich die Wildnis vor der Haustüre, beobachtete, zählte und durfte sogar schon Vögel zusammen mit Ornithologen beringen«, erzählt er gerne aus den Anfangstagen seiner Leidenschaft. Schnell erkannte der junge Naturliebhaber und »Orni«, wie Vogelliebhaber oft mit spöttischem Beiklang von anderen Aktivisten der Umweltszene genannt werden, dass sich für seine Geschichten aus der Natur auch andere Menschen interessieren. Nur: Wie ihnen nahebringen, was dort draußen im Vogelrevier und weit abseits aller anderen »normalen« Augen vor sich geht?

Der Robbenjäger

Vor mehr als 20 Jahren leistete sich Rico Nestmann mit dem im Fährhafen beim Beladen von Schiffen schwer verdienten Geld konsequenterweise eine erste Kamera. Und begann aufzuschreiben, was er zu seinem Bildern erwähnenswert fand. Denn jedes Foto hat gerade in der Tierfotografie eine lange Geschichte, die sich mit der Seltenheit des abgelichteten Tieres und den Situationen verbindet. Ich erinnere mich aus kurzer, gemeinsamer Arbeit an den Montagmorgen, an dem meine Laune nicht die beste war, weil eben jener Kollege so spät kam. Montags war Produktionstag, den wir gemeinsam mit dem Schreiben an einer Wochenzeitung verbrachten. Dann aber rief er an. Aus dem Auto. Voller Stolz. Und kündigte einen Erfolg an, den er später auf Bildern zeigte: Im Ras-

Wittow – Raues Windland

Der Adler füttert seinen Nachwuchs – auch eine Herausforderung für den Fotografen.

sower Strom hatte er nach Hinweisen eine Robbe entdeckt, die auf einem Felsen die Sonne genoss. Rügen ist ja nicht die Nordsee und die Fischer hatten in früheren Zeiten sehr akribisch dafür gesorgt, dass der bei ihnen verschrieene »Fischräuber«, wie in heutigen Zeiten der Kormoran, keine Ruhe fand. Prämien hatten dafür gesorgt, dass die Robben an dieser Küste als Pelz (ver)endeten. Bis sie ganz wegblieben.

Der Adlerjäger

Nestmann baute sich erste Verstecke und Ansitze in freier Natur, lernte, dass die kleinste Bewegung auch des versteckten Objektivs den Argwohn des Wildtieres erregte und verfasste erste Beiträge für Tageszeitungen und Magazine. Im Mai 1996 wagte der im windigen Norden der Ostseeinsel Rügen lebende Insulaner den Schritt zum freien Fotografen in Kombination mit seiner Tätigkeit als Journalist. Themenschwerpunkte seiner Arbeiten liegen in der Tier-, speziell der Vogel- und Naturfotografie sowie bei Naturtexten.

Auch da erinnere ich mich an Bilder. Einmal im Winter das Bild, für das er vielleicht den Tipp seines Kapitänsvaters bekommen hat. Der steuerte lange die Wittower Fähre und hatte wohl erzählt, wie sich ungefähr 20 Adler nahe der Wittower Fähre über abseits schwimmende, geschwächte Vögel hermachten. Rico Nestmann erwischte den Moment mit Schwänen. Es waren minus 20 Grad und nur die Strömung und Bewegung hielt das Eis dort neben der Fahrrinne offen. Die Natur sorgte für Auslese. Rico für Auswahl in seiner Trophäensammlung.

Inzwischen veröffentlichte Rico Nestmann mehrere Bücher, Kalender, Kunstpostkarten-Editionen sowie zahllose Beiträge für regional und überregional erscheinende Printmedien. Fernseh- und Rundfunksender aus nah und fern berichten immer wieder gerne über die Arbeit des Insulaners, der als einer der wenigen Tierfotografen die Genehmigung erhielt, in Mecklenburg-Vorpommern Adlerhorste über einen längeren Zeitraum hinweg zu fotografieren und sich in Reichweite des Objektivs auf gleicher Höhe Ver-

Ein Kormoran schaut von der Kante eines Schiffswracks ebenfalls nach Beute aus.
(Fotos S. 60–63: Nestmanns Foto/Rico Nestmann)

Wittow – Raues Windland

Auch ein Graureiher findet sich gerne im Jagdrevier ein.

stecke einzurichten. »Genau genommen über rund vier Jahre und nicht selten ohne Erfolg«, erzählt er wortkarg. Die Zeit der Ideenfindung und Konzeptionierung des Projektes ist hierbei noch gar nicht berücksichtigt. Es muss einer schon etwas besessen sein, um morgens um vier bei zehn Grad minus in ein Versteck zu kriechen und es erst am Abend wieder zu verlassen, damit einen die Greifvögel am (ausgelegten) Luder auf dem weiten Eis oder der nahende Fuchs nicht entdecken. Und vorher mit der blauen Tonne während der Lammzeit bei Schäfern nach verendeten, aber noch frischen Tieren vorzusprechen, die auf dem Eis liegend die Adler anlocken sollen. Oder um bei einem Baumpfleger einen Kletterkurs mit Seilen zu absolvieren, um ohne

Wenn der Adler zurückkehrt oder nach Beute sucht, hat er gerne zum Überblick hohe Äste oder Sitzhilfen.

Wittow – Raues Windland

Beschädigung des Baumes in einen Wipfel klettern zu können.

Das Ergebnis seiner Arbeiten, bei denen ohne Zweifel die Tiere, genauer die gefiederte Gattung, herausragende Bilder abgeben, berechtigt zu Superlativen. Wie das Beispiel seines letzten Adlerbuches »Herrscher des Himmels« belegt. Rügen bietet das alles. Für alle sichtbar macht es der stille Jäger mittels seiner Brennweite.

Der Auflagenjäger

In der Öffentlichkeit profiliert sich Nestmann zwischenzeitlich mit Ausstellungen, Vorträgen und Lesungen. Ohne dass er die Brotarbeiten seines Berufs völlig außer acht lassen wollte und könnte. Ein Leben als Schriftsteller ist an Vielfältigkeit und Kreativität im Beruf gebunden. Waren es früher die Diavorträge alleine oder die Fotoausstellungen, zeigt er neuerdings in Verkaufsausstellungen großformatige Bilder auf Seidengewebe, die direkt von der Wand abverkauft werden. »Die Qualität ist brillant und im Gegensatz zu Fotopapier, das Glas benötigt, sind sie kaum lichtempfindlich und zeigen ohne Glas auch keine Reflektionen«, so Nestmann anlässlich einer Ausstellungseröffnung.

Der Rüganer betreibt eine Naturfoto-Agentur mit Verlag. Im November 2000 wurde er als Vollmitglied in die Gesellschaft Deutscher Tierfotografen (GDT) aufgenommen. Für ihn wichtiger als manche Fachmitgliedschaft, da dort seine Maßstäbe geprägt worden sind. Eine wichtige Auszeichnung also, die wenigen zuteil wird. Seit Oktober 2003 ist Rico Nestmann Leiter der GDT-Regionalgruppe Mecklenburg-Vorpommern und arbeitet überregional auch in der Redaktion der GDT-Publikation »Forum Naturfotografie« mit.

Neben der Produktion aufwändiger Naturbildbände widmet sich der Windländer auch der Belletristik. 1998 erschien ein Kalenderbuch mit dem Titel »Das Vogeljahr an der Küste«. 1999 der Bildtextband »Inseln der Adler – Naturwunder auf Rügen und Hiddensee«, 2001 das Märchenbuch »Leander der Robbenkönig«, 2004 das Kinder- und Jugendbuch »Abenteuer auf Möwenort«, 2006 der über 200 Seiten starke Bildtextband »Herrscher des Himmels – Seeadler über Bodden, Meer und Binnenland« sowie 2007 der Bildtextband »Kranichrastplatz Ostseeküste«.

Der Fotojäger – Rico Nestmann angesichts eines seiner auf Seidengewebe gedruckten Bilder.

Alpenstrandläufer machen am Spülsaum Rast.

Wittow – Raues Windland

Willkommen an Bord!

Schiffsfahrten mit der Reederei Kipp erleben

Die im Retrostil erbaute »Wappen von Breege« ist das Flaggschiff der Reederei und eines der neuesten Schiffe Rügens im Ausflugsverkehr.

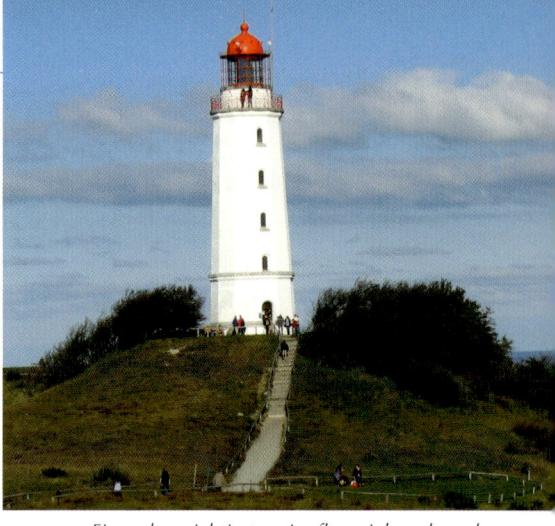

Eines der wichtigsten Ausflugsziele neben der sommerlichen Störtebekertour ist Hiddensee – Hier der Dornbusch.

Eine Schiffsreise ist immer ein besonders reizvoller Genuss und ein Erlebnis für alle Sinne. Mit der Reederei Kipp können die Fahrgäste ganz besondere Fahrten auf den ruhigen und schönen Boddengewässsern und zur Schwesterinsel Hiddensee – Dat söte Länneken – so wird die Insel auch liebevoll genannt, unternehmen. Dabei sind Deutschlands schönste Inseln aus einer anderen Perspektive zu entdecken. Die Inhaberin und ihre Besatzung wünschen ihren Fahrgästen schon jetzt eine vergnügliche Fahrt!

Erfolgsgeschichte

Gegründet wurde die Reederei Kipp 1991. Alles begann mit einem gecharterten Fahrgastschiff, mit dem in den Sommermonaten der Liniendienst von Breege zur Insel Hiddensee aufgenommen wurde.
Inzwischen betreibt das Unternehmen mit seinen Schiffen Linienfahrten von Breege, dem alten Fischerort, und dem alten Handelsplatz Ralswiek aus zur Insel Hiddensee. Die Touren von Ralswiek bieten eine Besonderheit: Hier erleben die Fahrgäste eine Boddenrundfahrt und Hiddensee zugleich. In der Saison fährt die Reederei Kipp von Breege aus auch nach Ralswiek zu den Störtebeker Festspielen. Sind diese zu Ende, beginnen bald darauf die beliebten Kranichfahrten. Ausflugs- und Erlebnisfahrten wie Bodden- und Abendfahrten sind nahezu immer im Angebot. Die ständige Anwesenheit der Inhaberin wirkt sich natürlich auf die Qualität beim Umgang mit den Fahrgästen und der Ordnung und Sauberkeit auf den Schiffen aus.
Das Angebot »Schiff – Rad – Wandern« ermöglicht es Fahrgästen, die Regionen Breege, Ralswiek und Hiddensee bequem mit dem Rad zu erkunden.

Hierbei erleben Sie traumhaft schöne Ausblicke auf Wald-, Wiesen- und Boddenlandschaften.

Qualitätsmanagement

Die neuwertigen Schiffe bieten den Gästen einen umfassenden Service an Bord. MQM – Maritimes Qualitätsmanagement – steht für Qualität, Sicherheit und Umweltschutz.

Wir freuen uns Sie an Bord begrüßen zu können – Willkommen an Bord!

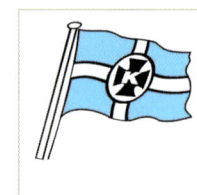

Reederei Kipp
Dorfstraße 101 · 18556 Breege
Tel. (03 83 91) 1 23 06
Fax (03 83 91) 1 23 07
Mobil (0170) 8 03 79 99
info@reederei-kipp.de
www.reederei-kipp.de

Das Leben auf dem Sonnendeck gestaltet sich ebenso abwechslungsreich, wie »unter Deck« bei thematischen Abendfahrten mit modernen Monitoren.

Kein Maulwurf auf Wittow

Neid allerorts auf den nagerfreien Norden

Dieser Maulwurf ist ein scheuer Kerl. Wie auf bestimmte Vogelarten haben sich manche Tierfotografen auch dieser Art mit einer Spezialisierung gewidmet, um sie wirklich so authentisch abzulichten. Gelingt selten, sagt sogar der Tierfotograf Rico Nestmann. Gelungen ist es dem tschechischen Tierfotografen Jiri Bohal.

Von Sagen umwoben ist auf Rügen mancher Ort. Auch die Halbinsel Wittow. Unerklärlich für viele, dass es dort keine Maulwürfe gibt, während ambitionierte Hobby- und Berufsgärtnern in anderen Teilen der Insel ihre mühsam gepflegten Rasenflächen sozusagen über Nacht zu einer Mondlandschaft verwandelt sehen. Nicht so sehr ein Problem bei einer Blumenwiese. Aber wenn's eben ein englischer Rasen sein soll...

Auf Wittow erklärt man sich das so:

In der Kirche zu Wiek befindet sich ein wohlerhaltenes Holzbild des heiligen Georg. Dargestellt zu Pferde sitzend. Vor vielen, vielen Jahren soll eine gar mächtige Maulwurfsplage geherrscht haben. Ganz Wittow ward verwüstet und die Bewohner der Halbinsel hatten arg darunter zu leiden. Der heilige Georg befreite Wittow von den Plagegeistern und verbannte sie. Darauf weist auch der Pastor hin. St. Georgs Bannspruch ist derartig wirksam, dass es bis auf den heutigen Tag keine Maulwürfe auf Wittow gibt. Sagen die Leut'. Dass es sich mit den tierischen Gegebenheiten auch anderswo so verhält, zeigt noch folgende Geschichte:

Die Insel Rattenort

Westlich von Rügen liegt die kleine Insel Ummanz, südlich von dieser das noch kleinere Inselchen Rattenort. Von dieser letzteren erzählt man sich Folgendes: Vor Alters waren zu einer Zeit auf der Insel Ummanz so viele Ratten, dass die Einwohner sich zuletzt ihrer gar nicht mehr erwehren konnten. Da erschien ein fremder Rattenfänger. Der hat für ein gutes Stück Geld alle Ratten zusammengelockt, und bei dem Dorfe Wuß durch das Wasser nach der Insel vertrieben, die seitdem den Namen Rattenort erhalten hat. Auf Ummanz befinden sich seit jener Zeit keine Ratten mehr. Wird behauptet. So, wie es auf der Halbinsel Wittow keinen Maulwurf geben soll. Alles klar?

Bismarck mochte den Hering

Fischküche mit Pfiff und Tradition

Frischer Fisch hinter historischer Fassade

Lecker! Regionale Spezialitäten mit Pfiff!

Reinhard und Petra Bruns in ihren Bismarckstuben

Dass Otto von Bismarck (1815–1898) auf Rügen nicht nur mit seinem Satz »Auf Rügen geschieht alles 50 Jahre später« Spuren hinterlassen hat, zeigen Namensgebungen und ein Denkmal. Dass er gerne und einfach gegessen haben soll, zeigt der gleichnamige Hering. Er geht ebenfalls auf eine Äußerung von ihm zurück. Manche widmeten dem Reichskanzler ein Restaurant. Wie die Wieker Bismarckstuben, deren Name auch die Zeit als Sporthalle für die Schule überdauerte.

Petra und Reinhard Bruns servieren in ihrem Restaurant Fisch ausschließlich aus der Region. Das beginnt mit dem Hering im Frühjahr, Hornfisch oder Arbeiteraal folgen und der echte Aal sogleich darauf. Zander, Flunder in appetitlichen Arrangements, aber immer so, dass der Fisch im Mittelpunkt steht. Etwas internationaler Pfiff macht dann am Ende das Arrangement auf dem Teller perfekt. Was der Chef kocht, trägt die Chefin zumindest in Teilen hinaus. Und wäre sie früher geboren, hätte sie auch Elisabeth von Arnim auf ihrer Reise über Rügen bewirten können. Die soll ebenfalls hier getafelt und danach ihr Buch »Elisabeth auf Rügen« verfasst haben. Und wer das Buch kennt, kann sich die labende Station am staubigen und nur von Natur geprägten Weg sicher noch heute gut vorstellen. Besser: Eben mal in Wiek reinschauen!

Bismarck Stuben · Am Markt 5 · 18556 Wiek
Tel. (03 83 91) 7 07 90
Fax (03 83 91) 7 07 91

Wittow – Raues Windland

Erlebnis zwischen Bodden und Meer

Abseits vom Trubel im Seebad Breege-Juliusruh

Herzlich willkommen sind Gäste im nördlichsten Seebad der Insel Rügen unter dem Motto »Erlebnis zwischen Bodden und Meer«. Abseits überfüllter Promenaden, Shoppingmeilen und Bettenburgen gibt es noch Idylle, Entspannung und Natur. Hier ist erlebbar, was Rügen so schön und einzigartig macht.

Weißer Strand und kühles Meer

Zu jeder Jahreszeit kann man hier einen erlebnisreichen Urlaub verbringen, denn es ist nicht nur die Badesaison, die Erholung verspricht. Scharen von Kranichen nutzen Rügen zum Zwischenstopp auf ihrem Weg in den Süden – belauschen Sie diese imposanten Vögel auf den Rastplätzen. Haben Sie schon mal eine Sturmwanderung gemacht oder bei

Spielen im Sand

Blick auf das Kap Arkona

starkem Wind einen Drachen steigen lassen? Diese Stürme bringen auch den Bernstein an den Strand, damit dieser von Ihnen gefunden wird. Im Herbst beginnt wieder die Angelsaison und so manch kapitaler Hecht wird zum Gaumenschmaus.

Natur pur genießen, aktiv sein und beim Wandern, Skaten, Radeln und Segeln die abwechslungsreiche Küstenlandschaft auf der nördlichen Halbinsel Wittow, dem Windland, erleben. Ausgebaute Radwanderwege laden zum Erkunden der Umgebung ein, das Kap Arkona wird über den Hochuferweg erreicht. Eine Rast im Fischerdörfchen Vitt zur Stärkung und schon kommen die Leuchttürme in Sicht. Es gibt Unterkünfte in allen Kategorien, eine vielfältige Gastronomie, eine einzigartige Natur und vor allem die schönsten Strände.

Informationsamt Breege-Juliusruh
Wittower Straße 5 · 18556 Juliusruh
Tel. (03 83 91) 3 11 · Fax (03 83 91) 1 32 35
seebad-breege@t-online.de · www.breege.de

Die Wittower Fähre

Verlorenes technisches Denkmal

Nur wenige Minuten dauert heute die Überfahrt über den 350 Meter breiten Strom zwischen Wittow und Zentralrügen mit der Wittower Fähre. Die Segel- und Ruderboote im Mittelalter brauchten hierfür etwas länger. Doch es bleibt kurz davor, während und manchmal auch danach ein Augenblick des Nachdenkens. Inselfeeling eben.

Seit 1896 wurde die Kleinbahnfähre als Wittower Fähre auf der Insel Rügen eingesetzt. Gemeinsam mit dem 1911 ebenfalls in Stettin gebauten Schwesterschiff »Bergen« diente sie jahrzehntelang dazu, jeweils drei Eisenbahnwagen oder (im Bedarfsfall)

eine Dampflokomotive der Schmalspurbahnlinie Bergen-Trent-Wittower Fähre-Wiek-Altenkirchen zu transportieren. Auch die Rügensche Kleinbahn (RüKB) oder zunehmend vier bis fünf Kraftfahrzeuge. Das alles ging über den 350 Meter breiten Strom, der zwischen den Gemeinden Trent und Wiek die Halbinsel Wittow vom Kernland Rügens trennt und zugleich den Rassower Strom mit dem Breetzer Bodden verbindet.

Am 10. September 1968 wurde der Eisenbahnverkehr auf der Nordstrecke von Wittower Fähre (Fährhof) nach Altenkirchen auf der Halb-

Luftaufnahme der Wittower Fähre bei gleißendem Sonnenlicht

Die alte Fähre verlässt Rügen für immer gen Barth.

insel Wittow und am 18. Dezember 1969 der Personenverkehr nach Bergen eingestellt. Am 19. Januar 1970 wurde nach Einstellung des Güterverkehrs auch der Streckenabschnitt Bergen-Wittower Fähre stillgelegt. Und so lag hier jahrelang ein technisches Denkmal vor bis zur Umstellung auf die neuen, nachwendischen Fähren unter der Weißen Flotte. Eine der alten Fähren wurde trotz Protest verschrottet, die andere verließ 2005 die Insel im Schlepp gen Barth für das dortige Technikmuseum. Niemand auf Rügen hatte sich gefunden, um 10 000 Euro für den Kran zu investieren. Sie könnte in Prora ebenso wie in Putbus am Kleinbahnhof liegen.

Darüber und über anderes kommt man eben beim Fähre fahren schwer ins Nachdenken.

Schnelle Meister lieben Rügen

Hangmodell-Segelflug der Klasse F3F

Neuerdings finden nationale und internationale Meisterschaften im Modell-Hangsegelflug der Rennklasse F3F auf Rügen statt. Ausrichter ist der Modellflugverein der Technischen Universität Dresden. 77 Teilnehmer aus 13 Ländern schafften 2004 auf den Vicing-Race genannten Weltmeisterschaften den Durchbruch. Seither gelten die Hänge am Kap mit wenigstens drei Windrichtungen nicht mehr als Geheimtipp.

Wegen unklarer Windverhältnisse in Deutschland fanden die selbst Deutschen Meisterschaften dieser Modellklasse nach letzten Versuchen an der Wasserkuppe und in Annaberg zuletzt im benachbarten Dänemark statt. Nach zwei Deutschen Meisterschaften 2001 und 2003 mit Ausnahmegenehmigung der Naturschutzbehörden an der Steilküste von Wittow auf Rügen bekam der Modellflugclub der Technischen Universität Dresden den Zuschlag für die Weltmeisterschaft. Das Staatliche Amt für Umwelt und Naturschutz gab nach einem beispielhaften Moderationsverfahren durch den Deutschen Aeroclub (DaeC) die Genehmigung, an der Steilküste Wittows zu fliegen. Denn der DaeC hat statt eines Juristen einen Störbiologen eingestellt, der überall dort auftritt, wo es die Interessen der Fliegerei und der Natur zu verbinden statt gegeneinander auszuspielen gilt. »Wir werden künftig alle von der Teilnahme aussperren, die vor hier

Das Lager von Piloten und Helfern kauert sich beim notwendigen, aber kalten Wind in jede Kuhle.

Der Pilot des ferngesteuerten Modells steht häufig an der Hangkante voll im Wind, wie die Dünung auf der Ostsee zeigt.

stattfindenden Meisterschaften im Biosphärenreservat Südostrügen illegal geflogen sind«, erklärte der Organisationsleiter Franz Demmler. Er nehme das erzielte Einvernehmen mit allen Gruppen ernst und daher solche Übergriffe, wie sie am Fliegerberg in Groß Zicker passiert sind, nicht hin.

Zugewinn durch Luftsport im Tourismus

Veranstalter und Tourismuseinrichtungen taxieren die zusätzlichen Übernachtungen während eines solchen Wettbewerbs auf bis zu 1000 Gäste. Die auch zusätzlich zu den Übernachtungen bei den Gastronomen einkehren. »Wer hier beispielsweise von Venezuela zu Meisterschaften anreist, kommt gern mit Familie.« Auch für die deutschen Modell-Piloten ist es häufig die Gelegenheit, etwas Familienurlaub damit zu verbinden, wenngleich

Der Helfer des Piloten kann sich umschauen und dem an der Fernsteuerung und seinem Modell klebenden Flieger Hilfestellung vor allem bei der Landung geben.

Der Teamkollege des Piloten wirft das Modell auf Signal in den Wind, damit dieser es dann im Hangaufwind auf Erfolgskurs bringen kann.

viele Fliegerfrauen längst miteinander unterwegs sind, während der Gatte am Hang friert oder um den Sieg bibbert.

Die F3F-Meisterschaften sind ein Geschwindigkeitswettbewerb, bei dem im Hangauftrieb eine Strecke von 1000 Metern in einem abgesteckten Feld von 100 Metern so schnell wie möglich zurückgelegt werden muss. Der Wind am Hang und im Norden der Insel kann über einen Tag hinweg jedoch auch kalt sein, was Mützen und Handschuhen auch im Spätsommer Hochkonjunktur beschert. Immerhin geht es um Feinmotorik. Elektronische Begrenzungen und Preisrichter kontrollieren das Rennen. Spitzenzeiten liegen knapp über 30 Sekunden.

(www.f3f.de)

Wittow – Raues Windland

Wohnen am Sandstrand und Yachthafen

Private Ferienwohnungen für den anspruchsvollen Gast

Liebevoll eingerichtet sind die Wohnungen ein Traum für Urlauber.

»Rügen for You« beziehungsweise »ruegen4u.de« ist ein Unternehmen, das Ferienwohnungen von Privatpersonen vermittelt. Insgesamt werden 44 exklusive Ferienwohnungen im Norden von Rügen, in Wiek und Breege, betreut. Die Wohnungen sind zwischen 56 und 91 Quadratmeter groß und bieten Platz für bis zu sechs Erwachsene und zwei Kinder. Zwei Objekte sollen hier exemplarisch vorgestellt werden.

Boddenhus Breege

Das Boddenhus Breege mit seinen 18 exklusiven Ferienwohnungen liegt oberhalb des Yachthafens von Breege und bietet einen herrlichen Blick über den Yachthafen auf den Großen Jasmunder Bodden. Der zehn Kilometer lange feine Sandstrand ist gut zu Fuß erreichbar und lockt zum Baden, Surfen, Wasserski fahren, Segeln oder Faulenzen. Vom Yachthafen Breege aus fahren die Fähren zur Insel Hiddensee und zu den Störtebeker Festspielen in Ralswiek.

Hafenhäuser Wiek

Die exklusiven Ferienwohnungen in den Hafenhäusern Wiek liegen direkt an der Yachthafenpromenade von Wiek und zeichnen sich durch Ihren weitläufigen Blick über den Wieker Bodden, die dahinter liegende Ostsee und zur Insel Hiddensee aus. Besonders schön ist das allabendliche Einlaufen der Segeljachten und die Sonnenuntergänge, die von der Loggia aus zu beobachten sind. Kostenlose Saunanutzung, Wellnessangebote und die Möglichkeit, an Segelkursen teilzunehmen, runden das Angebot ab. Eine Fähre zur Insel Hiddensee startet ebenfalls von hier.

Das Boddenhus Breege ist eine stilvolle Urlaubsresidenz mit privaten Ferienwohnungen.

Die Hafenhäuser Wiek liegen direkt am Yachthafen und bieten einen herrlichen Blick auf den Sonnenuntergang.

LBV Service GmbH & Co. KG · Ina Czock
Am Hafen 4–6 · 18556 Wiek
Tel. (03 83 91) 43 46 40 · Fax (03 83 91) 43 46 42
info@ruegen4u.de · www.ruegen4u.de

Ein Stück Insel für Zuhause

Der Rügenhof am Kap Arkona: Rügenprodukte & Café-Versand

Am Nordkap Deutschlands, auf einem alten pommerschen Gutshof, steht der Rügenhof am Kap Arkona. Hier werden Produkte von der Insel Rügen, Spezialitäten aus Mecklenburg-Vorpommern sowie ausgewählte Erzeugnisse der neuen Bundesländer zum Verkauf angeboten.

Die Einrichtung des Rügenladens erinnert an alte Dorfläden auf dem Lande, die nicht nur Einkaufsstätte, sondern auch Treffpunkte waren. Daher ist der Rügenladen auch Café, das hausgemachte Spezialitäten anbietet, wie den »Rügener Kräutertraum« (Liköre, Schnäpse, Tees). Aber auch Herzhaftes und Gesundes ist an der Rügentheke erhältlich. Delikate Wurst- wund Fleischwaren aus eigener Produktion sowie Molkereiwaren von der Naturprodukte Molkerei Poseritz, Brot vom Rügenbäcker und Bäckerei Peters sowie Hochprozentiges von der Hofbrennerei »Zur Strandburg« aus Mönchgut und Sanddornprodukte. Auch Natursäfte, hergestellt auf der eigenen Plantage, werden auf dem Rügenhof angeboten.

Zum Mitnehmen und im Rügen-direkt Online-Versandhandel erhältlich sind die »Rügener Seekiste«, die »Sanddornkiste«, »Störtebekers Beute«, »Freten und Supen ut Meck-Pomm« sowie die »Klabauterkiste« für Kinder, jeweils mit allerlei leckeren und feinen Dingen für echtes Inselgefühl daheim. Der Rügenhof ist ganzjährig geöffnet.

Das Team der Firma Rügen-direkt erwartet Sie!

Raus in die Natur – mit der Rügener Kräuterhexe

Das Gutshaus des Rügenhofes Kap Arkona – in der Nachbarschaft befinden sich traditionelle Handwerksbetriebe.

Wie ein Laden aus alten Zeiten – vieles ist noch selbst gemacht oder regional produziert.

Verkauf und Versand von Rügener Themenkisten – zum Verschenken oder selber essen

Rügen-direkt · Dorfstraße 22 · 18556 Putgarten
Tel. (03 83 91) 43 99 90 · Fax (03 83 91) 43 99 91
info@ruegen-direkt.de · www.ruegen-direkt.de

Wind und Wald auf Wittow

Hotellerie und Gastronomie mit Servicekompetenz

Die Hotel- und Ferienanlage Windland gibt es seit 1991 auf der Insel Rügen. 20 Zweiraumzimmer, neun Hotelzimmer und eine Ferienwohnung warten zwischen Bodden und Ostsee auf Gäste. Nur circa 300 Meter vom Hotel entfernt befindet sich einer der schönsten Sandstrände der Küste. Die Hotelzimmer sind besonders liebevoll im Landhausstil eingerichtet und vermitteln angenehme Ruhe. Witzige Reisepakete machen Lust darauf, die Insel von

Das Restaurant Windlandstuben mit dem Türmchen an der Stirnseite

hier aus zu entdecken: Etwa mit den »Muschelsuchern«, als »Rügener Kuschelwochenende« oder »Nordrügen mit dem Rad«.

Gastronomisch ist vor allem das sehr gute Preis-Leistungsverhältnis interessant. Neben dem À-la-carte-Geschäft hat sich das Haus auf das Ausrichten von Familienfeiern und speziellen Events spezialisiert und ist damit auf der Halbinsel Wittow ganz vorne mit dabei. Beliebt sind auch die Grillabende. Freundliche Mitarbeiter servieren qualitativ hochwertige Produkte aus der Frisch-Küche, die einen Ruf über die Insel hinaus hat. Gleiches gilt für die Beratung und Unterstützung des Mitarbeiter-Teams, die sich in allen Belangen um ihre Gäste kümmern.

Windland · Waldweg 18 · 18556 Seebad Breege
Tel. (03 83 91) 1 24 56 · Fax (03 83 91) 4 32 72
info@ruegen-windland.com · www.ruegen-windland.de

So sieht ein Rügener Abend aus.

Kreidebrücke mit morbidem Charme

Denkmal ist für kleine Gemeinde schwer zu integrieren

Im Jahr 1890 wurde mit dem Bau des Hafens Wiek und der Kleinbahn begonnen. 1913–1915 ging der Bau der Kreidebrücke über die Bühne. Die Brücke sollte einerseits für die einheimischen Fischer Nutzen bringen, andererseits für den Kreideabtransport von den Kreidebrüchen bei Kap Arkona mittels Schuten gebaut werden. Die Kreide-Verladebrücke wurde allerdings nie wirklich Betrieb genommen. Es war für die Schuten zu mühsam, Fracht von dort aufzunehmen, da sie schnell Schlagseite bekamen und sich im Beladevorgang verholen mussten. Nach dem Ersten Weltkrieg war die Verladung größtenteils schon wieder vorbei.

Bis heute jedoch steht die Kreidebrücke unter Denkmalschutz und die Gemeinde muss sie in ihr Hafenkonzept integrieren. Nicht immer einfach, da es anscheinend sehr schwer ist, den Stellenwert dieses Denkmals zu vermitteln. Viele sehen darin nur einen Schandfleck.

Meist liegen heute unter der Brücke kleine Boote. Von aus der Luft sind gut die Dalben zu sehen,

Historische Luftaufnahme (Foto: Stavginski, Wiek)

an denen im Winter ein ganzer Wald von Masten der Wieker Kapitäne gependelt haben muss. Das Betreten ist allerdings verboten.

Wiek wächst heute von einem wirtschaftlichen Sorgenkind langsam hin zu einem Tourismusstandort mit Marina. Sagen Anlieger. Die alte Kreidebrücke soll nun nach »Eingemeindung«

dieses Küstenbereiches als »Nordhafen« mit heutigen Ansprüchen an ein Baudenkmal entwickelt werden.

Die Marina hat 127 Liegeplätze, es entstehen moderne touristische Einrichtungen. Wer dort anlegt, kann sich leicht auch mal nach Hiddensee bringen lassen statt selbst zu segeln.

Fallada auf Rügen

In Gudderitz mit Alkohol gegen Morphium »therapiert«

Gudderitz auf Rügen bekam durch Johannes Kagelmacher einen besonderen Ruf, schreibt Roland Ulrich in einem Heft des Greifswalder Hans-Fallada-Vereins über Hans Fallada (1893–1947) anlässlich dessen 100sten Geburtstags. Bürgerlich hieß Fallada übrigens Rudolf Ditzen. Kagelmacher beherbergte Fallada in einer von vielen großen Lebenskrisen in Gudderitz.

»Hans Fallada hatte zeitlebens Probleme mit anderen: der Familie, den Klassenkameraden, den Lehrern, späteren Chefs und nicht zuletzt dem weiblichen Geschlecht.« So charakterisiert Ulrich den um Freundschaften ringenden Fallada, der sich als schwächlicher Junge hinter seine Bücher verkriecht. Er hatte zu viel mit sich selbst zu tun, als dass er anderen Freund sein konnte, sagt Ulrich.

Kagelmacher, den skurrilen und später verarmten Rügener Landwirt, lernt Fallada auf dem Kirchgut in Greifswald kennen. Landwirt hatte der Städter nur mühsam erlernt und ist nun in Sachen Getreide und Kartoffeln unterwegs. Als die beiden sich kennenlernen, versucht Kagelmacher Fallada auf seinem Hof vom Rauschgift durch Alkohol zu entwöhnen. Fallada wiederum sieht Rügen als Fantasieland. Bei Kagelmacher soll er als Inspektor für die Arbeit der entlassenen Strafgefangenen sorgen, die dort sozialpädagogisch betreut werden. Sie spielen Tennis in 12 Metern Höhe auf einer Feldscheune, segeln und verlieren den Mast dabei. Fallada verliert fast auch den Mut beim Schwimmen. Bis ihm der eher athletische Kagelmacher Prügel androht. »Für Weichlichkeit hat der pommersche Landwirt kein Verständnis.« Aber für Lücken im Lebenslauf, die er auch mal mit Blankozeugnissen zum Tarnen des Knastes behob.

Die Drogen ließ Fallada übrigens hinter sich, den Alkohol danach nie mehr.

Ganz nah am Meer

Das Hotel »Zur kleinen Meerjungfrau« – ein gemütlicher Rückzugsort

Direkt an der Ostsee liegt das wunderschöne Hotel der Familie John, das mit drei Sternen ausgezeichnet ist. Naturliebhaber, Individualisten und Aktivurlauber fühlen sich in der »Kleinen Meerjungfrau« besonders wohl. Im Haus stehen 21 freundlich eingerichtete Zimmer, sowie fünf separate Ferienwohnungen in Hotelnähe für die Urlauber bereit. Es gibt auch ein Zimmer, das behindertengerecht eingerichtet ist.

Im angeschlossenen Restaurant verwöhnt das Service- und Küchenteam seine Gäste im Rahmen von Halbpension oder à la carte mit regionalen Speisen und vielen Fischgerichten. Zum Restaurant gehört auch ein sehr schöner Wintergarten, der für Familienfeiern geeignet ist.

Hier wohnt die kleine Meerjungfrau.

Das gemütliche Restaurant verwöhnt die Gäste mit Halbpension.

Romantischer Sonnenuntergang über dem Meer

Für die Fitness der Urlauber sorgt der Fitnessbereich mit Massage- und Beauty-Angeboten sowie einem Solarium. Wer lieber draußen aktiv sein möchte, kann Fahrräder leihen, Ausflüge nach Kap Arkona, die Insel Hiddensee oder zu den Störtebeker Festspielen machen – oder aber den Sonnenuntergang genießen, direkt am Meer mit Blick auf die Insel Hiddensee.

Hotel Zur kleinen Meerjungfrau
Seestraße 2a · 18556 Dranske
Tel. (03 83 91) 95 00
Fax (03 83 91) 95 01 00
hotel-meerjungfrau@t-online.de
www.zur-kleinen-meerjungfrau.de

Dranske – das Ende der Insel?

... oder der Anfang?

Wer surfen möchte, kann auch auf Balance und Vertrauen nicht verzichten.

Tatsächlich geht es ums Surfen – wenn auch trocken. (Fotos auf dieser Seite: Wassersportschule Dranske)

Silke Heldt

Für Wassersportfreunde ist es ein Anfang. Flachwasser, beständiger Wind und topp ausgebildete Wassersportlehrer kennzeichnen dieses Spitzenareal nahe der Seebrücke. Die Seebrücke könnte, für sich genommen, als eine der weniger genutzten Seebrücken auf Unbefangene doch leicht den Eindruck des nahen Endes suggerieren. Den Ort haben seit dem unwiderruflichen Stopp der militärischen Aktivitäten um die 6. Flotille viele Einwohner ebenso unwiderrruflich verlassen.

Gleich ist es gemeinsam vollbracht – ein neues, unbekanntes Gefühl.

Spitzenpädagogik nahe der Seebrücke

Als besonderes Profil hat sich die dort angesiedelte Surfschule Abenteuer- und Erlebnispädagogik für Schulklassen auf die Fahnen geschrieben. Bei Schülern geht das Leben und die Aktivität schließlich erst los. Kooperative Abenteuerspiele bieten eine äußerst erfolgreiche Möglichkeit, erlebnispädagogische Aktionen mit sozialem Lernen zu kombinieren. Ein sehr guter Grund für einen Schulausflug zu Beginn einer Jahrgangsstufe, um Gruppen- und Teambildung zu forcieren.

Bewährungsprobe für Problemsituationen

Schüler müssen sich in Problemsituationen bewähren. Sie lernen, dass sie diese oft nur gemeinsam bewältigen können. Jedes Abenteuerspiel ist eine Herausforderung für Körper, Intelligenz und Teamgeist. Seit vielen Jahren geht es daher

Geschafft – Alle zusammen sind glücklich!

mit Schulklassen von unserer Schule in Garz aus den weiten Weg nach Dranske. Es hat sich eine sehr intensive Zusammenarbeit mit dem Team der Surfschule entwickelt. Wir Lehrerinnen und Lehrer sind immer wieder aufs Neue begeistert, wie sich durch diese Form des »Unterrichtens« eine Gruppendynamik entwickelt. Sie hilft uns, auch einmal andere Blicke auf die noch neuen Schüler zu werfen.

Neue Gruppen haben sich gebildet

Schüler, die sich gegenseitig kaum wahrgenommen haben, entwickeln plötzlich gemeinsam Ideen, lösen Probleme, stellen Regeln auf, helfen sich gegenseitig und lernen sich besser kennen. Beispielsweise bei ersten Übungen auf dem Wasser, die im Flachwasser nur daraus bestehen, sich gegenseitig über eine Reihe von Surfbrettern hinweg zu helfen. Wichtig: Es darf niemand dabei runterfallen. Gruppendynamik und Vertrauen entwickeln sich, daneben ist es auch eine hervorragende Übung für die Balance. Über das Surfbrett auf dem Wasser. Wer kann sich das vorher schon vorstellen? Ebenso die Übung »mobiler Seilgarten« an Land. Oder Kistenklettern... Von der Projektwoche zurück in den »normalen« Schulalltag findet alles seine Anwendung. Viele sind wie verwandelt. Schüler und Kollegen sind begeistert – der Teamgeist ist gewachsen. Ein echter Tipp für jeden Pädagogen.

Wittow – Raues Windland

Moderne Marina mit Stil und Service
Anlegen und Wohlfühlen

Die Marina Wiek/Rügen liegt am Ostufer des Wieker Boddens und ist 2003 nach aufwändigen Sanierungsarbeiten eröffnet worden. Im Februar 2004 erfolgte der Beitritt in den »Marina Verbund Ostsee«. Derzeit bietet die Marina 150 Liegeplätze mit Strom und Wasser. Im Hafen können Jachten über 15 Meter und Großsegler mit maximal drei Meter Tiefgang anlegen. Die telefonische Reservierung für größere Schiffe erfolgt beim Hafenmeister.

Landgang mit Flair

Von See kommend steuert der Skipper das Tonnenpaar eins und zwei des Libbenfahrwassers an, fährt dann ab Tonnenpaar fünf und sechs in den Rassower Strom und hält sich ab Tonnenpaar 13 und 14 im Fahrwasser des Wieker Boddens. Ab Tonne 29 läuft man in den Hafen Wiek.

Im Hafen befindet sich ein neues Funktionsgebäude mit Toiletten, Duschen, Waschmaschine, Trockner und Hafenmeisterkiosk. Dort erfolgt die Anmeldung. Direkt am Hafen befindet sich eine Bootswerft mit einem Kran bis zehn Tonnen Hubkraft und im Ort arbeitet ein Bootsmotorenservice. Mehrere Einkaufsmöglichkeiten sind vorhanden, die in der Saison auch an den Wochenenden geöffnet haben, ebenso Cafés, Restaurants, Bäcker, Fahrradverleih, Mietwagen, ein Arzt und eine Bank.

Vom Hafen aus kann die schöne Halbinsel Wittow bestens zu Fuß oder per Rad erkundet werden. In der Saison verkehrt täglich eine Fähre der Reederei Hiddensee zur Insel Hiddensee.

Die Marina ist von Ostern bis Ende Oktober geöffnet und als Aussteller auf den Bootsmessen Hanseboot und Boot Düsseldorf auf dem Gemeinschaftsstand des Marina Ostsee Verbundes zu finden.

Romantik pur beim Sonnenuntergang

Das Hafenbecken – wunderschön in die Landschaft eingebettet

Marina Wiek/Rügen · Am Hafen 2 · 18556 Wiek
Tel. (03 83 91) 76 97 22 · Fax (03 83 91) 76 97 23
ruegmarinawiek@aol.com
www.marinawiek-ruegen.de

Die Pfarrkirche Altenkirchen
Alt und ungewöhnlich

In Altenkirchen befindet sich eine der ältesten Kirchen Rügens. Sie gehört zum Backsteinweg der Kirchen durch Mecklenburg-Vorpommern. Vermutlich, worauf der Svantevit-Stein deuten könnte, befindet sie sich an oder nahe einem alten Opfer- oder Begräbnisplatz der 1168 christianisierten Ranen. Vermutlich ein Platz, dem der

Außenansicht der mit Bergen zusammen ältesten Kirche Rügens (Fotos: Fotohaus Stavginski, Wiek)

Kirchliche Überbau einen neuen Sinn geben und den Wechsel der Herrschaft ausdrücken sollte. Auch in Bergen befindet sich ein ähnlicher Stein an der Kirche. Vom Alter her können beide Kirchen ähnlich datiert werden. Erste dänische Bauaktivitäten gibt es nachweislich seit 1168.

Der um 1200 begonnene und als dreischiffige Pfeilerbasilika konzipierte Backsteinbau wurde in den folgenden Jahrhunderten immer wieder umgebaut. In der Spätgotik entschied man sich für das klassische Kreuzrippengewölbe. Neben dem großen Kruzifix im gotischen Triumphbogen stellen der 1724 entstandene Altar von Elias Kessler, sowie der um 1730 geschaffene Taufengel Besonderheiten dar.

Ein durch den Stralsunder Maler Erich Kliefert kopiertes Bild des »Versinkenden Petrus« gehört zum wertvollen Inventar und befindet sich im Seitenschiff.

Außergewöhnlich am Bauwerk sind der »Svantevit-Stein« und ebenso der Taufstein aus gotländischen Kalkstein. Auf dem Kirchhof befindet sich das Grab des bekannten Pastors und Musikers Kosegarten.

Blick auf den wie in Landow vom Schnitzer Elias Kessler geschaffenen Altar

Besichtigen kann man die Kirche z. B. bei geführten Touren, die auf Rügen angeboten werden.

Kleinbahn – Ende einer Strecke

Oder: Wie sich Uta Ruge an ihre jüdischen Nachbarn erinnert

Die Geschichte der Journalistin Uta Ruge beginnt auf Windland. »Eine deutsche Familie auf Rügen« – so lautet der Titel ihres 2003 erschienenen Buches.

»Dor hew ick denn mitn Rietstickn stahn oder mit de Taschenlamp, dat des Kleinboahn anholln dä.« Gleich zu Anfang also die Kleinbahn auf Wittow im Gespräch.

Sie traf sich mit ihrem Vater, um Bruchstücke der Kindheit mit Orten zu verbinden. Die Mutter ist am 1. Februar 1886 auf dem Bug in der Ortschaft Wittower Posthaus geboren. Ihr Vater, der ehemalige Segelschiffskapitän Fritz Schwarck war dort Lotse. Auch die Tante ist an diesem Tag auf Wittow mit dabei. Ihre Eltern hatten sich im März 1953 mit Streichholz oder Taschenlampe am noch existierenden Bahndamm aufgestellt, damit die Kleinbahn hielt. Zwischen Wiek und Altenkirchen. Und fest entschlossen. Eben noch Bauern, dann enteignet und Flüchtlinge gen Westen.

Rügen allgegenwärtig

»Rügen drang durch jede Ritze unseres Hauses in Niedersachsen«, beschreibt Uta Ruge die allgegenwärtige Insel. Insulaner vergessen das nie. Wittower Posthaus, das liegt auf dem südlichen Bug, heute nicht zu betreten, und Naturschutzgebiet. Nur vom Wasser her wissen Eingeweihte die Stelle, an der die Postschiffe abbogen und die auch im Schilf noch kenntlich ist. Von jenem Posthaus gingen die schwedischen Mitteilungen an die Besatzer per Fuß, Pferd oder Gespann auf den Heringswegen. Auch lange vor ihrer Zeit.

Schon zu Beginn des Buches kommt sie auf die Nachbarschaft zu sprechen, die ab 1933 »weggekommen« war. Wie Eberhard, der im Kirchchor

Uta Ruge beim Vorstellen ihres Buches

Warten im Hafen

Kleinbahn mit Fracht über Land

Hafen Wiek von der Kreidebrücke aus

sang und gut in Juliusruh zum Tanz aufspielen konnte. Eberhard war auch mal Schützenkönig. »Und, war er anders stolz als die anderen Schützenkönige?«, fragte sie Vater und Tante. Riess hieß die Familie. Sie wird nicht mehr locker lassen. Erstmals mit diesem Buch kommt das Thema jüdische Familien auf Rügen wieder ins Gespräch. Dabei hatte Uta Ruge nur eine Kurzrecherche im Kreisarchiv gemacht, um Spuren bis Australien verfolgen zu können. Wer den neuen jüdischen Friedhof in Stralsund besucht, findet all die Namen von Rügen dort noch zu lesen. Auf dem Standesamt stößt sie noch auf die Familie Lychenheim und den Kaufmann Otto Hirschfeld.

Spuren auf der ganzen Insel

Auch Albert Noack taucht beim Blick von außen erstmalig auf. Der Bergener Kaufmann durfte nicht mehr dazugehören, weil er Jude war. Nicht bei den Schützen und nicht am Stammtisch. Er hängte sich ans Fensterkreuz. Unter dem Fenster, am vermuteten Platz vor dem neuen Haus mit Fri-

Die Fähre, Trajekt genannt, mit Schienen zum Übersetzen ganzer Kleinbahnzüge

seursalon, liegen die Stolpersteine für die Familie. Im Protokollbuch der Kaufmannskompagnie im Museum Bergen wird Albert Noack lapidar als »verstorben« bezeichnet.

Auch die Näherin Anna Grosse aus Gingst findet bei Ruge Erwähnung. Anna Grosse soll ein Verhältnis mit dem jüdischen Fabrikbesitzer Loewy gehabt haben. Mit Blaskapelle und umgehängten Schildern wird sie als »Judendirne« aus der Volksgemeinschaft ausgestoßen und in sogenannte Schutzhaft genommen. Gingster erinnern sich noch heute.

23 Bürger jüdischer Religionszugehörigkeit hat Uta Ruge auf Rügen durch die Volkszählung von 1933 identifizieren können. Seit 2005 wird ihnen in Stolpersteinprojekten auf der Insel gedacht. Dem Vergessen entrissen.

Das Nordkap Deutschlands

Unter Türmen, auf Bunkern und Heiligtümern

Von der Spitze Arkonas sind in den letzten Jahrhunderten immer wieder Teile des Hochuferkliffs ins Meer gestürzt. Deshalb ist von der Arkonaburg heute fast nur noch der Burgwall sichtbar. Bei 10–20 Metern Landabbruch pro Jahrhundert wird vermutet, dass die derzeitige Fläche innerhalb des Walles nur ein Drittel der ursprünglichen Ausdehnung darstellt. Der letzte große Abbruch am Kap Arkona fand im Jahr 2008 statt. Dabei brachen wieder große Stücke der Tempelburg herunter. Am 19. Januar stürzten rund 1500 Kubikmeter Küstenhang direkt unterhalb der Burg ins Wasser und auf den Steinstrand. Das entspricht rund 70 Lkw-Ladungen. Doch die Brisanz des Abbruchs liegt darin, dass große Teile der Arkonaburg dabei in die Tiefe rauschten. Sie ist eines der bedeutendsten Kulturdenkmäler slavischer Herkunft Rügens und des baltischen Raums. Die Auskünfte, es sei nichts zu finden gewesen, dürfte wohl die Absicherung der Archäologen seitens des Landesamtes sein.

Den Bogen von der Archäologie zur Kunst schlägt nun am Kap eine neu eröffnete Ausstellung. Unter dem Motto »Zeitensprünge – Kunst begegnet Archäologie« stellen im ehemaligen Peilturm 17 Künstler Arbeiten vor, in denen sie sich mit Landschaften und archäologischen Fundstücken aus-

Kap Arkona:
Gesamtansicht mit Küstenabbruch vom Januar 2008

einandersetzen, wie die Kuratoren Elke Kock und Fred Ruchhöft mitteilten.

Ergänzt wird die neue Dauerausstellung durch eine Auswahl wichtiger Ausgrabungsfunde aus dem mehr als 1000 Jahre alten Burgwall am Kap Arkona. Erstmalig öffentlich präsentiert werden Waffen, Perlen und Keramikreste, die dort geborgen wurden. Wohl auch zu sehen als Reaktion auf die anhaltende Kritik, dass wichtige Funde von Rügen in den Archiven des Landesamtes oder Stralsunds gebunkert werden. Die Ausstellung wird ergänzt durch eine Dokumentation zur Geschichte des Walls und seiner Erforschung.

Grabung tut not

Es finden mit Unterbrechungen schon seit Jahren archäologische Notgrabungen statt, durch die überraschenderweise der Standort des Svantovit-Tempels gefunden wurde. Eigentlich schien er durch Uferabbrüche schon verloren. Gefunden wurde eine rechteckige Fläche, völlig frei von Fundstücken. Rundherum gab es jedoch um so mehr Fundstücke zu finden. Sie deuten auf Opfergaben und Waffenteile hin. Der frühe und für Rügen bedeutende Geschichtsschreiber Saxo Grammaticus erzählt, dass der Priester innerhalb des Tempels nicht einmal atmen durfte, um ihn nicht zu verunreinigen.

Türme bestimmen das Kap

Der ehemalige Marinepeilturm wurde 1927 in Ziegelbauweise erbaut und diente als Seefunkfeuer. Von 1911–1925 waren damals wegweisende Versuche vorausgegangen, durch die Abstrahlung gerichteter Funkwellen die Navigation speziell für die 1909 eingerichtete Eisenbahn-Fährlinie Sassnitz-Trelleborg zu verbessern.

Arkonaburg, erkennbar die Dimension des Abbruchs

Die klassischen Leuchttürme am Kap

Nur wenige Meter entfernt vom Peilturm stehen der stillgelegte und umgewidmete Schinkel-Turm und der noch intakte Leuchtturm in der typischen Weise des Leuchtpärchens. Um sie herum gruppiert sich eine langsam kompletter werdende Ausstellung zur Seenotrettung mit Zubehör, wie dem Leuchtfeuer Ranzow, einer Leuchtturmlinse, sowie einem Seenotrettungsboot.

Der kleinere der beiden Leuchttürme wurde 1826/27 nach Plänen von Karl Friedrich Schinkel in Backsteinbauweise erbaut und 1828 in Betrieb genommen. Er ist 19,3 Meter hoch. Das »Feuer« saß in 60 Metern über NN. Die Räume des dreigeschossigen Turms nutzte man als Dienst- und Lagerräume. Am 31. März 1905 wurde er außer Dienst gestellt. Er ist nach dem Travemünder Leuchtturm der zweitälteste Leuchtturm an der deutschen Ostseeküste.

Der größere Turm wurde 1901/02 direkt neben dem alten Turm erbaut und am 1. April 1905 in Betrieb genommen. Er ist 35 Meter hoch, sein Feuer leuchtet in 75 Metern über NN. Er ist aus Ziegelsteinen errichtet und steht auf einem achteckigen Granitsockel. Durch die moderne Halogenmetalldampflampe und die rotierende Dreifachoptik sendet die Laterne des Turmes alle 17 Sekunden drei Blitze aus.

Von der Höhe unter die Erde

Die angrenzenden Bunkeranlagen waren kurz noch von der Bundeswehr genutzt worden. Sie entfernte alles, nur nicht die Asbestteile. Nach deren späterer Entfernung wurde der Bunker mit vielen »gebunkerten« neuen Stücken wieder befüllt und versucht, die Atmosphäre der Leitzentrale für die 6. Flotille herzustellen. Schließlich dienen auch heute noch etliche »Raupenschlepper« (hochrangige Offiziere in anderer Funktion) am Kap. Sie schleppten alles an und so finden heute geführte Bunkervisiten statt. Man zeigt, was

man hat. Auch das Buch, in dem die topgeheimen Halbschalen schon in der Bauphase von der NVA selbst abgedruckt wurden. Deutlich auf dem Foto als Bunkeranlage zu erkennen.

Wem das alles zu viel geworden ist, der gehe am besten die Königstreppen hinunter zum Siebenschneiderstein. Dort findet man zwar oft auch keine Ruhe, aber es will einen niemand führen oder anleiten.

Ansichten von Svantovit

Landart für Anfänger, vornehmlich die Kleinen. Hier kann jeder schon mal probieren.

Finden und Entdecken
Eine Verbindung die Neues schafft

Steinschlucht

Landart in Vollendeung: Finden, erkennen und etwas daraus machen – Begegnung von StefanNo.

den Leuchttürme. Der Tisch vor uns – Tausende, vielleicht Millionen von Füßen sind über dieses Holz gegangen. Er hat etwas, was sich hier durch alles zieht – etwas Erhaltendes, Erinnerndes: Das Holz lebt jetzt neu. Die Kiefernbretter bedeckten vorher eine Seebrücke.

Nun sitzen wir hier und StefanNo schwärmt, es sei eine wunderbare Symbiose entstanden, seit sie sich 2001 begegneten und sich gegenseitig in ihren Fertigkeiten entdeckt und ergänzt hatten. So sagt er: »Finden und Entdecken ist unsere gemeinsame Basis. Es scheint schon alles da zu sein. Ein Kreislauf, der inspiriert.«

EllenNa's Bilder zeigen »Spuren der Zeit«. »Zeit, die wir oft nicht zu haben meinen. Die Natur hat sie. Das Werden, Sein und Vergehen in der Natur sehen, die Verknüpfung mit anderen Dingen wahrnehmen und die Dynamik dieser Ereignisse spüren, das ist das Erlebnis. Dabei war die Kamera immer an meiner Seite. So entstand eine Vielzahl von Fotosequenzen.«

Wie EllenNa und StefanNo begegnen? Das Künstlerpaar mit Atelier und Galerie »mehrsehen« stellt eine ideale Verbindung dar. Ihre Galerie am Kap Arkona ist tatsächlich etwas Besonderes.

Wir sitzen vor der Galerie »mehrsehen« nahe dem Kreidekliff und unser Blick fällt auf die bei-

Aus der Serie »Freigelegt« von StefanNo

»Zeit für Spuren« nimmt sich StefanNo bei seinen Objekten. »Ja, die Natur hat sie. Auch wir mit ihr als Partner. Die Natur inspiriert, sie bietet sich an, das immer in ihr Vorhandene zu Neuem zu erwecken.«

Andere Sicht mit neuer Wirkung

EllenNa: »StefanNo ist inspiriert durch die vielen angeschwemmten Hölzer. Er fängt an zu bauen, ich fotografiere. Die Sonne neigt sich, das Objekt nimmt Formen von StefanNo's Vision an. Ich umgarne es mit der Kamera. Die zuoberst aufgestapelten Stöckchen berühren jetzt den Horizont. Etwas Neues entsteht durch die andere Perspektive. Mein Gefühl: Ich könnte mit einer Leiter den Horizont erreichen – »HimmelsLeiter«. »Ich bin nicht die Technikerin. Ich bin eine Finderin.«

StefanNo fügt einfache, oft banale Gegenstände zusammen, die aus ihrer gewohnten Umgebung gelöst, ihr ureigenes Wesen zu neuer Wirkung bringen. Sie werden zum Monument: Tor zum Meer, Begegnung, Iglu, GedankenGang.«

KreideArche, ein Projekt direkt am Kap. Ein Kamerateam hatte sich angekündigt. StefanNo fordert sie irgendwann auf, auch ein paar Steine in die Hand zu nehmen, um ein Gefühl für diese Sache zu bekommen und meint: »Du bist mit den Dingen eins, alles fängt an miteinander zu klingen, die Steine, das Meer und du erweckst etwas Neues. Das füllt dich aus. Trotz der schweren Steine bist du nicht müde.«

Das Atelier ist die Natur

Ihr gemeinsames Atelier ist die Natur. Daher auch der Zorn, wenn dieser etwas angetan wird.
EllenNa: »Es fing an bei einer Strandwanderung. Ich entdeckte eine Menge kleiner Welten zwischen jahrtausendealten Steinen und sekundenalten Wellen. StefanNo legte eine Figur aus Steinen. Der »Gestrandete« war geboren. Kurz darauf folgte unser erstes gemeinsames Projekt, die »LebensLinie«. »Die Idee schwirrte schon lange in meinem Kopf herum. Jetzt hatte ich einen Partner. Wir bauten sie an einem Tag. Ein großer, roter Stein – unsere Geburt, die gerade Buhnenreihe – unser Leben, das es so nicht wirklich gibt und die geschwungene Steinlinie – unser bewegtes Leben mit all seinen Umwegen. Das Meer als das Ende oder vielleicht ein Anfang? – Ja, ein neuer Anfang war es hier für uns.«

Vieles von dieser Stimmung findet sich wieder in der Galerie. Auch sandgefüllte Schalen und Kästen für »Landartanfänger«. Kinder inspirieren hier ihre Eltern.

Stimmen aus dem Gästebuch: »Beeindruckend der künstlerische Blick für die herrliche Natur. In Worten kaum zu fassen.« »Die Galerie weckt Träume auf, die Phantasie beginnt zu tanzen und meine Lust am eigenen Tun wird geweckt. Ein toller Ort der Kreativität.«
»Diese Galerie ist das Licht am Ende jener Tunnel voller Abzocke und Geldgier. Ein Ort für jeden, auch Familien.«

Wittow – Raues Windland

»Warum sehen Sie mehr als ich?«

»Wahrnehmen ist mehr als sehen«, sagt EllenNa. »Warum sehen Sie mehr als ich?« fragten mich Ausstellungsbesucher früher und wurden unbewusst zum Schöpfer des Galerienamens »mehrsehen«.

»Gemalt oder fotografiert?« schaut manch einer fragend. »Wir glauben, was wir sehen. Doch die Natur spielt mit uns, täuscht uns, überrascht uns immer wieder«, meint EllenNa, »und wenn wir uns einlassen, dann entdecken wir unendlich viel. Für mich sind die Bilder eine optische Bergung uralter Spuren verwitterten Lebens. Sich im Hintergrund verlierende Dinge nehmen Gestalt an.« »Gestaltannehmen« heißt deshalb auch ihre neue Serie für die Ausstellung »Kunst begegnet Archäologie« im Peilturm.

StefanNo schuf im April dafür am Strand die Serie »FREIgelegt« und meint: »Steine sind Reisende durch die Zeit, ich begleitete sie auf einem kleinen Stück ihres Seins. Als fotografische Miniaturen wurden sie von EllenNa in die Realität geholt.«

Beide sagen mir: »Der Weg durch die Natur ist immer wieder eine Entdeckungsreise. Mit Händen und Augen fühlen und finden wir das Material, die Formen, den Ort. Schön, dass wir hier oben am Kap zusammengefunden haben.«

Die HimmelsLeiter. Ein Gemeinschaftsprojekt von EllenNa und StefanNo.

Drei Versuche zum geheimen U-Boot-Hafen

Heute wäre alles anders, wenn...

In Glowe hatten sie es nicht nur einmal versucht: Ein streng geheimer Durchstich sollte die Zufahrt vom streng und gut geschützten Bodden zur strategisch wichtigen Ostsee ermöglichen...
Im dritten Anlauf nach dem Ersten Weltkrieg war ein neuer Kriegshafen im Norden der Insel geplant. Fertigstellung bis zum Frühjahr 1954.

Rund 6000 Bauarbeiter werden von Quellen wie ›Spiegel Wissen‹ genannt. Sie bearbeiteten mit Großbaggern in Hochdruck die Inselküste, um sie dann unverrichteter Dinge wieder zu verlassen. Plötzliche Flaute auf den Baustellen am Jasmunder Bodden. Vielleicht »The Wind of Chance«, der ein letztes Mal das frostige Klima auftaute, das den Kalten Krieg ankündigte. In der neuen Weltordnung nach dem Zweiten Weltkrieg sollte Rügen Hauptstützpunkt der Roten Flotte in der westlichen Ostsee werden.

Die Erstfassung des Planes stammt aus der Zeit des Großadmiral von Tirpitz. Schon 1938 wurde er erneut aktuell. Geologen und Marinetechniker bohrten in Glowe. Ihr Ziel: die eiszeitliche Landzunge zwischen der Tromper Wiek und dem Großen Jasmunder Bodden. Mittendrin. Auch Schaabe genannt.

Ein Zeitzeuge:

»Die Steilküsten an den Ufern des Großen Jasmunder Boddens bei Glowe boten günstige Gelegenheiten zum Bau von U-Boot-Bunkern oder Öltanks und Munitionsdepots. Einzelne Stellen an der Ostküste des Boddens schienen besonders gut geeignet für den Bau größerer Trockendocks. Wir hatten bis Ausbruch des Zweiten Weltkrieges bereits eine Reihe von Probebauten errichtet und mit dem Durchstich der Landzunge bei Glowe begonnen.«

Dass diese Bunkeranlagen hätten Realität werden können, ist noch heute an der französischen Küste zu besichtigen. Allen Mächten sei dank, dass nur Prora das Vermächtnis blieb. Und der Rügendamm. Dessen militärische Bedeutung damit auch nochmals hervorgehoben wird.

Die Schaabe zwischen Juliusruh und Glowe

Schaabe – Tor nach Jasmund

Urlaubsranger befragen Urlauber am Strand von Glowe nach ihrer Meinung zum möglichen Delfinarium.

Am liebsten wollte die Sowjetarmee den neuen Kriegshafen am Jasmunder Bodden noch gewaltiger bauen, als ihn die »Raupenschlepper« eine Generation davor geplant hatten. Eine moderne Seefestung mit U-Boot-Bunkern, Anlegeplätzen, Kasernen, Werften und Wohnstätten für rund 100 000 Menschen sollten zur Kontrolle der gesamten westlichen Ostsee und des Nord-Ostsee-Kanals dienen.

Die Schwedenfähre wiederum, traditionell die Königslinie auf Rügen und Ursache für die Eisenbahnerschließung, muss in Warnemünde anlegen: Spionagegefahr. Dabei wissen wir heute, dass nicht nur Spione anderer Staaten Bauvorhaben wie den Bunker der 6. Flottille und den Leitungsbunker der Rotbannerflotte am Kap ausspionierten, sondern oft die eigene Geheimniskrämerei.

Parole: »Im Wind auf Rügen knattern unsere Fahnen.«

Die Auftraggeber, so berichtet ›Spiegel Wissen‹, zahlen den ungelernten Schippern Wochenlöhne bis zu 500 Ostmark. Poliere und Facharbeiter haben wöchentlich 700–800 Mark in der Lohntüte. Neben den gut verdienenden Betongießern schuften allerdings auch mehrere tausend Zwangsarbeiter des Haftlagers Glowe. Unbesoldet. In bester Tradition. So wurde auch Prora errichtet.

Der Durchstich zum Jasmunder Bodden wächst zusehends. Die U-Boot-Stollen an der Innenseite der Landzunge nehmen Form an. Es scheint alles seinen sozialistischen Gang zu gehen. Derweil wird gegenüber auf Bornholm, wie heute noch

Der Eingang zum stillgelegten Seefunksender Rügenradio. Auf dem Glower Gelände möchte sich ein Delfinarium ansiedeln.

mit Erstaunen zu betrachten, der größte Flugzeugträger der Amerikaner in der Ostsee stationiert.

Ins Visier gerät, wie immer bei Staatsgeheimnissen, die Zivilbevölkerung. Vorwiegend die Vermieter sind betroffen. Die Aktion Rose wird generalstabsmäßig vorbereitet und führt zu Enteignungen unter fadenscheinigen Argumente wie z. B. der Hortung von Lebensmitteln. Schülerinnen und Schüler des Ernst-Moritz-Arndt-Gymnasiums Bergen haben das Ereignis vom 10. Februar 1953 akribisch in einer Broschüre aufgearbeitet. Diese Dinge blieben in guter deutscher Tradition bis heute ebenso geheim wie manche Vorgänge vor 1945. Eine Massenflucht von Pensionsinhabern und Hoteliers begann.

Nach Stalins Tod wurde alles anders. Die Spuren in Glowe sind zwar von Sachkundigen noch zu erkennen. Doch wer an den Strand eilt oder zurück, kümmert sich meist nicht mehr um solche Details. Glowe kann sich aber von Glück schätzen, dass dieses kleine Bad nachwendisch zwar mit Mühe einen Sport- und Fischereihafen ausbaute, jedoch keine derartige militärische Liegenschaft verwalten musste.

Der Haupthafen übrigens kam damals dann doch auf das schon bekannte Areal, den Bug. Dort bot sich das südlich von Dranske mit weniger Kosten an. Der Sassnitzer Westhafen war ebenfalls Station der russischen Kriegsschiffe, da deren Tankanlagen im Bereich des heute geplanten Kurgebietes Dwasieden lagen. Gleich nebenan durfte dann die Fähre wieder fahren, bis sie in den strategisch dann überflüssig gewordenen und nachwendisch nochmals modernisierten neuen Sassnitzer Hafen bei Mukran kam.

Und die Bedeutung für die Schaabe? Immerhin reifte auch in Prora unter der »Schirmherrschaft« des militärischen Sperrgebietes der schönste Strand.

Der Hafen von Glowe ist heute modern und ohne Durchbruch an der Ostseeseite.

In Glowe steht ein ausgebeinter Müther-Bau und harrt seiner Fertigstellung mit dem angebauten Hotel.

Schaabe – Tor nach Jasmund

Urlaubsparadies an der Schaabe

Einer der längsten Strände Rügens

Direkt an einem der längsten und schönsten Sandstrände Rügens befindet sich die einzigartige Hotel- & Ferienanlage »AQUAMARIS Strandresidenz Rügen«. Penthouse-Wohnungen, Suiten, Appartements und Hotelzimmer, idyllisch in den Kiefernwald eingebettet, bieten optimale Voraussetzungen für einen Traumurlaub auf Deutschlands größter Insel. Jede Wohneinheit verfügt über einen separaten Zugang und Terrasse oder Balkon. Hier, zwischen Bodden und Meer, erlebt der Besucher Natur noch hautnah, wird verzaubert durch malerische Fischerdörfchen, schier endlose Sandstrände, felsig-schroffe Steilküsten. Der Naturfreund erlebt die unberührte Natur Rügens fernab von Massentourismus und Urlaubsstress. Zeit wird zur Nebensache, Alltagsdruck und Hektik sind unwirklich und fern.

Gesundheitsurlaub

In Zusammenarbeit mit namhaften deutschen Krankenkassen bietet die renommierte Hotel- und Ferienanlage ein umfangreiches Kursangebot zur Gesunderhaltung ihrer Gäste an. Im Mittelpunkt steht hier die Prävention als Vorsorge.
»Primärprävention bedeutet, die Gesundheit zu fördern und zu erhalten und die Entstehung von Krankheiten zu verhindern. Hierzu gehört auch die Vermeidung von Risikofaktoren, zum Beispiel durch Programme zur gesunden Ernährung oder zur körperlichen Aktivität.« Die angebotenen Präventionsarrangements sind zertifiziert und erfüllen die im Sozialgesetzbuch genannten Voraussetzungen.

Der Gast hat die Wahl zwischen Kursen unterschiedlicher Präventionsschwerpunkte wie AQUA-Fitness, Nordic Walking, Progressive Muskelentspannung. Bei Vorlage der Teilnahmebescheinigung bezuschusst die Krankenkasse einen Teil der Kursgebühr (die Höhe der Erstattung erfährt der Versicherte bei seiner Krankenkasse).

Der Sommerstrand der Strandresidenz mit makellosem Sand der Schaabe

Wenn das Wetter mal ausnahmsweise nicht mitmacht... Schwimmen geht immer

Und so sieht die zwischen offener See und Bodden gelegene Residenz von oben aus.

Urlaub & aktive Erholung

Neue Energien schöpfen, sich etwas Gutes gönnen – Körper, Geist & Seele verwöhnen... Aktive Wellness pur auf Rügen – das sind z. B. ausgedehnte Strandspaziergänge an frischer, gesunder Ostseeluft, das Workout im Fitnessraum und abendliche Saunagänge.
Ein gut strukturiertes Radwege-Netz ermöglicht es dem sportlich-aktiven Rügen-Urlauber, die einzigartige Landschaft Rügens zu »erfahren«. Auch die Fans beliebter Trendsportarten fühlen sich auf Rügen heimisch: Wind- & Kitesurfing-Reviere, in denen regelmäßig deutsche und internationale Veranstaltungen durchgeführt werden; Segeltörns entlang der Ostseeküste; Kanutouren durch die rügenschen Boddengewässer; Angel-Guiding für Sportfischer; Sporttauchen sind nur einige der Möglichkeiten, den Rügenurlaub sportlich-aktiv zu gestalten.
Das AQUAMARIS-Freizeitcenter mit Kegelbahn, Billard, Dart und Tischtennis bietet für den sportlich ambitionierten Urlauber genau das Richtige. Der

Schaabe – Tor nach Jasmund

Eingebettet in schattigen Kiefernwald

hauseigene Tennisplatz und ein Fahrradverleih runden das Angebot ab.

Familienurlaub

Das AQUAMARIS gilt unter Insidern als familienfreundlichste Hotel- und Ferienanlage Rügens. Auf dem weiträumigen Gelände finden sich zahlreiche Spielmöglichkeiten für die Jüngsten. Gefahrlos können die Kinder hier ihre Umgebung spielerisch entdecken. Inklusivleistungen, wie beispielsweise die Kinderanimation im »Piratenland«, der Indoor-Spielplatz »Piratenschiff« und das Kinderbuffet im Restaurant »Strandperle« sind nur einige der Highlights, die Familienurlaub im »AQUAMARIS« so unverwechselbar machen.

Der »Happy-Morning-Club«, der »Sterntalertreff« und die in der täglichen »Piratenpost« angebotenen Aktivitäten finden begeisterte Anhänger (nicht nur) bei unseren jüngsten Gästen.

In »Wochenprogramm« und »Tagespost« erfahren Sie Wissenswertes über Ausflugsziele auf der Insel (z. B. der Miniaturenpark Gingst, das Kap Arkona, das Meeresmuseum in Stralsund) sowie kulturelle Highlights.

In der Infostunde werden durch die freundlichen Mitarbeiter Fragen beantwortet und spezielle Tipps für die Freizeitgestaltung gegeben.

Das Schwimmbad mit separatem Kinderbecken wird als Alternative zum »AQUAMARIS«-Ostseestrand vor allem in den Wintermonaten von Groß und Klein gern genutzt. Selbstverständlich bieten wir umfangreiches Equipment an für den erholsa-

Familienurlaub, begrenzt mit nichts als Horizont

men Familienurlaub auf der Insel Rügen wie Babyphone, Babybett, Buggy, komplette Kleinkindausstattung. Auf Nachfrage organisieren Ihnen die Empfangsmitarbeiter auch gern einen Babysitter.

Das ist neu

Durch die Fertigstellung der A 20 ab dem Autobahnkreuz Lübeck (A1) ist die Insel Rügen über Stralsund jetzt ganz bequem zu erreichen. Dafür wünschen wir unseren Gästen schon jetzt einen erlebnisreichen Familienurlaub auf der Sonneninsel Deutschlands – auf Rügen!

Bei schönen Ferien viel Lust auf Urlaubspost

AQUAMARIS Strandresidenz Rügen
Wittower Straße 4 · 18556 Seebad Breege / Juliusruh
Tel. (0 80 00) 14 01 50 (gebührenfrei)
Fax (03 83 91) 4 41 41
info@aquamaris.de · www.aquamaris.de

Schaabe – Tor nach Jasmund

Vom »Effi« mit Kleckerburgen
Nacktbadekultur erneut herübergerettet

Gerlinde und Silke Heymann

Wenn Küstenkinder – und ich gehöre zu ihnen – das Glück haben, auf eine Lehrerin zu treffen, die überzeugend das Baden »ohne« vertritt, dann wird aus zögerlichem Mitmachen der Zehnjährigen Überzeugung für's Leben. Wenn ich in den 50er Jahren den Begriff Freiheit spürte, dann war es am Ostsee-FKK-Strand. Zusammen mit anderen. Wir genossen die Tage. Nie wieder bin ich so weit hinausgeschwommen, immer Orientierungspunkte an der Küste im Auge behaltend. Kein Badeanzug behinderte die gleichmäßige Bewegung. Auf dem Rücken liegend gab's Ruhepausen im Wasser. Wieder an Land, war der »Aufwärmlauf« Pflicht. Immer gehörten auch Gedankenaustausch und Volleyball zum Tag. Übermut und Lachen vermischten sich mit der Ruhe, die das Rauschen der Wellen auslöste. »Wir wußten damals, wo der Himmel ist – außen und innen – eine Handbreit rechts und links, wir war'n mittendrinnen!« Lebendig und stark fühlten wir uns nicht nur, wir waren es auch. Und so zogen die Jahre weiter. In den 60ern wurde es unruhiger im Ländchen DDR. Keiner konnte sich dem entziehen. Der FKK-Strand war und blieb jedoch ein Ort ohne Losungen, eine Rückzugsmöglichkeit im Sommer. Gern wäre ich damals Passagier auf einer Fähre in Richtung Skandinavien gewesen. Diese Wünsche und weitere haben sich dann ab 1990 erfüllt. Immer noch, auch im siebten Jahrzehnt meines Lebens, macht es mich glücklich, dass Kinder und Enkel FKK-Anhänger wurden.

Generationswechsel

Ich, Silke, bin eines dieser Kinder. Schon im Bauch meiner Mutter verbrachte ich den Som-

Schaabe – Tor nach Jasmund

Kleckerburgen waren damals wie heute modern.

FKK zu DDR-Zeiten. Losungsfreie Zone, jedoch in Anfangszeiten auch umstritten.

mer 1964 am FKK-Strand. Die ersten Lebensjahre unbewußt, dann als eine der schönsten Kindheitserinnerungen. Mit einer gepackten Kühltasche, einem selbstbemalten Windschutz und Sandspielzeug, ging es immer ganz früh zum Strand. Dort angekommen, testeten wir erst einmal die Wassertemperatur mit den Füßen. Die Stille und den fast leeren Strand genossen wir in vollen Zügen. Bald war es damit vorbei. Nämlich dann, wenn die dialektsprechenden Touristen ankamen. Wir liebten die Freiheit des Meeres, bauten Kleckerburgen und alle möglichen Sandskulpturen. Sprangen ohne lästige Badebekleidung ins kühle Nass, wälzten uns im warmen, weißen Sand, aßen die Möhren und Kohlrabis aus dem eigenen Garten. So ein Strandtag verging wie im Flug. Wir waren glücklich und zufrieden mit unserem gelebten Nacktsein.

Mit der Wende wendete sich auch das Leben am FKK-Strand. Menschen, die nicht wie wir mit dieser körperlichen Freiheit aufgewachsen waren, interessierten sich sehr für unsere Strände. Sie saßen in den Dünen, beobachteten uns oder liefen auch völlig bekleidet am Strand auf und ab. Dann erlebten wir, dass sich immer mehr Textiler zwischen uns FKKler legten. Aber wir ließen uns nicht vertreiben.
Auch heute gibt es eine eingefleischte FKK-Runde, die das Leben und die Freiheit des FKK-Strandes genießt und dafür dankbar ist. Hier auf Rügen sind so traumhafte Strände zu erleben wie überall auf der Welt.

Der »Effi« war mehrfach bedroht

FKK war in der DDR Freiheit. Überall Nackte am Ostseestrand. So zeigt es auch das Diorama einer Ausstellung »Alltag in der DDR« mit einer Strandszene vom Leben in der DDR.
1956 gab es offiziell eine »Anordnung zur Regelung des Freibadewesens« (Gesetzblatt der DDR 1/50 vom 6. Juni 1956). Vielleicht war Grundlage dafür eine Äußerung von DDR-Kulturminister Johannes R. Becher in den fünfziger Jahren. Er fürchtete sich vor provokativ zur Schau gestellten »deformierten Körpern«. »Schämen Sie sich nicht, Sie alte Sau«, soll er zu einer Nackten am Ostseestrand gesagt haben. Bei der Verleihung des Nationalpreises an Anna Seghers begann er seine Laudatio mit »Liebe Anna«, worauf sie ihm entgegnete: »Für dich, Hans, immer noch die alte Sau.«
Als in Ahrenshoop FKK zur Saison 1954 von der Kurverwaltung verboten werden sollte, gab es einen Aufstand der Künstler. Dort blieb der Strand eine offizielle Enklave neben vielen inoffiziellen Plätzen mit der zeitweilig gefährdeten Freikörperkultur. Zum Teil hat die Volkspolizei für FKK drastische Strafen in Höhe von 230 Mark (Aluchips) verhängt – das Doppelte war für manche ein Monatseinkommen.

Grundlage bis 1956 NS-Gesetz

Auch die Nationalsozialisten hatten FKK 1933 mit Auflösung der Vereine verboten. 1943 gab es eine Rücknahme, »sofern das Gelände nicht von öffentlicher Seite eingesehen werden konnte«. Dieses Recht war die Grundlage für FKK in der DDR bis 1956.
Die Prüderie der Adenauer-Ära im Westen gipfelte übrigens ebenfalls im so genannten »Schund- und Schmutzgesetz«, das den FKK-Vereinen verbot, ihre Zeitschriften öffentlich zu verkaufen. Ab 1960 wurde FKK auch in der DDR wieder entspannter gesehen und gelebt. Die größte Domäne prominenter Nacktbader blieb Ahrenshoop. Und Hiddensee.

Um 1990 kam es dort nach Augenzeugenberichten zu einigen spektakulären Ausziehaktionen. Denn viele nicht an FKK gewöhnte Westbürger beschwerten sich in Unkenntnis des Strandlebens über die vielen Nackten und legten sich bekleidet dazwischen. Etliche Gemeinden beugten sich der Anmaßung und schoben FKK-Strände aus dem Sichtfeld zahlender Touristen.

Wer zum »Effi« geht, sollte selbst nicht mehr als einen Hut anhaben. Sonst könnte es auch mal »Auskleidungsaktionen« geben.

...und dann die weißen Stellen angleichen.

Und ›Tschüß, Effi‹, bis zum nächsten Sonntag...
(Fotos: Heldt, Archiv Stavginski)

Markenzeichen Heilkreide mit Tradition

Kreidezeit

Bis zu 70 Millionen Jahre lag die Rügener Heilkreide unangetastet im »Rügener Kreidemeer«. Seit etwa 100 Jahren hat sich die Heilkreide als positiver Wellness-Faktor bewährt.

Rügener Heilkreide ist ein reines Naturprodukt. Sie zeichnet sich besonders durch ihre schneeweiße Farbe, die feinkörnige Struktur und die gute Speicherfähigkeit von Wärme oder Kälte aus. Rügener Heilkreide wärmt den Körper langanhaltend, reinigt und pflegt die Haut. Durchblutung und Stoffwechselprozesse im gesamten Körper werden angeregt. Alle Erkrankungen, die Wärme erfordern, ebenso Neurodermitis, können mit Heilkreide behandelt werden.

In reiner Form kommt es bei Kreide weder zu Nebenwirkungen noch zu allergischen Reaktionen. Einzige Ausnahme hierbei sind Nierensteine basischen Ursprungs und Fehlfunktion der Schilddrüse. In diesen beiden Fällen sollte die Rügener Heilkreide nicht angewendet werden.

Empirische Untersuchungen

Analysen haben bewiesen, dass Rügener Heilkreide besagte Natureigenschaften und die Reinheit der Zusammensetzung, vor allem die erhöhte thermophysische Qualität des Produktes aufweist. Sie besteht aus 98 % Calciumcarbonat; Nebenbestandteile sind Magnesiumcarbonat, Silizium-, Eisen- und Aluminiumverbindungen sowie Verbindungen, die Mineralstoffe und Spurenelemente (Phosphor, Schwefel u. a.) enthalten.

Die Kreide wird mit Wasser oder anderen Zutaten angerührt.

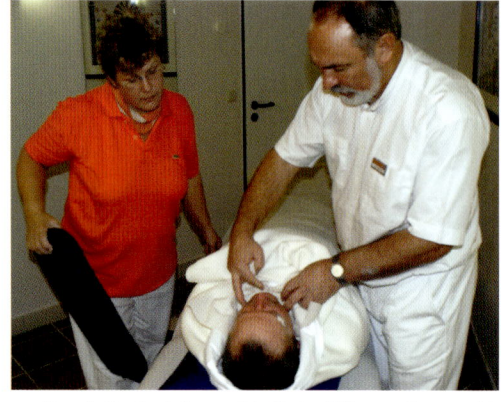

Der Patient wird zum Erhalt der Wärme eingepackt.

Seither ist Kreide in den hiesigen Ostseebädern als Heilmittel zugelassen und wird von der Kasse auf Verordnung bezahlt.

Geschichten um Kreide

Geschichtlich ist, laut Archivarin, Sassnitz das Kreideheilbad. Der lange Weg zum Kurort ist in ihrem Archiv nachvollziehbar. Erst am Ende geriet Kreide wieder in Vergessenheit. Ab 1945 begann mit dem Zuzug neuer Einwohner durch die Forcierung des Fischfangs und Gründung des Fischkombinates 1948 das langsame Siechtum des Sassnitzer Bäderwesens. 2000 Tonnen Fisch (1949), 186 Kutter (1952), Fischhalle, Eisfabrik und 800 neue Wohnungen für 21 Millionen Mark. Nebst Krankenhaus und Seemannsheim. Das führte 1957 zur Stadtgründung. »Seit Begründung des Fischkombinates sind es 16 000 Einwohner geworden. Kein Eindruck eines Kurbades mehr«, zitiert die Archivarin.

Birgit Garbuzinski bringt Erstaunliches zu Tage. Fakten, wie die durchschnittlich von den 23 Hotels eingenommene Kurabgabe über rund 1000 Reichsmark pro Jahr. Reiseführer wie der von Grieben sprachen davon, dass in Sassnitz sowohl einfache als auch verwöhnte Gäste auf ihre Kosten kämen. Dafür sorgte das Warmbad am Strand. Kurkonzerte erklangen an der Promenade und an der Waldhalle. Und immer wieder die Erwähnung des Markenzeichens Heilkreide. Die Anwendungen blieben auch zu DDR-Zeiten im Sassnitzer Krankenhaus beste-

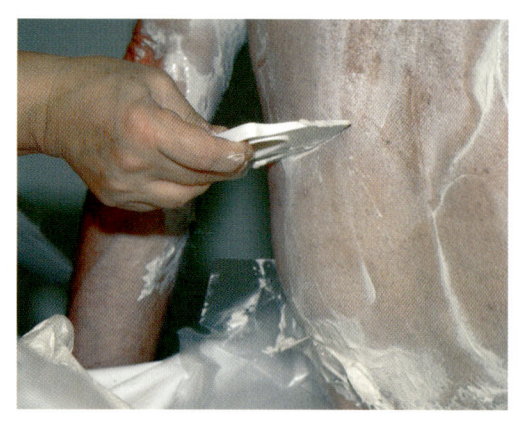

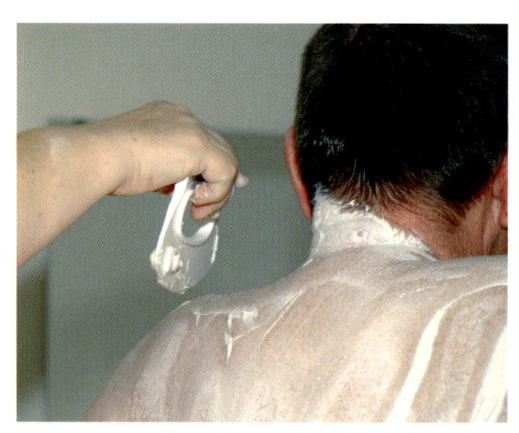

Die Kreidepackung wird zuerst wieder entfernt, bevor der Patient die Dusche aufsucht.

hen. Eine Empfehlung aus dem Ministerium an die Ärzteschaft des Landes öffnete die Türen dafür. Eingestellt wurde das Heilverfahren 1975/76 wegen Problemen mit dem Kreideschlamm. Die Reste seien in die Kanalisation gespült worden. Was diese nicht lange verkraftete. Heute wird die Kreide abgenommen und die Packung separat entsorgt, bevor der Gast die Dusche auf-

Jasmund – Quelle und Meer

sucht. Ein Symposion des regen Rügener Heilkreidevereins weckte 1995 die Geister rund um die Heilkreide wieder.

Kreide und der Badearzt

Sassnitz hat jedoch ein Problem. Denn was Binz hat, fehlt in Sassnitz: der Badearzt. Patienten mit Kurverschreibungen müssen die Stadt auf der anderen Seite wieder verlassen.

Physiotherapeutin Kerstin Schneider weiß, wie in der nachwendischen Zeit Sassnitz im Jahr 2006 knapp davor stand, einen Kur- und Badearzt zu bekommen. Die zwischenzeitliche »Fischstadt« erfuhr 1998 einen großen Erfolg mit der Ernennung zum staatlich anerkannten Erholungsort. Eine weitere Station wäre besagter Arzt gewesen. Der verstarb. Bisher habe sich niemand gefunden, um die Zusatzausbildung zu absolvieren, sagt Schneider.

Ein Badearzt sorgt bei den Kurgästen für die richtige Anwendung am richtigen Ort. Gemäß Verordnung. »Die Kassen sind da streng. Kommt heute jemand mit einer solchen Verordnung nach Sassnitz, müssen wir den Gast zum Bade- und Kurarzt nach Binz schicken. Der weist auch nur Anwendungen in Binz an«, erläutert Schneider. Sassnitz hatte laut Stadtarchivarin bis zum Zweiten Weltkrieg einen Badearzt. Dass der heute wieder angestrebte Titel »Kurort mit Kreideheilbad« oder gar »Seeheilbad« einen Aufschwung im Bäderbetrieb verleihen würde, eint alle.

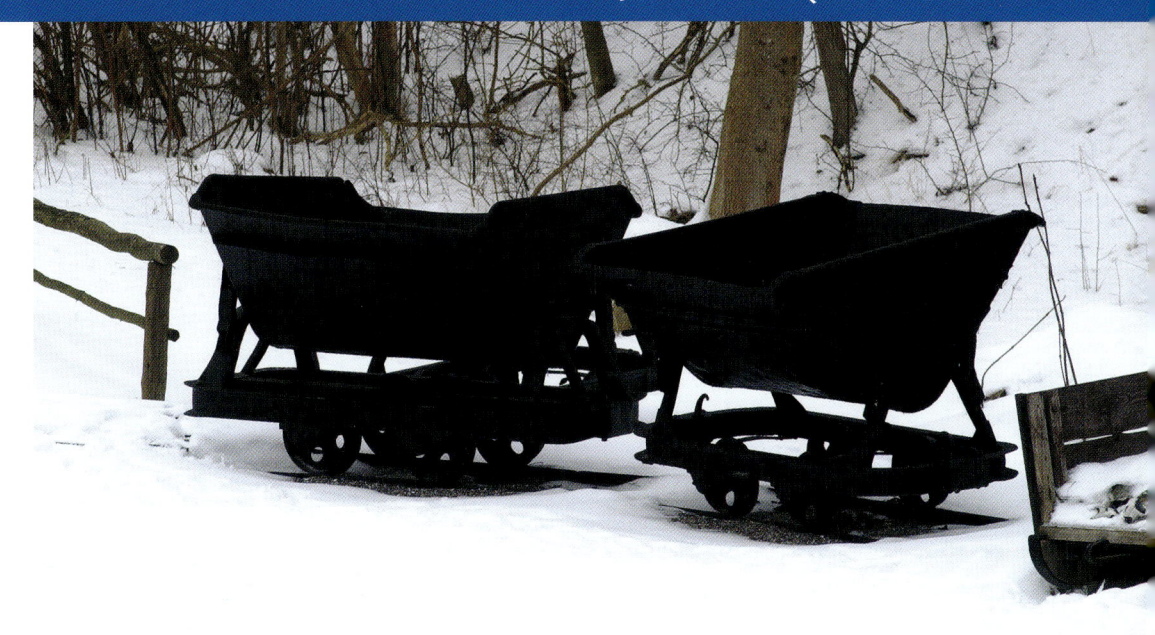

Frühe Formen des Kreideabbaus

Mit allen Sinnen Rügens Kreide erleben

Die letzte Idee kommt von Gesine Skrzepskis. Sie widmet sich schon lange der Vermarktung Rügener Heilkreide. »›Kreide – mit allen Sinnen‹ erleben ist ein Arrangement für Gäste«, erläutert sie. Der Beginn ist die Anfahrt zu einer Wanderung mit den Nationalparkrangern, deren Route erste Kreideausblicke gewährt. Der Marsch endet im Nationalparkzentrum. Danach das Lunchpaket in Nipmerow mit Blick auf die Leuchttürme Kap Arkonas öffnen. Dann wird dem Kreidemuseum Gummanz die Aufwartung gemacht. Dies ist der beste Ort für Informationen zur Geschichte der Kreide ebenso wie zu der ihres Abbaus. Nach der Rückkehr gegen 14.30 Uhr soll fachkundiges Personal in den jeweiligen Hotels nun Kreide zur Anwendung bringen.

Kosmetische Kreideanwendungen, wie hier im Strandhotel Rugard, sehen anders aus als therapeutische. (Foto: Strandhotel Rugard)

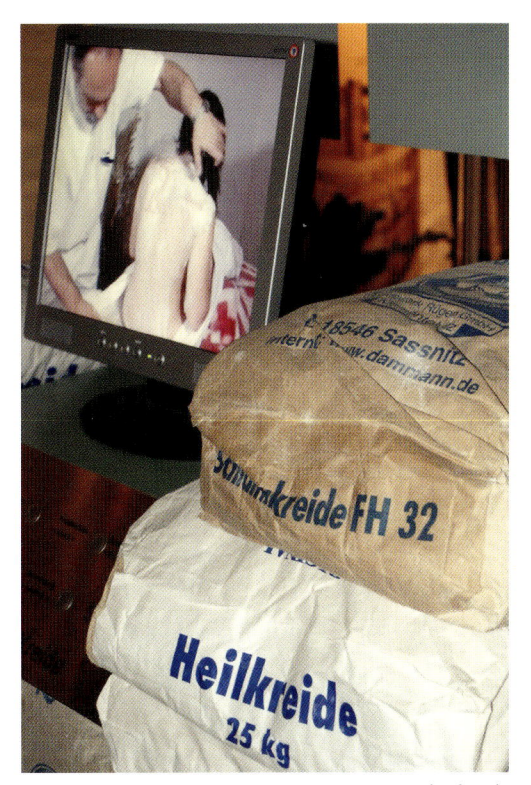

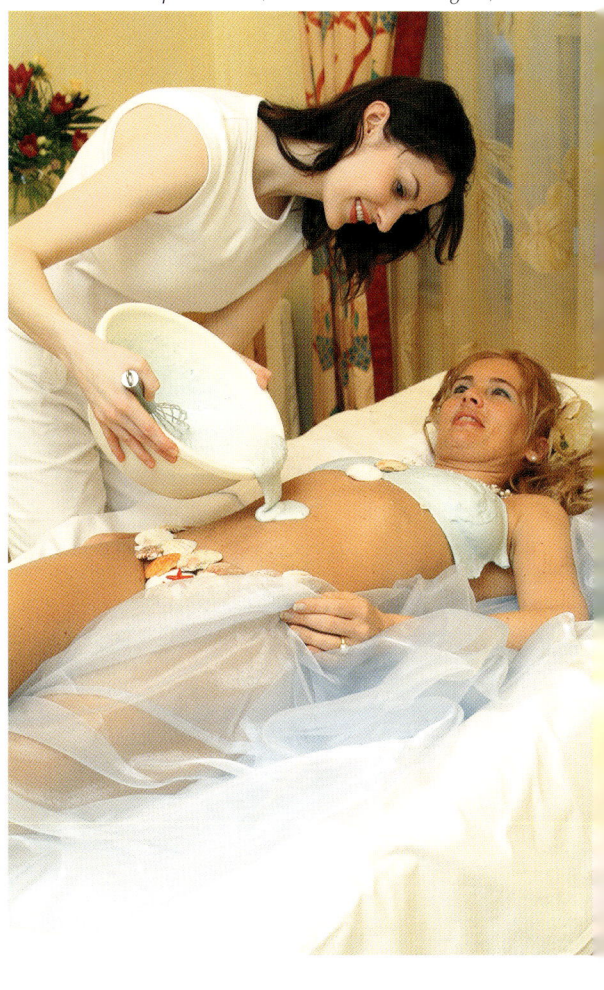

Das Kreidemuseum Gummanz ist Anlaufpunkt bei der Kreideexkursion.

Ungewöhnliche Einblicke – tägliche Ausblicke

Sehen und schreiben – Bild und Text

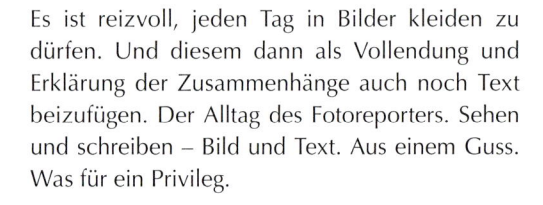

Es ist reizvoll, jeden Tag in Bilder kleiden zu dürfen. Und diesem dann als Vollendung und Erklärung der Zusammenhänge auch noch Text beizufügen. Der Alltag des Fotoreporters. Sehen und schreiben – Bild und Text. Aus einem Guss. Was für ein Privileg.

Wer dieses Privileg hat, überlegt durchaus zum Leidwesen seiner Mitmenschen, ob er bei nächtlicher Kenntnis eines Brandes, bei romantischer Morgenstimmung am Wasser oder bei einem Küstenabbruch sonntags die Kamera zückt und am Geschehen dran bleibt. Statt am Strand zu liegen. Und, ehrlich gesagt, manchmal geht der Sommer auf einer Insel vorbei – ohne einen Badetag.

Kann Ihnen nicht passieren? Das ist gut so!

Was hier auf dieser Seite, in den redaktionellen Beiträgen oder aber bei den Protagonisten des Buches an Bildern aufgeboten ist, macht (hoffentlich) Lust auf diese Insel. Treu dem Motto »Ein Bild sagt mehr als tausend Worte«. Ohne Kommunikation kommen wir heute weniger denn je aus. Text dient der Vermittlung dessen, was den Hintergrund des Bildes ausmacht.

Viel Spaß also mit »meinem« Rügen. In mehr als einem Bild und in mehr als nur tausend Worten...

Gemacht für mehr als einen Urlaub!

Und worauf richtet sich der ostSeh-Blick auf die Insel noch?
Ökologie, Handwerk und der gesamte Komplex der hiesigen Wirtschaft mit speziellen Branchenkenntnissen gehören natürlich zum Standardrepertoire der Agentur ostSeh.
Referenzen? www.ostseh.de/referenzen.html

ostSeh
redaktionsbureau + verlag
andreas küstermann
Teschvitz 4 · 18569 Gingst/Rügen
Tel. (03 83 05) 6 00 13 · Mobil (01 71) 5 25 40 76
Fax (03 83 05) 6 00 14
kuema@presse-verlag-ostseh.de · www.ostSeh.de

Trivialität als Lebenselixier

Der wiederentdeckte Autor Philipp Galen alias Ernst Philipp Carl Lange

»Kennen Sie Philipp Galen?«, fragte mich meine Vermieterin Maria Marx im Jahre 1995. »Nein!«, musste ich damals antworten. Und noch viel weniger kannte ich Ernst Philipp Carl Lange, wie der Potsdamer Schriftsteller hieß. Wer auf Rügen oder in nördlichen Regionen jedoch nach dem Rügenroman »Der Strandvogt von Jasmund« fragt, erhält sofort eine Antwort.

Wer aber war Galen alias Lange?

Geboren wurde er am 21. Dezember 1813. In Potsdam hat der Arzt und Schriftsteller vor allem gewirkt. Das deutsche Literaturarchiv in Marbach/Neckar kennt keine Nachlass-Standorte mit persönlichen Zeugnissen. Auch nicht im Brandenburgischen Landesarchiv. Ein Jahr Chirurgie an der Charité ging der Zeit als Militärarzt voraus.

Ernennung zum Oberarzt

1845 kam die Ernennung zum Oberarzt und zwei Jahre später zum Stabs- und Bataillonsarzt in Bielefeld. Nach Galens Heirat im April 1847 übernahm er wegen der kärglichen Besoldung eine Landarztpraxis im Teutoburger Wald. Als Chefarzt eines Feldlazarettes war er auch Teilnehmer an Feldzügen. Typhus brachte Galen 1857 wieder nach Potsdam zurück und er ging 1878 im Alter von 65 Jahren als Oberstabsarzt in Pension.

Der Schriftsteller Philipp Galen in jungen Jahren

Seine Bibliographie beginnt mit der 1839 auf Latein geschriebenen Dissertation. 1853 erscheint sein wichtigstes Werk, »Der Irre von St. James«.

Liebenswürdiges Erzähltalent

Franz Brümmer, Zeitgenosse und Herausgeber des Biografischen Jahrbuchs von 1900, bescheinigt ihm »...ein liebenswürdiges Erzähltalent«. »Reine sittliche Tendenz gebe er zudem überall kund. Seine Meisterschaft sei die ausgeprägt getroffene Lokalfarbe und Wiedergabe der Sitten und Gebräuche sowie häuslicher Gewohnheiten.« Wie eben in seinem Roman »Der Strandvogt von Jasmund« die Beschreibung des passiven Widerstands gegen die französische Besatzung Rügens.

Es verwundert, dass Galen auch 150 Jahre nach seinem Ersterscheinen noch Interesse weckt. Der »Strandvogt« ist allein im 20. Jahrhundert mindestens sieben Mal teilweise oder komplett neu aufgelegt. Trotzdem kommt Galen als Trivialschriftsteller schlecht weg. »Im Souterrain der Literatur« siedelt ihn der Forscher Gustav Sichelschmidt 1969 an. Richtig ist, dass Galen, wie viele andere sogenannte Trivialschriftsteller, dominante Themen des öffentlichen Lebens aufgriff, ohne diese in Frage zu stellen.

Lesefreundlichkeit und Treue zu einmal gewählten Stoffen sowie verständliche Sprache und Verzicht auf jegliche literarischen Experimente, bescheinigt ihm im Jahre 1861 Fernbachs Journal für Leihbibliothekare. Angesichts von Sätzen mit 150 Worten zeigt sich auch da der »Wertewandel«.

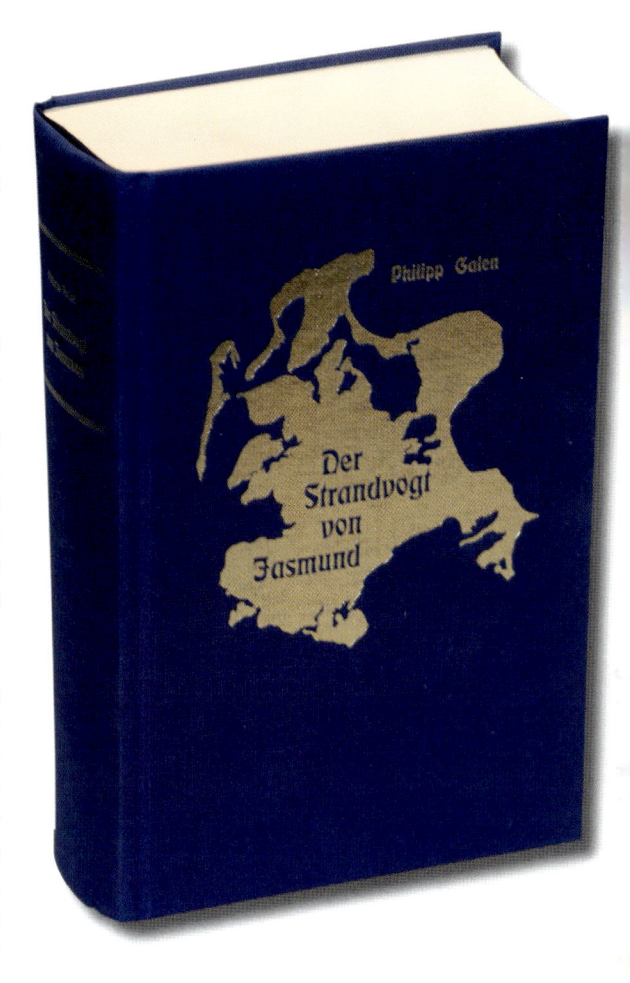

Dass Galens Geschichtsbild nationalistisch und religiös-konservativ geprägt war, steht außer Zweifel. Öffentliche Kritik focussiert immer wieder auf Kitscherzählungen und die in Variationen ähnlich abgehandelten Themen. Fans aber schätzen die detailgetreuen Schilderungen von Land und Leuten.

Lesetisch bei Veranstaltungen zu Philipp Galen

Jasmund – Quelle und Meer

Der Kutter Havel aus der legendären 26er-Klasse an der Kaikante.

26er-Fischkutter – begehrt bis Afrika

Die Brücke steht ebenso zur Besichtigung ...

Schiff vor Museum wird von der Besatzung verhätschelt

...wie manch stilles Örtchen

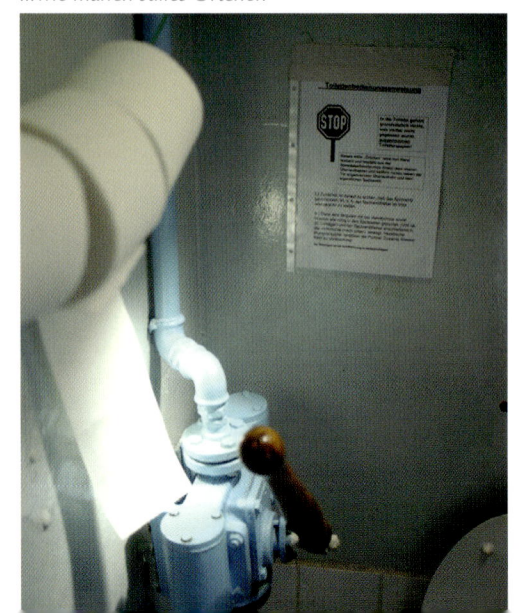

Dieser rostbraune Kutter an der Sassnitzer Kaikante des Stadthafens kommt einem ganz normal vor. Wie er da vor dem Fischerei- und Hafenmuseum liegt. Mit den so typischen Rundungen der fünfziger Jahre könnte er Dornhai, Seefuchs oder Blauwal heißen. Die laufen noch in aller Welt. Oder eben in Sassnitz. Und arbeiten. Nicht immer nur am Fisch. Der Seefuchs beispielsweise als Tauchbasis. Andere als Räucherschiff oder Touristen-»dampfer«, wie die allgegenwärtigen Sachsen zu jedem Schiff sagen. Daher wohl das Gefühl der Normalität bei seinem Anblick. Dieser hier ist also ein Kutter und trägt die Nummer fünf. Er heißt Havel und ist in der Baureihe die Nummer 247.

Große Erneuerung

1956 lief die Havel bei der Reparaturwerft Stralsund vom Stapel. Wie fünfzig ihrer Kutterkollegen danach, bildeten sie fortan das moderne Rückrat der DDR-Fischfangflotte. In Ralswiek übrigens liegt nahe der Störtebeker-Festspiele einer der ersten, wenn nicht gar der erste dieser Serie.
Über die Gangway geht's auf die Brücke. An Bord empfangen den Besucher heute allerdings weder Fischgerüche noch Taucheranzüge. Hier empfängt Nautiker Klaus-Peter Poppitz Gäste zu einem Ausflug in die Schifffahrtsgeschichte jener berühmten Kutter. Und das, ohne die Leinen zu lösen.

Jasmund – Quelle und Meer

Der relativ geschütze Eingang zur Kombüse

Blick aus einem originalen 26er auf das Kap Arkona

Schlagkräftige Sieben

»Wir waren sieben Mann Stammbesatzung und die achte Koje gehörte dem Lehrling«, kommt der 1940 geborene Poppitz auf der Brücke gleich zur Sache. Kurz verweilt er auf dem sogenannten Jagdsitz, einem Drehstuhl steuerbords, also rechts vom messingbeschlagenen Steuerrad. Überall Instrumente für die Maschine, den UKW-Sender ebenso wie für den Schreiber für Grund und Fischschwärme. Ein mehrdimensional-kartanisch-aufgehängter Magnetkompass mit Eisenblöcken zum Ausgleich der Deviation, also der Abweichung der Nadel durch Metall an Bord, ist zu bestaunen. Eine Tabelle gibt dann die Korrekturwerte für den Kurs vor. Radar als Kollisionsschutz. »Auf See haben wir keinen dieser Kutter verloren, obwohl es bis in den Kanal vor England ging. Einen allerdings im Strelasund und die No. 280 wurde im Hafen Rostock in den Grund gefahren«, berichtet Poppitz.

Alles intakt

Dass die Havel von ihrem Zustand her heute noch auslaufen kann, weiß Maschinist Erhard Eichner, und will damit den Begriff ‚Museum' gleich etwas abschwächen. Und wirklich sieht alles aus, als hieße es gleich: »Leinen los!«

Eichner verschwindet in den Maschinenraum und gleich darauf pfeift es direkt auf Augenhöhe von Poppitz. Dieser zieht den Stöpsel aus einem Mundstück heraus und lauscht den Worten des Maschinisten durch das Rohrsystem. Dann spricht er selbst hinein. Bordkommunikation. Ein Grund zum Lachen, weil es an das System Blechbüchse mit Faden erinnert. »Für die Seeleute damals war die Havel eine enorme Errungenschaft«, hatte mich Poppitz noch auf der Brücke auf den gleich folgenden 20minütigen Rundgang eingestimmt. »Mit einem Nachteil: Sie hatte nur 110 Volt und war daher elektrisch gesehen nicht so leistungsfähig. Erst später wurde die Reihe auf 220 Volt umgestellt. Alles ohne Strom bewährte sich aber weiterhin. Einfach, zweckmäßig, wartungsfrei. »Die wirkliche Errungenschaft nach den 24ern«, erzählt Poppitz auf dem Weg ins Innere, »war die Sicherheit, dass niemand bei hoher See erst vom Vorschiff aus den Mannschaftskojen kommen musste. Hier war alles achtern beisammen und bei Sturm wetterten wir auch mal hier oben auf der Brücke gemeinsam ab.« Auch die Kombüse barg beim Vorgängermodell die Gefahr, dass der Steuermann dort nicht hinsah und am Eingang über Eck der Smutje leicht abgehen konnte. Unbesehen.

Details der Winsch an Bord einer 26er

Arbeit an Deck

Die Blaurobbe vor der Küste Afrikas mit Anspruch auf Farbe

An der Kaikante der Fischhalle Sassnitz

89

Jasmund – Quelle und Meer

Peter Poppitz an der kohlebefeuerten Kochmaschine

Kino unter Deck

Wie es früher an Bord aussah, wenn das Schiff auf See war, zeigen die beiden alten Seeleute unter Deck im Mannschaftsraum anhand alter 8-Millimeter-Filme, die das Museum zusammengeschnitten hat. »Fernseher gab es erst später, damit wir nicht dumm von der Arbeit zurückkamen.« Alles lebt auf beim Erzählen: Den Fall der Mauer etwa haben viele Sassnitzer Fischer auf den Trawlern und Verarbeitungsschiffen erst verspätet mitbekommen. »Fünf bis sechs Tage reichte das Eis und da wir Prozente am Ertrag bekamen, wollten wir die rund fünfzig Tonnen Fisch auch an Bord haben, die der Kutter laden konnte. Also wurde gefischt, bis die ersten vor Müdigkeit umfielen. Dann war Schicht.«

Fisch bis zum Umfallen

Gegen den Verlust beim ‚rauskäschern' des Fisches aus dem Schiffsbauch wurden später Fischkästen mitgenommen. Damals noch aus Holz. Und je nach Fang musste neben dem Stapeln auf Eis auch genoppt (Kopf ab!) oder der Dorsch gar ausgenommen werden. »Zum Noppen beim Hering hatten wir später eine Maschine an Bord. Und dann gab es von Backbord am Arbeitsdeck auch den Spritzschutz, damit einen die See nicht so erwischte.«
Und wären da nicht die Autos an der Kaikante durch die Bullaugen sichtbar, müsste nur noch der Schiffsdiesel langsam tuckern und wir würden meinen, auf See zu sein. So werden wir von dem Berichteten in den Bann gezogen.
Zwischenzeitlich drängelt sich eine weitere Gruppe in die eben verlassene Kapitänskajüte. Also schnell weiter zur Kombüse, wo sich tatsächlich Kohle für die Kochmaschine als sicherer erwies als Propangas. Ein kleiner Kühlraum erinnert an das Fleisch, das zuvor in der Aluschüssel auf Eis lag und doch vor dem Verarbeiten je nach Stadium der Fahrt Essigwasser sehen musste.

Kurbel statt Strom

Jetzt sind wir im Herzen des Kutters. Maschinist Eichner übernimmt routiniert das Kommando.

Die in den 1950ern moderne Elektrik.

Maschinist Erhard Eichner kann alles auch mechanisch starten.

»Können wir auch mal in den Maschinenraum gehen, ist der häufigst geäußerte Wunsch der männlichen Besucher«, so Poppitz. Die Maschine: Ein Langsamläufer aus Magdeburg mit 350 Umdrehungen und 250 PS.
»Gestartet wird sie mit Druckluft und hier unten ist nahezu alles doppelt ausgelegt, so dass der Maschinist bestimmte Funktionen der Brücke direkt übernehmen kann. Reißen die Seile, wird über das zweite Sprachrohr Bescheid gesagt und ich fahr von unten«, erklärt Eichner. 42 Liter verbraucht die Maschine pro Stunde und 24 000 Liter fasste der Tank, Kraftstoff für einen Monat. Vom Haupttank musste jedoch in einen Tagestank umgepumpt werden. An Deck mitgearbeitet wurde übrigens auch vom Maschinisten. Nur der Kapitän hatte einen Dauerarbeitsplatz. »Lenzpumpen, Kühlwasserpumpen und Feuerlöschsystem – man musste die Ventile schon kennen und im Griff haben«, sind die beiden alten Seebären im Element. Übrigens sind wir weit unter der Oberfläche. »3,8 Meter ist der Tiefgang. Daher sind diese Kutter auch so seetüchtig.« Sagt der eine, während der andere das Hilfsaggregat von Hand ankurbelt. Stromunabhängiges System eben. Sicher ist sicher.
Die Eintrittskarte des Kutters berechtigt übrigens auch zum Besuch des Museums. Und das zeigt, was der Hafen mal war. Und womit dort gearbeitet wurde.

www.hafenmuseum.de

Jasmund – Quelle und Meer

Flettner-Röhren als Antrieb

Altes Patent macht Kapitän Hoffnung

Die komplett durchgeplante Jacht »Anton Flettner«.

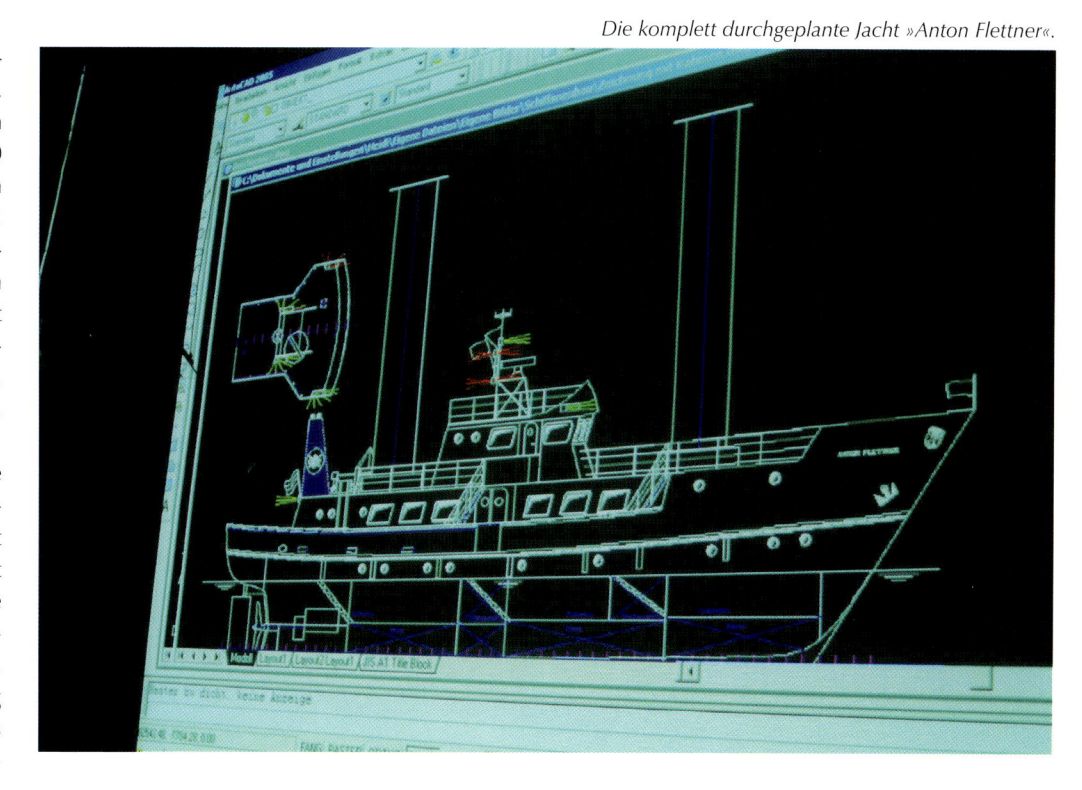

Kapitän Reiner Weise ebenso wie seine Lebensgefährtin Heiderose Hempel sind unbeirrbar. Als Schiffsbetreiber haben sie allerdings ein Problem. Ihr Ausflugsschiff MS Brigitte ist 60 Zentimeter zu lang. Brigitte darf nach neuen EU-Normen als Frachtschiff nur noch mit 12 statt 30 Passagieren laufen. »In Sonderzulassung«, erzählten die beiden den Kollegen beim nautischen Stammtisch in Sassnitz. Der tagt immer im Kurhotel und bewegt mehr als Seemannsgarn. »Diese Gesetze versteht niemand. Als ob es um eine Marktbereinigung ginge«, argwöhnt Heiderose Hempel.

Sie hätten eine neue Jacht in petto, mit der sie die Nord- und Ostsee befahren würden. Nahezu fertig durchkonstruiert und mit einer Werft vorbesprochen. Es handelt sich um ein Schiff mit Flettner-Antrieb. Anton Flettners erstes Schiff, die Buckau, später Barbara, lief schon mit diesem Antrieb, beispielsweise von Stralsund nach Sassnitz. »Es fehlen 2,5 Millionen Euro, über die wir ständig Bankengespräche führen. 20 Prozent würde das Verkehrsministerium an Fördergeldern zuschießen.« An die Werft. Selbst haben sie keine Chance, etwas zu bekommen.

Rainer Weise hat ein fertig konstruiertes Schiff in der Tasche. Null Risiko, denn Flettner fuhr schon.

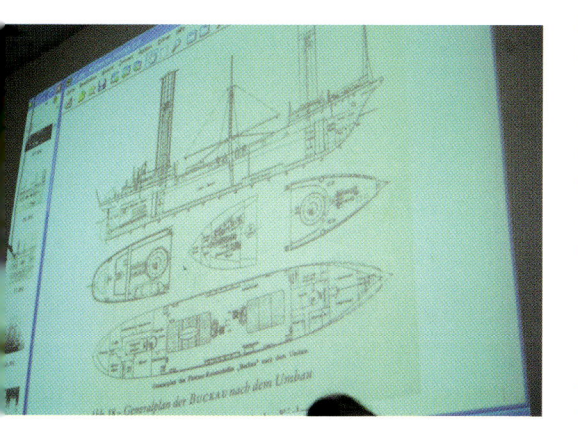

Die Mutter aller Flettner-Antriebe – das umgebaute Frachtschiff Buckau

Was ist ein Flettner-Rotor?

Flettner-Antrieb, erklärt Weise, ist simpel: »Auf meinem Schiff wären es zwei senkrecht gelagerte Röhren, die generell rund zehn Prozent mehr Leistung und eine hohe Manövrierfähigkeit bringen. Auch die Takelage eines Segelschiffes ist zehnmal schwerer, als die leichten Aluminiumzylinder.« Die Röhren werden mit einem eigenen Elektroantrieb in Schwung gebracht und greifen dann den Wind auf. Die Drehung der Röhren setzt sich nach physikalischen Gesetzen in ganz präzise waagerechte Bewegungen um. Mit denen kann hohe Fahrt ebenso wie schnelles Aufstoppen oder gar Unterstützung beim Anlegen praktiziert werden.

Schon zur Zeit der ersten Ölkrise beschäftigte sich Rainer Weise damit als »Neuerer«. »Wir mussten beim Fischfang Treibstoff sparen und ich schlug vor, einen 26er Kutter damit auszustatten.« »Blohm und Voss realisierte das mit einem Ingenieur, der noch Erfahrung mit Flettners Versuchen hatte. Die DDR leider nicht. Es fehlte das Geld.« 1986 fiel der Ölpreis wieder auf den Stand von 1973. Damit landeten die Pläne wieder im Giftschrank.

Auch Klimadebatte ein Argument

Klimadebatte oder Schadstoffe im Schiffstreibstoff sind weitere Argumente. Doch niemand reagiert. »Einer meiner Angler würde mir sofort 100 000 Euro zuschießen. Die glauben daran. Und wissen, dass unsere Touren dann keine 35 Euro pro Kopf mehr kosten würden.« Weise wiederum rechnet, dass die Passage nach Norwegen mehr als 600 Euro kostet. »Wenn ich meine Angler nach Norwegen fahre, spielt Geld keine Rolle.«

Auch in Schwerin mottet der Ingenieur Rainer Höhndorf eben ein Versuchsschiff ein, das mit der sogenannten Raumenergie nach Flettner fährt. Wie ein künstlicher Tornado.

Flettners Nachfahren übrigens haben zugestimmt, dass die Jacht von Rainer Weise nach Anton Flettner heißen dürfte. »Es wäre derzeit weltweit das einzige derartige Schiff.«

Rainer Weise erklärt das Prinzp Drehung zum Vortrieb: »Wie ein Tornado.«

Jasmund – Quelle und Meer

Appartementhotel »Mare Balticum«

Das 1995 im traditionellen Stil neu erbaute Appartementhotel »Mare Balticum« fällt jedem Urlauber durch sein Reet- oder, auf Rügen gebräuchlicher, Rohrdach ins Auge. Schilfrohr aus natürlichem Bewuchs der Küstenregion. Das Hotel zeichnet sich durch seine zentrale Lage in einem kleinen Vorort vor Sagard und vor den Toren der Hafenstadt Sassnitz aus. Zentral gelegen ist es ein idealer Ausgangspunkt für Ausflüge in den Nationalpark Jasmund mit seinem berühmten Königsstuhl, dem Großen Jasmunder Bodden mit Angel- und Segeltouren oder einen erholsamen Ausflug in die Schaabe, dem zehn Kilometer langen, schneeweißen Sandstrand zwischen Glowe und Juliusruh.

FKK-Anhänger kennen dieses Fleckchen bestens. In etwa zehn Autominuten erreicht man die lange, kieferbewaldete Landzunge.

Das rohrgedeckte Appartementhotel am Tor nach Jasmund

Das Appartementhotel »Mare Balticum« verfügt über 20 komfortabel ausgestattete Wohnungen und bietet alle Annehmlichkeiten für einen Erholungsurlaub auf der Insel Rügen. Nahe beim Haus ist als Besonderheit übrigens auch die neu gestaltete Marina Martinshafen mit einer Segelschule zu finden. Das weitere Freizeitangebot des »Mare Balticum« mit hauseigener Sauna, Kinderspielplatz, Grillplatz, Außen-Schachanlage und Fahrradverleih rundet den Urlaubsaufenthalt ab.

Und für Hundeliebhaber? Nach vorheriger Anmeldung steht ein Hundezimmer bereit.

Trotz zentraler Lage ist grün die dominante Farbe.

Geschützte Plätze für alle Gäste

Aparthotel Mare Balticum
Vorwerk 2c · 18551 Sagard
Tel. (03 83 02) 7 59 99
mare-balticum@gmx.de
www.mare-balticum-ruegen.de

Ungarisches Flair auf Rügen

Hotel am Markt und Restaurant Puszta in Sagard

Sagard beheimatete einst das älteste Bad auf Rügen. Historisch verbrieft ist, dass im jahre 1795 die »Brunnen-, Bade- und Vergnügungsanstalt« eröffnet wurde. Heute gilt Sagard als das Tor zum Nationalpark Jasmund. Auf der kulinarischen Entdeckungsreise führt ein kleiner Abstecher nach Ungarn!

Restaurant Puszta
Der Ursprung des kleinen Familienhotels mit angeschlossenem Restaurant liegt in Ungarn. Seit 1995 bietet die Familie Sebök deftige Speisen der ungarischen Küche sowie ausgesuchte Weine aus der Puszta an. Im ungarischen Ambiente werden Traditionsgerichte wie Kesselgulasch und Palatschinken serviert. Das Restaurant hat ganzjährig geöffnet.

Hotel am Markt
Das Hotel wurde 1998 vom Mecklenburg-Vorpommerschen Hotel- und Gaststättenverband ausgezeichnet. Alle 14 Einzel- und Doppelzimmer sind komfortabel und geschmackvoll eingerichtet und verfügen über

Schöne Lage: das Hotel Am Markt mit dem Restaurant im Erdgeschoss

Nico Sebök mit seinem legendären Pusztateller

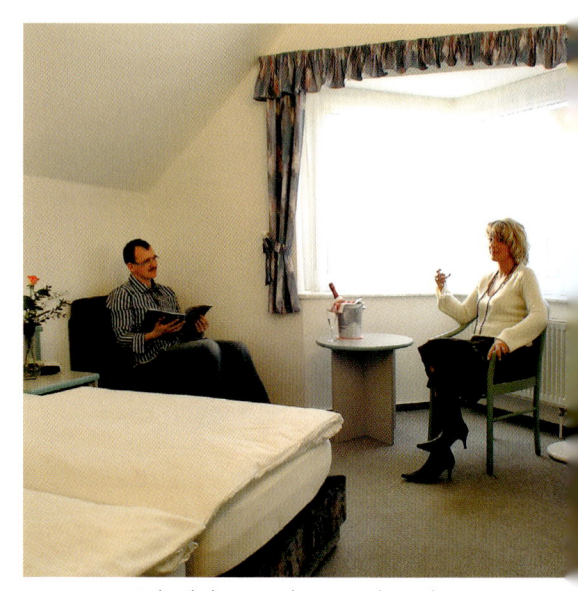

Behagliches Hotelzimmer als Rückzugsort nach einem ereignisreichen Tag

Dusche, WC, Telefon und Farbfernseher. Das Frühstück ist im Übernachtungspreis inbegriffen und wird von acht bis zehn Uhr im Restaurant eingenommen.

Hotel am Markt und Restaurant Puszta
August-Bebel-Straße 14 · 18551 Sagard
Tel. (03 83 02) 37 16 · Fax (03 83 02) 37 21
info@puszta-ruegen.de · www.puszta-ruegen.de

Jasmund – Quelle und Meer

1795 – Sagarder Kursaison beginnt

Die Mutter aller Rügener Kuren

Es waren zwar schon um 1750 erste Gäste wegen der Quellen nach Sagard gekommen, ein regelrechter Kurbetrieb wurde aber erst 1795 aufgenommen, berichtet die Gemeindechronik. Pastor Heinrich Christoph von Willich (1759–1827) gebührt die Ehre. Nach seinem Entschluss, eine Brunnen- und Badeanstalt einzurichten, wurden einige der ergiebigsten Quellen eingefasst, ein Badehaus errichtet, Wege und Plätze angelegt. Gestalterisch herrschte Romantik vor.

Sturz- und Warmbäder

»Im Hintergrunde des Gebäudes ist ein Sturzbad und zur Seite desselben ein Zimmer zu warmen Bädern eingerichtet. Die rechte Seite des Hauses enthält zwei voneinander abgesonderte steinerne Bäder, die mit den nötigen Bequemlichkeiten versehen sind und nach Gefallen der Gäste zu warmen oder kalten Bädern gebraucht werden. (...)« schreibt der literarisch ambitionierten Oberkonsistorialrat Probst J.F. Zöllner 1797 in seinem Reisebericht.

Gute Betreuung sicherte den Erfolg

Dass der Kurbetrieb zu Sagard gut funktionierte und geordnete Formen annahm, ist vor allem auch ein Verdienst des älteren Moritz Ulrich von Willich (1750–1810). Spaziergänge und allerlei Vergnügungen füllten nach seinem Plan den Vormittag aus, dann wurde ausgiebig geruht. Nachmittags brachen die Gäste in kleinen Gruppen auf, um zu Fuß, hoch zu Ross oder im Pferdewagen Erkundungen in die Umgebung Sagards zu unternehmen.

Landschaft und romantisches Naturerlebnis

Ein anderer Grund war sicher die einzigartige, faszinierende Naturschönheit Rügens. Pastor von Willich bezog die Landschaft Jasmunds ins Kurprogramm mit ein und hat als erster die Naturschönheiten Rügens für den Fremdenverkehr erschlossen.

Dieser Pavillon ist der alten, romantischen Strukturierung nachempfunden.

Und hier im alten Pfarrhaus mit Büro für die Brunnenaue entsprang der Gedanke der Rekultivierung.

Wer waren die Kurgäste?

Angehörige der Hocharistokratie kamen selten. Eine Ausnahme war der Fürst von Thurn und Taxis. Die meisten Gäste gehörten dem Bürgerstand, der Beamtenschaft und dem Landadel an – überwiegend aus Schwedisch-Vorpommern, Mecklenburg, Preußen und Sachsen. Der Theologe F. D. Schleiermacher verkehrte auch hier, der Verleger und Buchhändler G. A. Reimer und Henriette Herz, deren Salon um 1800 ein Mittelpunkt des geistigen Lebens in Berlin war. Im Sommer 1796 nahmen der Dichter Heinrich von Kleist sowie der Gelehrte und Staatsmann Wilhelm von Humboldt im Ort Quartier.

Ende nach kurzer Blütezeit

Nur 11 Jahre blieben Sagard als aufblühendem, weithin bekannten Kurort. Schon 1807 blieben infolge der Kriegsereignisse und Besetzung Rügens durch die Napoleonischen Truppen die Besucher aus. Pastor v. Willich beendete zudem seine Tätigkeit als engagierter Kurdirektor. Der 1818 noch einmal von einem bürgerlichen Pächter unternommene Versuch der Reaktivierung scheiterte. Sagard konnte mit dem neuen, viel attraktiveren Kurort Putbus nicht konkurrieren.

Wie früher ist Spielgerät angesiedelt, das Wasser mit einbezieht und gerne von Kindern genutzt wird.

Beachtliches Panorama in der Architekturbetrachtung von außen ebenso,...

Dichter am Meer können Sie nirgends frühstücken

...wie von der Terrasse am Oberdeck aufs Meer

Frühstück gibt es im Café Gumpfer täglich ab 8.00 Uhr. Neben dem »Kapitänsfrühstück« bieten wir das beliebte »Bootsmannsfrühstück« mit Eiern und Schinken an. Verschiedenste Kaffee-Spezialitäten, ausgewählte Teesorten, auserlesene Weine und cremiges Eis runden das Angebot bestens ab.

Der Konditor des Hauses empfiehlt die Haustorte »Gumpfer« mit reinem Sanddornsaft. Neben den Torten aus eigener Herstellung bäckt »Gumpfer« seine Brötchen mehrmals täglich frisch. Auch die Suppen werden nach Privatrezepten zubereitet. Im Angebot sind Produkte von Rügener Produzenten wie beispielsweise die Käseplatte vom »RügenBio-Hof«, Wurstplatten von Bauer Lange© und die Geflügelplatte vom Bauernhof Kliewe.

Ob es die Sanddorntorte ist...

Das Gebäude mit der Nase im Wind

Lecker frühstücken am Meer: Klassisch, als Kapitän oder etwas ganz Besonderes.

... oder etwas anderes: In unserem Tortensortiment findet sich genügend Auswahl.

Café Gumpfer – Sassnitz
Am Fuß der Mole · 18546 Sassnitz auf Rügen
Café Gumpfer – Stralsund
Neue Badenstraße 4 · Am Ozeaneum
18439 Stralsund
post@ruegen-cafe.de · www.gumpfer.de

Jasmund – Quelle und Meer

Kaffeeduft liegt in der Luft

Ostseekaffee aus Rügens erster Kaffeerösterei

Kaffeespezialitäten von der Insel – das einzige Restaurant mit Kaffeespeisen

Ostseekaffee ist eine kleine Privatrösterei auf der Insel Rügen. Der Standort befindet sich im Stadthafen der Stadt Sassnitz. In der hauseigenen Kaffeerösterei wird ein hochwertiges Produkt hergestellt. Kundenberatung wird groß geschrieben.

Die Geschichte des Kaffees auf Rügen

Gegründet hat Alik Kunze seine Kaffeerösterei 2006 im alten Feuerwehrturm im Sassnitzer Hafen. Es war und ist die erste und einzige Kaffeerösterei auf Rügen. Von Anfang an nahmen die Menschen den qualitativ hochwertigen Kaffee begeistert in ihr Genuss-Repertoire auf. Ostern 2007 gab es bereits eine bauliche Erweiterung als Showrösterei mit angeschlossenem Café. Im November des gleichen Jahres folgte die nächste Erweiterung mit einem Restaurant zum Thema Kaffee. Hier gibt es Besonderheiten, für die mancher Feinschmecker extra anreisen. Zum Beispiel wird Zanderfilet in Espressosauce oder Steak im Kaffeemantel serviert. Kombinationen, die die Geschmacksknospen verzaubern.

Bezaubernd ist die Lage der Rösterei mit erstklassigem Panoramablick auf den Sassnitzer Hafen aus dem fünften Stock des ehemaligen Kühlhauses heraus. Aufgrund der steigenden Nachfrage nach Kunzes Kaffeesorten wurde auch die vierte Etage dazugenommen, um das »Kaffeedorf« einzurichten, eine Sammlung von Wellblechhütten mit einer Präsentation ausgefallener Kaffeemühlen aus privater Sammlung. Hier hält der Kaffee-Chef Vorträge zum braunen Heißgetränk und veranschaulicht viel Wissenswertes rund um den Kaffee. Auch Tanzveranstaltungen sind möglich.

Der Sassnitzer Kaffeeröster bei der Arbeit

Handel und Export

Nebenbei wurden auch erste Kontakte zum Exportgeschäft geknüpft. Die Produktpalette kann sich mittlerweile sehen und mit anderen Anbietern auf dem Markt messen lassen. Im Programm sind elf sortenreine Kaffees, drei Mischungen, darunter die Sassnitzer Mischung sowie die Rügener Mischung und eine Espresso-Mischung.

Kaffee wird auch an Gastronomen und Wiederverkäufer verkauft, so dass die Rügener Sorten auch in vielen anderen Geschäften erhältlich sind. Inzwischen wird der Kaffee über den Internet-Shop sogar bis in die Schweiz verkauft. Im Mai 2008 folgte der nächste wichtige Schritt: die Eröffnung vom Schokohus. Hier werden feinste Schokoladen und edle Weine angeboten.

Alik Kunze hat Grund zum Lachen: Sein Kaffee-Konzept ging voll auf!

Ostseekaffee – Rügener Kaffeerösterei e.K.
Hafenstraße 12, Haus D
18546 Sassnitz
Tel. (03 83 92) 6 76 80
Fax (03 83 92) 6 76 81
info@ostseekaffee.de
www.ostseekaffee.de

Jasmund – Quelle und Meer

Rügener Kreidemännchen
Sie werden zum Maskottchen der Insel

Urlauber und Rüganer gleichermaßen munkeln seit vielen Jahren von kleinen weißen Zwergen. Der Sage nach sollen sie in den berühmten Kreidefelsen und im Küstenwald leben. Berichtet wird von kleinen Lichtern, die Wanderern den Weg weisen, von weißen Pilzen, die sich am Wegesrand bewegen und von bunten Schmetterlingen, in die sich die weißen Zwerge verwandeln können. Unvorsichtige locken diese vom Rand der Steilküste in die Sicherheit.

Ernst Moritz Arndt, 1769 auf Rügen geboren, erzählt in seinen Märchen und Jugenderinnerungen von weißen Zwergen der Insel.

Sie sind immer guter Dinge und den Kindern besonders zugetan. Ihnen bringen sie kleine Geschenke und süße Träume. Wer die Zuneigung der kleinen Weißen gewonnen hat, ist im Leben besonders glücklich. Wenn sie nicht so reich machen an Schätzen und Gütern, wie die anderen Unterirdischen, so machen sie reich an Liedern und Träumen, fröhlichen Geschichten und Phantasien. Wirklich gesehen hat die weißen Zwerge noch niemand. Seit einiger Zeit jedoch haben sie ein Gesicht.

Alle mal in der Gruppe – besonders selten

Das Kreidemännchen als Kreideträger, wobei Schreibkreide laut Chemie keine Rügenkreide ist...

Das Kreidemännchen als Bernsteinsammler

Marlies und Reinhardt Jost aus Sagard haben mit viel Phantasie und Liebe zum Detail die Rügener Kreidemännchen zum Leben erweckt. Unter Verwendung von Rügener Kreide und weiteren geheimen Zutaten stellen sie die Figuren in ihrer kleinen Manufaktur selbst her.

Die Familie der Kreidemännchen wächst ständig. Es gibt sie als fleißige Bernsteinsammler und -träger, mit Donnerkeil und Kreide, mit Bernsteinlaterne oder im Strandkorb. Kreidefrauchen gehören natürlich auch zum Volk der Rügener Kreidemännchen.

Zu jeder der Figuren wird eine Geschichte erzählt. Sie bringt dem Leser die weißen Zwerge näher.

... und es gibt auch ein Kreidefrauchen.

Dieser Kreidemann hat einen Donnerkeil gefunden. Typisch!

Kreidemännchen in Kreidehöhle

Die Sage von den Bernsteinsammlern:

In hellen Nächten gehen die Rügener Kreidemännchen an den Ostseestrand und sammeln Bruchstücke und Splitter vom Bernstein auf. Sie ruhen nicht eher, bis sie nicht mehr davon in ihren Armen tragen können. Dabei vergessen sie oft die Zeit. Meist graut schon der Morgen. Die kleinen Kerlchen müssen sich sputen, um vor den ersten Sonnenstrahlen das Innere des Kreidefelsens zu erreichen. Eine Überlieferung besagt: Wenn ein Sammler am Strand beim ersten Sonnenlicht einem Menschen begegnet, muss er ihm überlassen, was er in den Armen trägt. Die Menschen wissen davon. Sie genießen den Sonnenaufgang am Meer, um einem kleinen Kreidemännchen zu begegnen.

Mit Wackelaugen, Zipfelmützen und kleinen goldenen Glöckchen hat das lustige Völkchen längst die Gunst der Rüganer und ihrer Gäste gewonnen – ein echter Sympathieträger für Rügen.

Sucht man die Rügener Kreidemännchen in den Kreidefelsen und Wäldern der Insel vielleicht vergebens, findet man sie auf jeden Fall in Souvenirläden, Tourist-Informationen, Museen und Hotels.

Rügener Kreidemännchen · Reinhardt Jost
Quatzendorf 2 · 18 551 Sagard
Tel. (01 74) 9 48 90 41 · Fax (03 83 02) 8 87 04
info@ruegener-kreidemaennchen.de
www.ruegener-kreidemaennchen.de

Der Bodendenkmalpfleger Detlef Stübe mit Karte vor vier Hügelgräbern am Horizont des Goldbergs vor Sassnitz

Der Lageplan, auf Grundlage dessen 100 Jahre lang Scholle für Scholle Kreide am Goldberg abgebaut werden soll.

Das Gold des Goldbergs: Die Kreide

Kreideabbau oder Kulturlandschaft

Detlef Stübe hat ein Buch mitgebracht. »Deutschland in der Bronzezeit« heißt es und zeigt den als Beutekunst verschleppten Goldschatz von Eberswalde. Da gewinnt der Name der Ortslage »Goldberg«, auf der sich der Grabungstechniker und Bodendenkmalpfleger Stübe an einem sonnigen Vormittag mit mir trifft, eine ganz andere Bedeutung. Er, der 1965 Zugereiste, ist hier inzwischen zu Hause, das merke ich deutlich. Wir stehen und schauen auf der einen Seite vorbei an den vier Windrädern zum Dobberworth, dem größten Rügener Hügelgrab, auf der anderen Seite zum Dreschenberg mit seinen vier Hügelgräbern. Überall rundum liegen auf dem Acker Hühnergötter, Feuersteine und in den Söllen, entstanden aus Toteis, steht Wasser. »Das ist ein typisch schützenswertes Siedlungsgebiet«, sagt Detlef Stübe. »Erhaben für das Sicherheitsbedürfnis, das die langsam sesshaft werdenden Siedler der jüngeren Steinzeit entwickelten. Eine nahrhafte Umgebung in Sichtweite des Örtchens Sagard und des Fährhafens Sassnitz.«

Ein sogenannten Toteissöll. Von Resteis geprägt und später Biotop

Eiszeitlich geprägte Siedlungslandschaft

»Eine eiszeitlich geprägte Siedlungslandschaft, wie sie im Buche steht«, erläutert Stübe. »Bis zum Siebenberg existieren hier 26 sichtbare und unsichtbare, geschützte oder schon planierte Fundstellen.« Und er breitet die Karte aus, in die Frühzeitexperte Peter Herfert auch die Lage der von Hagenow gefundenen Gräber eingezeichnet hat. »Hier geht es lange nicht mehr um den Scherbenfund, sondern um die alte Kulturlandschaft, die trotz Schutz verloren geht. Urlauber suchen das.« Diese herbe Landschaft, die sei das Original. »Und sie wird immer seltener. Egal, wie wichtig der Abbau von Bodenschätzen, hier ist es Kreide, sein mag...« Stübe erzählt, wie die Bevölkerung des Neolithikums sesshaft wurde und wie hier 3000 bis 3500 Jahre Geschichte vor uns liegen. »Die verschieden Grabkulte belegen das.« Beim Weiterlaufen kommt er auf die Abwägungsfrage bei Grabungen und wie Archäologen als Bremser angesehen werden. Und dass heute nicht mehr gegraben werden müsse, da schon Spitzenfunde vorliegen. »Das meiste lässt sich heute ohne Grabungen beweisen.«

Wenn Bodendenkmalpfleger wie Detlef Stübe Steine umdrehen, kommt immer was dabei raus.

Vieles fiel schon früher

Stübe, der gelernte Hochseefischer und heute teils ehrenamtliche, teils angestellte Archäologe weiß, dass zu DDR-Zeiten für Produktionsgenossenschaften Hügel ebenso wie die Hecken zwischen den Schlägen fallen mussten. »Die Gräber wurden planiert, sind jedoch hier noch zu sehen«, weist er auf vier Erhebungen am Zenit einer Kreidescholle. So wird auch aus Sicht der Landschaft der dort geplante Kreideabbau in mehreren Schuppen verständlich. »Da die inneren Bauten der planierten Gräber vermutlich abgesackt sind, erwarten wir beim Freilegen natürlich auch Funde. Obwohl die Hügel keine Bodendenkmale mehr sind, müssen Funde an diesen Stellen gemeldet werden, die Bergung muss möglich sein und die Finanzen trägt der Verursacher, lautet die Gesetzeslage.« Stübe zweifelt. Das Ganggrab in Nipmerow fällt ihm als »abschreckendes« Beispiel ein. Dort legte nach Intervention eines Bodendenkmalpflegers dessen Einzigartigkeit den Kiesabbau lahm. 1974, zu DDR-Zeiten.

Stübe zum Abschied: »Die alte Kulturlandschaft ist tot. Diese kleine Insel am Goldberg muss deshalb erhalten bleiben.«

Jasmund – Quelle und Meer

Ihr Traum kann wahr werden ... ein Haus am Meer

Internationales Unternehmen schafft exklusiven Ferienhauspark

Die Bucht vor Glowe, neue Heimat am Meer

Terrasse, Garten und farbenfrohe Akzente an den Fenstern sind Standard.

Das Traumhaus am Meer wünschen sich viele. Vor allem Neuinsulaner, die sich auf Rügen niederlassen oder hier regelmäßig ihre Ferien verbringen, suchen nach attraktiven Standorten mit Wasseranbindung. Ein Reetdach steht dann auf der Wunschliste gleich an zweiter Stelle. Neue komfortable Häuser entstehen derzeit am Badeort Glowe, in unmittelbarer Nähe zum 14 Kilometer langen Sandstrand.

Auf der Grenze der Halbinsel Jasmund, am Anfang der Schaabe, die die einzige Landverbindung zur Halbinsel Wittow darstellt, entsteht ein kleiner, aber sehr schmucker Ferienhauspark. Das Einmalige ist in erster Linie die Lage: Direkt am Rande des ehemaligen Fischerdorfes Glowe, genau zwischen dem Großen Jasmunder Bodden und der Ostsee, wo die Kiefern wie am Mittelmeer bis an den Strand wachsen, angrenzend an den Naturpark Vorpommersche Boddenlandschaft fügt sich dieser Ferienpark harmonisch in die vorhandenen Wälder ein – das hat seinen ganz besonderen Reiz. Der Strand der Schaabe gilt unstrittig als der schönste und längste von Rügen und ist nur circa 150 Meter vom Ferienhaus entfernt. Geplant ist in Kürze ein Fußgängertunnel, so dass er noch bequemer erreicht werden kann. Das Meer ist nah, und das bei einem milden Seeklima, welches sich auch die in Glowe angesiedelte Mutter-Kind-Kurklinik am Königshörn für ihre Patienten zu Nutze macht.

Mit seinem im Jahr 2000 eingeweihten Hafen am Königshörn verfügt Glowe über einen Anziehungspunkt für Segler und Angler, denn das vor Glowe liegende Revier bietet reichhaltige Fischbestände und ausgezeichnete Erholung für Bootseigner.

Hervorzuheben sind die ausgezeichneten Voraussetzungen für Wanderer, mit dem Fahrrad oder auf dem Pferderücken, denn die eigenen Ortswanderrouten sowie die überregionalen Wege erschließen interessante Orte in Natur und Geschichte. Genannt seien das Schlosshotel Spyker, die Dorfkir-

Hausmodell mit Erkerbalkon und viel Farbe

che in Bobbin, der Dinosaurierpark, die Jasmund Therme, das Kreidemuseum, der Nationalpark mit Königsstuhl und Nationalparkzentrum.

Komfort zwischen Dünen

Voll erschlossene, massive Steinhäuser mit Fußbodenheizung, Türen und Fenstern aus Holz, Kaminofen, Einbauküche und großzügigen Falttüren zur Terrasse sind der Standard, ebenso ein eigener Parkplatz, Klinkerpflasterung und Gartenhäuschen.

Markantes Erkennungszeichen der Anlage ist der rot-weiß gestrichene Leuchtturm-Nachbau. Eine schöne Wasserpartie, die noch bis zum Leuchtturm durchgezogen wird, vermittelt den Hauseigentümern das Gefühl, direkt am Wasser zu wohnen. Insgesamt ist die Anlage äußerst anziehend geplant und gestaltet. Das beginnt mit der großzügigen Zufahrt, setzt sich mit den Besucherparkplätzen fort, natürlich auch bei der Grundstücksgestaltung der Wohnanlagen. Wichtig war den Planern von Anfang an, sinnvoll durchdachte Strukturen umzusetzen. Selbstverständlich gehört zu der gepflegten Anlage auch ein kreativ gestalteter und üppig bestückter Kinderspielplatz mit Klettergeräten aus stabilem Holz in maritimer Machart. Sandflächen, ein Kletterschiff mit Hängebrücken und Versteckzonen sind der Treffpunkt der kleinen Residenzbewohner.

Grau war gestern

Die Ferienhausanlage umfasst insgesamt elf verschiedene Haustypen, aus denen künftige Bewohner sich eines auswählen können. Acht davon sind bislang umgesetzt worden. Die harmonische Vielfalt der Hausvariationen garantiert, dass niemals das leidige Gefühl aufkommt, man befinde sich in einer monotonen Anlage. Das Ganze hat mehr etwas von einer besseren Wohngegend am Stadtrand. Wunderbare Pastelltöne, die gut mit den verschiedenen Fensterfarben abgestimmt sind, verleihen dem Ganzen eine fast mediterrane Leichtigkeit. Reetdächer wechseln sich ab mit Biberschwanz- und Ziegeldächern. Das alles natürlich in verschiedenen Farbabstufungen, jeweils passend zur Hausfarbe.

Die Häuser werden bezugsfertig erstellt. Für ein harmonisch abgerundetes Bild sorgen der gestaltete Garten, die gepflasterte Terrasse sowie das kleine Gartenhaus. Selbstverständlich ist, dass jeder Erwerber seine individuellen Vorstellungen und Ausstattungswünsche einbringen kann. Die Häuser sind nach guter handwerklicher Tradition Stein auf Stein erstellt und verfügen über ein festes, frostsicheres Fundament. Hier von einem

Attraktive und exklusive Häuser mit vielen schönen Detaillösungen, hier das Haus Braga.

soliden Haus zu sprechen ist sicherlich angebracht. Die vielen im Kaufpreis enthaltenen Extras sowie die zusätzlich noch möglichen Optionen lassen keine Wünsche mehr offen. Während der gesamten Planungsphase werden die neuen Residenzbewohner fachlich mit Rat und Tat begleitet. Die Vermarktung und Verwaltung liegt in professionellen Händen. Exposés werden auf Anfrage gerne verschickt, des Weiteren informiert die Internetpräsenz über alle Häuser und Serviceleistungen.

Investition in Ihre Zukunft

Das Projekt der »Dünenresidenz Glowe« kann wegweisend als eines der attraktivsten Wohnmodelle der Zukunft angesehen werden. Man kann, ohne zu übertreiben, ruhig von einem exklusiven Wohn- und Ferienpark in bester Lage sprechen. Eine Empfehlung ist es alle Male, sie sollten es sich nicht entgehen lassen und sich die Ferienanlage einmal ansehen, denn der Standort gehört möglicherweise zu den letzten 1A-Lagen in Seenähe auf der Insel. So nett die Inland-Domizile auch sind, ihnen fehlt die reizvolle Nähe zum Meer. Von der Dünenresidenz Glowe aus sind es nur wenige Gehminuten, um am Abend die Sonne bei Kap Arkona untergehen zu sehen und dabei den feinen Strandsand zwischen den Zehen zu spüren.

Doppelhaus am Teich

Rügen Projektentwicklung GmbH
Dünenresidenz 20
18551 Glowe
Tel. (03 83 02) 5 65 57
Fax (03 83 02) 5 64 43
rpg.binz@t-online.de
www.duenenresidenzglowe.de

Verkaufsbüro in der Dünenresidenz Glowe
Tel. (03 83 02) 8 86 92

Jasmund – Quelle und Meer

Früherer Industriestandort – heute Biotop

Der sogenannte »kleine Königsstuhl« in Gummanz

Solche Exponate und auch Leihgaben anderer Regionen finden sich in Gummanz.

Kreide war für Jasmund immer bestimmend

Biotop und Museum am kleinen Königsstuhl

Am Anfang war das Meer. Nähert man sich über die Ostsee der Insel Rügen, sieht der Besucher von weitem die schneeweißen Kreidefelsen der Halbinsel Jasmund in den Himmel ragen. Das bis zu 120 Meter hohe Steilufer zwischen Sassnitz und dem Königsstuhl wird fast ausschließlich von der Weißen Schreibkreide gebildet. Sie entstand gegen Ende des Erdmittelalters vor rund 65 bis 70 Millionen Jahren als Meeresablagerung. 70 Prozent der Kalkscheibchen sind Skelettreste kleiner Lebewesen.

Rügen dokumentiert Kreidewissen

Dieses Wissen ist kaum irgendwo besser dokumentiert als auf Rügen. 28 Kreidebrüche wurden auf der nördlichen Halbinsel Jasmund betrieben, insgesamt 40 auf der ganzen Insel. Wie Trichter gruben die Arbeiter sich nach unten. Einer der Kreidebrüche, nämlich der in Gummanz, zeigt heute nahezu alle Formen und Formationen. Wenn man hinfahren will, der Weg ist über Neddesitz ausgeschildert

Ursprung der Förderung des weißen Goldes

Hier wird der historische sowie der heutige Abbau des »weißen Goldes« auf rund 300 Quadratmetern authentisch dargestellt. Loren, Biotope und der Fabrikschlot stehen wieder friedlich vereint zu Füßen der Kreideformation »Kleiner Königsstuhl«. Die zurückeroberte Natur ergänzt das große Kreidemuseum auch im Außenbereich. Was sonst streng mit »Betreten verboten« unter Naturschutz steht, kann hier exemplarisch betrachtet werden: Der zunehmend bewaldete Hang, der See an seinem Fuß, die rückkehrende Vegetation, die Orchideen.

Auch die Verwendung von Kreide zum Beispiel zur Entschwefelung von Rauchgas, für die Landwirtschaft, als Füllstoff für Farben und Lacke, Papier, Keramik oder eben die zunehmend populärere Heilkreide wird eindrucksvoll mit verschiedenen Medien bis hin zum Video dargestellt.

Träger des Kreidemuseums ist der »Verein der Freunde und Förderer des Nationalpark Jasmund e. V.«, welcher am 7. März 1991 mit 17 Mitgliedern gegründet wurde und heute unter Vorsitz von Helmut Kirschke mittlerweile 80 Mitglieder zählt. Einen wesentlichen Verdienst daran hat jedoch der ehemalige Nationalparkmitarbeiter Manfred Kutscher, der sich heute als Rentner fast ausschließlich dem Museum widmet. Er ist auch das Bindeglied zum Rügener Kreidewerk. Dieses hat eine Patenschaft für den Verein übernommen und im Gegenzug übernimmt das Museum Führungen, die über das Kreidewerk angefragt werden.

Der Naturforscher Friedrich von Hagenow, auf den eine wichtige Karte mit den alten Hügel- und Hünengräbern Rügens zurückgeht, wurde 1832 mit diesem Kreidebruch zum Industriellen. Das wegen des Feuersteins notwendige Zwischenprodukt, die Schlämmkreide, schaffte er damals noch nach Greifswald in seine Fabrik. Rügens einzigartiger Romantiker, Caspar David Friedrich, in Greifswald geboren, schuf hier 1818 sein »Hochzeitsbild«.

Die verschiedenen Arten der Kreide gehen heute in Säcken, per Silozug oder Eisenbahn hinaus.

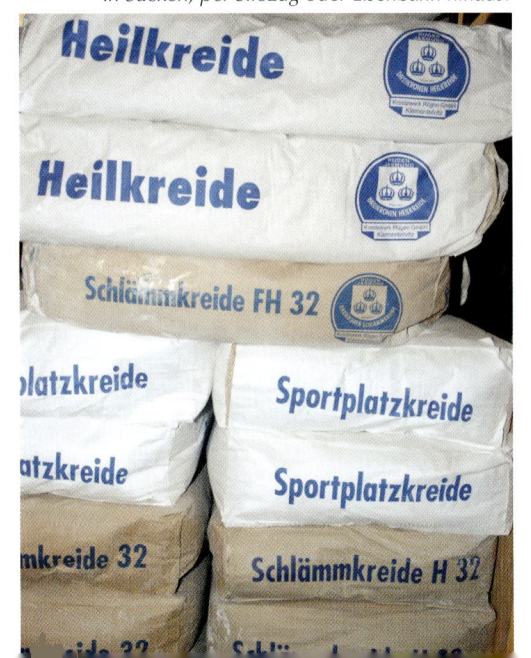

Auch Rügen im Klimawandel

Sicheres Wandern an der Steilküste

Sandro Segeth

Nachdem es im Frühjahr 2008 wieder vermehrt zu Abbrüchen an der Steilküste gekommen ist, hat mich meine Neugierde geplagt. Ich musste mir vor Ort selbst einen Überblick verschaffen. Also rein ins Auto und auf zu den bekanntesten Klippen Rügens. Dass immer wieder Kreide abbricht ist ebenso. Man könnte im Scherz sagen: Damit sie so schön weiß bleibt.

Zur Wegbeschreibung

Wenn Sie von Sassnitz in Richtung Stubbenkammer fahren, finden sie kurz hinter dem Ortsausgang rechts die Ausschilderung »Waldhalle«. Verpassen sie diese, dann noch ein kleines Stückchen weiter fahren gegenüber der Einfahrt nach Buddenhagen abbiegen. Beim Förster haben Sie Ihre zweite Gelegenheit, rechts abzubiegen. Sollte das alles viel zu anstrengend für einen schönen Urlaubstag sein, suchen Sie sich in Sassnitz den Parkplatz »Wedding« und parken Sie dort.

Ich habe mich von den vielen Varianten für die direkte Fahrt bis zur »Waldhalle« (Preis und Angebot übrigens inseltypisch und nicht überteuert) entschieden und mein doch etwas höheres Auto dort geparkt.

Die »Waldhalle« im Rücken steuerte ich auf die Klippen zu und musste vor Begeisterung und Ehrfurcht erstmal wieder einige Minuten innehalten. Die Sonne, die mittlerweile an diesem noch kalten Januartag aufzog, machte das Wasser noch blauer, beim Kreideabbruch eher grün und die Felsen noch weißer. Dann wandte ich mich gen Sassnitz, weil laut Karte hier in nächster Nähe eine Treppe ist. Die sollte mir den Abstieg an den Strand ermöglichen.

Nicht wengier imposant – die Klinken heute...

Die hauseigenen Ranger des Nationalparkes erzählten mir noch vor meinem Ausflug, dass man hier den Klimawandel am deutlichsten sieht. Denn dadurch, dass die Temperaturen im Winter so stark schwanken, sprengt das gefrorene Wasser regelmäßig kleinere und größere Brocken ab.

Statt Winter Regenzeit

Jetzt allerdings, wo wir unsere Winter auch in Regenzeit umbenennen können, ist es immer häufiger, dass die Erde die Wassermassen nicht mehr aufnehmen kann.

Zurück zu meinen Beobachtungen am Abhang: Nach rund 1,5 Kilometern erreichte ich die Stelle, an der eigentlich die Treppe sein sollte. Eigentlich! Denn auch diese wurde von einem der letzten Abbrüche einfach mit heruntergerissen. Beängstigend!!

Die aktuellen Abbrüche im Frühjahr 2008...

Gut zu sehen, wie nah sie den Hochuferwegen kommen

Meine erste Erkenntnis: Die Insel wird kleiner. Die zweite: Ich müsste jetzt bis kurz vor Sassnitz laufen, um noch eine reale Chance zu haben, an den Strand zu gelangen. Nach rund weiteren 400 Metern fand ich sie, die Abbruchstelle. Und ich sage Ihnen eines: Es war noch beängstigender. Denn wenn Felsbrocken in der Größe von Autos noch so ein wenig im Sand festhängen und Bäume, richtige ausgewachsene Bäume, nur noch mit der Wurzelspitze im Sand hängen, ist das nicht mehr witzig.

Keine Lust auf Steilwandrisiko

Hiermit hatte sich mein Verlangen, mir von unten einen Eindruck zu verschaffen, gänzlich erledigt. Es erschien mir zu gefährlich. Sollte es allen anderen auch sein. Der Landkreis warnt immer wieder im Frühjahr vor derartigen Spaziergängen. Übrigens ist feuchte Kreide von Schmierseife nicht zu überbieten. Kreide ist rutschiger. Und zwar auch unter Laub. Also auch deshalb: Die Kante meiden.

Jasmund – Quelle und Meer

Der Natur ganz nahe

Ein Reetdachhaus auf Rügen

Die NCC Deutschland GmbH verkauft und baut auf der Insel Rügen mit Schilfrohr gedeckte Häuser inklusive Grundstück. Die NCC Deutschland GmbH ist einer der größten Baukonzerne Europas mit Hauptsitz in Solna bei Stockholm. Der deutsche Firmenhauptsitz befindet sich in Fürstenwalde bei Berlin. NCC ist hier mit rund 760 Mitarbeitern im Wohnungs-, Gewerbe- und Industriebau tätig und betreibt regionale Büros im ganzen Land. Für die Inseln Rügen und Usedom befindet sich das Büro in Stralsund.

Auf der Insel Rügen hat die NCC bereits mehrere Projekte an den schönsten Standorten entwickelt.

Das Projekt »Kliff Königshörn« befindet sich in Glowe, direkt an der Ostsee. Herrlich diese Lage zwischen Bodden und Meer.

365 Tage im Jahr Ferienatmosphäre

Schlafen unter einem romantischen Reetdach, Heckenrosen und die gesunde salzige Seeluft: 365 Tage im Jahr Ferienatmosphäre. Für einige wird dieser Traum in der kommenden Zeit Wirklichkeit. Die NCC baut in Glowe in drei Bauabschnitten Reetdachferienhäuser direkt an der Ostsee. Raum, um freie Zeit zu genießen und einfach mal die Seele baumeln zu lassen. Aus diesen Häusern hat man einen wunderbaren Blick über die gewachsene, leicht wellige Landschaft, teilweise bis zu den Leuchttürmen vom Kap Arkona. Noch im Jahr 2008 wird die Gemeinde mit dem Ausbau des angrenzenden naturnahen Kurparks beginnen, sodass in Kürze ein harmonisches und regionaltypisches Umfeld entstehen wird.

*Haustyp »Uferschwalbe«
inklusive Sonderwünschen*

*Haustyp »Seeadler«
inklusive Sonderwünschen*

Abseits von Stress und Hektik

In Mursewiek kurz vor der Insel Ummanz befindet sich ein weiteres Projekt: »Ummanz, am Focker Strom«.

Der Westen der Insel Rügen gehört unter Kennern längst zu den Geheimtipps. Hier, im Ortsteil der Gemeinde Ummanz hat die NCC ein Baugebiet in einer Landschaft entwickelt, wo es sich in Stille und Beschaulichkeit wohnen und Urlaub machen lässt. Die Schönheit und Weite der Landschaft verzaubert. Aus dem Haus übers Wasser schauen und entspannen...

Der Landstrich und die Insel Ummanz sind reich an Naturschönheiten. In dieser Ecke nisten zahlreiche, teils seltene Vogelarten und sie ist bekannt als Rastplatz ziehender Kraniche. Das Schauspiel dieser wirklich beeindruckenden Vogelart zieht im Frühjahr und Herbst viele Beobachter an. Hier kann man abseits von Stress und Hektik die Ruhe genießen.

Neben der Lage der Projekte und dem urwüchsigen Charme der Naturreetdächer mit ihren Fledermausgauben bestimmen die künftigen Eigentümer von NCC Qualitätshäusern individuell die Ausstattung. Mit ein wenig Zusatzinvestitionen steht auch Sonderwünschen wie Kamin oder Sauna nichts im Weg. Die wichtigste Eigenschaft der Häuser, mit der auf Rügen auch als Rohr- oder Schilfdach benannten Deckung, ist ihre innere und äußere Individualität.

*Haustyp »Uferschwalbe«
inklusive Sonderwünschen*

NCC Deutschland GmbH · Büro Stralsund
Jungfernstieg 20 · 18 437 Stralsund
Tel. (0 38 31) 28 49 40 · Fax (0 38 31) 2 84 94 20
Kostenfreie Hotline: (08 00) 1 17 79 97
www.nccd.de
nadine.mock@nccd.de · antje.drews@nccd.de

Wir navigieren Sie in Ihren Urlaub!

Schon bei den Störtebeker Festspielen gewesen? Oder wie wäre es mit einem Ausflug nach Dumsevitz, Patzig, Schabernack, Thesenvitz, Göhren oder Mönchgut? Urlaub auf der Insel Rügen ist ganz einfach buchbar. Online über das Rügen-Portal: www.ruegen.im-web.de. Oder über die wild-east Servicenummer: (03 83 92) 6 61 80. Wohlfühltage buchen, relaxen zu jeder Jahreszeit, Ferien mit der Familie planen... Oder das »Weiße Gold« Rügens genießen.

Rügen weckt Sammelleidenschaft.

Mit uns wissen Sie, wo es langgeht.

Navigation kann kinderleicht sein.

Der Urlaubs-Navigator hilft dabei Urlaubsangebote zu tagesaktuellen Preisen – vom Märchenschloss bis zum Zelt; vom Wellnesswochenende bis zum Festspielticket – komfortabel, schnell und sicher zu finden, zu vergleichen und zu buchen. Bei mehr als 50 000 Angeboten können auch andere Urlaubsparadiese gebucht werden. Wie wäre es mit einem Urlaub auf Usedom, auf der Halbinsel Fischland Darß Zingst, auf Helgoland, in ganz Mecklenburg-Vorpommern, in Schleswig-Holstein, Hessen oder Niedersachsen?

Stressfreie Inselzone ist gebucht.

Ausflüge nach Benzin, Besitz, Dudendorf, Dümmer, Fräulein Steinfort, Gottesgabe, Klein Vielen, Ludwigslust, Siehdichum, Heringsdorf, Affendorf, Ägypten, Amerika, Himmelpforten oder Troja machen noch mehr Lust auf Urlaub.

wild-east schreibt erfolgreiche Unternehmensgeschichte aus Norddeutschland. Torsten Konopka

Kap Arkona auf Rügen hat: Schwein gehabt.

...zum kleinsten Ort.

gründete 1996 auf der Insel Rügen die Firma wild-east® marketing. Schnell wurde die Marktlücke zwischen dem Bedürfnis der Gäste, einfach und komfortabel Urlaub zu buchen und dem mangelnden Angebot buchbarer Unterkünfte in einem der erfolgversprechendsten touristischen Vertriebskanäle – dem Internet – erkannt. So begann wild-east®, Unterkünfte jedweder Kategorie von privaten und gewerblichen Anbietern online buchbar zu machen – seinerzeit eine revolutionäre, ja sogar wilde Idee.

WILD EAST

wild-east® marketing GmbH
Bahnhofstraße 24 · 18546 Sassnitz Insel Rügen
Tel. (03 83 92) 6 61 80 · Fax (03 83 92) 6 69 56
service@wild-east.com
www.urlaubs-navigator.com
www.ruegen.com · www.ruegen.im-web.de

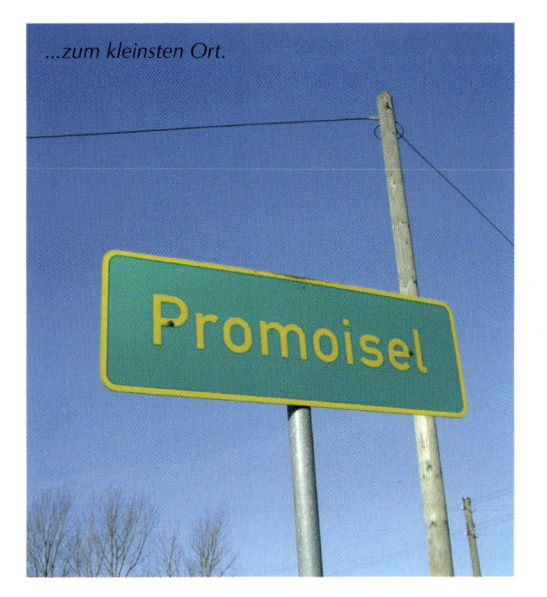

Jasmund – Quelle und Meer

Das weiße Schloss am Meer
Wer hätte wohl Schloss Neuschwanstein gesprengt?

Es hat schon den Charakter des Einzigartigen, dass auf Rügen gleich zwei Schlösser – das Putbusser und das Dwasiedener – ohne Not gesprengt wurden. Ralf Lindemann hat sich des einen angenommen.

Dwasieden, um 1500 »Twarsyne« genannt, ist ein weitläufiges Gelände am Steilufer zwischen Sassnitz und Mukran. Adolph von Hansemann, ein Berliner Bankier, beschloss am 28. Februar 1873, hier ein Schloss zu bauen.

Nach Kauf der Ländereien vom Gutsherren Eduard von Barnekow beauftragte Hansemann den Berliner Architekten Friedrich Hitzig, mit dem ihn Freundschaft verband. Durch Karl Friedrich Schinkel, den Lehrmeister Friedrich Hitzigs, schloss sich der Kreis nach Rügen.

Französischer Sandstein, schwedischer Granit und Marmor sollten die Baustoffe sein. Nebenher ließ Hansemann 1873 die tiefen, lehmigen, zur Herbst- und Frühjahrszeit kaum passierbaren Wege von Sagard über Lancken mit einem Steindamm und an der Seite mit einem Sommerweg befestigen. Die Elektrifizierung des Viertels Jahre später geht auch auf ihn zurück.

Schloss Dwasieden 1877 vollendet

Im Jahre 1876 nahte der Schlossbau dann mit Verzögerung seiner Vollendung. Das Frühjahr 1877 gilt als Fertigstellungstermin. Rechtwinklig zum Schloss wurde 1880 der Marstall erbaut. Seine Pferdeköpfe zierten noch bis vor wenigen Jahren die Giebel.

Der Schlosspark Dwasieden war nicht als geometrisch gebundene Geländegestaltung angelegt. Besucher lobten sein natürliches Aussehen. Hansemann verstarb im Oktober 1903 mit 77 Jahren. Er wurde in Berlin auf den Matthäifriedhof im Mausoleum beigesetzt.

Der finanzielle Druck auf die Familie wurde – aus Gründen der Inflation – so groß, dass sie 1928/1929, zunächst vergeblich, versuchte, das Haus zu verkaufen. Oder zu vermieten. Ab 1933 wurden Ländereien um das Schloss Dwasieden wie Lancken, Promoisel verkauft. Einzelne Siedlungen entstanden hier neu.

Gert von Oertzen, der Enkel der Hansemanns, verkaufte das Schloss schließlich für 200 000 Reichsmark an die Stadt Sassnitz. Am 4. Oktober 1935 übernahm die Marine für 175 000 Reichsmark das Schloss. Es wurde eine Entfernungsmessschule, eine Unterabteilung der Kieler Schiffsartillerieschule.

Kulturgut wie einen Haufen Dreck entfernt

Nach dem Krieg bekam es der Staat. Unter dem Gedanken der Sühne vom Nationalsozialismus waren die kommunistischen Führungskader nicht für das Projekt Dwasieden als Militäraltlast zu erwärmen. Adelsbesitz und Schlösser passten nicht in die Zeit. Eine Stimmung wie im Bildersturm früherer Zeiten führte Mitte 1948 zur Sprengung.

Noch heute sind die polierten Säulen auf dem mittlerweile privaten Gelände zu finden. Unzählige Entlassungskandidaten des dort stationierten Militärs haben sich bis 1989 darauf verewigt. Baumaterialien und Details sind in Sassnitz von Kundigen noch auffindbar. Am Ufer sind Treppe und Anleger noch zu sehen. Für das geplante Kurgebiet liegen verschiedene Pläne zur Freilegung vor.

Der Grafiker Ralf Lindemann hat sich der Geschichte des Schlosses und seiner Faszination angenommen. Hier eine Aufnahme in den Ruinen mit seinem Buch.

Die hier sichtbaren Säulen waren so poliert, dass auch heute noch kein Moos auf ihnen wächst. (Fotos historisch: Archiv Lindemann)

Verschiedene zeitgenössische Luftaufnahmen dieses auch von der Baukunst her bedeutenden Schlosses.

Jasmund – Quelle und Meer

Nachhaltige Fischerei
Damit wir auch morgen noch Gräten finden

Nachhaltig soll sie sein, die Fischerei auf Rügen. »Der Hering ist nirgendwo besser als in der Ostsee. Auch schadstofffrei. Lasst ihn euch zertifizieren und für das Premiumprodukt erzielt ihr mehr Ertrag«, raten Experten auch aus der Universität Greifswald den Fischern. Und diese? Sind einmal, wie selten, einig mit den »Grünen« und geben zusammen mit dem NABU ein Faltblatt heraus, wo dargestellt wird, was stille Fischerei bedeutet. Darin wird erklärt, wie eine Reuse im Bodden funktioniert. Dass Langleinen Haken haben. Dass nachhaltige Fischerei die natürlichen Resourcen erhält und nicht überfischt. Sofern das Netz gepflegt wird.

Regionaler Einkauf – gute Planung

Zertifizierung durch das »Marine Stewardship Council« (MSC) kostet natürlich auch. Geld. Daher sollten Fischer von den Gastronomen in ihrem Anliegen unterstützt werden, indem diese direkt beim Fischer oder einem regionalen Händler kaufen. »Das geht natürlich nur in Einzelfällen für die gesamte Küche«, sagt Spitzenkoch Peter Knobloch über seinen Einkauf beim Lieblingsfischer. »Eine Gesellschaft werde ich von dort nicht mit Fisch gleicher Art versorgen können. Aber die einzelnen Angebote berücksichtige ich, so lange der Vorrat reicht.«

Und das bedeutet: Dorsch gibt es nur von Januar bis Mai und September bis Dezember. Aal nur von Mai bis September und den Hornhecht mit seinen grünen Gräten zur Rhabarberzeit im April und Mai. Boddenhecht im Januar und von Juni bis Dezember. Barsch, Zander, …

30 Fischer haben sich auf Rügen angeschlossen – weitere handeln so, auch ohne Zertifikat. Und manchmal brutzelt der Italiener im Hafen mit besserem Gespür Fisch mediterran, als der deutsche Koch seinen Fisch im Bierteig.

Einfach und frisch auf den Tisch – wie dieser Hering

Einkaufen bei kompetenten Partnern vor Ort

Das Zertifikat für nachhaltig gefangenen Fisch

Anlaufstelle für Reisefragen
Tourist Service Sassnitz

Der Tourist Service Sassnitz ist die von der Stadt Sassnitz beauftragte Anlaufstelle für alle Fragen rund um die Touristeninformation. Ein Büro befindet sich mitten im Zentrum in der Bahnhofstrasse 19a, ein weiteres an der Mole an der Strandpromenade 12.

Ausflüge zu den malerischen Küstenlandschaften organisiert der Tourist Service Sassnitz.

Das Büro hat das ganze Jahr über täglich geöffnet. Im Winterhalbjahr eingeschränkt und nur im Stadthafen, ansonsten täglich außer Weihnachten. Von Ostern bis zum 31. Oktober ist das Büro im Zentrum ebenfalls täglich geöffnet.

Der Service

Zum Service für Urlauber gehört die Zimmervermittlung für Sassnitz und die Halbinsel Jasmund. Vermittlungen sind aber auch auf der gesamten Insel Rügen möglich. Der Ticketservice organisiert Störtebeker-Karten, Theaterkarten für Putbus, Fährtickets für Trelleborg und Bornholm, Fahrgastschiffe für Ausflüge entlang der Kreideküste und Seebrückenverkehre sowie Fährtickets nach Hiddensee. Auf Anfrage werden Reiseprogramme für Individualisten und Gruppenreisen erstellt.

Wegeplanung für Rügen gehört zum Service für Reisende.

Der Verkauf von Reiseliteratur, Kartenmaterial, Postkarten und vielerlei Souvenirartikeln ist, besonders im Stadthafen, ein weiterer Grund für Urlauber, im Tourist Service Sassnitz vorbeizuschauen.

Tourist Service Sassnitz
Bahnhofstraße 19 a und Strandpromenade 12 (im Stadthafen) · 18546 Sassnitz
Tel. (03 83 92) 64 90 · Fax (03 83 92) 6 49 20
mail@insassnitz.de · www.insassnitz.de

105

Vorsichtig wird der Belemnit, der Donnerkeil, aus der Kreide gelöst. Meist ist er schon angebrochen.

Nach Stürmen ist der Kreidesockel weißgewaschen und seine verborgenen Inhalte liegen frei. Man sollte jedoch immer die Hinweise der Ortskundigen beachten.

Die Spur der Steine

Mit »Steinmüller« 500 Meter Strand ablaufen

Da beugt er sich hinunter. Mitten im Satz. Ich habe mich schon daran gewöhnt, dass »Steinmüller« das völlig unvermittelt tut und zwischen das Geröll des Steinstrandes greift. Keinen Stein holt er aus dem Durcheinander am Strand, wo der letzte Sturm wieder die kleinen Findlinge gewogen und je nach Gewicht abgelegt hat. Etwas winziges grünes ist es. »Seeglas«, sagt er nur so dahin und will es wegstecken. Dieses kleine, daumennagelgroße Stückchen, mit allen Wassern gewaschen. Glatt und trübe, von einer immerwährenden Faszination. »Erst kürzlich habe ich 50 Stück davon gebohrt. Für eine Silberschmiedin. Eine Gürtelschnalle und Schmuck wurde damit bestückt.« Bürgerlich Peter Müller, gelernter Koch, Mitte 40, hat er sich einem Handwerk verschrieben, das aus dem Steinreichtum Rügens eine Existenz schafft. Kein anderer macht das. Das diamantbestückte Werkzeug ist allerdings teurer als vieles, was damit entsteht.
Einige Jahre nach der Wende besorgte Müller sich Maschinen aus der steinverarbeitenden Industrie Idar-Obersteins, arbeitet jedoch eher Künstlerisch, nicht als Handwerker. Was an der Härte des Steins nichts ändert.
Mit Rucksack und Parka geht der Herr der Steine selten die 224 Stufen der Treppe vor seinem Lohmer Ladengeschäft hinunter. Die Treppe, wo die in Bronze gegossene Schöne von Wieland Förster als Hommage an Lohme thront.

Der Weg zum Steinstrand

Ein paar Kilometer weiter, beim Hofgut Bisdamitz. »Eis bildet sich durch das Wasser immer unter den Findlingen und hebt sie Millimeter um Millimeter an, bis sie oben auftauchen«, erklärt er auf dem Acker und beim Abstieg am steilen Waldhang. »Diese Buchen hier sind weitaus älter als in der Stubnitz«, macht mich Steinmüller auf diese Bäume aufmerksam. Jedem Elbenwald würden sie Ehre machen. Eine weitere Besonderheit: »Alle Ulmen sind abgestorben und gefallen« führt mir der Steinmann die hölzernen Tatsachen des Ulmensterbens drastisch vor Augen. Und schaut nebenbei noch nach Pilzen. Beides, Steine und Pilze, darf er im naheliegenden Nationalpark nicht sammeln.
Am Strand sinkt der Blick immer wieder auf Besonderheiten. Laien sehen das nicht. »Das Gros was ich verkaufe, ist Schmuck. Und Teelichter. Da mache ich aus einem großen Stein entweder ein Objekt mit Loch oder viel kleinen Schmuck.«

Offenliegende Kreide

Ein wunderbarer, roter Stein kommt uns unter. »Ein Porphyr«, weiß Müller. Ein paar Schritte weiter quillt ein Bach aus der Kreidewand. Der Sturm der letzten Tage trug dazu bei, dass das lose Kreide-Feuerstein-Gemisch vom Hang abgespült worden ist. Nun liegt die feste Kreide blank vor uns. Eine Seltenheit. Und Peter Müllers Blick fängt an, sich von den Steinen der Eiszeit zu heben, eiszeitliche Kreide im Blick. Hier ein Seeigel, dort ein Belemnit, besser als Donnerkeil bekannt. »Das sind die Reste von Tintenfischen, die immer bei Feuerstein vorkommen. Anders als die porösen Seeigel lässt er sich aus der Kreide bergen. Seeigel zerfallen leider meist komplett. Außer sie sind im Feuerstein eingebettet.« »Ich nehme nicht mehr so viel mit. Nur was das Ladengeschäft benötigt. Es fällt mir schwer, mich dann wieder zu trennen.«

Die Vorstufe von Kerzenständern, Schmuck, Buchstützen, Schlüsselsteinen...

Jasmund – Quelle und Meer

Dann fotografiert er einen Stein. Für Postkarten. Anschauungsmaterial, das er auch verkauft. Viele wollen lieber gleich bei ihm all das erwerben, was sie sich sonst erwandern müssten. »Ich bin ein Mensch, der nie zu viel trägt. Und nebenbei erhole ich mich hier unter Steinen. Voll konzentriert denke ich an nichts anderes. Ich schalte total ab.« Dann zückt Müller wieder ein Messer. »Hier ist ein Fossil. Ein Armfüßler. Auch ein typisches Kreidevorkommen.« Weiträumig nähert er sich dem Donnerkeil von unten, versucht keinesfalls, an dem Stück zu hebeln. »Ganz heil wird er nicht bleiben. Der ist schon zerbrochen.« Doch sein Ehrgeiz ist geweckt bei dem großen Stück.

Funde bergen

Dann löst sich das beachtlich große Teil, bricht. »Hier ist ein Austerneck«, deutet er auf andere Arten von Fossilien. Peter erzählt über andere Glasprodukte. »Wenn der Markt dafür da ist, mache ich mit meinem Steinwerkzeug auch Glasprodukte, beispielsweise aus Flaschen. Muss ja davon leben.« Dann fällt unser Blick auf ein Stück Holz. Und auf einen großen Feuerstein mit Fossilien, den er für 40 Euro verkaufen könnte, dennoch liegen lässt. Nun aber hochgelegt für die nächsten Strandläufer. Die werden ihn finden und entscheiden, was sie damit machen. Schleppen oder sich trennen? Unverhofft finde auch ich jetzt Seeglas.

Alte Steine von Hügelgräbern

In einer Liethe liegen von oben gekullerte große Steine mit Bearbeitungsspuren. »Als das Steinzangen an der Küste Rügens für die Fischer verboten wurde, bargen sie Steine als Baubedarf von den Waldrändern und kippten sie an solchen Stellen gen Küste ab. Oftmals waren es Steine von gesprengten Hügelgräbern. Mit flachen Booten wurden die Steine dann abgeborgen und auf das Zeesboot gehoben. Diese Arbeit jedoch war weitaus mühsamer als das Steinzangen mittels des Großbaums.
Damit übrigens keine Irrtümer aufkommen: Das alles spielte sich auf einer Strecke von nur 500 Metern Steinstrand ab. In aller Langsamkeit, entsprechend den mehreren zehntausend Jahren, in denen dieser Steinreichtum gewachsen ist.

Die Hangkanten sind geprägt von uralten Bäumen.

Der Porphyr in Steinmüllers Hand

Jasmund – Quelle und Meer

Ein Ort am Hang kämpft

Küstenabbruch in Lohme als Zerreißprobe der Solidarität

Gespenstisch. Inmitten üppigen Grüns hebt sich ferngesteuert ein Greifer, packt zu und verschwindet im Himmel. Die Diakonie wird gut geschützt abgebrochen. 2005 war der Hang direkt bis ans Haus, einen Neubau, abgebrochen. Der Abriss geht nun, nach langem Hickhack um die Zuständigkeiten, voran. Der Bürgermeister ist jedoch sicher, dass das Eigentliche an Arbeit noch zu erledigen ist. »Darüber darf der Abriss nicht hinwegtäuschen«, sagt er auf der Bügerversammlung; vor nur dreißig Menschen von immerhin knapp über 500 Einwohnern. Hauptsprecher an diesem Abend, wie nahezu immer, ist der Projektleiter der Hangsicherung. Er hat eine Karte mit zwölf roten Punkten, die den Bohrungen im Hang entsprechen. Bohrungen, die zuerst den Wasserstand im Hang weit über der wasserführenden Schicht zeigten. Inzwischen werden sie beispielsweise als Steigrohre zur Entwässerung in die Dränage oberhalb des Cafés Niedlich verwendet.

Hier erwünscht, anderswo gefährlich – Wasserausbrüche im Hang

Der Projektleiter zeigt, warum die drohende Nutzungsuntersagung von rund zehn Häusern nicht vom Tisch ist, von der die anwesende Landrätin ihren Bauamtschef nach eigenem Kundtun weiterhin abhalten muss. »Bei Regenfällen von 38 Litern pro Quadratmeter wie am 8. April und nassem Boden ist Land unter«, sagt er. Und belegt mit Diagrammen, wie im Hang das Wasser ansteigt, weil ein Pfropfen am Hangfuß vor dem neuen Hafen den Ausfluss dichtgemacht hat. »Sie sehen hier das Grau. Das ist die Aufschüttung von Sediment, die alles Wasser im Hang staut. Vielleicht ist sie hinter der alten Hafenmauer und über einen großen Zeitraum angefallen. Dort wollen wir mit den Horizontalbohrungen Entlastung schaffen.«

Einwohner gefasst und sachkundig

Die Einwohner sind sachkundig und ruhig. Es geht um die Grundstücke der meisten Anwesenden. Der Hotelier hält eine Brandrede für Solidarität, sagt auch Sätze wie, dass der Mensch die vorrangig zu schützende Art sei und möchte dem oberhalb liegenden Nationalpark das Anstauen von Wasser für die Moore verbieten. Den Nationalpark Jasmund am liebsten gleich abschaffen. »Wenn wir unsere Gebäude nicht mehr nutzen dürfen, können wir auch nichts zur Sanierung beitragen«, sagt er. Und bringt die Zahl 300 000 Euro ins Spiel, welche die Bürger selbst aufbringen müssten, damit die Landesregierung sie ernst nehme.

Jasmund – Quelle und Meer

Die Landrätin widerspricht zwar der Zahl, sieht es in der Sache jedoch auch für sinnvoll an, wenn Kommune und Bürger Eigenmittel aufbringen. Doch wie? Hier kommen die gefährdeten Grundstücke ins Spiel. Die Anlieger sollen ihre Grundstücke an die Gemeinde übertragen. Um die anstehende Sanierung zu vereinfachen. Jedoch auch, weil damit mögliche Eigenanteile der Anwohner, die wohl anfallen werden, gleich in Wert gesetzt werden könnten. Geschätzte Kosten der ersten beiden Sanierungsstufen: 1,5 Millionen Euro. Gesamtkosten bis hin zu den Stützsystemen rund vier Millionen Euro.

Vorbei am bald verschwundenen Diakonieheim geht es zum Hochuferweg.

Das Lohmer Hafenfest findet statt vor Sunset am Kap Arkona. Hier mit ›Sallys Garden‹.

Lohme – eigentlich Idylle pur

Einig ist sich die Versammlung jedoch darüber, dass die Gräben rund um Lohme, die das Wasser abführen, wie früher wieder gepflegt werden müssen. Uneinig wiederum darüber, ob der hochsubventionierte Hafenbau am Fuß des Hanges nun mehr Küstenschutz oder doch eine Ursache ist.

Die Sprecherin des Anwohnerkreises hat für ihre Pension schon Land zur Übertragung zugesagt. Andere folgen mit 1000 Quadratmetern, dritte wollen sich mit dem Anwalt beraten. Der Hotelier will sich verpflichten, 4000 Euro im Jahr in einen Fonds zu tilgen, wenn die Gemeinde Lohme Geld aufnimmt. »Uns gibt doch keiner Kredit und die Konditionen der Kommune sind günstig.« Es wäre die Deckung von 100 000 Euro für 20 Jahre. Benötigt für die sogenannte »Vernagelung« der labilen mit den stabilen Hangschichten durch später unsichtbaren Beton. Und mit den Stützscheiben Entwässerung unterhalb des Cafés.

Wasser drückt den Hang in Richtung Hafen. 2005 rutschte ein Bereich in der Größe von zwei Fußballfeldern ab. Seither ist nichts mehr, wie es mal war.

Auch die umgebenden Orte Lohmes wie Nardevitz bieten ursprüngliche Augenfreuden.

Der ansässige Schlossherr wiederum will nochmals wissen, warum die Sanierung keine hoheitliche Aufgabe ist. »Vermutlich wegen weiterer Begehrlichkeiten im Land«, lautet eine Antwort. Man ist sich zumindest in einem einig: »Die Treppe zum Hafen ist die Nabelschnur des Ortes«, so die Landrätin. Dieser Auf- und Abgang mit seinen 243 Stufen müsse erhalten bleiben, wenn man den Ort erhalten möchte.

Die andere Sicht

Wer die Baustelle des Abbruchs etwas umgeht, kommt wieder an die Küste. Genauer, an den idyllischen Lohmer Hochuferweg. Wer dort in den Wald eintaucht, ist sofort von allem entfernt. Berg und Tal führt der Weg, manchmal muss ein frisch gefallener Baum überklettert werden, ein Bach, Schlamm. Hier ist die Lohmer Welt in Ordnung. Manche Wanderer haben mystische Zeichen am Wegesrand hinterlassen. Unten am Wasser liegt ein großer Findling und wer die Zeit gut trifft, legt sich darauf in die Sonne. Steine geben Kraft. Insulaner wissen das, andere wollen es erst spüren. Beim Rückweg, durch das Wasser nochmals erfrischt, läuft es sich besser. Die kleine Runde führt dann nahe Bisdamitz in die Höhe. Ansonsten lässt sich dort auch weiter bis Glowe laufen. Hier ist das Lohme, das Gäste suchen.

Jasmund – Quelle und Meer

Die Annemarie des Kpt. Julius Pennes
Dreimast-Motorsegler verhilft Jugendlichen zur Berufsvorbereitung

»Ich verdiene«, ist der Beiname dieses Dreimast-Motorseglers sehr bald gewesen. Es ist die 1930 auf Kiel gelegte Annemarie. Verdient wurde damit gut, weil die Kombination von Maschine und großem Frachtraum mit der Energie des Windes und damit kostengünstige Fahrt dem Eigner gutes Geld einbrachte.

1992 entkam sie dem Schrott, weil Pädagoge und Segler Klaus Schäfer die Idee hatte, darauf mit Jugendlichen zu arbeiten, die mit einem anderen Projekt im wahrsten Sinne des Wortes gestrandet sind. »Da hatten die Betreuer schlapp gemacht.« Den Schiffseigner Klaus Schäfer verbindet ohne Zweifel schon seine Geschichte mit dem Stahlrumpf, der noch in gutem Zustand war und ist.

Zu Klaus Schäfer gesellte sich bald Dirk Precht aus dem Lohmer Haus »Wildfang«. Precht und Schäfer verbindet die Jugendarbeit und die Liebe zur Seefahrt, wenngleich mit unterschiedlichem Wissensstand, denn Dirk Precht, der 1997 auf die Annemarie stieß, ist erst seit 2003 nach reiflicher Überlegung Miteigener geworden. Precht betreibt zwei Kinderheime und kennt den Dschungel der Projektförderung.

Der Dritte im Bunde ist Christian Cimander. Als Projektleiter koordiniert der Nautiker die Arbeiten mit Jugendlichen im Stadthafen Sassnitz. Er hat bei der Deutschen Seereederei (DSR) gelernt und in den Wendejahren Sozialpädagogik statt weiter Seefahrt studiert. Nach seinen Erfahrungen mit dem kirchlichen Jugendkutter Sophie Scholl bringt Cimander gute Voraussetzungen dafür mit, das Projekt Annemarie am Laufen zu halten.

Das erklärte Ziel Aller: »Den Nobiskruger Dreimast-Motorsegler in Fahrt bringen und unter Segeln als Medium für soziale Arbeit nutzen.«

Alle Bauabschnitte auf Null

Achtern wurde die Annemarie um früher angesetzte acht Meter verkürzt. Auf Deck kam dafür ein neues Deckshaus als Kombüse hinzu. Der Weg ist das Ziel und damit verbunden viel Arbeit. Schiffsexperte und Begleiter des Projektes, Rolf Reeckmann: »Die Jahre, die man baut, sind die glücklichsten.« Er gehört zu den Sachverständigen für alte Schiffe und weiß, wovon er spricht. »Macht auf die Baustelle ein Sofa, eine Kochmaschine und gestaltet euch das angenehm. Auch wenn es Arbeit ist«, rät er für die lange Bauphase. Dann erörtert Reeckmann zwischen den Spanten, wie man mit dem notwendigen Schiffsballast oder der Deckenhöhe und den späteren Aufbauten umgehen sollte.

Rumpf macht Fortschritte und wird bewegt

Seit 1999 wurde und wird nun schon gebaut und gewerkelt. Die anfänglich übersichtliche Gruppe ist im Laufe der Zeit auf über 30 Interessierte angewachsen. Viele davon sind im Haus Wildfang in Lohme beheimatet. Bei Treffen liegen auf dem Tisch auch schon gut vorbereitete Schiffsdaten und es gibt mit Mützen, Tassen, T-Shirts und gar Overalls schon echte Fan-Artikel. Eine fortwährend gute Geschenkidee zudem. Alles mit dem Aufdruck »Annemarie« kommt der Schiffskasse zu Gute.

Annemarie liegt heute im Westhafen Sassnitz am Liegeplatz acht. Bald wird sie wieder Masten haben. Erste Fahrten machte sie als Bettschiff auf der Christian-Müther-Gedächtnistour für asthmakranke Kinder.

Jugendliche des Lohmer Vereins Wildfang erhalten im Zusammenhang mit den Spezialarbeiten von Profis Grundausbildungen als Berufsvorbereitung.

Das verkürzte Heck mit den neuen Fenstern der Kapitänskajüte ähnelt etwas dem Koggenlogo der Volkswerft.

Ultraschalluntersuchung der Stahlplatten auf ihre Dicke in der Reparaturabteilung der Volkswerft Stralsund

Nationalparkzentrum Königsstuhl

Umweltbildung mit Eisberg im Keller

Ein Eisberg im Keller, ein Aquarium mit Ostseefischen, Vermittlung der Kreidewelt oder gar Rückblicke zur Eiszeit: Die Multivisionsschau im Nationalparkzentrum Jasmund, einer Kooperation der Stadt Sassnitz und dem WWF zur Besucherlenkung, hat es in und um sich. Etliche Stiftungen haben dazu beigetragen, dass an historischem Platz eines Hotels und späteren Sowjetstützpunktes auf über 2000 Quadratmetern Austellungs- und 28 000 Quadratmetern Außenfläche die ganze Familie zum Forscher werden kann. Sinnlicher als im dortigen Keller ist Eiszeit kaum zu erleben. Konsequenterweise wird das Restaurant mit Ökoware vom nahegelegenen Hofgut Bisdamitz bewirtschaftet.

Dieses für zehn Millionen Euro errichtete Ausstellungs- und Tourismusleitzentrum gehört zum Modernsten, was Museumsdidaktik im Umweltsektor zu bieten hat. Die Crux: Auch in Zeiten knapper Kassen muss dort Geld mit Umwelt verdient werden. Das führt dazu, dass seit 2005 die Debatten um das mit wenig Gespür erzwungene Ticketsystem und um den – zugegeben ambitionierten – Bildungszwang für Besucher nicht abebben. Der Bus vom Parkplatz Hagen ist nicht mehr kostenfrei. Dort aber müssen Autos sinnvoller Weise stehen bleiben. Die Zufahrt zum Königsstuhl ist täglich bis 18 Uhr gesperrt. Ein Problem sind die kaum gestaffelten Eintrittspreise auch für diejenigen, die wirklich nur den Blick vom Königsstuhl genießen wollen. Eintrittsfrei geht es von der Victoria-Sicht. Und an wenigen Sonntagen für Rüganer.

Der sichere Blick
seit Victorias Besuch 1865

Victoria-Sicht hatte König Wilhelm I. diesen Platz 1865 benannt, als er mit der Kronprinzessin Victoria von Preußen den damals wie heute privilegierten Anblick des Königsstuhls genoss. Jedes Jahr kommt eine Prüfkommission und beschwert den Ausguck zum Test der Tragfähigkeit so hoch, dass mit gutem Gewissen die Genehmigung zum Betreten für ein weiteres Jahr erteilt wird.
Seit 1890 existiert nahe des Kieler Baches eine zweite Victoria-Sicht. Victoria, damals schon Kaiserin, wohnte öfter in ihren drei Villen in Sassnitz mit den jungen Prinzen. Und ging auch an den anderen Victoria-Platz.

Um einiger Verwirrung jetzt Einhalt zu gebieten: es wird zwischen der Großen und der Kleinen Stubbenkammer unterschieden. In der Großen Stubbenkammer findet sich unser Königsstuhl, mit insgesamt 118 Metern. Als Kleine Stubbenkammer wird die südlich der Großen liegende Kreideformation, die Victoria-Sicht, bezeichnet. Noch weiter südlich schließen sich das Kollicker Ufer und das Hohe Ufer an.

Der unterirdische Eisberg, mit dem alles anfing...

Blick von der Victoria-Sicht

Bildung nicht nur mit sondern auch in der Natur im Forscherzelt

Nationalpark auf Rügen

Kreideformationen des Nationalparks Jasmund von der Küste aus

Trotz Tafelsilbers eine Leidensgeschichte

Der Nationalpark Jasmund gehört zum »Tafelsilber der Wende«. Diese Aussage prägten keine Ökos, sondern der damalige Umweltminister Klaus Töpfer. Er ist der zuletzt installierte Nationalpark in Deutschland. Auf Rügen sind das gleich zwei Nationalparks: Vorpommersche Boddenlandschaft (80 500 Hektar, 118 Quadratkilometer Land) und Jasmund, der mit rund 3000 Hektar kleinste Nationalpark Deutschlands. Rügen selbst hat eine Gesamtfläche von 1013 Quadratkilometer.

Vorgelagert: das Biosphärenreservat

23 500 Hektar Gesamtfläche hat zudem das seit 1991 bestehende vorgelagerte Biosphärenreservat Rügens, dessen unglückliche Namensgebung von Anfang an polemische Äußerungen wie die der »Käseglocke für die Menschen« nach sich zog. Heute wird vorwiegend von der Biosphäre gesprochen. 349 Hektar sind Kernzone, 3204 Hektar Pflegezone und 19 947 Hektar Entwicklungszone. Die Zonen zeigen den jeweiligen Schutzstatus an. Ziel ist es, der Region Rügen trotzdem eine verträgliche wirtschaftliche Entwicklung zu ermöglichen, was vor allem beim boomenden Bauen Probleme mit sich bringt. So vertritt ein Lohmer Hotelier die Ansicht, das hauptsächlich zu schützende Naturgut sei der Mensch. Das Besucherzentrum der Biosphäre befindet sich nach mahnenden Worten der UNESCO heute unterhalb des Jagdschlosses in der Granitz.

Nationalpark für ungestörte Natur

Ein Nationalpark ist ein Schutzgebiet, in dem sich die Natur weitgehend ungestört entfalten soll. Im Nationalpark gelten daher zum Schutz besondere Verhaltensmaßregeln, die auch den rund eine Million Besuchern im Jahr gerecht werden sollen. So darf vom Holz über Pilze und Beeren nichts in größeren Mengen entnommen werden. 75 Prozent der Fläche soll unberührte Natur sein, auf der auch wirklich seltene Pflanzen wie Orchideen wachsen. Oder sich Moore bilden, deren Wasser nur wenige hundert Meter weiter und tiefer wieder in die See entleert wird und daher einen einzigartig geschlossenen Weg aufzeigt.

Im Rest des Parkes findet Besucherregulierung statt. Und glücklicherweise sieht es auch nicht überall aus wie zur Rushhour. Beliebtes Beispiel die Herthaburg, deren Wall wohl ohne Schutz längst abgetragen wäre. Es kippt auch heute niemand mehr rote Farbe zum Gruseln auf den sogenannten Opferstein. Umweltdidaktik ist sensibler geworden. Nicht erst, seit die frühere Bergener Museumsleiterin Ingrid Schmidt diesen Unsinn mit der Farbe in ihrem Buch zu Bräuchen und Mythen auf Rügen geißelte.

Wegen des unnatürlich großen Bestandes an Rot- und Damwild muss dieses allerdings bejagt werden. Zu lange hatte die Verwaltung versucht, auch das der natürlichen Selbstregulierung zu überlassen. Da aber brachen die Konflikte zwischen den Jägern im inneren und äußeren Bereich der Schutzzone auf. Denn die im Randbereich müssen im Zweifel Ersatz für Schäden an die Bauern via Wildschadensausgleichskasse bezahlen. Wäh-

Die Kreideformation Königsstuhl

Jasmund – Quelle und Meer

Spaziergänger am Herthasee und die durch Leitwege geschützte Herthburg im Nationalpark

Das immer fortwährende Thema ist Wasser wie hier am Herthasee.

rend Nationalparkbeschäftigte heute meinen, der Bestand sei noch zu hoch, winken die Jäger aus Sorge um die Population einiger Bestände schon wieder ab.

In punkto Holz wird nur das aufgeforstete Wirtschaftsholz entnommen, das nicht den Arten vor Ort entspricht. Douglasie beispielsweise, die den nachwachsenden, natürlichen Buchen weichen muss.

In heutiger Form existiert der Nationalpark Jasmund seit 1996. Seit 1993 wurde mit dem Begriff Modellregion Rügen versucht, Naturschutz als aktiven Posten den aufkeimenden wirtschaftlichen Problemen entgegen zu stellen. Es dauerte nahezu bis 2005, dass sich die Wirtschaft einklinkte und mit dem angebotenen Kapital in kleinem Umfang aktiv versuchte, im Tourismus zu arbeiten. Beispiel ist das Projekt »Urlaubsranger« mit Gästen, das ein Anbieter in Göhren mit dem Kutter Seedüwel und wechselnden Umweltverbänden als Partner realisiert. Hier erheben die Gäste nach wissenschaftlichen Vorgaben in Kladden Daten über den Wild- und Vogelbestand in der geschützten Having, die sonst kaum einer der Verbände erarbeiten könnte. Die Urlaubsranger haben unvergessliche Einblicke in sensibles Naturgeschehen und tatsächlich wurden auch unerwartete Erkenntnise gewonnen.

Die Rolle der Nationalparkverwaltung als möglicher Motor und Schrittmacher ist wegen zum Teil personeller Konflikte, auch in den beteiligten Verwaltungen, weitgehend abgelehnt worden.

So wurde aus dem Nationalpark heraus der Job-Motor Biosphäre gegründet, um mit vornehmlich ökologischen Betriebsgründungen Arbeitslosigkeit zu bekämpfen und das zu forcieren, was mit der Wirtschaft vor Ort nicht freiwillig oder nur in wenigen Fällen klappte.

Zwischenzeitlich ist die Bildungsarbeit vor allem in die Schulen gewandert, wie mit Juniorrangern der Biosphäre im Grundschulalter.

Vor allem Auseinandersetzungen um das Baurecht und bürokratische Vermittlung der Ziele gaben in einer expandierenden Region Anlass zu weitgehender Ablehnung. Ohne zu erkennen, dass die Natur Rügens größtes Kapital darstellt. Ebenso führte dazu die Vermischung von Begrifflichkeiten wie der europäischen FFH-Regelung und dem nach Landesgesetz ausbaubaren freiwilligen Naturpark Rügen.

Ab 2005 wird putschartig die Verantwortung für das Biosphärenreservat Südost-Rügen aus dem Nationalpark ausgegliedert. Der Nationalpark Jasmund zudem mit dem Nationalpark Vorpommersche Boddenlandschaft, also der Kleine mit dem Großen, unter neuer Leitung fusioniert.

www.nationalpark-vorpommersche-boddenlandschaft.de
www.nationalpark-jasmund.de

Sehr beliebt: der Ausflugsverkehr vom Sassnitzer Hafen bis zum Königsstuhl

Die deformierten Wissower Klinken – noch immer beeindruckend und noch immer nicht die Motivvorlage für Caspar David Friedrich

Schnell ist das Wasser von der Quelle zur Mündung in die See geschossen.

Bergen – die Inselmitte

Einwohnerschwund und Identitätssuche

Nach Ende der Schwedenzeit und Abzug der Franzosen gehörte Rügen seit 1815 zu Preußen. Im Jahre 1825 zählte die Stadt Bergen 2493 Einwohner. Nach der seit den 60er Jahren politisch gewollten Erhöhung der Einwohnerzahl, z.B. unter Einbeziehung der Arbeiter des Fährhafens Sassnitz, zählt die Kreisstadt nach zwischenzeitlichen Höhenflügen heute knapp 15 000 Einwohner. Die Verwaltung schwindet. Bergen möchte jedoch mehr als eine Einkaufsstadt sein. Welches Image ist erstrebenswert?

Dem Tourismuschef Ralf Hots-Thomas schwebt vor, den Stadtcharakter Bergens zu nutzen und hier eine Einkaufsmeile zu etablieren, äußerte er vor dem Stadtausschuss Kultur. »Nirgends auf der Insel gibt es einen Ort, wo man richtig gut einkaufen kann. Dafür fahren Inselbewohner und auch Gäste nach Stralsund«, bemängelt er.

Die eben mit großer Mehrheit im Amt bestätigte Bürgermeisterin Andrea Köster hofft auf die Ansiedlung weiterer Geschäfte, »wenn die Bahnhofstraße im Frühjahr 2009 fertiggestellt ist«. Der Wirtschafts- und Gewerbeverein findet, dass sich in den vergangenen Jahren bereits viel getan hat. »Bergen muss sich keinesfalls mehr hinter den Ostseebädern verstecken. Die hier ansässigen Geschäfte führen Qualitätsprodukte. Es sind alle Marktführer im modischen Bereich vertreten«, sagt die Vereinsvorsitzende Anja Ratzke gegenüber der Ostsee-Zeitung.

Bergen ist eine Drehscheibe der Wege und des Handels, in der Stadtmitte und am Stadtrand dreht sich alles ums Einkaufen – von Mode bis zu Lebensmitteln. Einige Kaufhäuser und Supermärkte machen deutschlandweit Rekordumsätze. Den Grund verraten schnell die schwedisch gehaltenen Schilder und die Tatsache, dass Busse eigens mit der Fähre über Sassnitz kommen. Und binnen kurzem auch wieder zurück nach Schweden fahren. Über die Rückfahrt schweigen wir lieber.

Verkehrsknotenpunkt wird bleiben

Die neue Straßenverbindung B96n wird die Kreisstadt Bergen auch weiterhin zum Verkehrs-Verteiler machen. Die künstlich gegenüber der Hafenstadt Sassnitz zu DDR-Zeiten als politischer

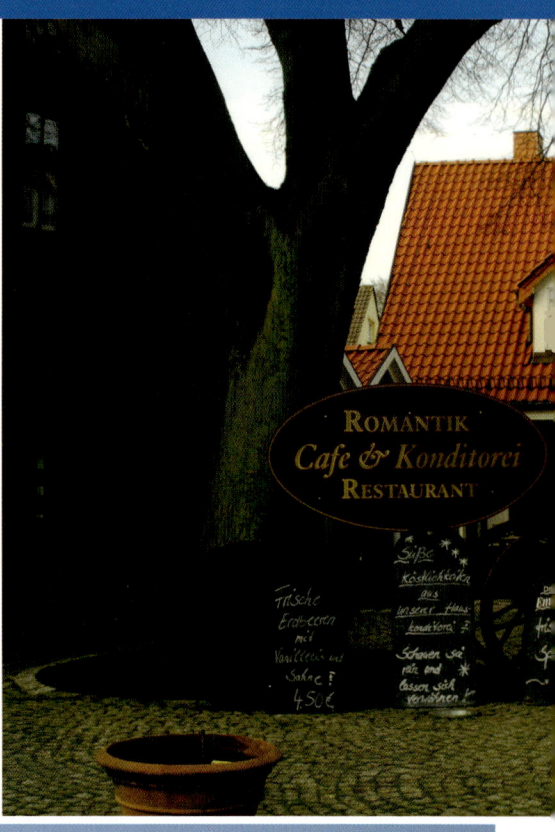

Der Frontmann und Shouter der bekannten Bergener Hardcore-Band C.O.R, Friedemann Hinz, ist in Bergen geboren und hat dort seine musikalische Karriere begonnen.

Das Rathaus in verschiedenen Ansichten und Jahreszeiten. Leider mit Park- statt Marktplatz.

Bergen – Im Herzen der Insel

Einblick in die Vielfalt Bergener Architektur

Mittelpunkt entwickelte Stadt bleibt ein typisches Verwaltungszentrum. Alle Banken, Versicherungen und die Kreisverwaltung sitzen in der Altstadt. Jeder muss hierher. Sie behält ebenso den Charakter des Wohnrings.

Bis auf wenige Ausnahmen gehen inzwischen alle der etwa rund 1500 Gymnasialschüler an das landesgrößte Ernst-Moritz-Arndt-Gymnasium der Stadt.

Verwaltung, Einkaufen – Freizeitgestaltung ...

Die Freilichtbühne ist ein Kino, in dem anspruchsvolle Filme oft nur kurz laufen. Auf dem Gelände um den Ernst-Moritz-Arndt-Turm, auch Rugard-Turm genannt, gibt es viele Freizeitmöglichkeiten und es finden dort verschiedenste Veranstaltungen statt.

Die alteingesessene Szenekneipe »Bibo, ergo sum« – Ich trinke, also bin ich –, das »Tüffelhus« neben dem Café Meyer oder »Puk up'n Balken« sind die Szenekneipen. Das Wapatiki ist dazugekommen, ein Ort zum Chillen. Auch das »Apfelbäumchen«. Von ihnen veranstaltete Musiknächte sind in Bergen super erfolgreich schon zehn Jahre alt geworden. Diskotheken für das Nachtleben am Wochenende gibt es zwei, das Mah k'ina und eine etwas weiter außerhalb von Bergen.

Bürgerlich-gehobene Gastronomie findet sich in Bergen auch. Das Café Meyer organisiert immer wieder sonntägliche Lesungen. Im Bendixschen Haus finden einige ambitionierte Vorträge vom Altstadtverein statt.

Die nähere Umgebung kann man sich vom Rugard-Turm erlaufen. Beispielsweise zur – allerdings von März bis September gesperrten – Vogelschutzinsel Pulitz am kleinen Jasmunder Bodden. Neben dem heutigen Weg findet der Wanderer eine kuriose Allee aus Eichen und Kirschbäumen. Ein Ort, der sich daher auch im einzigen Rügen-Roman, »Der Strandvogt von Jasmund«, wiederfindet. Auch Winterwanderungen dort sind charmant.

Die herausragende Bedeutung der ursprünglich spätromanischen Marienkirche ist an anderer Stelle dargelegt. An ihr findet sich ein Kuriosum: Die Uhr an der Westseite ist durch ein Versehen bei einer Reparatur in 61 Minuten unterteilt. Drei Lehrlinge waren es damals, die das sturmbeschädigte Ziffernblatt wieder reparierten. Was Rügen einen dauerhaften Platz in verschiedenen Quiz-Shows sichert. Und jedem Bürger jeden Tag eine Minute mehr schenkt. Das hat doch was. Vom Boden aus betrachtet merkt es jedoch niemand.

Architektonisch müht sich Bergen um Substanz gegenüber gleichmacherischen Neubauten oder verschlimmbessernden Sanierungen. Beispielhaft der Streit um das Haus des Steinmetzes und Freimaurers in der Bahnhofsstraße, das im historischen Stadtrundgang beschrieben wird.

Als gewagt und gelungen könnte aus architektonischer Sicht das magische Dreieck zwischen Amtsgericht, Sparkasse und Landratsamt bezeichnet werden. Ziegel, Stahl-Glas und Klassizismus vor dem Hintergrund historischer Klostermauern und der Kirche zeigen, wohin Bergen steuern könnte. Vor dem Scharfrichterhaus endet die Sanierungsmeile des alten Bergens. Und natürlich wäre es auch für Touristen interessant, wenn sich zwischen dem alten Amtsgericht und diesem unsanierten Relikt Scharfrichterhaus eine Spannungsachse aufbauen würde. Zumindest konzeptionell, bevor Bergen seine Gerichtsbarkeit verliert.

Die Gastronomie lässt sich auch im Winter etwas einfallen

Bergen – Im Herzen der Insel

Wo das Herz der Insel schlägt

Die Inselhauptstadt mit Kleinstadtcharakter

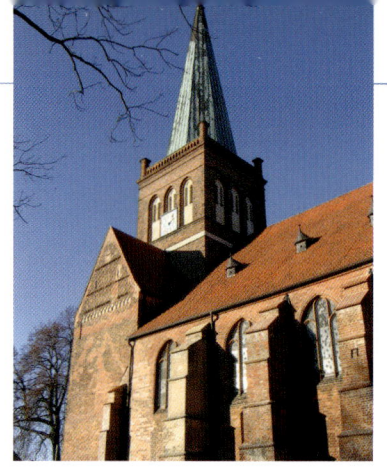

Bergen auf Rügen ist der geografische Mittelpunkt der Insel und daher idealer Ausgangspunkt für Entdeckungstouren. Die Bahnanbindung macht Bergen zu einem wichtigen Knotenpunkt. Durch den Bus erfährt der Verkehr die ideale Ergänzung.

Im liebevoll sanierten Stadtkern schlägt sich langsam wieder der Hauch von Geschichte nieder. Stilvolle Plätze mit ihren Bänken laden zum Verweilen ein. Häuser von Berühmtheiten wie das Geburtshaus des bekannten Chirurgen Theodor Billroth (1829–1894) oder des Märchenforschers Alfred Haas (1860–1950) werden durch Gedenktafeln kenntlich gemacht.

St. Marienkirche

Mit der St. Marienkirche als 1193 geweihte, älteste Backsteinkirche Rügens hat der Ort auf dem »Berg« mit dem 67,4 Meter hohen und weit sichtbaren Kirchturm ein markantes Wahrzeichen. Übrigens hat die Kirchturmuhr 61 Minuten. Eine Kuriosität, die nach einem handwerklichen Fehler heute auch schon mal bei Günter Jauch abgefragt wird. Die wertvollen romanischen Wandmalereien, der eingemauerte Grabstein eines slawischen Mannes neben dem Haupteingang der Kirche (»Jaromarstein«) und regelmäßig stattfindende Konzerte lassen das kirchliche und das weltliche Stadtzentrum gut nebeneinander sein. Bestens ergänzt vom kunsthandwerklich genutzten Klosterhof.

Das Benedix-Haus wurde jahrelang saniert und ist heute ein Schmuckstück.

Die St. Marienkirche gehört zu den ältesten Kirchen der Insel und ist weltlich sowohl als auch kirchlich bedeutend.

Der 27 m hohe Ernst-Moritz-Arndt-Turm garantiert eine wunderschöne Aussicht über Bergen und die Insel Rügen.

Schmuckstück in Fachwerk

Das Benedix-Haus am Markt, 1538 »Erbaut nach dem großen Stadtbrande MDXXXVIII« (Inschrift an einem Balken), zählt zu den ältesten Fachwerkhäusern auf der Insel Rügen. Nach jahrelanger Sanierung im Jahr 2000 wurde es in Symbiose von historischen und architektonischen Aspekten wiedereröffnet.

Touristeninformation Bergen auf Rügen
Markt 23 · 18528 Bergen auf Rügen
Tel. (0 38 38) 81 12 76 · Fax (0 38 38) 81 11 27
Touristeninformation@stadt-bergen-auf-ruegen.de
www.stadt-bergen-auf-ruegen.de

Naherholung und Freizeitpark

Rugard wird vielfältiger und lauter

Der 27 Meter hohe Turm am Rugard ist heute von einer Glaskuppel bedeckt. Erbaut wurde der Turm 1869–1876 zu Ehren von Ernst Moritz Arndt, dem Patrioten, Dichter, Reformer

Feste unterm Rugardturm

und Inselsohn. Der Rundblick über die Insel ist ganzjährig zugänglich und gehört zu den sensationellen Turmerlebnissen. Hier wartete der Held aus dem Roman »Der Strandvogt von Jasmund«, Waldemar Granzow, auf seinen vermissten Freund. Und schildert eben jenen Blick ohne Buchenbewaldung und ohne Turm.

Zu sehen ist beispielsweise der Nonnensee mit einer Fläche von rund 75 Hektar. Einst entwässert, ist er heute einer der bedeutendsten Flachwasserseen MV's. Ein wahres Vogelparadies mit einem fünf Kilometer langen Rundweg zum Wandern, Joggen und Radfahren.

Musik genießen, rodeln, klettern

Die Rugard Freilichtbühne unterhalb des Turmes bietet in den Sommermonaten Konzerte vom Punk der Rügener Szene bis zu internationalem Schlager und Rock. Deutschlands nördlichste Sommer- und Winterrodelbahn im Naherholungsgebiet »Rugard« ist neuerdings durch einen Kletterwald ergänzt worden.

Kinder›bespaßung‹ bei Festen am Rugard

Heimatkunde

Rugard übrigens ist wie viele Worte auf Rügen slawischen Ursprungs. Es bedeutet »Ort oder Burg der Rüganer«... Hier soll sie gestanden haben, die Burg zur Kirche. 90 Meter über dem Meer. Dass hier noch mehr stand, wie beispielsweise das Mallon-Denkmal der Hitlerjugend, zeigen Blumen an den Fragmenten dessen zur Unzeit. Französenlazarett, Friedenseiche und vielerlei andere Plätze deuten auf die Geschichte Rügens in den verschiedensten Epochen hin.

Bergen – Im Herzen der Insel

Kulturkampf ist noch nicht entschieden

Kreiskulturhaus Bergen

»Ich bin hier, weil ich meine letzte Party hier vor 20 Jahren gefeiert habe. Wollte alles mal wiedersehen.« Sagte eine Besucherin an einem x-beliebigen Abend. Sie lebt nicht mehr auf der Insel und nutzte ihren Urlaub, dem Liebsten etwas »von früher« zu zeigen. Früher: Ohne Heizung und auch Lüftung – zwei Raucher brachten den hallenartigen Anbau schon in arge Atemnöte – doch, mit dem Holz der ehemaligen Bühne des Kreiskulturhauses im Hinterhof am Bergener Markt konnte alles sprichwörtlich »zusammengenagelt« werden.
Low Budget. So zumindest berichtet es Olsen. Im Juli 2008 soll Schluss sein. Aber wie ging es los? 2006 hatten Kathrin Eckfeldt und »Olsen«, bürgerlich Holk Oelsner und in Dranske aufgewachsen, den Saal des Kreiskulturhauses durch Zufall neu entdeckt. Nach einer wirklich kurzen Zeit des Überlegens erweckten die beiden diese traditionsträchtige Einrichtung aus ihrem fast zehnjährigem Dornröschenschlaf. Der Autor selbst erinnert sich noch, das letzte Keimzeit-Konzert unter der Regie der Crew des »bibo ergo sum« im Januar oder Februar 1997 erlebt zu haben. Wenig später kam die Baupolizei, danach die Planer.

Neueröffnung nach Dornröschenschlaf

Im August 2006 also eröffneten Kathrin und Olsen nach langer, harter Arbeit mit vielen fleißigen Mitstreitern ihre Pforten. »Der Anfang war schwer und wir hatten uns viele Sachen einfacher vorgestellt. Nach nun schon über 1,5 Jahren können wir auf eine sehr aufregende und anstrengende Zeit zurückblicken.« Auf Konzerte mit Keimzeit, Ray Wilson und vielen mehr. Tanzveranstaltungen mit der VINETA Band, zwei interne Cluberöffnungen der Linedancer, die sich im Haus ein Zuhause geschaffen haben, Puppentheater, Lesungen, Podiumsdiskussionen, Houseveranstaltungen und Geburtstagsfeiern.
»Der Knaller schlechthin, dass die alten Diskotheker der Insel wieder Ihr Equipment vom Dachboden geholt haben.«
Täglich arbeiteten die beiden daran, den Rüganern und natürlich auch den Gästen ein weitgefächtertes Spektrum an Kultur anzubieten. »Die Insel und das Umland hat uns angenommen«, sagt Olsen, »doch Bergen nicht. Warum, können wir eigentlich nicht so richtig sagen, aber der Widerstand ist bis heute spürbar.«
Dennoch sind seit damals Ausstellungen gelaufen, Vernissagen und auch Finissagen, junge Nachwuchsmusiker präsentierten sich und ebenso das Rügener Friedensbündnis hätte hier ein neues, weil zentrales, Domizil für seine Veranstaltungen finden können. Waren die Pläne zu groß oder die Insel zu klein?
Nun ja, eigentlich sollte hier das Happy End stehen. Für das alte Gemäuer Am Markt 10. Jetzt geht es um Veränderung. Tim Plümecke und sein Bruder Kai wollen »back to the Roots«. »Ja, Kai und ich haben den Saal gepachtet und es ist wirklich ein Zurück. Kai wird ab Januar 2009 auch das Bibo übernehmen und bis dahin müssen wir sehen, was passiert«, sagt der Gastronom, dessen

Vernissage mit Robert Denier und Andreas Schiller

Kneipe am Markt unter ihm einmal die »beseelteste der Insel« war. Wohnzimmer für alle, die sich dort wohlfühlten. Und es wird sich zeigen, ob der Kampf um mehr Kultur in Bergen fortgeschrieben werden kann.

Toralf Staudt referiert zu Neuen Nazis.

Ausstellung mit Christoph Keimling

Hauptstelle der Sparkasse in Bergen auf Rügen, Billrothstraße – alle Filialen sind bewusst architektonisch in die vorhandene Umgebung integriert.

Sparkasse Rügen, gut für die Insel

Im Jahre 1859 gegründet, ist die Sparkasse Rügen das älteste Kreditinstitut der Insel. Heute präsentiert sich die Sparkasse als modernes Dienstleistungsunternehmen mit ihrer Hauptstelle in Bergen und weiteren 13 Filialen und zwei Selbstbedienungsstellen auf Rügen und Hiddensee.

Mit rund 4000 Geschäfts- und über 32 000 Privatkunden ist sie Marktführer. Als Universalkreditinstitut mit dem Hintergrund eines starken Verbundes, der sich aus Bausparkasse, Versicherer, Deka-Bank, Landesbank und Leasinggesellschaft zusammensetzt, ist die Sparkasse in der Lage, für sämtliche Dienstleistungs-, Geldanlage- und Finanzierungsfragen kompetente Antworten zu geben. Die langjährigen und detaillierten Marktkenntnisse sichern die Entscheidungsvorschläge für beide Seiten ab. Dieses ist, bei allen Kauf- und Investitionsentscheidungen, von besonderer Wichtigkeit, nicht nur für den Neurüganer.

Gewerbliche und private Finanzierungen hat die Sparkasse in den letzten Jahren mit einem Betrag von über 400 Mio. Euro bereitgestellt. Der Sparkassen-Immobilienbereich ist kompetenter Ansprechpartner für den Erwerb von privatem (Ferien-)Eigentum auf Rügen oder Hiddensee. Die Sparkasse gehört mit ihren 159 Mitarbeitern zu den größten Arbeitgebern der Insel und ist einer

Filiale Sellin

Bergen – Im Herzen der Insel

Filiale Putbus

Filiale Vitte

Filiale Samtens

Filiale Breege

In Sassnitz wurde mit einer vorhandenen Hülle aus der Blütezeit des See- und Kreideheilbades ein Teil des typischen Stadtbildes erhalten.

der größten Steuerzahler. Eine solide Eigenkapitalausstattung und Ertragslage ermöglichen das umfassende gesellschaftliche Engagement »auf der Insel, für die Insel«. Mitarbeiter betätigen sich in Vereinen und Institutionen. Kultur, Sport, Soziales wird in vielfältiger Art und Weise durch Spenden und Sponsoring unterstützt. Kaum ein Projekt, an dem sich die Sparkasse nicht mit einem kleineren oder größeren Betrag beteiligt. Daneben finden in der Sparkasse eigene Ausstellungen, Musik- und Vortragsveranstaltungen statt. Rügen stellt eine der Top-Tourismusdestinationen in Deutschland dar. So trägt der Tourismus den wesentlichen Teil zur Bruttowertschöpfung der Insel bei. Der Bedeutung entsprechend engagiert sich die Sparkasse durch Mitarbeit im Tourismusverband und auch durch finanzielle Beteiligung stark in diesem für die Insel sehr wichtigen, aber auch sensiblen Wirtschaftszweig.

Sparkasse Rügen – Engagement für die Bürger, für die Insel, für Sie.

Sparkasse

Sparkasse Rügen · Anstalt des öffentlichen Rechts
Billrothstraße 4 · 18528 Bergen auf Rügen
Tel. (0 38 38) 81 80 · Fax (0 38 38) 81 81 28
service@sparkasse-ruegen.de · www.sparkasse-ruegen.de

*Den Knauf des Stockes
unseres historischen Schöngeistes ziert Mozart.*

Bergen – einst eine Hafenstadt

Geschichten von Nachtjacken und Schachtdeckeln, Bismarck und verschwundenen Steinen

Wer weiß schon, dass Bergen einmal Hafenstadt war? Und dennoch an Wassermangel litt. Wer Geschichten der Kreisstadt hören und andere Gesichter sehen möchte, der ist bei Magister Historicus bestens aufgehoben. Lässt man ihm Zeit zum Erzählen, beginnt er nicht viel später als 1168 mit der Christianisierung Rügens, als die Insel dänisch wurde. Hinter dem Magister verbirgt sich Kürschnermeister Uwe Hinz. Seine Stadtführungen veranstaltet er im historischen Gewand der Aufklärung: »Wir sollten immer auf die Geschichte achten«, sagt der bekennende Freimaurer vor dem von ihm wiederentdeckten Bismarckstein. Bismark soll über Rügen gesagt haben: »Auf Rügen geschieht alles 50 Jahre später.«

Nie Kriegsstadt

»Bergen ist nie eine Stadt des Krieges gewesen«, sagt der Magister eben. Seine Zeit ist knapp. Heute hat er nur zwei Stunden. Hätte jedoch mindestens zwei Tage zu reden. »Lazarett oder Durchgangsstadt war das 1613 Stadt gewordene Bergen immer. Der Bahnhofsbau 1883 diente der Sassnitzer Königslinie via Sassnitz nach Trelleborg. Ab 1896 fuhr auf dem letzten Neu-

Langsam erlangt die Kreisstadt ihren teils verlorenen Charme wieder: frisch sanierte Ecken am Klosterhof.

Bergen – Im Herzen der Insel

bauabschnitt der Kleinbahntrasse ein Zug von Bergen nach Altenkirchen. So erlangte die Stadt weitere Bedeutung.

»Nachdem 1815 der Bau von rohrgedeckten Häusern verboten worden war, entstanden mit zunehmendem Wohlstand die Villen der Bahnhofstraße.« Gegenüber dem Bismarckstein – 1945 entfernt und von Uwe Hinz wiedergefunden – steht das heutzutage stadtplanerisch umkämpfte Seifertsche Haus. Ein Kaufhaus sollte es werden. Einst erbaut von einem Freimaurer und Steinmetzmeister, zeigt es in seiner Fassade zahlreiche Hinweise auf Freimaurerlogen. Handwerker gehörten den Logen immer an. »Weisheit, Stärke und Schönheit, beispielsweise, bedeuten die drei Säulen in der Fassade. Wie kleine Wappen zeigt sie hier die Stände«, erläutert der Magister. Noch ist die neue Bestimmung für das Haus unklar. Doch der öffentliche Aufschrei beim geplanten Abriss, ließ alle nochmals genauer hinschauen.

Was Hinz macht, ist eigentlich Aufgabe eines Stadtarchivars. Denn er gräbt nach Historie und deren Wurzeln. Wie bei Folgendem: Der heutige »Güldene Brinken« hieß eigentlich mal ganz banal der »Gildene Bring«. Was nichts anderes bedeutete, als eine Rasenfläche, an der das Gildehaus stand. Rügens Namen gehen oft auf

Wo sich die Sparkasse, das Landratsamt, die Gerichtsbarkeit und das Kloster als Wurzel der Stadt begegnen, endet die Führung an einer Stele mit den Zisterzienserinnen.

einfache Beschreibungen slawischen Ursprungs zurück.

Von Nachtjacken und Uniformen

Durch das Gässchen »Benedixscher Gang« geht es zur Dammstraße. Viele Gässchen waren benannt nach ihrer Funktion, wie etwa die Ladegasse. Oder nach Anwohnern. »Ungewöhnlich für damalige Zeiten, dass die Dammstraße gepflastert war.« Grund: ihre Funktion als Teil der Herings- und Salzstraße, die über Rothenkirchen nach Stralsund führte. Etwas abwärts, vor dem früheren Gestapo- oder Braunen Haus, das auch zu DDR-Zeiten in logischer Konsequenz für Horch und Guck mit den langen Masten ausgestattet war, hatten 1846 die Bergarbeiter den Brunnen für die Wasserversorgung gegraben. »Drei Tage feierte Bergen. Nicht nur mit Wasser.«

Dass das Viertel mit dem Waagbalkenbrunnen Nachtjackenviertel hieß, ist nur durch den Brunnen erklärbar. Die Nachtjacken zogen Bürger über die Schlafkleidung, wenn sie spät nochmals gen Brunnen zum Wasserholen gingen.

»In der oberen Dammstraße wohnte 1860–1950 der Volkskundler Alfred Haas, einer der wichtigsten Zeugen pommerscher Bräuche«, vermeldet nun auch neuerdings eine Tafel. Wie andernorts der Verweis auf den in Bergen geborenen Mediziner Theodor Billroth (1829-1894). Nicht jedem Bergener übrigens wird so ohne weiteres ein solches Gedenken auf Tafeln gewährt. Trotz seines Rufs als Gentleman-Krieger fanden viele den Offizier Hans Langsdorff (1894–1939) als Namensgeber bedenklich. Er war zuletzt Kapitän des Kreuzers »Admiral Graf Spee« und Initiator ihrer Selbstversenkung vor der Mündung des Rio de la Plata.

Der sogenannte Hochzeitsstein wurde hinter dem Ratskeller ausgegraben und soll der Gerichtsbarkeit und dem Heiraten gedient haben.

Mild gestiftet – scharf gerichtet

Weiter wird durch den Magister Historicus die Kunde von den drei verschiedenen Frauen-, Mädchen und Kinderstiften berichtet, die Bergen ihren Geist einhauchten. Nicht erst, nachdem Bergen 1815 wieder preußisch wurde und die napoleonischen Truppen abzogen. Charlotte Juliane von Usedom war eine Stifterin, deren Bedauern den Kindern galt. Daher gibt es das Julienstift, mit dem sie körperliche und geistige Nahrung spendete. Gegenüber der preußischen Baukunst des Amtsgerichtes und der neuzeitlichen Baukunst von Sparkasse und Landratsamt fasst der Künstler Wolfgang Friedrich mit den drei Zisterzienserinnen in einer Stahlstele – am unteren Teil des Klosterhofes aufgestellt – alle Themen gekonnt zusammen. »Ich nenne es »Bergener Andacht«, sagt Uwe Hinz zum Abschied. Nicht ohne den letzten Hinweis auf das kleine Scharfrichterhaus neben der Sparkasse. »Und der Hafen?«, will es nun jemand doch wissen. »Der lag bei Zittvitz und verschiffte vom kleinen Jasmunder Bodden Transporte aus der Stadt gen Stralsund.«

Bergen – Im Herzen der Insel

Die Wiege des Badejungen

Käse mit Rügener Tradition

Wintergenuss

Sommergenuss

Das Käse-Sortiment vom Rügener Badejungen

Die Wiege des Rügener Badejungen liegt ursprünglich in Stolp in Hinterpommern. 1948 kam der Molkereimeister Karl Wilhelms in die Molkerei Bergen auf Rügen. Er brachte das alte Rezept des »Stolper Jungchen Camembert« mit aus seiner Heimat und gab ihm auf Rügen einen neuen Namen: Rügener Badejunge. Der Rügener Badejunge, der zu DDR-Zeiten einer der stärksten Käseartikel auf dem Markt war, hatte in der 90er Jahren durchaus schwierige Zeiten zu überstehen. Kurz nach der Wende ließ die damalige Markeninhaberin, die Molkereigenossenschaft Bergen, den Rügener Badejungen sogar aus den Supermarktregalen verschwinden. Erst mit der Übernahme der Markenrechte durch Peter Jülich erhielt der Rügener Badejunge eine neue Chance. 1995 wurde die Marke wieder eingeführt. Der Rügener Badejunge, der als Symbol in leicht veränderter Form mit dem Segelschiff im Arm und den Kreidefelsen im Hintergrund seitdem wieder die Packungen ziert, nahm in den folgenden Jahren einen unaufhaltsamen Wiederaufstieg.

Und die Erfolgsstory der ostdeutschen Marke konnte schließlich auch im Westen der Republik fortgeschrieben werden. Der Rügener Badejunge erfreut sich im Westen wie im Osten gleicher Beliebtheit. Der Garant für den Erfolg ist dabei sicherlich die besondere Qualität der Milch auf der Insel Rügen. Aufgrund des natürlichen Ostseeklimas kann der Weichkäse ein ausgesprochen eigenständiges Aroma entfalten.

Für alle Weichkäse der Marke Rügener Badejunge gilt, dass sie aus 100 Prozent frischer Inselmilch, ohne künstliche Aromen, Konservierungsstoffe oder Gelatine gemacht sind. Inzwischen ist der Rügener Badejunge das am stärksten verkaufte Camembertprodukt in Deutschland. Das Sortiment besteht aktuell aus den Sorten Der Leichte, Der Cremige, Der Sahnige, Der Feine Bärlauch, Feiner Camembert und, ganz neu, Rügener Badejunge Wintergenuss mit feinen Cashewnüssen und Rügener Badejunge Sommergenuss mit Tomate, Paprika und Peperoni.

Rügener Badejunge Genuss-Toast

Zutaten für 4 Personen:

350g Schweinefilet, 30g Butter, 30g Mehl, 1/2l Fleischbrühe, 1/2 Becher Rotkäppchen »Frischer Landrahm Natur« (230g), 8 Scheiben Toastbrot, 20g Butter, 150g Champignons, 1/2 Knoblauchzehe, 1 Bund Petersilie, 2 EL mittelscharfer Senf, 2cl Aquavit, 1 Rügener Badejunge »Der Cremige« (150g), Salz, Pfeffer

Zubereitung:

Schweinefilets waschen, trocken tupfen und in 12 gleich dicke Scheiben schneiden, diese flach klopfen und pfeffern. 30 Gramm Butter erhitzen, Mehl anschwitzen, Brühe zugeben, Sauce aufkochen. Rotkäppchen »Frischer Landrahm Natur« unterheben und glatt rühren. Das Brot toasten und auf vier Teller verteilen. 20 Gramm Butter in der Pfanne erhitzen und die Filetscheiben von beiden Seiten je ein bis zwei Minuten braten. Salzen, aus der Pfanne herausnehmen und warm stellen. Champignons mit gehackter Knoblauchzehe in der gleichen Pfanne andünsten, fein gehackte Petersilie zugeben. Die Sauce mit Salz, Pfeffer, Senf und Aquavit abschmecken. Einen Teil der Senfsauce auf die Toastbrote verteilen. Auf jeweils zwei Toastscheiben drei Filetscheiben setzen, restliche Sauce darüber geben. Champignons darüber verteilen. Rügener Badejunge »Der Cremige« quer schneiden, je zwei Scheiben auf die Toasts geben und im vorgeheizten Backofen kurz überbacken, bis der Camembert verläuft.

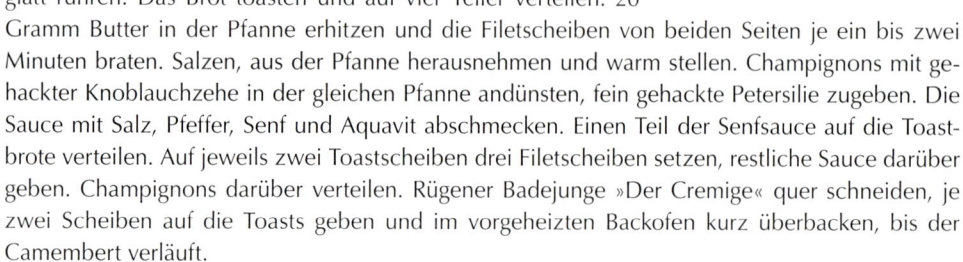

Sportlich in die Tiefe stürzen

Die Inselrodelbahn als Freizeitspaß zu allen Jahreszeiten

Die Inselrodelbahn Bergen ist die nördlichste Sommer- und Winter-Rodelbahn Deutschlands. Sie wurde im Sommer 2005 eröffnet. Ihre Lage ist etwas Besonderes: eingebettet in der Naturlandschaft des Rugards, liegt sie auf dem Steilhang einer vom Buchenwald umsäumten Waldwiese am Stadtrand von Bergen. In der Nachbarschaft befindet sich der Rugard-Turm, von dem aus man eine unvergleichbare Aussicht hat.

Die Rodelbahn

Mit einer Länge von über 700 Metern und einem Höhenunterschied von 27 Metern kommt man hier gut in Schuss, um mit Action, Fun und Speed ins Tal zu rauschen. Die rasante Abfahrt geht durch insgesamt sieben Steilkurven und über mehrere Jumps, um dann im Tal in Steillage in einem Aktionskreisel zu enden.
Sehr beliebt sind kleine Rennen um die Bestzeit. Man wird dabei sogar »geblitzt«. Doch keine Panik. Es folgen garantiert keine Einträge in die Verkehrssünderkartei. Angezeigt werden nur die gefahrenen Geschwindigkeiten. Der Geschwindigkeitsrekord auf der Bahn liegt bei 45 Kilometern pro Stunde. Am Ende der Strecke wird jeder Rodler automatisch eingehängt und über eine lange gerade Schräge hinauf zum Ausgangsort gezogen. Das ist stets eine Riesengaudi für Groß und Klein, Jung und Alt.
Davor oder danach gibt es im Mini-Imbiss ein Angebot von Getränken, Snacks, Kaffee und Kuchen und Eis. Kostenlose Parkplätze und eine öffentliche Toilette sind direkt an der Rodelbahn.
Öffnungszeiten:
Die Inselrodelbahn ist eine Allwetter-Rodelbahn und hat täglich geöffnet.

Eingebettet in das Naherholungszentrum Rugard liegt die Inselrodelbahn nahe des Arndt-Turmes.

Inselrodelbahn
Rugardweg 7 · 18528 Bergen auf Rügen
Tel. (0 38 38) 82 82 82
info@inselrodelbahn-bergen.de
www.inselrodelbahn-bergen.de

Heilkreide und Sanddorn

Rügener Produkte aus dem Internet

Der Rügenshop bietet allen Rügenfreunden eine reichhaltige Palette an interessanten Rügenprodukten an. Das Sortiment an Original Rügener Dreikronen Heilkreide und Heilkreideprodukten umfasst Heilkreidegesichtscreme, Massage Emulsion, Körperlotion, Handcreme, Rügener Kreidebalsam, Kreideseife, Heilkreidebadespaß, Heilkreide Wärmepack sowie eine Vielfalt an Rügener Sanddornprodukten. Dazu gehören Sanddornsaft, Sanddorngeist, Sanddornlikör, Sanddornbonbons, Sanddornöl, Sanddorntee, Sanddorngelee, Sanddornfruchtaufstrich, Sanddornsirup, Sanddornmarmeladen, Sanddornfruchtsäfte und Sanddornseife.
Echte Feinschmecker lassen sich gerne von den Köstlichkeiten der Insel Rügen verwöhnen. Alle Produkte sind auf Wunsch lieferbar in geschmackvollen Geschenkverpackungen und zusätzlich gibt es regelmäßige Sonderaktionen. Interessierte Kunden können sich auf der Internetseite für einen Newsletter eintragen.
Auch Anfragen aus dem Bereich Groß- und Einzelhandel sind erwünscht und werden gerne entgegen genommen. Fragen zu den Produkten erläutert die Inhaberin selbstverständlich kompetent.

*Shop-Inhaberin mit Herz und Kompetenz:
Birgitta Burgert*

*Witzige Geschenkverpackungen:
Liköre und Hochgeistiges aus Sanddorn*

*Eine Pyramide aus Sanddornprodukten:
lecker und gesund*

Rügenshop

Der Rügenshop
Handelsagentur Birgitta Burgert
Kiebitzmoor 30d
18528 Bergen
Tel. (0 38 38) 20 35 62
bburgert@ruegenshop.eu
www.ruegenshop.eu

Bergen – Im Herzen der Insel

Die Hängenden Gärten von... Bergen
Ein fast zerfallenes Kleinod der Stadt

Bergen ist nahezu der geographische Mittelpunkt der Insel. Um den Höhenunterschied bis zum Markt von gut 70 Metern zu überwinden, bedarf es schon einiger Kondition. Jedoch laden unterwegs beschauliche Plätze zum Verweilen ein. Auf jedem stehen Bänke und, glücklicherweise, keine genormte Standardware. Für die Kletterpartie – entweder mit vielen Stufen oder auf steilen Wegen – entschädigt dann der immer etwas andere Blick bis weit ins Land.

Steil abfallende, bebaute Hänge prägen das Gesicht von Bergen. In der Nähe des »Güldenen Brinkens« offenbart sich ein Kleinod: eine Terassenanlage, bestehend aus Felssteinen und gebrannten Steinen. Dieser Teil der Stadt wird mit »hängende Gärten« in Anlehnung an das Weltwunder bezeichnet. Auch dort gibt es dazwischen immer wieder Plateaus zum Verweilen. Sehr gut einsehbar sind die hängenden Gärten vom Parkplatz Hermerschmidt aus. Ein Spaß übrigens, einmal die Runde zu laufen und zu schauen, in welcher Perspektive überall der spitze Bergener Kirchturm aus den unterschiedlichsten Dachlandschaften ragt.

Leider sind die »Hängenden Gärten von Bergen« in einem restaurierungswürdigen Zustand. Dies beklagt auch der Altstadtverein der Kreisstadt. Zwischen den Besitzern der Grundstücke und der Stadt kam es bisher leider zu keiner gemeinsamen Lösung, um dieses Kleinod wirkungsvoll zum Wohle der Stadt zu erhalten. Dabei würde eine

An diesem Hang ist heute leider nur noch wenig von angelegten Gärten zu sehen.

Steile Wege gilt es auch in einer Stadt auf dem Flachland zu überwinden.

zielgerichtete Restaurierung und Neubepflanzung zum Vorteil aller gereichen.

www.altstadtverein-bergen-auf-ruegen.de

Kompetenz und Vertrauen
Für ein Leben im Alter mit Betreuung und Würde

Pflege im Alter ist ein sensibles Thema, für das sowohl Fachwissen als auch liebevolle Zuwendung erforderlich ist. Der Pflegedienst Heike ist ein Partner, der sich seit vielen Jahren um die Belange älterer Menschen kümmert, die medizinischer Behandlung sowie Unterstützung bei Belangen des Alltags benötigen. Das Team hält ein umfangreiches Leistungsangebot bereit, das sich auf die Unterstützung von Pflegebedürftigen jeden Alters in deren häuslicher Umgebung jeden Tag und rund um die Uhr erstreckt. Dazu gehören etwa Grund- und Behandlungspflege, Urlaubspflege und Beratung, hauswirtschaftlicher Service mit Versorgung, Tag- und Nachtwachen, Fahrdienste und Hilfe bei Dienstleistungen, Hilfen im Dschungel von Behörden, Krankenkassen und Verordnungen sowie Sterbebegleitung. Besondere Serviceangebote sind die häusliche Fußpflege, Essen auf Rädern mit altersgerechten Mahlzeiten sowie gesellige Seniorennachmittage.

Freundliche Schwestern organisieren Büro und Pflege.

Eine mobile Truppe sind die Mitarbeiter vom Pflegedienst Heike.

Der Pflegedienst Heike verfügt über ein ausreichend großes Mitarbeiterteam, sowie großzügig gestaltete Räume, die auch mit dem Rollstuhl erreichbar sind. Selbstverständlich ist der Fahrzeugpark, der fast rund um die Uhr im Einsatz ist, mit dem Logo des Pflegedienstes überall sofort zu erkennen.

Ambulanter Pflegedienst Heike · Lothar Henke
Wiesenweg 11 · 18528 Bergen
Tel. (0 38 38) 25 27 87 · Fax (0 38 38) 40 46 80
Mobil (01 62) 2 19 78 00
pflegedienst.heike@kabelsat-bergen.de
www.pflegedienst-heike.com

Bergen – Im Herzen der Insel

Größter Kletterspaß auf Rügen

www.kletterwald-ruegen.com mt gut!

Auf einem Gelände von 16 000 m² findet jeder seinen Kletterspass. Hier trifft jeder auf die seinem Alter, seiner Größe und seiner körperlichen Fitness entsprechenden Ansprüche. Sogar behindertengerechte Parcours (rollstuhlgerecht) werden in Kürze angeboten.

Zunächst stehen 5 Parcours mit ca. 80 Elementen mit unterschiedlichen Schwierigkeitsgraden und halten für jeden etwas bereit. Damit es auch weiter spannend bleibt, wird schon in Kürze um 15 Elemente (Spassparcours) erweitert. Ab Herbst gibt es dann auch einen Parcours für Menschen mit Handicap (etwa 10 Elemente).

Ein toller Laubwald mit super Bodenrelief lässt keine Wünsche offen. In unmittelbarer Nähe steht ein großer Parkplatz bereit.

Nach der Einweisung incl. dem Einweisungsparcours, kann es dann mit den angelegten Gurten für 2 Stunden in die Seile gehen.

Für Abwechslung sorgen nicht nur unsere Parcours. Für die jeweilige Saison halten wir auch interessante Veranstaltungen bereit.

Das Gelände am Rugard bietet noch vieles mehr. Schon mal Sommerrodelbahn gefahren (Inselrodelbahn am Rugard) oder mit einem Buggy oder GoKart? Ein großer toller Holzspielplatz hält auch für die kleinsten Spass bereit. Einen tollen Überblick über die Insel erhalten Sie vom Ernst-Moritz-Arndt-Turm (Rugardturm) mit seiner Glaskuppel.

Kletterwald Rügen – ein Erlebnis für das ganze Jahr

Der Kletterwald Rügen ist der erste Kletterwald auf der Insel Rügen. Er befindet sich in absolut zentraler Lage der Insel, direkt auf dem Rugard, der höchsten Erhebung der Stadt Bergen auf dem Gelände der ehemaligen Slawenstammburg am Rugardturm.

Der tolle Laubwald lässt eine interessante Gestaltung des Kletterwaldes zu. Schon mal 120 Meter Seilbahn gefahren? Wir bieten bis 20 Meter Kletterhöhe. Elemente wie Base-Jump, Snowboard, verschiedene Tarzansprünge, in Kürze auch auf dem BMX und vieles mehr bieten garantiert interessante Abwechslung.

Im Kletterwald kommt es auf Gleichgewicht, Teamgeist, Kondition und psychologische Aspekte an. Hochkonzentriert, voller Spannung und mit sehr viel Spaß kann jeder dabei seine Grenzen neu ausloten.

Parcours (Hindernisbahnen)

Überlegt, mit Plan und viel Köpfchen kann jeder die interessanten Hindernisse bewältigen. Das ist Training pur für Körper und Geist. Ein wenig gesunde Angst gehört dazu. Ausruhen gibt es nicht. Wir haben schon bald weitere Herausforderungen im Wald bereit: Einen weiteren Einweisungsparcours, den Spaßparcours, den Parcours für Menschen mit Handicap und den Teamingparcours.

Hierbei stehen allen Abenteurern und solchen, die es werden wollen, mit dem Kletterwald-Rügen Team selbstverständlich top-erfahrene Kletterhelfer zur Seite.

Unsere tollen Trainer geben jedem ein sicheres Gefühl. Geklettert werden kann ab 5 Jahre bzw. einer Mindestgröße von 1,10 m.

Auf einem Snowboard in luftiger Höhe

Serviceleistungen
- auf Wunsch kostenfreie Begleitung unserer Gäste auf den Parcours
- ggf. auch Shuttel-Service
- Kinderbetreuung ist gesichert
- sehr familienfreundlich
- Kiosk, Picknickplatz
- Überraschung für Geburtstagskinder (ob klein oder groß)
- Feierlichkeiten nach Absprache
- super geeignet für Firmen und Unternehmensausflüge/Schulungen
- Catering warm oder kalt auf Anfrage

Tipp
- feste Schuhe, dem Wetter entsprechende Kleidung

Da braucht man gute Nerven und starke Arme!

Volle Konzentration ist gefordert, damit kein Schritt ins Leere geht.

Sicherheit ist alles: Karabiner und Stahlseile schützen!

kletterwald Rügen

Kletterwald Rügen
Am Rugard, neben der Inselrodelbahn, Eingang Freilichtbühne · 18528 Bergen auf Rügen
Tel. (0 38 38) 30 90 55 · Fax (0 38 38) 3 19 11 36
Mobil (01 76) 62 21 21 70
service@kletterwald-ruegen.de
www.kletterwald-ruegen.de

Bergen – Im Herzen der Insel

Im Herzen der Insel

Komforthotel für Freizeit, Sport und Wellness

Ein idealer Ausgangspunkt für eine herrliche Urlaubszeit ist das Parkhotel Rügen. Zeit für ausgedehnte Spaziergänge, besinnliche Gespräche, wohlige Entspannung und echte Erholung. Das komfortable Hotel liegt im Herzen der Insel Rügen, ideal um die Sehenswürdigkeiten, die Naturschönheiten, Land und Leute kennen zu lernen. Kulturinteressierte Gäste wissen die kurzen Wege zur Naturbühne Ralswiek und dem Theater Putbus zu schätzen.

Beim Bummeln durch die Stadt Bergen auf Rügen begleitet den Spaziergänger roter Backstein und nostalgisches Holperpflaster. Ein liebevoll restauriertes Zentrum mit vielen kleinen Geschäften und Cafés lädt zum Einkaufen und Verweilen ein.

Das Hotel selbst präsentiert sich in einer einladenden, offenen und transparenten Architektur. Diese Art der Gestaltung spiegelt sich auch durch die Lage in der umgebenden kleinen Parklandschaft mit integrierter Teichanlage wieder. Die Sommerterrasse mit Liegewiese und Grillplatz verspricht erholsame Stunden inmitten des Zentrums.

Moderne vier Sterne

Gästen stehen moderne Doppelzimmer in zeitgemäßer 4-Sterne-Qualität zur Verfügung. Im hoteleigenen Restaurant »Orchidee« ist Verwöhnen mit schmackhaften Köstlichkeiten angesagt. Die lauen Sommerabende können auf der Terrasse verbracht werden, wo der Tag Revue passiert und vielleicht schon der nächste Ausflug geplant wird. Besonders beliebt sind die »Störtebeker Festspiele« auf der Naturbühne in Ralswiek. Das gleichnamige Hotelarrangement enthält bereits die Eintrittskarten, den Transfer und viele andere Leistungen.

Unabhängig von den Launen des Wetters, lädt jeden Abend die hauseigene Bar »Störtebeker« ein, den Tag in netter Gesellschaft bei einem guten Tropfen und angepasster Musikunterhaltung ausklingen zu lassen.

Innere und äußere Schönheit

Gäste, die neben der Schönheit Rügens auch die eigene Schönheit und ihr körperliches Wohlbefinden im Blick haben, finden in der hauseigenen Wellness Oase »Aléa« ein ideales Angebot. Die umfangreiche Palette an Beautybehandlungen berücksichtigt die natürlichen Schätze der Insel wie die einzigartige Rügener Heilkreide und Meeresalge. Für wohlige Entspannung sorgen Sauna und Dampfbad, eine Infrarot-Kabine und der moderne Fitnessbereich. Hotelgästen steht dieser Service kostenfrei zur Verfügung. Im Aktivprogramm des Hotels erleben Gäste Entspannung und Bewegung in unterschiedlichen Kursen. Eine qualifizierte Trainerin lädt ein zu Power Yoga, Pilates und Nordic Walking. Wohlfühlen, Faszination und Freude ist die besondere Mischung, die das Parkhotel Rügen seinen vielen guten Geistern, seiner Lebendigkeit und faszinierenden Atmosphäre verdankt.

Wellness für Körper und Sinne erleben.

Parkhotel RÜGEN
...erfrischend natürlich

Parkhotel Rügen
Stralsunder Chaussee 1 · 18528 Bergen auf Rügen
Tel. (0 38 38) 81 50 · Fax (0 38 38) 81 55 00
info@parkhotel-ruegen.de
www.parkhotel-ruegen.de

Komfort und Natur liegen nah beieinander.

Der Klosterhof hinter der Kirche ist ein Muss

Pflaumenfruchtaufstrich und Keramiknonne

Marmelade darf nicht immer Marmelade heißen. Das schreiben komplizierte Verbraucherschutz-Gesetze vor, in denen die Reduzierung von Zucker das Produkt zu Frucht- oder Brotaufstrich macht. »Auch das Wort Konfitüre ist dann nicht mehr erlaubt, wenn Zucker und Frucht oder Saft nicht 1:1 verwendet wird«, kann die Rügener Obstbaumeisterin Karola Zöllmann berichten. Gerne reduziert sie ihre Beigabe auf 300 Gramm Zucker bei ausgewählten Sorten von Brotaufstrichen.

Aufgrund ihrer Anbaufläche von rund zehn Hektar Obst aller Arten ist sie mit zunehmendem Sommer im Vollstress, da das leicht verderbliche Obst schnell als fertiges, echtes Rügenprodukt in Gläsern konserviert werden muss. »Das weiß ja heute kaum noch jemand, dass nach dem Ernten noch einmal mindestens zwei Stunden am Herd angesagt sind und zwar bei dauerhaftem Rühren und dieser Hitze«, versucht die professionelle Marmeladenfrau Verständnis für ihre Arbeit zu wecken. Sie vermarktet fast ausschließlich selbst auf Märkten und hat neuerdings ein Ladengeschäft im Bergener Klosterhof.

Boldevitz ist Obstland

Die Produktion von Obstaufstrichen, Sirup und Likör geschieht außerhalb Bergens, in ihrer Boldevitzer Anlage, wo sie in einem alten, umgebauten mobilen Rundfunk-Sendestudio die entsprechende Küche mit vier Gasherden ganz nach den Erfordernissen der Hygiene eingerichtet hat. »Nicht selten stehe ich bis nachts um vier hier, wenn mal etwas besonders dringend weg muss«, gibt sie kleine Einblicke in die Arbeitsrealität. »Morgens geht es oft schon wieder früh raus.«

Derweil reifen schon im Eck' Gläser mit grünen Walnüssen, aus denen später der schon bekannte Walnusslikör entsteht. Das wiederum rührt aus einigen Tricks bei der Verarbeitung, welche natürlich geheim bleiben. »Meine Devise ist, dass man bei allen Produkten die Frucht und nicht den Zucker schmeckt«, gibt Karola Zöllmann doch ein großes Produktionsgeheimnis preis. Damit die Sonne des Sommers eingeweckt den langen Rügener Winter erträglich macht.

Keramik im Klosterhof verdoppelt

Am anderen Eingang des Klosterhofes steht Kathleen Aust. Sie war mal bekannt von Rundfunk und Fernsehen, bis sie komplett umsattelte. Nun ist ihre Spezialität in einer der Schauwerkstätten die Keramik mit dem sturzgekühlten Brand. Was entstanden ist, lässt sich schwer beschreiben:

Karola Zöllmann ist das Urgestein der Rügener Obstverarbeitung.

Obst gibt es bei Zöllmann auch originell und flüssig.

Heiße Keramik in Spankisten zum Abkühlen, Feuer, Asche, Ruß und die Ritzen als Ornament der Keramik.

»Die Besucher haben immer nach einem rügentypischen Geschenk gefragt. Da wir hier im Klosterhof sind, entstand die Nonne, die als Mitbringsel authentisch ist«, weiß Kathleen Aust von einem weiteren originellen Produkt zu berichten. Nebenan ist eben mit »Unikati« eine weitere Keramikerin eingezogen. Sie macht vor allem Figuren.

Andere Gewerke und Thementage, sowie Floh-, Johanni- oder Weihnachtsmärkte, nicht zu vergessen, das Stadtmuseum vor Ort, machen den Klosterhof immer attraktiv.

www.stadt-bergen-auf-ruegen.de

Originelles Bergen-Präsent: Die Nonnen aus dem Klosterhof

Bergen – Im Herzen der Insel

»Eine Insel mit viel Bergen...

...und prima Busverbindungen dazu!«

Einen Urlaub auf Rügen nur am Strand zu verbringen, das ist fast ein wenig zu schade. Kultur und Natur Rügens sind reich an Sehenswürdigkeiten und Erlebnissen, besonders entlang der Bäderlinie zwischen Königsstuhl und dem Mönchgut. Ein oder mehrere Ausflugsziele sind am Tag bequem und schnell per Bus zu erreichen.

Entlang der Ostküste Rügens fährt die Rügener Personennahverkehrs GmbH (RPNV) zu jeder Jahreszeit im Stundentakt. Und wird es etwas wärmer, sind auch die Busse emsig wie die Bienen unterwegs. Im Mai und Oktober im Halbstunden-Takt und im Sommer sogar im Viertelstunden-Takt.

Tourenplaner wie »...Rügen erleben« und »Rügen naTourlich mit dem Bus« zeigen einige ausgewählte Strecken und Sehenswürdigkeiten auf. Steigen Sie ein und Sie werden sehen, dass es Wunderbares zu Entdecken und Erleben gibt.

Übrigens: Die RADzfatz-Busse bringen Sie und Ihre Fahrräder über die Insel und zu den schönsten Radwandergebieten auf Rügen.

Der RPNV verfügt über fast 430 Haltestellen in einem insgesamt 800 Kilometer langen Liniennetz. Dieses wird bedient von über 40 Bussen mit sage und schreibe vier Millionen Fahrkilometern im Jahr. Viele davon im Stunden-Takt im Winter und alle 15 Minuten im Sommer. Kurz & gut: Rügen ist »eine Insel mit viel Bus«.

RPNV
Eine Insel mit viel Bus

Rügener Personennahverkehrs GmbH
Tilzower Weg 33 · 18528 Bergen
Tel. (0 38 38) 20 29 55
info@rpnv.de · www.rpnv.de

Die richtige Adresse für Menschlichkeit

Soziales Engagement auf allen Ebenen

Der DRK Kreisverband Rügen e. V. ist ein gemeinnütziger Verein und einer der größten Arbeitgeber der Insel. Im öffentlich-gesellschaftlichen Leben nimmt er durch die Besetzung wichtiger Dienstleistungen im Gesundheits- und Sozialbereich eine herausragende Stellung ein. Der Verein betätigt sich in vier Bereichen: Rettungsdienst, Behindertenhilfe, Familie und Senioren sowie ambulante und stationäre Pflege.

Grundlage für den Verein ist die Satzung, die die Verbreitung der Gedanken des humanitären Völkerrechts, die Hilfe für die Opfer von Naturkatastrophen und anderen Notsituationen, die Förderung und Verbesserung des Gesundheits- und Sozialwesens auf der Insel sowie eine engagierte Anwaltschaft für in Not geratene Menschen nennt. In der Verbandsarbeit ist die Not der Hilfsbedürftigen das Maß des ehrenamtlichen und unentgeltlichen Handelns. Deshalb sind die Mitglieder für den DRK Kreisverband Rügen e. V. die wichtigste Grundlage für die Zukunft.

Helfen steht jedem gut

Eines für alle, alle für eines – Das Deutsche Rote Kreuz lebt von den Menschen, die es unterstützen. Auf Rügen wirken rund 250 aktive ehrenamtliche Mitglieder der Ortsvereine in Nachbarschaftshilfe und ambulantem Hospiz, Besuchsdienst, kostenloser Bürgerberatung, Blutspende, Bevölkerungsausbildung, internationaler Hilfe, Jugendrotkreuz und Suchdienst mit. Weit über 3200 Fördermitglieder unterstützen die satzungsgemäße Arbeit durch ihre Mitgliedschaft. Der Sanitätszug im erweiterten Katastrophenschutz des Landkreises ist seit Jahren fester Bestandteil bei Katastrophenfällen, Großschadensereignissen und Veranstaltungsabsicherungen. In der Rügener Wasserwacht trainieren Kinder und Jugendliche für Schwimmwettkämpfe und Freiwasserabsicherungen. Im Erholungsort Glowe stehen Wasserretter zur Sommersaison auf Wasserwacht und leisten ehrenamtlich ihren Wachdienst für Urlauber und Badegäste.

Die Stützpfeiler

Behindertenhilfe
Im Mittelpunkt der Arbeit steht der behinderte Mensch als eigenständige Persönlichkeit. Menschen mit Handicap können hier zur Schule gehen, wohnen und arbeiten. Eine Werkstatt für behinderte Menschen bietet 193 behindertengerechte Arbeitsplätze.

Familie & Senioren
Hierzu gehören Wohnmöglichkeiten, Kinderbetreuung, Begegnungsstätten und Familienangebote. Die fünf Kindertagesstätten arbeiten nach besonderen pädagogischen Ansätzen. Neben einem breiten Angebot für Familien gibt es moderne Servicewohnungen in der Kreisstadt Bergen.

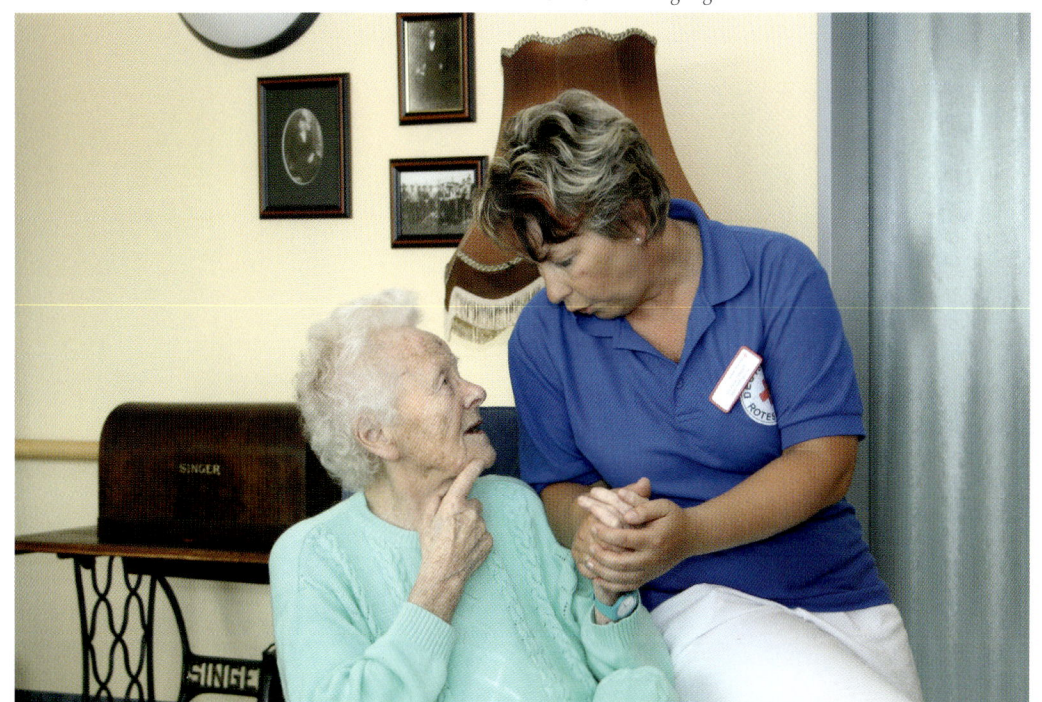

Ein Ehrenamt, das Spaß macht und eine Bestätigung in der Gemeinschaft

Wasserwacht im Einsatz bei der Strandsicherung in Glowe

Seniorenversorgung mit Menschlichkeit und Fachkenntnis

Rettungsdienst
Mit sechs Rettungswachen und zwei Notarztstützpunkten sind im Notfall schnell Fachleute zur Stelle. Modernste Technik ermöglicht eine optimale Versorgung der Patienten. Die Anzahl der irreparablen Folgeschäden nach Notfällen konnte deutlich gesenkt werden.

Pflege
Häusliche Pflege oder Pflegeheim: »Persönlicher geht's nicht«, so das Motto des DRK. Qualität in der Pflege und Betreuung ist gepaart mit Achtung der Würde des hilfsbedürftigen Menschen. Sechs stationäre Pflegeeinrichtungen, vier Sozialstationen und eine Tagesstätte gehören zum Angebot.

DRK Kreisverband Rügen e. V.
Raddasstraße 18
18528 Bergen
Tel. (0 38 38) 8 02 30
www.ruegen.drk.de

Deutsches Rotes Kreuz

Bergen – Im Herzen der Insel

Wenn eine Kirche zu feucht ist

Klimaforschung im Mikrokosmos von St. Marien

Klima bedeutet für uns Regen, Hitze, Kälte oder Schnee. Doch es gibt auch Mikroklimazonen höchster Bedeutung. Wie an den romanischen Wandmalereien der Bergener Marienkirche. Obgleich die Gemälde über 800 Jahre überstanden haben, leiden sie unter dem heutigen Klima. Die Diplomrestauratoren Ulrike Hahn und Andreas Weiß fanden heraus, was der Laie in der frischen Seeluft nicht vermuten würde: »Seit ihrer Wiederentdeckung vor 11 Jahrzehnten sind die Malereien schwer durch Rauchgase geschädigt worden.« Was mit der kircheneigenen Kohleheizung begann, haben Hausbrand und die Braunkohlenfeuerung des Heizkraftwerks Bergen Süd vollendet, das auf der Luvseite der Kirche stand. Obwohl die eigentliche Schadensursache seit der Modernisierung der Heizungen Geschichte ist, haben die Restauratoren heute mit den Spätfolgen zu kämpfen: »Schwefeldioxid aus dem Rauch hat den Kalk in der Malschicht zu Gips verwandelt. Der reagiert auf Klimaschwankungen mit Quell- und Schwindbewegungen, die letztendlich zum Abplatzen der Malereien von der Wand führen«, sagt Andreas Weiß, der den Untergang der einzigartigen und großflächigen Malereien in St. Marien für vermeidbar hält.

Um deren weiteren Verfall zu stoppen, ging Weiß zunächst den Ursachen für die Klimaschwankungen auf den Grund. Dazu hat er 28 Messwertgeber an verschiedenen Punkten der Kirche installiert. Temperatur, Luft- und Materialfeuchte, Schlagregenmengen und das Öffnen der Türen sind über einen Jahreszyklus akribisch erfasst worden.

Datenfülle ausgewertet

Inzwischen ist die Datenfülle ausgewertet. Weiß ist positiv überrascht: »Die Kirche hat durch ihre enorme Baumasse an sich ein relativ stabiles Klima.« Dazu tragen auch die relativ kleinen Fenster bei, die endlich mit Spenden repariert werden konnten. »In einem gotischen Bau wäre das wegen der im Verhältnis zum Raumvolumen geringeren Baumasse anders«, sagt der Restaurator. Trotzdem hat er in der Bergener Marienkirche einige Schwachstellen aufgedeckt: So hat jede Öffnung der Westtür deutliche Spuren in den Klimadiagrammen hinterlassen. Die werden in der Zukunft mit einer Klimaschleuse vermieden, die aufgrund des Ergebnisses des Klimamonitorings gerade am Westeingang der Kirche installiert wird. »Eine nachhaltige Investition in die Zukunft des Kunstdenkmals«, befindet der Restaurator. Auch die Sonneneinstrahlung durch die Südfenster, verantwortlich für die besonders offensichtlichen Schäden an der Bemalung der Chornordwand, gehört zu den lösbaren Problemen. Hier kann eine automatische Jalousie Abhilfe schaffen. Schwieriger, so Weiß, sei beispielsweise eine vollständig durch Schlagregen und Tauwasser durchnässte Westwand. »Die mittelalterlichen Ziegel können sehr viel mehr Wasser aufnehmen, als zwischen den Regenereignissen nach außen abtrocknen kann. Die Mauern geben deshalb die Feuchtigkeit nach innen in die Raumluft ab.« Um dem zu begegnen, müßte man den Regen von der Backsteinfassade

Vogelblick auf die St. Marienkirche zu Bergen – älteste oder zweitälteste Kirche der Insel

Die Gesamtansicht des Schiffes zeigt die Bedeutung der selten noch so umfangreichen Wandmalerei

Bergen – Im Herzen der Insel

Blick auf die umfangreichen und seltenen romanischen Wandmalerien

fernhalten. Bis ins 19. Jahrhundert wurden deshalb die Kirchen verputzt – wie in Dänemark noch heute üblich. Eine umstrittene Alternative wäre eine Fassadenbegrünung. Deren Auswirkungen auf ein »abgesoffenes« Mauerwerk untersucht Weiß derzeit 25 Autominuten weiter südlich, an der Marienkirche in Poseritz. Er ist sich sicher: »Die dort im Rahmen eines Forschungsprojektes der Deutschen Bundesstiftung Umwelt erarbeiteten Lösungen haben Modellcharkter, auch für die Marienkirche in Bergen.«

Ein letztes, allerdings weniger gravierendes Klimaproblem muß aber in Bergen selbst gelöst werden: Auch die sehr viel modernere heutige Bankheizung hat ihre Spuren in den Klimadiagrammen hinterlassen. »Durch Optimierung der Steuerung und der Wärmeverteilung kann man nicht nur Schwitzwasser an den Malereien vermeiden, sondern auch den Komfort für die Besucher verbessern und die Heizkosten für die Kirchengemeinde senken«, so der Restaurator. Er verweist auf entsprechende Pilotprojekte im 5. Forschungsrahmenprogramm der Europäischen Union.

Hintergrund

Die Marienkirche in Bergen wurde nach dem Fall der slavischen Tempelburg Arkona um 1170 nach dem Vorbild der bedeutenden dänischen Klosterkirchen Sorø, Ringsted und Roskilde als Palastkirche des Rügenfürsten Jaromar I. begonnen. Sie ist heute der älteste erhaltene Backsteinbau in Mecklenburg-Vorpommern. Mit dem vor 1193 entstandenen spätromanischen Wandmalereizyklus wurde die Kirche im Jahre 2004 als Kulturdenkmal von nationaler Bedeutung eingestuft.

Die Erforschung von Raumklimawirkungen auf Kulturgüter ist eine relativ junge Disziplin. Der Rügener Diplomrestaurator Andreas Weiß ist hierbei kein Unbekannter. Er vertritt Mecklenburg-Vorpommern in einem Netzwerk für Klima in Kirchen im Ostseeraum und sitzt als Experte in nationalen und europäischen Normierungsgremien.

Restaurator Andreas Weiß an der durchnässten Außenfassade der Kirche

Weiß sammelt an 23 Messpunkten Daten

Bergen – Im Herzen der Insel

Kompetenter Buchungspartner für die ganze Insel

Die Tourismuszentrale Rügen bietet Service und Information rund um den Rügen-Urlaub

Imposante Kreidefelsen, mondäne Seebäder, kilometerlange Sandstrände, idyllisches Landleben und maritimes Flair – als Deutschlands größte Insel hat Rügen eine wahre Fülle unterschiedlichster Facetten. Hinzu kommen gemütliche oder luxuriöse Unterkünfte für jedes Bedürfnis und ein erfrischendes, abwechslungsreiches Kultur- und Freizeitprogramm.

Wer unter den vielfältigen Angeboten das Beste für sich und seine individuellen Wünsche sucht, ist bei der Tourismuszentrale Rügen an der richtigen Adresse. Hotelzimmer, Ferienwohnungen, Appartements auf der ganzen Insel – vom Kap Arkona bis zum Mönchgut – sind über die Urlaubshotline der Tourismuszentrale Rügen buchbar. Die freundlichen Mitarbeiter beraten Interessierte kompetent und individuell. Auch online können Gäste ihr Wunschquartier reservieren. In wenigen einfachen Schritten suchen, finden und buchen Rügenurlauber im Internet die Unterkunft, die ihren individuellen Bedürfnissen entspricht. Zum Service im Internet gehört zudem ein umfangreicher Veranstaltungskalender, der zeigt, was wann wo auf der Insel los ist. Sowohl über die Urlaubshotline als auch über die Homepage der Tourismuszentrale Rügen erhalten Gäste außerdem allgemeine Auskünfte über die Insel, sowie themenspezifische Informationen und Prospekte, die Rügen, seine Gastgeber, Angebote und Urlaubsthemen vorstellen.

Rügens Wahrzeichen: der Königsstuhl an der Kreideküste der Halbinsel Jasmund

Bäderarchitektur – typisch für Rügens Ostseebäder

Seebrücke im Ostseebad Sellin

Leuchttürme am Kap Arkona

Tourismuszentrale Rügen GmbH
Bahnhofstraße 15 · 18528 Bergen auf Rügen
Tel. (0 38 38) 80 77 80 · Fax (0 38 38) 25 44 40
info@ruegen.de · www.ruegen.de

ars publica Marketing – oder einfach: »ap«

Nicht nur in Urlaubsfragen das Tüpfelchen auf dem »i«

Wer brät den frischesten Fisch? Wann findet die nächste Dichterlesung statt? Sind Kinder willkommen? – oder: Wo gibt es die besten Karten für Klaus Störtebeker? Die Antwort auf diese und weitere Fragen finden Sie in den Titeln von ap marketing – egal ob im Urlaubermagazin »à la carte«, dem Gutscheinbuch KINDER[S]PASS oder im REISEGEBLEITER. ap Marketing entführt Sie in die gut recherchierte und perfekte Urlaubswelt. Das war alles? Nein. Von der Visitenkarte über Flyer und Kataloge bis hin zur Busbeschriftung entwickelt ap Ideen und Lösungen für eine zielgruppengerechte Werbung fernab vom Standard. Anzeigengestaltung und kostenloser Schaltservice – auf Wunsch mit Streuplan, Kundenmagazine, Newsletter, Bannerwerbung, Internet ... Kreativität und Qualität zeichnen alle Arbeiten aus. Dadurch überzeugt ap Marketing nicht nur Sie, den geschätzten Leser, sondern auch die Auftraggeber und solche, die es werden wollen.

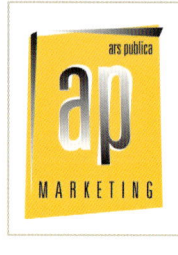

ars publica Marketing GmbH
Markt 10
18528 Bergen auf Rügen
Tel. (0 38 38) 80 99 70
Fax (0 38 38) 80 99 77
info@apmarketing.de
www.apmarketing.de

Bergen – Im Herzen der Insel

Alles unter einem Dach!

Vernetzte Kompetenz für Wohnen und Versichern

Beim »Maklerhaus Rubusch & Gögge« und »GÖRU-Immobilien« betreut Sie ein gut eingearbeitetes Team mit einem perfekten Rundum-Service zur Wertschaffung und Wertsicherung. Durch regelmäßige Weiterbildungen sind alle Mitarbeiter kompetente Ansprechpartner in den Bereichen Versicherungen und Immobilien. Auch die Lehrlingsausbildung gehört zum Tätigkeitsbereich. »Wir verstehen uns als bodenständigen Firmenverbund, der ausschließlich mit einheimischem Personal seine Kunden seriös beraten möchte«, stellt Mitinhaber Bernd Gögge die Leitlinie des Unternehmens dar. Firmeninhaber Burkhard Rubusch und Bernd Gögge sind seit 1990 auf dem Versicherungsmarkt und seit 1996 auf dem Immobilienmarkt tätig. Versicherungsleistungen stehen oft in enger Beziehung zu Immobilien und zu anderem Eigentum, sodass der Zusammenschluss eine logische Folge zur Kompetenzerweiterung im Sinne des Kunden war.

Versicherungsbereich

Ein Team hochmotivierter und gut ausgebildeter Spezialisten hat sich zum Ziel gesetzt, dauerhaft zufriedene Kunden zu beraten. Mit verbraucherfreundlichen Konzepten zur Zukunftssicherung spart der Kunde Kosten durch Vergleiche und bekommt eine fachliche Beratung zum Vermögensaufbau. Die Vorteile liegen auf der Hand: Sicherung der Grundlagen der Erwerbstätigkeit, Helfen beim Schließen der Versorgungslücken und Absichern einer dauerhaft hohen Lebensqualität.
Die Betreuung im Bereich Versicherungen beläuft sich neben dem Service in der Beratung als Versicherungsmakler auch in der Schadensregulierung,

Eigentumswohnungen

Grundstücke und Ferienimmobilien

Ein- und Mehrfamilienhäuser

der Vertragsverwaltung und in aktuellen Informationen zum Versicherungsmarkt. Der Versicherungsmakler ist Interessenvertreter seiner Kunden. Mehr als 70 renommierte Versicherungen des deutschen und europäischen Versicherungsmarktes stehen zur Auswahl.
Weitere Filialen gibt es neben Bergen in Rostock und Warnemünde. Das zehnjährige Firmenjubiläum wird am 1. Dezember 2008 gefeiert.

Immobilienbereich

GÖRU-Immobilien ist ein Unternehmen, dass sich individuell an den Wünschen der Kunden orientiert. Dazu gehört Beratung von Anfang an. Sowohl für Anbieter als auch für Kaufinteressenten wird Wert auf optimale Auswahl oder Vermarktung der Immobilien gelegt. Die seit 1999 bestehende Firma versteht sich als klassischer Immobilien-Vermittler. Im Auftrag der Eigentümer werden exklusive Wohnhäuser, Gewerbeobjekte, Ein- und Mehrfamilienhäuser, Eigentumswohnungen, Grundstücke und Ferienimmobilien auf der Insel zum Kauf angeboten sowie Anlageobjekte und Mietwohnungen vermittelt, die stets in einer aktuellen Liste im Internet zu finden sind. Zum selbstverständlichen Service gehört auch eine verantwortungsbewusste Sicherung des Eigentums, sowie renditeorientierte Vermarktung der Immobilien.
Seit 2002 ist das Unternehmen Mitglied des Immobilienverband Deutschland (IVD) und zählt zu den führenden Immobilien-Firmen der Insel. Dafür gab es bereits einige Auszeichnungen, unter anderem im Jahre 2008 das Qualitäts-Zertifikat des IVD sowie in 2007 und 2008 die Bellevue Urkunde »Best Property Agents & Developers«.

Das Firmengebäude und das Team: (v. l. n. r.): Ronny Kaether, Burkhard Rubusch, Katrin Stubbe, Thomas Meyer, Stefanie Rubusch, Bernd Gögge, Dietmar Schultz, Katja Östereich, Marion Obalicha

Rubusch & Gögge
Maklerhaus für Versicherungen und Finanzdienstleistungen
Markt 2 · 18528 Bergen
Tel. (0 38 38) 25 73 32 · Fax (0 38 38) 25 73 34
info@ruegen-versicherungen.com
www.ruegen-versicherungen.com

GÖRU-Immobilien GbR · Markt 2 · 18528 Bergen
Tel. (0 38 38) 25 70 36 · Fax (0 38 38) 25 70 37
info@ruegen-immobilien.com · www.ruegen-immobilien.com

Bergen – Im Herzen der Insel

Urlaub unter der Kastanie

Verkehrsgünstige Ferienanlage in Sehlen

Die zentrale Lage und Erreichbarkeit vieler touristischer Attraktionen per Fahrrad, Bike oder PKW ist einer der vielen Pluspunkte der familiär geführten Ferienanlage »Hotel zur Kastanie« in Sehlen. Im Frühjahr die herrlichen Rapsfelder, der in kurzer Zeit erreichbare Ostseestrand und die waldreiche Umgebung laden zum Beispiel zum Wandern, Radfahren oder Nordic Walking ein.

Der Golfplatz ist fünf Kilometer entfernt. Segeltörns oder Kutschfahrten können organisiert werden. Verarbeitung regionaler Produkte zeichnen den Gastronomie-Bereich durch Ehrungen und Auszeichnungen aus. Die Chefin ist für ihre Kochideen bekannt. Die Gäste fühlen sich wohl, was die Eintragungen im Gästebuch unterstreichen. Möchten Sie den Sonnenuntergang im Biergarten genießen?

Leckereien im Hotel Zur Kastanie

Die ruhig gelegene Ferienanlage verfügt über 15 Zimmer, davon 6 Ferienwohnungen, alle sind bis 4 Personen aufbettbar. Parkplätze, Caravanstellplätze oder Leihfahrräder stehen zur Verfügung. Eine Kurtaxe fällt nicht an. Haustiere sind willkommen. Die Ferienanlage verfügt über einen Saunabereich sowie Massage- und Kosmetikservice.

Interessiert? Dann besuchen Sie uns.

Herzlich Willkommen!

Der gemütliche Biergarten

FERIENANLAGE Zur Kastanie
Hotel Zur Kastanie
Dorfstraße 24 · 18528 Sehlen
Tel. (0 38 38) 20 93 25 Fax (0 38 38) 20 93 27
info@kastanienhof-ruegen.de
www.ferienanlage-auf-ruegen.de

Golfen und Tauchsport in einem?

Oder: Ostern findet für Taucher auf dem Golfplatz statt

2000–3000 Golfbälle müssten es sein, damit die Kosten für die Aktion Golfballtauchen wieder rauskommen, meint Gerd Kuhl vom Golfplatz Karnitz auf Rügen. Die Anzahl der auf seinem 27-Loch-Golfplatz in fünf Teichen versenkten Bälle jedoch schätzt er auf nahezu 5000. »Vor allem Anfänger scheinen die Teiche magisch anzuziehen.« Ein bis zwei Flugbahnen zum nächsten »Green« führen meist darüber.

Kuhl hatte also die Idee, die Golfbälle im Wert von 50 Cent bis fünf Euro publikumsträchtig wieder ins Spiel einzuführen. Irgendwie passend an Ostern. Und so ging Bautaucher Roman Jurk mit Bruder Ronny an einem Ostersamstag auf Tour. Einige hundert Bälle fanden sie tatsächlich auf den dicht bewachsenen Teichgründen.

Und wer es nicht glaubt: Während die Zuschauer im kalten Nebel froren oder ungeniert ihr Spiel machten, schwitzte der Mann am Grund des Teiches. Das zumindest sagte er über die kombinierte Luft- und Telefonleitung seinem Bruder an Land. Und kam wieder, sein Säckchen zu leeren, als ob Weihnachten sei.

Roman Jurk bildet mit seinem Bruder Ronny ein festes Team. Seit sie 17 sind und von der Gesellschaft für Sport und Technik (GST) zur Marine mussten. Sie gehören zu denen, die auch noch einen zweiten Fahneneid ableisteten, auf die Bundeswehr. Dort machten sie weiter. Heute sind sie nun Bautaucher. Selbstständig und mit Firmensitz in Binz.

Ein Bautaucher holt die zahllosen teuren Golfbälle aus den fünf Golfplatzteichen in Karnitz.

Das Märchenschloss der Insel Rügen

In traumhaft schöner Lage, direkt am Großen Jasmunder Bodden, erstreckt sich das romantische und – als Seehandelsplatz historische – Ralswiek. Umsäumt von Steilufern und Wäldern verspricht es einen eindrucksvollen Urlaub. Das Schloss befindet sich oberhalb der Naturbühne, auf der jährlich die Störtebeker Festspiele aufgeführt werden, umgeben vom Schlosspark, einem dendrologischen Kleinod. 1893 im Stil der Neorenaissance erbaut, und mit der Handschrift des belgischen Architekten Henry van de Velde versehen, erwartet das komplett restaurierte Schloss seine Gäste. Kunstvoll spiegelt jede Räumlichkeit im Schloss die Geschichte und Kultur seines Standortes wider, reflektiert Wohlbefinden und Entspannung. Neben den individuell und mit allem Komfort ausgestatteten Zimmern und Suiten bilden der Wellnessbereich, Schwimmbad und Sauna eine ideale Ergänzung für Erholungssuchende. Die Nutzung ist für alle Gäste inklusive. Das Schloss verfügt über 65 Zimmer beziehungsweise Suiten, das Schlossrestaurant und die Grafenschenke, eine Bibliothek, Salon, Saal, Außenterrasse, Wellness- und Beautybereich und vieles mehr.

Traumhochzeit

Seit Jahren ist das Schlosshotel Ralswiek eine Außenstelle des Standesamtes Bergen auf Rügen. Hier bietet sich die Chance, eine wunderbare Traumhochzeit mit allem Drum und Dran zu erleben. Schöner kann man den aufregendsten Tag des Lebens kaum zelebrieren. Die charmanten Schlossgeister beraten und begleiten gerne alle Trauwilligen. Viele Paare bleiben nach der Trauung gleich vor Ort und lassen sich während der Flitterwochen im Schlosshotel nach allen Regeln der Kunst verwöhnen.
Die Schlossküche und die hauseigene Schlosskonditorei haben sich auf »Speisen wie zur Grafenzeit« eingestellt. Unter diesem Motto lassen sich die Gäste verwöhnen, die kulinarisch auf den Spuren ihrer Vorfahren und des damaligen Adels wandeln möchten. Ein speziell zugeschnittenes Vier-Gänge-Menü verwöhnt den Gaumen. Ab sechs Personen gibt es eine Schlossführung gratis dazu. Vielleicht begegnet man dabei sogar dem Schlossgeist »Hugo«.

Herrlicher Bilck vom Balkon

Das romantische Trauzimmer

Schlosshotel Ralswiek
Parkstraße 35
18528 Ralswiek/Rügen
Tel. (0 38 38) 2 03 20
Fax (0 38 38) 2 03 22 22
info@schlosshotel-ralswiek.de
www.schlosshotel-ralswiek.de
www.raulff-hotels.de

Der Berater-Makler

Bernd Pohl Immobilien e. K. – Spezialist rund um alle Häuser-Fragen

Das Maklerbüro mit umfassender Beratung und 16 Jahren Berufserfahrung beschäftigt sich hauptsächlich mit dem Vertrieb von Baugrundstücken, Ferienimmobilien, Gewerbeimmobilien und Massivhäusern von Rügen bis Usedom.
Auf den Internetseiten gibt es circa 200 Immobilienangebote. Wir vermitteln nicht nur Immobilien, wir stehen Ihnen auch als loyaler Partner zur Seite zur Klärung aller Fragen, die beim Verkauf oder Kauf einer Immobilie anfallen. Dazu gehören unter anderem Fragen zur Finanzierung, der Wirtschaftlichkeit der Objekte und vieles mehr.

Seit Anfang 2006 haben wir uns mit vier weiteren Experten speziell für den Verkauf beziehungsweise Kauf von Tourismusimmobilien zum »Immobilien-Kontor-Rügen« zusammengeschlossen. Hier gibt es eine umfassende Beratung zu den Punkten Finanzierung, Marketing und Konzepte, steuerliche Aspekte, Wertermittlungen und Immobilien.
Des weiteren ist das Maklerbüro als Dienstleister für den Landkreis Rügen in Sachen Investguide Mecklenburg-Vorpommern tätig. Die Internetseite www.investguide-mv.com ist eine Internetplattform vor allem für Investoren, Kommunen, Ämter und Gemeinden.
Das Immobilienbüro Bernd Pohl war sogar Partner in der zweiten Staffel von »Mein Traumhaus am Meer« des Fernsehsenders VOX. Aktuell verfügbare Traumdomizile und Traumgrundstücke gibt es auf der Firmen-Internetseite.

Dies kleine, weiße Wohnhaus in Wiek wurde erst vor kurzem gebaut.

Höchst attraktives Wohn- und Geschäftshaus in Bergen

So eine Wohn- und Geschäftshausanlage wie diese in Binz ist eine lukrative Kapitalanlage für Insel-Freunde.

Naturnah wohnen gehört zu den häufigsten Wünschen, die das Maklerbüro erfüllt.

Dies wunderschöne Einfamilienhaus steht in Vieregge.

Bernd Pohl Immobilien e. K.
Bahnhofstraße 24 · 18528 Bergen auf Rügen
Tel. (0 38 38) 25 74 25 · Fax (0 38 38) 25 41 74
Mobil (01 71) 5 33 80 08
info@bernd-pohl-immobilien.de
www.bernd-pohl-immobilien.de

Bergen – Im Herzen der Insel

Störtebeker – ein Pirat macht den Sommer

Sie kämpfen wieder. Immer ab Ende Juni.

Störtebeker, das sind sensationelle Effekte und ein Feuerwerk als Höhepunkt...

...toller Klamauk

... ein Bänkelsänger mit stetig neuem Störti-Song

Seit 1993 kämpft er nun schon wieder in der Fassung von Ruth und Peter Hick am Großen Jasmunder Bodden. Und auch dieses Jahr wird er es wieder tun – in der neuen Episode »Der Seewolf«. Vorab öffnen sich für uns die Türen zur wohl schönsten Naturbühne. Und, das muss auch gesagt werden, als Ruth und Peter Hick damit anfingen, gab es nicht wenige, die ihnen keinen Pfifferling an Erfolg zutrauten. Zumal sie alles alleine finanzierten. »Ohne Subventionen«, betont der ehemalige ausgezeichnete Stuntman, Peter Hick, noch heute gerne und mit Stolz.

Der Schauspieler Sascha Gluth, welcher im Jahr 2007 als Klaus Störtebeker Abend für Abend Hochzeit feierte, traute sich auch privat und heiratete nach der Spielzeit 2007 seine langjährige Kollegin. Norbert Braun, als Störtebeker gegangen, ist als dessen Widersacher seit 2007 auch wieder dabei – auf der Ralswieker Freilichtbühne unterhalb des Jugendstilschlosses Ralswiek.

Wieviel Holz, Schrauben und Binder nun schlussendlich seit dem letzten Herbst verbaut wurden, konnte uns keiner so genau sagen. Eins allerdings steht fest: Es sind alles Rügener Bäume, die hier verbaut werden. Im Nachbarort Jarnitz befindet sich ein eigenes Sägewerk, in welchem fast ausschließlich Bäume der Insel verarbeitet werden.

Er kommt wieder – alle Jahre.

Dennoch ist es ein Festspiel, welches von Rüganern für die Welt gemacht wird. Die Welt? Na ja, vielleicht nicht für die ganze, denn von den aktuell 65 352 verkauften Karten und den 55 918 Reservierungen bleiben 95 Prozent in Deutschland, dafür verteilen sich die restlichen fünf Prozent wirklich auf die ganze Welt, wie etwa China, USA und Skandinavien.

»Wenn es dieses Jahr nicht so sehr feucht wird wie im letzten Jahr und es in der Hochsaison wieder sieben- bis achttausend Tagesbesucher gibt, dann sollten die 360 000 Besucher dicke zu schaffen sein«, – so die Aussage von Peter Hick.

Dem Festival sei es gegönnt. Denn es ist ja nicht nur Theater, sondern eines der Rügener Zugpferde schlechthin. Jedem kann nur empfohlen werden, sich dieses Freiluftspektakel wenigstens einmal anzusehen. Übrigens ohne Regenschirm. Die sind verboten. Dafür gibt es Ponchos, die mitzunehmen sich ebenso lohnt, wie einen Pullover für die abendlichen Winde.

Was wird anders sein im Jahre 2008?

Ob vorrangig oder nicht, es gibt ein zweites Bier, nämlich das Bier, das laut Werbeslogan »...das einzig Wahre...« sein soll. Es hat eigens den Piraten auf sein Label genommen, um dann Störtebeker als Kunden wieder zu verlieren. Nun ist die Brauerei mit dem Freibeuterbier, welche die Festspiele in den Anfangsjahren schon einmal sponserte und dann dieses Engagement aufgab, wieder dabei.

Da mit dem neuen Medienpartner NDR aller guten Dinge drei sind, hier die letzten aktuellen

...tolle Pferde und Reiter

News: Es wurde für über 100 000 Euro eine neue Kogge beim hiesigen Bootsbauer fertiggestellt. Sie trägt – wie das diesjährige Stück – den Namen »Seewolf« und ist mit allen technischen Finessen ausgestattet. Auch wenn das jetzt die Piratenromantik mindert: Sie hat einen 90 PS Motor, besteht größtenteils aus Fiberglas und ist der ganze Stolz der Bühnenbauer.

Nicht nur mit dem schlechten Wetter hatte die Crew im letzten Jahr zu kämpfen. Auch mit einem Brand, welcher die Gaststätte, die Umkleideräume für die Statisten und einen Großteil der Kostüme vernichtete. Und dann soff nach einem Windstoß noch die Kogge ab. Ein Traktor schleppte sie letztlich am langen Tampen rein.

An fast identischer Stelle entstand ein neues Restaurant wie eine Hall of Fame. Die neuen Umkleidekabinen, Sanitärräumlichkeiten sowie die Schneiderei lassen bei den fast 120 Mitwirkenden, 25 Schauspielern und unzähligen Händen im Hintergrund fast keinen Wunsch offen und bieten »... eine 400-prozentige Qualitätsverbesserung für ihre Arbeit«, sagt Peter Hick.

Zu guter Letzt – was wird so bleiben?

Ein schon langer Bekannter bleibt uns auch in dieser Saison als Balladensänger erhalten. Wiederholungstäter werden wissen, wer gemeint ist: Wolfgang Lippert. Lippi, vom Boulevard geliebt und ein Urgestein der Unterhaltung. Auch sein Wohnsitz ist mittlerweile auf die größte Insel Deutschlands verlegt und – wie praktisch – die Gattin betreibt gleich in Ralswiek eine Kneipe. Neben ihm die nicht weniger Bekannte Ingrid van Bergen, welche immer wieder gerne ihre Heimat in Schleswig-Holstein im Sommer gegen Rügen eintauscht.

... und Romantik mit großer oder tragischer Liebe

Die wichtige Frage wie immer zum Schluss: Wird er dieses Jahr seinen Kopf verlieren? Nein – den darf Klaus Störtebeker noch bis 2012 auf seinen Schultern tragen, denn dann ist diese Reihe erst wieder zu Ende. Und der rollende Kopf wird ja nicht der einzige Grund sein, warum sich bisher 4 048 471 Besucher die Schlachten des Störti am Fuße des Schlosses Ralswiek angeschaut haben.

...tolle Gefechte vor aufregender Seekulisse

Ostseebad Binz – VIEL MEER FLAIR

Seebrücken haben noch Potenzial

Auf Rügen bleiben sie meist unter ihren Möglichkeiten

Usedom macht es Rügen vor: Neben den »unbebauten« Seebrücken in Bansin und Zinnowitz ziehen dort vor allem die älteste Seebrücke Deutschlands in Ahlbeck (29. Mai 1898) und die längste Seebrücke Kontinentaleuropas in Heringsdorf (458 Meter) ganzjährig Tausende Touristen an. Auf Rügen schafft das nur Sellin.

Ein strenger Winter zerstörte in Ahlbeck 1941/42, wie überall, einen Teil der damals 170 Meter langen Seebrücke durch Eisgang und Sturmflut. Das Brückengebäude ist zum größten Teil denkmalgeschützt, bewirtschaftet und im Original erhalten. 1993–1994 wurde die Seebrücke auf 280 m verlängert.

Seebrücke Sellin

Die Selliner Seebrücke ist mit ihren heutigen Türmen, Kuppeln und den Restaurants ebenfalls der ersten und mehrfach zerstörten Seebrücke nachempfunden. Nur die große Kurmuschel fehlt. Allerdings ist die Treppenkonstruktion so steil, dass bei Regen und Schnee Vorsicht geboten ist. Der Strandfotograf Hans Knospe hatte mehrfach bei wenigstens zwei Bundespräsidenten interveniert, um sie für den Wiederaufbau der Seebrücke zu gewinnen. Anders als in anderen Badeorten, ließ es die Gemeinde darauf nicht beruhen und verlängerte ihr Prachtstück mit dem Neubau. Denn die Strömungsverhältnisse um die noch 1988 aufgeschütteten Steine hatten Strand und Anleger in Sachen Strömung völlig in´s Ungleichgewicht gebracht.

Anfang des 20. Jahrhunderts waren die Urlaubsgäste mit Segel- und Reusenbooten von den großen Dampfern abgeholt und an Land gebracht worden. »Ausbooten« wurde das treffend genannt. Das war mitunter gefährlich. So kamen 1900 bei einem Bootsunglück mehrere Menschen ums Leben. Die Selliner Gemeinde baute 1906 eine 508 Meter lange Seebrücke, um das Anlanden zu erleichtern. Eine steile Treppe mit 99 Stufen führte die Feriengäste »in den Himmel«.

Im Laufe der Zeit fügten Stürme und Eis dieser Seebrücke immer wieder starke Schäden zu. 1924 und 1942 wurde sie wie auf Usedom bis auf den Brückenkopf völlig zerstört. Nach dem Krieg wiederaufgebaut konnte dort getanzt werden.
Leider musste die Brücke 1979 aus Sicherheitsgründen abgerissen werden. Sie war total verrottet, weil niemand sich darum gekümmert hatte – die Machthaber hatten alles am Wasser mit Argwohn betrachtet.

Varianten aus verschiedenen Zeiten der Seebrücke Sellin. Erkennbar an der späteren Musikmuschel

Nach historischem Vorbild und Knospes Fotos wieder aufgebaut, wurde 1998 die Selliner Seebrücke feierlich der Gemeinde übergeben. Seitdem ragt sie mit einer Länge von 400 Metern ins Meer und wirft nur mit der Bewirtschaftung ab und an Probleme auf.

Seebrücke Binz

Die erste Seebrücke Rügens erhielt Binz 1902. Sie war aus Holz und stolze 560 Meter lang. Schon zwei Jahre später zerstörte eine gewaltige Sturmflut diese Brücke. Die Binzer bauten sie 1905 wieder auf und gaben ihr 1910 den Namen »Prinz-Heinrich-Brücke«.

Beim Anlegemanöver eines Dampfers 1912 brach ein Balken und 50 Menschen wurden in´s Wasser gerissen. Bei diesem Unglück kamen 14 Menschen um. Gründungsereignis der DLRG übrigens, die ein halbes Jahr später entstand.
Auch hier zerstörte der strenge Winter 1942/43 die angeschlagene Brücke völlig.

Seit 1994 besitzt das Ostseebad Binz wieder eine Seebrücke. Der

Ostseebad Binz – VIEL MEER FLAIR

Versuch, sie in Zusammenarbeit mit einer rügener Reederei zu bebauen, scheiterte allerdings. Fahrgastschiffe laufen die 370 Meter lange Brücke an und fahren Gäste zu anderen Seebrücken oder zur Steilküste.

Seebrücke Göhren

270 Meter lang ist die Seebrücke von Göhren. Sie wurde 1991 wiedererrichtet und erhielt ein kleines Brückenhaus in Teehausform nach historischem Vorbild. Gleich dahinter residiert die DLRG. Auch hier ist die Brücke Ausgangspunkt für die Schiffsfahrten zur Kreideküste und nach Usedom. Teilweise auch nach Peenemünde.

Mole Sassnitz

Bei einem Spaziergang auf der längsten Außenmole Europas entdecken Sie den malerisch angelegten Stadthafen. Die fast 1,5 Kilometer lange Mole wurde von 1889 bis 1912 erbaut. Schon damals beklagten Fischer und Einheimische die verschwundenen Steine. Das Steinzangen wurde damals an der Küste verboten, dies sollte dem Küstenschutz dienen.
Von hier starten alle Kutter zu Angel- und Kreidefelsentouren.

Die Sassnitzer Seebrücke gilt als Investruine und kostet nur Unterhalt. Auch die in Dranske verrottet. Am Kap-Arkona und am Königsstuhl herrscht heute Denkverbot über Seebrücken.

Wie alles begann

Im 19./20. Jahrhundert mussten die Passagiere noch ausbooten, bis die Wiederentdeckung der weit hinausreichenden Seestege ab 1885 (Wollin) und 1891 (Heringsdorf) die Schiffe der damals den Küstenverkehr dominierenden Reederei Braeunlich aus Stettin aufnahmen. Auch in Göhren auf Rügen erinnerte man sich an die Reste der Schwedenbrücke von 1813 am Südstrand, die 1894 nach Rekonstruktion mit 1002 Metern Länge wieder genutzt wurde. Am 2. August 1906 war auch die 500 Meter lange Seebrücke von Sellin fertiggestellt.

Für Seebrückentouren sind die Informationen heutzutage nicht ganz leicht zu beschaffen, möchte man beispielsweise die beiden parallel arbeitenden Seebrücken-Reedereien Adler und Ostsee-Tour zum Anschluss auf Rügen oder nach Usedom nutzen. Als guter Ansatz gilt jedoch die Internetadresse der Rügen-Schifffahrt

www.ruegen-schifffahrt.de

Südstrand Göhren wie zu Gräfin Adelinas Zeiten

Strand von Baabe

Seebrücke Binz

Ostseebad Binz – VIEL MEER FLAIR

Kolonialwaren wie zu Omas Zeiten

Das Kolonial-Stübchen in der Zeppelinstraße

Feinste Tee- und Kaffeesorten, Schokoladen und viele schöne Dinge, die das Herz erfreuen, sind die Zutaten für einen sympathischen Warenmix. Wer die Zeiten der Kolonialwarenläden noch miterlebt hat, erinnert sich an das bunte Sortiment, das die Kinderherzen ließ höher Schlagen.

Kerstin und Lutz Sievers haben sich mit ihrem hübschen Ladengeschäft selbstständig gemacht. Schwerpunkte sind Kaffee und Tee mit mehr als 200 Sorten. Dazu gibt es handgemachtes Gebäck, Pralinen, Schokolade und viele Leckereien zum selber Essen und Verschenken. Das gemütliche Wohnzimmer bietet ab 10 Uhr auch ein kleines Frühstück an, für Spätaufsteher sogar bis 14 Uhr. Serviert werden internationale Köstlichkeiten.
Der Teegenuss ist aber zu allen Tageszeiten ein Ritual mit besonderer Sorgfalt. Für das Aufbrühen wird extra gefiltertes Wasser genommen, um das Aroma der Sorten zu unterstreichen. Teeproben finden auf Wunsch ab vier Personen statt. Die Kunden werden mit einem fachkundigen und atmosphärischen Programm in die Welt der Vielfalt des Tees entführt. Schließlich ist der Tee die große Leidenschaft der Betreiber. Einige Sorten sind extra für das Kolonial-Stübchen kreiert worden: Pommernliebe, Binzer Kolonialmischung, Rügenzauber, Bernsteintee, Granitz-Brise und Fischers Liebling. Nebenbei bietet

Die Regale voller Teesorten, Kisten aus Übersee und geheimnisvoller Duft strömt aus den Säcken und Schatzkisten.

Nur ein paar Stufen sind es noch bis zum Eintritt in die Vergangenheit

der Laden auch Stöberecken mit schönen und spannenden Geschenkideen, und sogar das Mobiliar aus aller Welt kann erworben werden. Weltenbummler lassen sich gerne in der Whisk(e)y-Ecke beraten.

Kolonialstübchen
Zeppelinstraße 7 · 18609 Binz
Tel. (03 83 93) 14 70 74
post@kolonialstuebchen.de
www.kolonialstuebchen.de

Die Lieder des Wizlaw von Rügen

Einziger überlieferter Minnesänger des Nordens

Fürst Wizlaw III. von Rügen gilt als einer der letzten Minnesänger und als der älteste nachgewiesene mittelalterliche Dichter von der Ostseeküste. Er entstammte einem alten slawischen Adelsgeschlecht mit frühem Herrschaftsanspruch. Lothar Jahn, von dem die Nachdichtung oder Dokumentation ›Wizlaws Liederbuch‹ stammt, belegt, dass sich Wizlaw nicht nur zum Zeitvertreib, sondern als ernsthafter Künstler betätigt hat.
Im 6./7. Jahrhundert brachte die Völkerwanderung den Slawenstamm der Ranen oder Rujanen nach Rügen und aufs vorgelagerte Festland. Bis 1168 umfasste das Territorium des Königreichs oder Fürstentums Rügen etwa das Gebiet der heutigen Kreise Rügen, Stralsund und Nordvorpommern.
Die Ranen wurden von allen Slawenstämmen als letzte christianisiert. Das Hauptheiligtum der Westslawen, die Tempelburg Arkona, wurde im

Jahr 1168 durch ein dänisches Heer unter Führung des Bischofs Absalon von Roskilde erobert und die überlebensgroße Figur des Gottes zusammen mit dem gesamten Heiligtum zerstört.
Nach der wenig später erfolgten Einnahme der Königsburg Charenza (oder Karenz, vermutlich das heutige Garz) mussten die rügänischen Herrscher Tezlaw und Jaromar dem Dänenkönig Waldemar den Treueeid leisten. Sie wurden als Fürsten von Rügen in den dänischen Lehnsverband aufgenommen. Die ranische Bevölkerung wurde in der Folgezeit christianisiert. Diesen Prozess erledigten die Christen hier – im Unterschied zu anderen Regionen – friedlich.

Manchmal suchen noch echte Minnesänger Rügen heim. Geben sich vor Kreide romantisch oder im Strandkorb modern. Stilgerecht begleiten sie wie hier Nikolai de Treskow die neu verlegten Lieder Wizlaws mit einer Harfe. (Foto: Stefan Sauer)

www.minnesang.com
www.wizlaw.de

Ostseebad Binz – VIEL MEER FLAIR

Schwimmen bei Kerzenschein

Einzigartig erholen und entspannen im Seehotel BINZ-THERME Rügen

Alltag raus – Wellness rein!

Gute Hotels gibt es heutzutage wie Sand am Meer. Die einen haben sich als Gourmet-Tempel profiliert, andere als fernöstlich angehauchte Kuschelfarm, wieder andere als Designer- oder Künstlerhotel. Während die meisten Spitzenhäuser dabei von der Kraft internationaler Ketten und Kooperationen profitieren, mischt das Seehotel BINZ-THERME Rügen, als eines der wenigen privat geführten Hotels, im Konzert der Großen munter mit. Davon zeugt neben dem begehrten Prüfsiegel vom Deutschen Wellness Verband auch die Tatsache, dass das 1998 eröffnete Haus bereits mehrfach mit dem PRIMO als eines der 100 beliebtesten Neckermann-Urlaubshotels weltweit ausgezeichnet wurde. Seit 2006 kam zum besonderen Stolz der rund 120 Mitarbeiter um Direktor Markus Möser das Prädikat »Superior« zu den vier DEHOGA-Sternen dazu.

Auf die Frage nach dem besonderen Geheimnis seines Hotels antwortet Möser: »Unsere Gäste kommen natürlich in erster Linie wegen unserer hauseigenen Thermal-Sole-Quelle und der phantastischen Lage am Binzer Badestrand. Sie honorieren in besonderem Maße aber auch die natürliche Freundlichkeit und hohe Servicebereitschaft unserer Mitarbeiter. Deshalb ist unsere Quote an wiederkehrenden Gästen, die sich dann zu Stammgästen entwickeln, enorm hoch.«

In der Tat ist es insbesondere das hauseigene Thermalwasser, wegen dem man sich im Seehotel mit seinen 143 Zimmern und Suiten sowie 107 Strand-Appartements ganzjährig über einen regen Gästezuspruch freuen kann. Bei Bohrungen in den 90er Jahren wurden insgesamt vier Quellen erschlossen, die im Wellnessbereich des Hotels dem Wohlbefinden der Gäste dienen. Dabei handelt es sich laut umfänglichen Analysen um eine in ihrer ursprünglichen Reinheit erhaltene Ther-

Erfolgreiches Duo: Bauherr und Geschäftsführer Wolfgang Möser mit Sohn Markus, dem Hoteldirektor

Ostseebad Binz – VIEL MEER FLAIR

Die BINZ-THERME aus der Vogelperspektive

mal-Jodsole, rund 220 Millionen Jahre alt und aufgrund ihrer äußerst ausgewogenen Mineralisation und Zusammensetzung als Heilwasser eingestuft.

Wellness, Walking und Wasserfreuden

Nur einen Muschelschnipser vom herrlichen Sandstrand entfernt und umgeben von der Ruhe des kleinen Kiefernwäldchens lässt es sich in der Wellnesswelt des Seehotels rund ums Jahr wunderbar entspannen. Der Gast findet zwei Thermalbecken mit wohligen 32 und 34 Grad Celsius Wassertemperatur, gleich fünf verschiedene Saunen und Dampfbäder, ein Rasulbad, Fitnessraum, Solarium und natürlich vielfältige Wellness- und Beautyangebote vor. Entgegen dem allgemeinen Modetrend setzt man hier aber nicht primär auf möglichst exotisch klingende Namen, sondern greift vorwiegend auf heimische Produkte wie Thermalsole, Rügener Heilkreide, Algen oder Sanddorn zurück. Ergänzt wird das Ganze durch die hochwertigen Pflegelinien von Dr. Spiller, Dalton Beauté de la Mar und Aloe Vera Produkte. Ayurveda, Lomi Lomi und Hot Colour Stone runden die Angebotspalette perfekt ab.

Zwei Mal pro Woche bittet man zum romantischen Schwimmen bei Kerzenschein und zur Spätsauna mit speziellen Aufgüssen. Unter fachkundiger Anleitung finden täglich Aqua-Gymnastik in der Therme, sowie ein Nordic Walking-Treff am Strand statt. Als Partnerhotel der Nordic Walking Union (NWU) beschäftigt das Seehotel dafür eigens ausgebildete Nordic Walking-Trainer, hält hochwertige Leihstöcke von LEKI bereit und offeriert auch spezielle Nordic Walking-Kurse. Sportfreunde können sich Fahrräder ausleihen oder finden neben dem hoteleigenen Fitnessraum am schier endlosen Sandstrand direkt vor der Haustür genügend Auslauf. Reiterhöfe sowie Tennis- und Golfplatz sind nur wenige Fahrminuten vom Hotel entfernt.

Aber nicht nur für Wellness-Freunde, Aktiv- und Badeurlauber oder Naturliebhaber ist das Seehotel BINZ-THERME Rügen die richtige Wahl. Dank seiner großzügigen Appartements und der geschützten Lage an der autofreien Strandpromenade spricht es auch Familien an. Familienfreundlichkeit bemisst sich dabei im Seehotel nicht etwa nur in interessanten Kinderermäßigungen, speziellen Kindergerichten oder dem Bereitstellen von Kinderbetten und Hochstühlen. Damit sich die Eltern auch einmal ein paar unbesorgte Stunden im Wellnessbereich gönnen können, organisiert man an 365 Tagen im Jahr für alle Kids ab 4 Jahren im »Seepferdchenclub« ein buntes Programm. Gern genutzt wird zu den Ferienzeiten das spezielle Kinderfrühstück im Club.

Tägliche Kinderbetreuung im Seepferdchenclub, dazu Spiel und Spaß am Strand

Wie ein Traum Wirklichkeit wurde ...

Die Herthaquelle bei Binz
Die Göttin Hertha spielt in der Sagenwelt Rügens eine bedeutende Rolle. Der Hertha-See und die Hertha-Buche auf Jasmund sind weit über die Grenzen der Insel hinaus bekannt. Nur wenigen ist dagegen die Legende gegenwärtig, die sich um die Hertha-Quelle bei Binz abgespielt hat:
Eine der Angewohnheiten der Göttin Hertha war es, zur Erntezeit auf einem mit Kühen bespannten Wagen über das Land zu fahren. Dabei erreichte sie eines Tages auch jene Stelle, an der heute die Orte Binz und Prora aufeinander treffen. Hier befand sich ein Lager der Ausgestoßenen, der Alten und der Kranken aus den umliegenden Dörfern. Hertha war eine barmherzige Göttin, und als sie sah, welches Elend sich vor ihr ausbreitete, ließ sie einen Quell aus dem Boden treten. Der war so gut, dass die Alten und Kranken Genesung und Verjüngung erfuhren. Schnell verbreitete sich die Kunde übers Land.
Von der Hertha-Quelle bei Binz erfuhr eines Tages auch ein reiches Weib von Wittow. Viele Tage lief es, um an der Quelle ihre Jugend wiederzuerhalten. Dort eingetroffen, wo sich inzwischen wieder viele Menschen versammelt hatten, wollte es keine Zeit mehr verlieren und drängte beiseite, was sich ihr in den Weg stellte. Direkt an der Quelle stießen ihre Füße ein altes, verhärmtes Mütterchen in den Sand und zornige Flüche ergossen sich über die Umstehenden. Im selben Augenblick versiegte die Quelle auf immer im sandigen Boden des Dünenwaldes.

Ostseebad Binz – VIEL MEER FLAIR

13 Kilometer Sandstrand direkt vor der Haustür

Zimmer, Suiten und Appartements mit First-Class-Komfort

Tief unter der Insel Rügen, im ewigen Dunkel des Schoßes der Mutter Erde bildete sich aus ihrem Wasser ein Meer. Wem es gelingt, die Quelle eines Tages wieder ans Licht zu holen, dem werden Schmerzen und Leiden gelindert und ein Stück seiner Jugend zurückgegeben...

Die Geschichte der BINZ-THERME

Seit seiner Jugend hegte Wolfgang Möser, ein gebürtiger Binzer, den Traum, ein Hotel zu bauen. Etwas Besonderes sollte es werden, aber was genau, das war ihm lange nicht klar. Dann aber hörte er von einer heilkräftigen Quelle, die es einst bei Binz gegeben habe und stieß nach langem Suchen in einem verstaubten Archiv endlich auf die Hertha-Sage. Und weil an vielem, was in einer Sage erzählt wird, etwas Wahres ist, ging Möser mit einem Wünschelrutengänger auf die Suche nach der versiegten Quelle.

Er hatte Glück! Es ergab sich, dass nicht nur eine Quelle geortet wurde, sondern derer sogar Vier. Das war der richtige Ort, um den Traum vom eigenen Hotel zu verwirklichen. Als erstes aber mussten die Quellen erschlossen werden. Bald rückten Arbeiter mit gigantischen Maschinen an und fingen an zu bohren. Monatelang fraßen sich die schweren Bohrer Meter für Meter durch

Romantik im Cleopatrabad

Wellness-Massage

143

Entspannung pur im Thermalbad

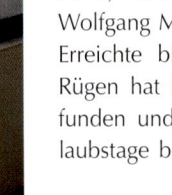

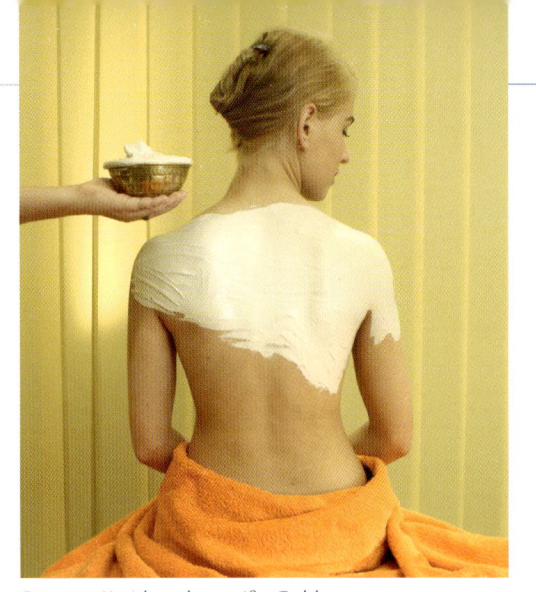

Rügener Kreide – das weiße Gold

Nordic Walking am Strand

Pflegende Bäder für Sie und Ihn

Sand und Steine und durch eine über 600 Meter mächtige Kreideschicht in die Tiefe. Dann endlich war es so weit – das Wasser sprudelte! Erst aus 156 Metern, dann aus 285 Metern, später aus 750 Metern und dann sogar aus 1222 Metern Tiefe! Möser war glücklich – er hatte es allen Zweiflern gezeigt. Er beauftragte ein Gutachten über das Wasser und wurde in seiner Hoffnung nicht enttäuscht: Er hatte eine rund 220 Millionen Jahre alte, in ihrer ursprünglichen Reinheit erhaltene und 35 Grad Celsius warme Thermal-Sole gefunden, die alle Anforderungen an ein Heilwasser erfüllte.

Doch jetzt ging die Arbeit erst richtig los. Die endlosen Gespräche mit den Behörden und der viele Papierkrieg waren eine wahre Folter, aber der Wille, etwas Besonderes zu schaffen, hat Möser immer wieder Kraft gegeben. Bis endlich die Baugenehmigung erteilt wurde, vergingen Jahre. Wolfgang Möser nutzte die Zeit und suchte sich die passenden Partner aus, und so waren der Bau und die Fertigstellung des Hotels im Sommer 1998 dann fast schon die kleinste Hürde.

2008, zum 10jährigen Hoteljubiläum, können Wolfgang Möser und sein Team mit Stolz auf das Erreichte blicken. Das Seehotel BINZ-THERME Rügen hat branchenweit hohe Anerkennung gefunden und unzähligen Gästen wundervolle Urlaubstage bereitet. Mit Sohn Markus als Direktor hat der Senior und heutige Geschäftsführer dabei einen starken Partner an seiner Seite. Und gäbe es auch heute noch die gute Fee, dann würde Möser 3 Wünsche an sie richten: »Ich wünsche mir, dass die Gäste sowohl die Entspannung als auch den Schutz unseres Heilwassers wirklich erleben und den Alltag hinter sich lassen. Ich wünsche mir, dass unsere Hertha-Quelle, unser Heilwasser, nie versiegen möge. Ich wünsche mir, dass sich die Gäste in unserem Haus wie Freunde betreut fühlen.« Und Markus Möser ergänzt: »Ich wünsche mir, dass sich unser Gast auch weiterhin in der ungezwungenen, natürlichen und lockeren Art unseres Hauses und seiner Mitarbeiter wohlfühlt.«

Und was ist nun mit der Frage, ob das Wasser aus der alten Hertha-Quelle die Menschen wirklich verjüngt und die »ewige Jugend« schenkt? Finden Sie es doch am besten selbst heraus, ob Sie die sagenhafte Wirkung der Hertha-Quelle spüren... Den Wechsel der Jahreszeiten auf Rügen und all die Annehmlichkeiten der BINZ-THERME erleben Sie am besten mit einem der verschiedenen saisonalen Arrangements, die auf der Internetseite des Hotels vorgestellt werden oder am Telefon erfragt werden können. Auf bald also in Binz!

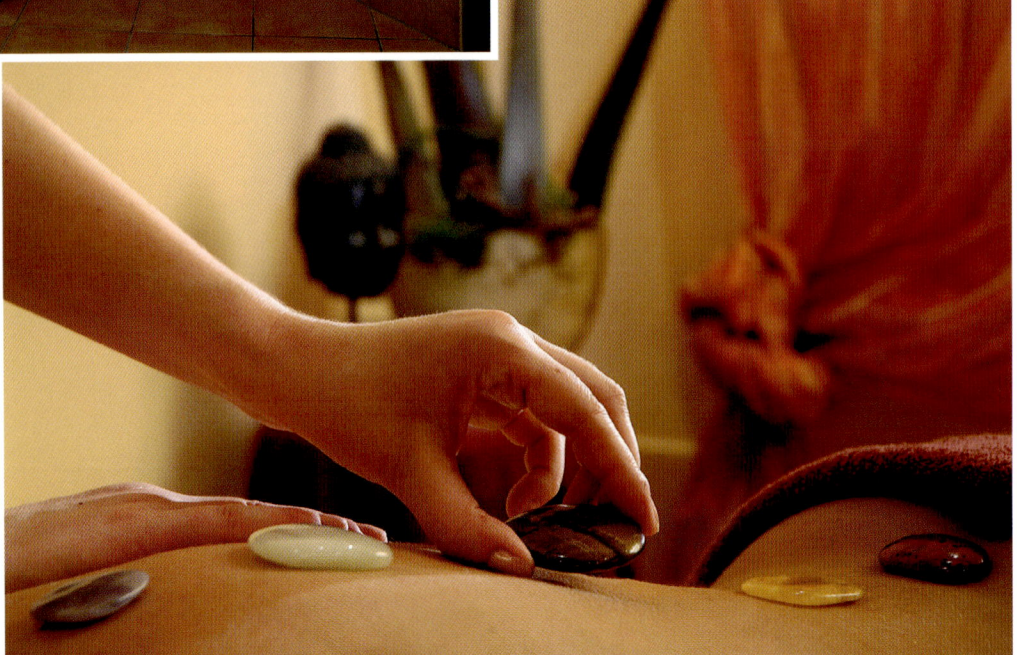

Hot Colour Stone – grenzenloser Genuss

seeHoteL BINZ-THERME RÜGEN

Seehotel & Strand-Appartements
BINZ-THERME Rügen
Strandpromenade 76
18609 Ostseebad Binz
Tel. (03 83 93) 60 · Fax (03 83 93) 6 15 00
info@binz-therme.de

Ostseebad Binz – VIEL MEER FLAIR

Anarchie am »Petit Montmartre«

Der Fotokünstler ist ein Galerist geworden – und ein Individualist geblieben

Der Franzose Robert Denier ist sowas wie ein typischer Rüganer. Solche Geschichten gibt es Dutzende. Als sich der Fotograf in Binz Anfang der 1990er an die Promenade setzte und Karten seines letzten Rügenaufenthaltes verkaufte, machte er das einfach so in der Euphorie der Wende. Robert Denier kam von Lateinamerika zurück, wollte die Feiern zu Mauerfall und Einheit in Berlin miterleben und – entdeckte Rügen: So eine Kurzversion des 1959 in Frankreich geborenen Mannes, der Modefotografie in Paris gelernt hatte, jedoch nicht bleiben wollte. Auch nicht in dieser Branche. Also wurde er auch ein wenig Bildhauer, fotografierte was vor die Linse kam mit einer Strandkamera nebst mobilem Labor. Und er lernte seine heutige Frau Heike inmitten der Latinas kennen. Heike traf er auch wieder. In Berlin. Benötigte dann jedoch lange Zeit, sie davon zu überzeugen, dass der Katen, den er in einem kleinen Dorf auf Rügen gefunden hatte, das richtige sein könnte. Als er ihn besetzte, weil sich niemand drum kümmerte, ihn langsam instand setzte, ging er erneut eher anarchistisch vor. Der Bürgermeister hatte ein Einsehen und verkaufte. Ach ja, auch das Abenteuer in Binz an der Promenade hatte noch ein Nachspiel. Denn natürlich kam die Polizei. Wollte einen Gewerbeschein sehen und die hatte Robert Denier nicht. Es gab viel öffentliches Gezeter, doch kein Mordio. Stattessen nahm ihn der Polizist mit. Nicht böse, nein. Er zeigte ihm das Gewerbeamt, wo es den Reisegewerbeschein gab. Denier blieb und baute die Meile Petit Montmartre auf. Dort war er künftig auch mit anderen Künstlern anzutreffen. Mit dem Potsdamer Andreas Schiller beispielsweise, der begann mit Portraitmalerei an der Promenade und Serienmalerei für 1000 Äpfel in den Pausen. Mittels seiner Renaissance-Technik. Zitronen, Birnen, ... weiteres Obst kam hinzu. Und die Freundschaft der beiden. Die Tapeziertische wurden einheitliche Pavillons und ein gemeinsames Atelier entstand direkt neben der Rezeption des Strandcafés in bester Lage. Mit Galerie. Schiller malte irgendwann auch keine Portraits mehr auf der Straße. Andere, wie der Amerikaner Tom Petholz fertigt mit Münzen aus der ganzen Welt mittels Lupe und einer Art Metall-Laubsäge Münz-Schmuck.

Das Atelier als Schmelztiegel

Denier malt auch Weinflaschen. In Schillers Technik. Und verkauft dort seine Spezialität: Panoramafotos. In XXL. Die produziert er auf dem eigenen Plotter. Drei bis vier Meter lang kann so eines seiner Panoramen werden. Was ungefähr sechs Stunden Druck bedeutet. Und wehe, die Leinwand ist vorher nicht ordentlich ausgewählt und geprüft worden. Ein Fehler bringt nicht nur die Leinwand von der Rolle. Da ist der Fotokünstler streng.

Im Atelier kaufen die Besucher meist bestimmte Motive, aufgebaut nach dem goldenen Schnitt. Das müsse wohl ein Gen sein, meint Denier und macht neue Bilder oder auch mal ein neues Buch, einen Kalender, nur wegen der Abwechslung. Denn Bilder schauen, das ist für den Fotografen und Galeristen nach wie vor seine Welt. Das liebt er.

Robert Denier am damaligen Schild des kleinen Montmartre in Binz

Der Amerikaner Tom Petholz sägt das Wappen aus Münzen und macht Schmuck daraus.

Panoramafotos müssen nicht immer quer liegen. Das beweist Denier mit seiner Linhof-Kamera (Foto: Robert Denier)

145

Ostseebad Binz – VIEL MEER FLAIR

»Zum alten Fritz«: prämierte Braukunst mit Tradition

Junges Braugasthaus – ganz modern

Vorstellen möchten wir Ihnen ein ganz besonderes und einzigartiges gastronomisches Haus auf der Insel Rügen. Das jüngste Braugasthaus der Stralsunder Brauerei heißt »Zum alten Fritz« und liegt nur wenige Schritte vom feinsandigen Strand der Ostsee entfernt – inmitten der kaiserlichen Bäderarchitektur im Ostseebad Binz. In liebevoller Detailarbeit wurden 2003 die Räume der denkmalgeschützten Villa Carita zu einem urgemütlichen Gasthaus umgebaut und damit das bisher jüngste Braugasthaus eröffnet. Der Name »Zum alten Fritz« ist eine Huldigung an die Familie Nordmann – Gründer der Idee Braugasthaus »Zum alten Fritz«. Den Namen Fritz trug schon der Uropa – und das setzt sich von Generation zu Generation so fort – bis heute.

Naturbelassenes Holz, warme Farben, nostalgische Dekorationsgegenstände und Wandbemalungen strahlen in warmer Atmosphäre Ursprünglichkeit und Gemütlichkeit aus. Bereits im Eingangsbereich wird der Gast vom faszinierenden Glanz der kupferfarbenen Sudkessel begrüßt und die rotbraunen Backsteine strahlen Gemütlichkeit aus. Durch die zentrale Lage im Ostseebad ist das Braugasthaus ein idealer Treffpunkt, um nach einem Mittagessen in den Tag zu starten oder nach Besichtigung der inseltypischen Sehenswürdigkeiten den Abend ausklingen zu lassen.

Das Braugasthaus empfängt seine Gäste täglich von 11 Uhr bis open End. Zu den 120 Innenplätzen, vorwiegend Nichtraucherplätzen, werden in den Sommermonaten zusätzlich 194 sonnige Sitzplätze auf der Terrasse aufgebaut. Das Braugasthaus lädt dazu ein, kulinarische Spezialitäten der Küche Mecklenburg-Vorpommerns zu genießen: Ein hoher Genuss- und Geschmackswert, dem die regionale Herkunft sowie die Naturbelassenheit stehen dabei im Vordergrund.

Vielfalt in Schmaus und Trank

Die Basis: Die Kunst des Bierbrauens. Die Braukunst ist ein traditionelles Handwerk, das unsere heimische Kultur und Geselligkeit maßgeblich geprägt hat. Im gemütlichen Braugasthaus schmeckt das Bier besonders gut, erst recht, wenn es frisch gebraut ist.

Beispielhaft werden die Braugasthäuser der Stralsunder Brauereien mit ökologischem Rindfleisch vom brauereieigenen Gut Grahlhof beliefert. In der urgemütlichen Atmosphäre, mit dem typisch kupfernen Sudkessel, wird die traditionelle Braukunst für den Gast erlebbar.

Bekannt ist das Braugasthaus für seine Biervielfalt. Die mehrfach goldprämierten Biere aus der eigenen Stralsunder Brauerei, frisch vom Fass oder aus der Flasche, warten auf Bierkenner und Liebhaber frischer Zapfkunst.

Seit 1827 erfreut die Stralsunder Brauerei Biertrinker mit ihrer hanseatischen Braukunst, denn in punkto Biergeschmack bleiben keine Wünsche offen. Zur Zeit werden neun unterschiedliche Biersorten am Sud gebraut.

Mit diesem breiten Produktsortiment treffen die Brauer der Hansestadt jeden Geschmacksnerv. Die Störtebeker Bierspezialitäten spielen in der

Das Kernangebot im Braugasthaus »Zum alten Fritz« liegt auf selbst gebrautem Bier und traditionellen Speisen.

So fürstlich kann man wohl nur auf Rügen Bier trinken!

Produktvielfalt der Stralsunder Brauerei eine besondere Rolle. Für Störtebeker-Fans gibt es zum Beispiel das würzige Schwarzbier, das aromatisch-herbe Pilsener und das Hanse Porter aus Karamell und Malz. Mit seinem Sinn für Gerechtigkeit geht Störtebeker neue Wege: Störtebeker Bernstein-Weizen, Bernstein-Weizen Alkoholfrei, Roggen-Weizen und 1402 tragen bereits das Bio-Siegel als Beweis für geschmackvolle Quali-tät, die gerecht ist zur Natur. Erleben Sie natürlichen Biergenuss von heute. Die Hausspezialität ist das »Zwickelfritz« – ein naturtrübes, mildes und bekömmliches Pils, noch nach altem Rezept gebraut.

Die kulinarische Reise führt mit der Speisekarte einmal durch Mecklenburg-Vorpommern. Traditionell spielt auch in der Küche das Bier eine große Rolle. Ob im Biersud geschmort oder mit Schwarzbier verfeinert – viele Gerichte erhalten mit dem Bräu ihre ganz eigene, unverwechselbare Note. Kesselgulaschsuppe vom Hereford-Rind, Störtebeker´s Bierfleisch, Matjes nach einem Rezept aus dem 14. Jahrhundert und Sauerfleisch aus dem Glas sind die Höhepunkte der Karte.

Freundlichkeit, Gastlichkeit und Tradition stehen beim alten Fritz an erster Stelle. Das Braugasthaus ist nicht nur ein Ort zum Essen, Trinken und Feiern, sondern soll auch der lokale Treffpunkt für Geselligkeit und Zusammenkunft sein. Für die Abendstunden wird den Gästen in regelmäßigen Abständen monatliche Livemusik geboten: »Rock am Kessel« mit unterschiedlichen Bands. Hierzu gibt es positive Feedbacks von Stammgästen, darunter Promi-Gästen wie zum Beispiel Henry Maske, Axel Schulz, Jeannette Biedermann und »Maschine« von den Puhdys.

Weitere Braugasthäuser gibt es in Mecklenburg-Vorpommern in der Hansestadt Stralsund direkt neben der Stralsunder Brauerei, in der Hansestadt Greifswald am Markt sowie in der Hansestadt Rostock am Warnowufer.

Rustikale Speisen, mit Bier zubereitet, gehören zum Spezialitätenkonzept.

So eine deftige Schweinehaxe macht Appetit.

Der glänzende Kupferkessel ist das Markenzeichen im Rügener Braugasthaus.

Braugasthaus »Zum alten Fritz«
Schillerstraße 8 · 18609 Ostseebad Binz
Tel. (03 83 93) 66 33 33 · Fax (03 83 93) 66 33 44
bgh-binz@alter-fritz.de · www.alter-fritz.de

Damit auch die kleinsten Gäste zufrieden sind, gibt es spezielle Angebote und kleine Überraschungen.

Herrenrunde mit echten und gemalten Kerlen

Ostseebad Binz – VIEL MEER FLAIR

Im Zeichen des Stiers

Restaurant Minos bietet auch weidlich was fürs Auge

Ein griechisches Restaurant in Binz. Statt Mare Mediterra das Mare Balticum. Direkt vor der Binzer Restauranttüre brandet es. Vor 13 Jahren als Erlebnisgastronomie initiiert, hat das griechische Lokal auch heute seine Originalität nicht eingebüßt. Wer in den Gastraum mit 70 Plätzen im Souterrain kommt, ist überrascht. Es ist mehr als die Weite. Oder das etwas kühlere Klima durch die geringe Glasfläche zur Sonne. Hier ist eine andere Welt.

»Die minoische Kultur war mächtig während der Bronzezeit und bestand in drei Perioden fast 1300 Jahre lang. Es wurden Handelsbeziehungen zu den Nachbarländern gefestigt und die Menschen übernahmen zahlreiche Handwerkstechniken. Die Zeit erhielt ihren Namen nach König Minos, dem Sohn von Zeus und Europa.«

Beim Betreten gerät der Gast in den Einfluss der tavernenartigen Einrichtung. Eine gerundete Decke, wie Grotten gestaltete Räume mit unregelmäßigen Farben, Essensduft...

»Das Innere des Palastes war in heiteren Farben und Formen geschmückt. Doch nicht alles war Heiterkeit. Die Gattin des Königs Minos hatte sich in einen weißen, von Gott Poseidon geschickten Stier verliebt. Sie gebar ein Ungeheuer mit Menschenkörper und Stierkopf, den Minos in einem labyrinthartigen Bau versteckte.«

Na dann Prost! Mundet es?

Diese Geschichten springen einen von den Wänden der Taverne förmlich an. Wer sich nicht mehr wirklich an die griechische Mythologie erinnert, findet Versatzstücke in der Speisekarte. Sie liefert neben dem typischen Essen auch die Auflösung des Rätsels, wie Theseus in das Labyrinth vordrang, um das Ungeheuer zu besiegen und dank der Hilfe von Ariadne wieder herausfand.
Die Spezialität des am Teller servierten Spießes vom Grill lässt Zeit, die Geschichten weiter zu ergründen.

Taverne Minos
Strandpromenade 38 · 18609 Ostseebad Binz
Tel. (03 83 93) 1 48 88

Die Stiere im Reich des Minos dienten Sport und Vergnügung. Dieser sticht sofort ins Auge.

Schweizer Spezialitäten

»En Guete« heißt auf Schweizerdeutsch »Guten Appetit«

Patrick Burger aus der Schweiz und Lebensgefährtin Cindy Banditt haben zur neuen Saison das Spezialitäten-Restaurant »Zum Schweizer« in Binz eröffnet. In dem urigen Lokal an der Strandpromenade können Gäste die Schweizer Küche ausprobieren.

Auf der Karte sind landestypische Gerichte wie Berner Rösti mit Appenzeller Käse, Speck, Schinken und Spiegelei zu finden. Hinzu kommen feinste Gerichte aus Kalbfleisch, das original aus der Schweiz importiert wird. Daraus werden das berühmte Zürcher Kalbgeschnetzelte oder auch eine leckere Kalbsbratwurst in der Küche gezaubert. Patrick Burger ist seit 22 Jahren in den Küchen dieser Welt unterwegs. Als besonderes kulinarisches Bonbon bieten die beiden Betreiber Fleisch vom heißen Stein an. Auf dem heißen Stein können sich Gäste ihre Fleischgerichte selbst fertig braten – je nach Geschmack. Abgerundet wird dieser gastronomische Spaß mit verschiedenen Soßen und Beilagen nach Wahl, sowie frischen Salaten.

Schweizer Küche: Züricher Geschnetzeltes mit Rösti auf der Nationalflagge.

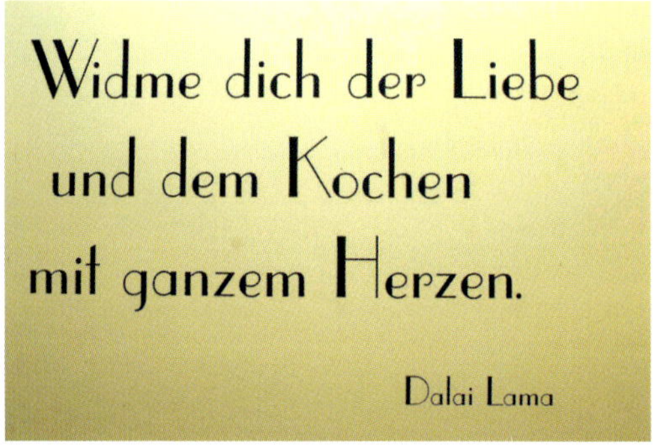

> Widme dich der Liebe
> und dem Kochen
> mit ganzem Herzen.
>
> Dalai Lama

Der Geist des Dalai Lama kocht mit.

Das Restaurant »Zum Schweizer« hat täglich geöffnet und bietet ab 9 Uhr ein reichhaltiges Frühstück an. Für Langschläfer gilt dieser Service bis gegen 14 Uhr. Während wichtiger Sport-Ereignisse ist in einem separaten Raum alles für jegliche Sportübertragungen wie Tennis, Formel 1 und Fußball vorbereitet. Rund 30 interessierte Gäste finden dort Platz und können sich dazu das schweizerische Bierchen namens »Eichhof« schmecken lassen.

Restaurant Zum Schweizer
Strandpromenade 42 (Villa Seeadler)
18609 Ostseebad Binz
Tel. (03 83 93) 13 49 99

Mitinhaberin und Restaurantleiterin Cindy Banditt serviert Carpaccio von Bündner-Fleisch auf der unteren Terasse.

Ostseebad Binz – VIEL MEER FLAIR

Hochwertige Inselimmobilien

Engel & Völkers vermittelt hochwertige Traumhäuser

Engel & Völkers zählt weltweit zu den führenden Dienstleistungsunternehmen im Bereich der Vermittlung von hochwertigem Grundbesitz. In 24 Ländern auf vier Kontinenten arbeiten rund 3000 Menschen in 327 Wohn- und 30 Gewerbebüros. Nach Marktanalyse wurde Anfang 2000 im Ostseebad Binz ein Immobilienshop eröffnet. Die Sonneninsel Rügen zieht immer mehr Touristen und Interessenten für Alters- und Zweitwohnsitze an. Die hohe Lebensqualität, das milde, wohltuende und heilende Ostseeklima, die traditionelle Ferienkultur mit vielseitigen Wellness- und Freizeitangeboten sowie die wachsende Infrastruktur machen die Insel für immer mehr Menschen lebenswert.

Engel & Völkers hat sich auf die Vermittlung gehobener Wohnimmobilien spezialisiert. Rügen ist die Insel mit den meisten Sonnenstunden. Ein gesunder Branchenmix mit den Schwerpunkten Hotels und Gaststätten, Ferien-, Zweit- und Alterswohnsitze und eine sich ständig entwickelnde Infrastruktur sowie viele touristische Attraktionen stärken den Standort. Der Immobilienmarkt auf der Insel Rügen ließ von Anfang an einen deutlichen Aufschwung erkennen und präsentierte sich als äußerst umsatzstabil. Der Trend zum Wohnen im Denkmal trug dazu bei.

Die Nachfrage nach attraktiven Zweitwohnimmobilien übersteigt weiterhin das Angebot. Dies führt dazu, dass die Preise, insbesondere für Villen und attraktive Apartements, auf hohem Niveau stabil sind. Damit stellt der Erwerb einer Wohnimmobilie in einer sehr begehrten Lage eine sichere Vermögensanlage dar. Allerdings treffen die in der Regel gut informierten Interessenten immer wieder auch auf aktuell nicht gerechtfertigte Preisvorstellungen der Verkäufer. Dieses führt in vielen Fällen dazu, dass Vermarktungszeiträume sich um ein bis zwei Quartale gegenüber früheren Perioden verlängern.

Die begehrtesten Lagen

Die Ostseebäder Binz, Sellin, Baabe und Göhren gehören seit jeher zu den begehrtesten Lagen auf der Insel. Besonders gefragt sind Bäderstilvillen, attraktive Appartements und familiengerechte Ferienwohnungen. Unverändert stabil und hochpreisig ist auch der Zweitwohnimmobilienmarkt der großzügigen, hochwertig sanierten Altbau-Eigentumswohnungen mit drei bis vier Zimmern und zwei Bädern.

Wohnraumwünsche

Neben der richtigen Lage (Ausrichtung, ruhige Umgebung, repräsentative Nachbarschaftsbebauung) und der Ausstattung spielt die Infrastruktur eine wichtige Rolle bei der Entscheidung für eine Immobilie. Je besser die Lage, desto eher sind die Käufer bereit, Kompromisse in punkto Ausstattung und Raumaufteilung zu akzeptieren. In der Kategorie Eigentumswohnungen legen die Suchkunden besonders großen Wert auf einen großzügigen Grundriss sowie auf eine hochwertige Ausstattung. Bei den begehrten Altbauwohnungen sind typische Stilelemente wie Parkettböden, Kassettentüren und Stuck ein Muss, sowie Wohnungen mit möglichst großen Balkonen und/oder Terrassen. Bei Wohnungen in oberen Geschossen soll die Anlage über einen Lift verfügen.

> Rügen Prestige Immobilien GmbH
> Lizenzpartner der Engel & Völkers
> Immobilien GmbH
> Strandpromenade 17 · 18609 Ostseebad Binz
> Tel. (03 83 93) 13 78 74 · Fax (03 83 93) 13 78 75
> carmen.schmidt@engelvoelkers.com
> www.engelvoelkers.com

Eine bezugsfertige Immobilie in Seedorf

So möchte man auf Rügen wohnen: herrlicher Meerblick von einem Binzer Balkon aus.

Villen-Wohnen in Sellin – die alten Gebäude sind besonders begehrt.

Bauensembles: wohltuend zufällig und ungeplant

Bäderarchitektur ist Sammelsurium

Sie heißen Undine, Edelweiß oder Waldfrieden. An der Fassade sind sie nicht nur mit Putz, Stuck oder auch Zinnen verziert, sondern ebenso durch filigrane, durchbrochene Holzkonstruktionen, Stahlbalkone oder Säulen. Das Ergebnis: Bäderarchitektur.

Ursprünglich war Bäderarchitektur die Summe der verschiedenen architektonischen Einflüsse. Holz, Metall, Stein oder andere Materialien konnten von Jugendstil bis Bauhaus gut nebeneinander existieren. Anders als im englischen Brighton war der Materialmix das Thema. Georg Christoph Lichtenberg übrigens war es, den der Mecklenburgische Herrscher Friedrich Franz I. nach England entsandte, um die dortigen Seebäder zu studieren. Parallel hatte der Mediziner Samuel Gottlieb Vogel ihn davon überzeugen können, an der mecklenburgischen Ostküste ein Seebad wegen der gesundheitlichen Vorteile des Badeaufenthalts zu errichten. 1793 begann der Bau von Heiligendamm, das nach dem G8-Gipfel erneut Weltruhm erlangte.

Das Nebeneinander der Baustile in den nachziehenden anderen Orten geschah vermutlich nicht einmal aus Prinzip. Bauordnungen wie heute dürften zumindest in der Ausgefeiltheit ein Fremdwort gewesen sein. Geschweige denn Gestaltungssatzungen. Der Grund waren die aus allen Himmelsrichtungen zugereisten Gäste. Deren wohlhabender Teil erwarb Grund und Boden und baute nach seinem Gusto, wie es aus der Heimat bekannt war. Und vielleicht für den Nachbarn noch ein Türmchen, eine Zinne mehr. So gesellten sich Villen zu den alten Fischerkaten. Deren Baugeschichte entwickelte sich vielerortes auch weiter. Sie erhielten ein Stockwerk oder ein halbes dazu, nebst ein bis zwei Anbauten. Die Bädervillen jedoch wurden völlig neu konzipiert. Selbst noch in den 1930er Jahren. Während beispielsweise in Heiligendamm das Kurhaus klassizistische Elemente aufweist, baute man selbiges in Warnemünde schon im Bauhausstil. Auch Fertighäuser in Fachwerkbauweise entstanden, wie die Binzer Villa Undine. Holz-Fertighäuser aus Mecklenburg wurden später in den USA weiterentwickelt und ein Exportschlager. Im deutschen Reich war Stein gefragter. Richtungsweisend in seiner Erklärung des Werdegangs ist das Buch »Bäderarchitektur« von Wilhelm Hils und Ulf Böttcher.

Ebenso grundlegend mit Bäderarchitektur hat sich im Landesamt für Denkmalpflege Mecklenburg-Vorpommern Klaus Winands beschäftigt. Er sagt:

»Bäderarchitektur ist weder Stilrichtung, noch spezifische Baugattung. Sie zeichnet sich vielmehr durch verschiedene Komponenten von Stilen, Ausstattungselementen und Nutzungsarten aus, die im Hinblick auf ihren Zweck gleichwohl unter dem Begriff zusammengefasst werden können.« Die Lichtbildner Lutz Grünke und Robert Denier haben sich neben Ulf Böttcher sehr umfassend mit dem Thema beschäftigt.

Jüdische Ornamentik

Nahezu ausradiert wurden aus Unwissenheit nach der Wende bei Rekonstruktionen die Elemente jüdischer Ornamentik. Schon lange vor der Machtergreifung der Nazis fand auch in den Bädern über Nationalismus und Antisemitimus eine Polarisierung statt. Da das jüdische Bürgertum einen ebenso wohlhabenden Anteil der Bevölkerung stellte, wie andere, schlug sich das ausgeprägte Selbstbewusstsein auch in der Architektur nieder. Heute finden sich meist nur noch wahllos aufgegriffene Facetten dieser Ornamentik.

Die Selliner Wilhelmstraße ist ein positives Gegenbeispiel. Der Strandfotograf Hans Knospe hatte auch diese regelmäßig abgelichtet und so konnten die Planer mangels Zeichnungen mit seinen Bildern ein detailgetreues Abbild schaffen. Das hat der Straße sichtlich gut getan.

Häufig genügte es schon, die zugebauten und mangels fachlich richtiger Belüftung verrotteten Balkone wieder von den ausgemauerten Wänden zu befreien und nach Rückbau die Fassade zu rekonstruieren. Wie das ausgesehen hat, ist in den Nebenstraßen von Binz, Baabe und Göhren noch gut zu sehen. Die ersten Reihen jedoch erlebten im Bauboom der nachwendischen Jahre die Überplanung und Bebauung auch der Gärten in der zweiten Reihe. Sogenannte Lücken erhielten Gebäude, die durch verwinkelte Konstruktionen im Innenraum eins wurden mit der ersten Reihe. Schöne Originale finden sich in der meist vergessenen Sassnitzer Altstadt. Da Sassnitz schon im Zweiten Weltkrieg eine völlig eigene Entwicklung nahm, gewährt es nochmals ganz andere Einblicke in die Bauentwicklung. Was andernorts zu viel getan worden ist, blieb dort leider aus Spekulationsgründen vielfach liegen. Bis zum Abbruch. Die öffentliche Hand hatte und hat da meist keine Handhabe, wie am Wiener Café oder dem Hotel am Meer erkennbar ist, gleich neben dem in neuer Pracht erstrahlenden Fürstenhof.

Die Woche der Bäderarchitektur in jedem September soll zumindest aus Sicht der Kurverwaltung Binz interessante Einblicke zum Thema geben. Dass Architektur mehr Potenzial haben könnte, wenn andere Baumeister und Kurbäder ebenso mit einbezogen würden, hat sich leider noch nicht herumgesprochen. So bleibt es eine stagnierende Einzelveranstaltung.

Ostseebad Binz – VIEL MEER FLAIR

Vertraute Gesichter

Wenn der Barnachbar einem allzu bekannt vorkommt

Eben noch habe ich die schönen Augen von Signorina »Elektra« bewundert und dem verbindlichen Charme des verheirateten Commissario Brunetti vertraut. Der Mann hat Manieren und Charakter. Nun ja. Fernsehwelt.
Dann eben noch auf einen Absacker: Und ich traue meinen Augen nicht. Der Mann da am Stehtisch mit Bier in der Hotelbar, Dreitagebart und

Gayle Tufts: Alle Jahre wieder!

Desiré Nick: Ein – leider umstrittenes – Highlight im Cliff-Hotel

Lederjacke... Mensch, bin ich denn in Venedig?

Nein, in diesem Fall in Binz. Und, zugegeben, es gibt nicht viele Orte auf Rügen, wo Uwe Kockisch so rumstehen könnte. Die Ostseebäder gehören dazu. Da kommen die »Ärzte« ins Designhotel, Grönemeyer auch. Oder es steht beispielsweise in Güttin die Flugbereitschaft der Bundeswehr... Ein Hotelparkplatz reicht dann mal wieder nicht aus vor lauter gepanzerten Limousinen... Und schließlich hat ein Traditionshaus in Binz ja sogar gepanzerte Scheiben an der Suite.

Gayle Tufts wiederum kommt natürlich »normal«. Dennoch erkennt jeder die Berliner Comedian mit dem charmanten amerikanischen Akzent. Auch die Barfrau beim fünften Besuch, da muss sie weder ihr Buch in der Hand haben noch vor einem Weihnachtsbaum stehen.

In Sellin ist es ein wenig anders. Da gibt es ja auch einige Adressen, deren Türen durchaus ab und an etwas Beobachtung vertrügen. Doch die meisten Häuser sind sehr diskret. Daher freuen wir Insulaner uns ja auch, wenn das hoch oben residierende »Cliff« uns mit Desiré Nick einen unerwartet witzigen Abend bereitet. Zumindest hatte der Übergangsdirektor das aufgegriffen, was sein Vorgänger erfolgreich praktiziert hatte. Aber leider nur einmal.

Wir hier, die im Sommer nicht weg dürfen, weil die erste Geige eben auf Rügen spielt, wir freuen uns immer über etwas Glamour, wenn auch Witz dabei ist. Noch mehr übrigens im Winter.

Uwe Kockisch – Wiederholungstäter

Tradition in Küche und Glas

Gastlichkeit pur: Binzer Bierstuben im Hotel Granitz

Traditionen sind keine altmodische Erfindung, sondern wichtige Stützpfeiler in unserer heutigen, hektischen Welt. Ein gediegenes Essen und ein kühles Bier sind Ruhepole mit langer Tradition. Seit mehr als 100 Jahren existieren die Binzer Bierstuben und servieren original mecklenburgische Rezepte und Frischgezapftes.

Das Haus wurde 1884 von Bruno Lokenvitz erbaut und konnte sich während der 20er und 30er Jahre zu einem florierenden Speiselokal etablieren. Mit ehrlicher Hausmannskost und Gastfreundschaft mauserten sich die Binzer Bierstuben zur ersten Adresse am Platz. 1992 wurde grundlegend saniert, ohne den Charakter des Hauses zu verändern.

Serviert wird auch heute noch Bestes aus der Ostsee und von den Weiden der Insel zu einem fairen Preis-Leistungs-Verhältnis. Zu den landestypischen Gerichten gehören etwa Ostseehering, Edelfischplatte, ein herzhafter Mecklenburger Rippenrollbraten oder Riesenkohlrouladen.

Die Binzer Bierstuben haben ganzjährig ohne Ruhetag geöffnet, von 12 – 22 Uhr gibt es durchgehend warme Küche. 14 Hotelzimmer stehen zur Vermietung bereit, dazu gehört ein kostenloser Parkplatz, und auch Haustiere sind willkommen.

Die Binzer Bierstuben im Hotel Granitz

Binzer Bierstuben im Hotel Granitz
Bahnhofstraße 2
18609 Binz
Tel.(03 83 93) 26 78
Fax (03 83 93) 3 24 03
urlaub@hotel-granitz.de
www.hotel-granitz.de

Ostseebad Binz – VIEL MEER FLAIR

Mediterrane Emotionen leben

Der längste Laufsteg von Binz

Feine, weiße Bestuhlung im Cafébereich

Es könnte in Wien sein, an der Riviera, in Monaco oder Malibu – aber wir sind in Binz! Cafékultur vom Allerfeinsten, festlich eingedeckte Tische, Hussen über die Stühle gezogen, Kunst an den Wänden, der Schein von Kerzen in den Spiegeln und feiner Wein zum Ausschank vorbereitet. Die Strandcafébetriebe verströmen einen besonderen Charme. Direkt an der Strandpromenade gelegen, neben dem Kurhaus. »Der längste Laufsteg von Binz« ist zwar eigentlich die Strandpromenade, doch die Terrasse vom Strandcafé kann als Attraktion locker mithalten.

Die Restauration mit französischem Caféhaus-Charakter liegt gleich neben dem Kurhaus, sozusagen im Epizentrum. »Sehen und gesehen werden« heißt das Motto. Viele kommen wegen dem hohen Flirtfaktor, andere dem Szenevolk zuliebe und einige sogar wegen der hübschen Bedienung. Doch auch Paare verleben hier gerne romantische Stunden und verlieben sich dabei neu.

Das Strandcafé ist ein idealer und zentraler Treffpunkt für ganz besondere Genüsse. Liebevoll eingerichtet vermittelt der Gastraum einen Hauch von Luxus, sinnliche und großzügige Dekorationen, frische Blumen und selbst gemachte Ge-

Die Fassade im alten Bäderstil

stecke in den Blumenschalen zeigen die persönliche Note der Betreiber.

Mittelmeer an der Strandpromenade

Gastronomisch liegt der Schwerpunkt auf einem einzigartigen Mix der Speisekarte mit mediterraner Küche. Leicht, frisch und mit einem Hauch von Mittelmeer und Sommer. Die Pasta wird frisch zubereitet, die Weine sind sorgfältig ausgesucht und werden exzellent dargeboten. Rund 500 Sitzplätze laden ein, beim Essen den wundervollen Meerblick zu genießen.

Das Haus Bellevue mit seinen Appartements, einer Kunst-Galerie und dem Strandcafé ist ein Familienunternehmen, das von Michael Hattenhauer geführt wird. Der gebürtige Rheinländer liebt sein Haus. Ihm ist wichtig, dass sich die Gäste wohlfühlen. Dafür sorgt er auch mit passender Musik: Lounge, Easy Listening, softe Jazz-Klassiker, Latin Vibes und French House dienen als musikalischer Klangteppich. Live-Musik ist auch im Programm. Zum Restaurant gehört auch das Eiscafé Venezia mit original italienischen Sorten, die stets frisch angeliefert werden. Es gibt sowohl einen Straßenverkauf, als auch die Möglichkeit, sich gemütlich zu setzen. Selbstverständlich sind auch selbstgebackene Kuchen im Angebot.

Vielleicht ist diese Mixtur des Besonderen der Grund, dass das Strandcafé regelmäßig als Drehort für Fernsehproduktionen ausgesucht wird. Es war bereits Schauplatz in der »Praxis Bülowbogen« sowie in »Wolfs Revier«.

Strandcafé · Strandpromenade 29 · 18609 Binz
Tel. (03 83 93) 3 23 87 · Fax (03 83 93) 3 27 45
strandcafe-hattenhauer@yahoo.de

Ostseebad Binz – VIEL MEER FLAIR

Der Meister der Schale

Müther-Schalen + Bäderarchitektur = Architekturweg?

»Kühne Solitäre« ist eine Bezeichnung für die Bauten des Binzer Baumeisters Ulrich Müther. Kühn geschwungen in einer genormten und rechteckigen Welt von DDR-Plattenbauten. Als Blickfang in die Öde reiner Zweckarchitektur gesetzt. Wie in Berlin das Ahornblatt.

»Inselparadies« oder »Ostseeperle« hießen die küstennahen Blickfänge Rügens. Nicht mehr zu sehen sind Bauten wie die Aufstockung auf das frühere Binzer »Haus der Stahlwerker«. Diese erste Schale von 1963 verschwand durch die Erweiterung des heutigen Binzer Hotels »Vier Jahreszeiten«.
Im Schwimmbad des Selliner Cliff-Hotels wurde die Schale teilverkleidet, ist jedoch noch zu erahnen. Ebenso im früheren »Restaurant Sczecin«. Das gehört zum heutigen Komplex des IFA-Ferienparks in Binz.
Das Buswartehäuschen in Buschvitz, der Strandwachturm in Binz, die Turnhalle in Gingst, die ebenfalls abgerissene Schülergaststätte in Bergen Süd und etliche mehr: Es wäre an der Zeit, auf Rügen durch einen Müther-Architekturweg an den Künstler zu erinnern. Bei einer ausgeschilderten Tour vom Baaber Buchkiosk bis zum Sassnitzer Musikpavillon könnten Besucher über den Landbaumeister Müther und gleichzeitig über Rügen Neues lernen. Doch nicht ein einziges Schild zeugt bisher vom Meister der Hyparschale. Es gibt kaum einen Ort mit solch einer Dichte Mütherscher Spritzbeton- oder Hyparschalenbauten wie auf Rügen. Es war sein heimisches Experimentierfeld. Und es ist die Chance, nach dem Tod des Baumeisters 2007, seine letzten Zeugnisse auch als Attraktion in Wert zu setzen. Für den gelernten Zimmermann spricht seine Leistung als Bauingenieur nach Fernstudium an der TU Dresden. Oder einfach seine Baukunst. Er selbst hat sich in Abgrenzung zum Titel »Architekt« gerne als Landbaumeister bezeichnet.

Modell des im Jahr 2000 abgerissenen Bauwerks »Ahornblatt« in Berlin

Das denkmalgeschützte Baaber Bauwerk »Inselparadies«

Von langen Berechnungen zur schnellen Schale

Ulrich Müther schaffte mit seiner ersten Arbeit umfangreiche Grundlagen. Nach vier Monaten Modellbau folgten 14 Monate Berechnung. Für ein Dach. Ungewöhnlich im Nachhinein. Denn später galt er nicht nur als Mann der kühnen, sondern auch der schnellen Schale.

Die elterliche Baufirma leitete er nach Fusionierung 1960 mit einer weiteren Baufirma als von der Belegschaft gewählter PGH-Chef weiter. Enteignungen waren an der Tagesordnung. Doch das Spezialthema schützte die Firma. Berechnung und Ausführung von beispielsweise devisenträchtigen Planetarien schützte auch später vor Integration in ein größeres Kombinat. Auch als Volkseigener Betrieb (VEB) blieb Müthers Spezialbau und seine eingeschworene Belegschaft eigenständig. Und mit dem Raumflugplanetarium in Libyen (1979) begann eine neue Ära.
10 000 VW-Golf brachte das Planetarium 1982 in Wolfsburg an Devisen. Ein Golf kostete damals 20 000–25 000 Mark. Weitere Planetarien folgten.

Im Jahr 2000 folgt eine andere Wende: Das 1972/73 erbaute Berliner Ahornblatt fällt im August trotz heftiger Proteste. Es ist kein Platz mehr für DDR-Solitäre. Grund und Boden der neuen Hauptstadt sind teuer.

Was eigentlich ist Spritzbeton?

Spritzbetonschalen sind ein typisches DDR-Relikt. Denn die Technik der Tragwerke, schon in den 1920er Jahren für Flugzeug-, Zeppelin- und Versuchshallen verwendet, war längst überholt. Schon bald nach Müthers Diplomarbeit und der ersten Schale 1963 war Spritzbeton wegen seiner personalintensiven Verarbeitung im Bauwesen zu aufwändig geworden. Nur im Tunnelbau blieb die Technik erhalten.

Personal jedoch hatte die DDR und Müthers Truppe besaß den durch geschickte Diplomatie rund um Westaufträge ergatterten Spezial-Mercedes-LKW. Auf dem saß die Pumpe. Nach der Wende rettete Martin Haase aus Stresow diese vor der Verschrottung. Und er päppelte sie wieder bis zur Funktionsfähigkeit auf. Gerne würde er sie eines Tages aufs Neue einsetzen.

Tunnelbau, Felsstabilisierung und Ausbesserung sind heutige Anwendungen. In der Architektur von Kuppeln oder anderen Schalen besticht die Technik jedoch weiterhin. Durch Leichtigkeit. Der Teepott Warnemünde hat eine frei tragende Schale von nur sieben Zentimetern Dicke. Allerdings muss die Schicht einer Schale in einem Stück ohne Absetzen gespritzt werden. Und die Temperatur muss konstant im Plusbereich bleiben.

Arbeit war in der DDR billiger als Material. Das machte die Schalen überlebensfähig. Erwähnenswert, dass Spritzenführer wie Martin Haase oder Adolf Marschalk an einer Kuppel Knochenarbeit leisteten. Abgesetzt darf in der Schale nicht werden. Einmal begonnen, muss das Werk wie Schillers Glocke vollendet werden. Die Spannungen verschieden trocknenden Betons sind sonst nicht zu bewältigen. Die Erfahrung des Spritzenführers bestimmt auch, wie der Beton aufprallt, verdichtet und sich die Oberfläche entwickelt.

Bushaltestelle in Binz. Nichts weist auf den Baumeister dieser Schale hin.

Archiv in Wismar gesichert

Das nahezu komplette Müther-Archiv ist heute in Wismar an der Hochschule eingelagert. »Das war unser Wunsch, da dort Studenten weiter forschen können«, sagt Astrid Zydowitz-Müther und widerspricht dem Eindruck klammheimlichen Auslagerns von Kulturgut.

Professor Georg Giebeler führt in Wismar mit seinen Studenten die Dokumentation über Arbeiten wie den Teepott, die Planetarien oder das abgerissene Berliner Ahornblatt weiter. Er bestätigt die Verzierungstheorie nahe der industriellen Plattenbauten.

Die Architekten in Wismar, so bestätigt Giebeler, wollen tatsächlich die wissenschaftliche Aufarbeitung von Müthers Lebenswerk vorantreiben. Giebeler ist sicher, dass das Stoff für etliche Studien bis hin zu Doktorarbeiten abgeben wird. »Die Strenge von Müthers Arbeiten ist noch immer außergewöhnlich. Von ihnen geht eine starke Energie aus. Fast jeden Bau hat er binnen drei Jahren realisiert.« Der Architektur-Professor ist voller Hochachtung. International wird Müther in einem mit weiteren wichtigen Baumeistern gehandelt. Auf Rügen selbst gibt es noch nicht einmal ein Namensschild an seinen Bauten.

Rügens Landrätin Kerstin Kassner freut sich, wie sie sagt, jeden Tag auf dem Nachhauseweg über den Baufortschritt an der Ostseeperle in Glowe. Jetzt ist dieser so weit gediehen, dass die Sicht auf die Perle durch das nebenan stehende Hotel zugebaut ist. Notwendige Kompromisse, sagt Astrid von Zydowitz-Müther. Und widerspricht der Aussage, dass ebenso geschätzte Müther-Bauwerke auf Rügen vergammeln. Der hässliche Gasbetonbau in Glowe steht dem kühnen Solitär am Promenadenstrand aber wie ein Pickel im Gesicht.

In seinem Binzer Heimatort hat Ulrich Müther den aus zwei Schalen erstellten Strandwachturm zu einem kleinen Museum und Sommerbüro umgestaltet. Hochzeitsplatz darf er nach Verbot von

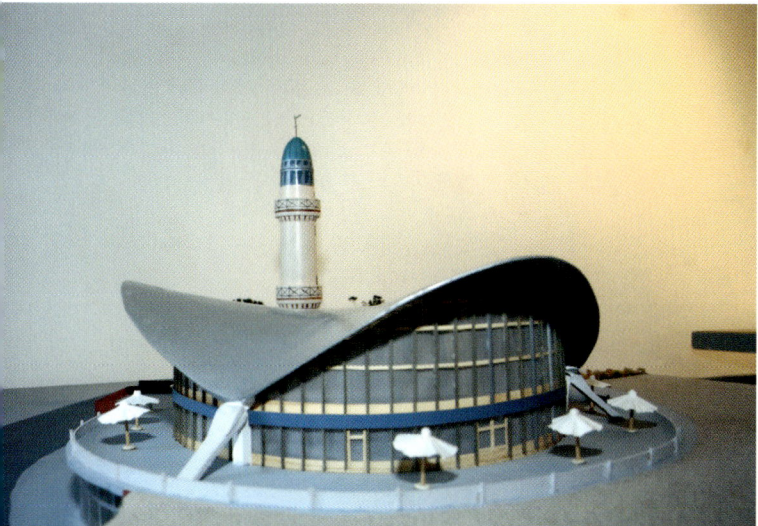

Modell des »Teepott« in Warnemünde

Modell des Rettungsturmes in Binz

Ostseebad Binz – VIEL MEER FLAIR

Astrid Zydowitz-Müther nicht genannt werden, obwohl nachweislich Paare den Platz wegen seiner Ausstrahlung dafür genutzt haben. Wegen vieler Fotos untrennbar verbunden, wie kein anderer ist der Ort mit Ulrich Müther. Seine Frau hat die Kanzel gemietet und pflegt den Bau.

Anders das kommunale Binzer Buswartehäuschen am neuen Kreisel der Ortseinfahrt. Schlimmer kann Ignoranz nicht öffentlich blühen. Die Steigerung besteht nur darin, dass es fast keiner merkt. Die Schale hat außer Umgebung für den Schilderwald drumherum zu sein, keinen Nutzen mehr. Nirgends steht, dass sie ein Modell für die Mehrzweckhalle in Rostock-Lütten Klein war. Ursprünglich wurden Verformungen und Belastungen daran gemessen. Ein kleiner Zipfel des Bauwerks allerdings bleibt renitent. Er ließ sich nicht

Die Ostseeperle in Glowe – einst Solitär, heute mit einem Hotel an der Seite als Kompromiss zum Erhalt versehen.

in das Rund das Kreisverkehrs integrieren. Dafür bekam er am Boden noch rot-weiß als Warnsignal übergeworfen.

Wo Denkmalschutz für großartige Architektur auf Rügen endet, ist in Baabe zu sehen. Das dortige Inselparadies wird mit Stacheldraht gegen Betreten gesichert. Die Glasrahmen unter der Schale sind leer, der Beton schutzlos, der himmelstrebende Bau würdelos. Welche politischen oder wirtschaftlichen Bedingungen das einstige Paradies zur bald abrisswürdigen Pestbeule mutieren lassen, weiß niemand.

Schöner als zu Hause!

Entspannung für Körper und Seele bietet die Residenz »bel-vital« im Ostseebad Binz. 50 neue, hochwertig eingerichtete Ferienwohnungen in ruhiger Lage und geringer Entfernung zum Badestrand

Modern eingerichtete Wohlfühl-Räume

Service und Komfort im Urlaub

laden den Gast ein. Die großzügigen Wohnungen und die gemütliche Einrichtung lassen den Stress des Alltags vergessen und sorgen für einen erholsamen Urlaub. Für alle, die sich ganz besonders verwöhnen lassen wollen, steht der hauseigene BeautyMedPoint zur Verfügung. Die professionellen Physiotherapeuten bieten Ihnen entspannende Massagen, Beauty- und Wellnessanwendungen.

Insel und Mehr Touristik GmbH
Proraer Straße 1 · 18609 Ostseebad Binz
Tel. (03 83 93) 66 62 20 · info@insel-und-mehr.de
www.insel-und-mehr.de

Abendstimmung an der Glower Ostseeperle

Ostseebad Binz – VIEL MEER FLAIR

Für die Gesundheit

Praxis für Physiotherapie im Ostseebad Binz

Stefanie Jantzen hat ihre Praxis für Physiotherapie in hellen, modern gestalteten Räumen eingerichtet.

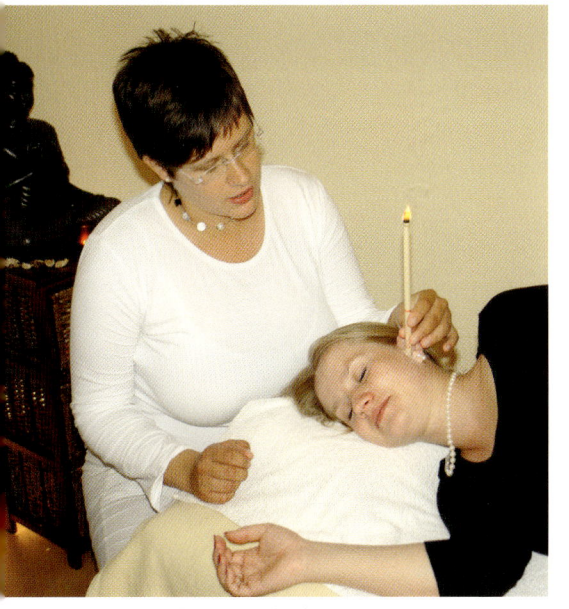

Mit Unterstützung ihrer fachlich kompetenten und freundlichen Mitarbeiter bietet sie auf der Insel eine hervorragende Anlaufstelle für körperliche Gesundheit. Moderne und bewährte Behandlungsmethoden befreien den Patienten von Schmerzen und Verspannungen. Besondere Bedeutung finden Anwendungen wie manuelle Therapie, diverse Massageformen, Lymphdrainage, Bobath und original Rügener Heilkreide. Aber auch die Behandlung im Bewegungsbad und ambulante Vorsorgekuren erfreuen sich großer Beliebtheit.

Gesundheitskurse

Getreu dem Motto »Vorsorgen ist besser als Heilen« werden regelmäßig Kurse zur gesundheitlichen Prävention durchgeführt. Bei dem umfassenden Angebot von Rückenschule, Aquagymnastik, Muskelentspannung nach Jacobson und Osteoporosesport, ist garantiert für jeden etwas dabei.

Entspannend

Die entspannBar ist eine Wellness-Oase für alle, die Ruhe und Entspannung vom hektischen Alltag suchen. Bei wohltuenden Massagen, asiatischen Anwendungen und speziell entwickelten Wohlfühl-Paketen tanken Gestresste neue Energie für Körper, Geist und Seele. Die räumliche Trennung der entspannBar von der Praxis garantiert ein Wellness-Erlebnis in völliger Ruhe und angenehmer Atmosphäre.

Mit einer Vielfalt an Methoden wird umfassend behandelt.

Gymnastik am Strand gehört auch zu den Angeboten der Physiotherapie von Stefanie Jantzen.

Praxis für Physiotherapie
Stefanie Jantzen
Proraer Chaussee 9
18609 Ostseebad Binz
Tel. (03 83 93) 13 48 88
Fax (03 83 93) 13 48 89
www.ruegen-physio.de

Entdecken Sie die Vielfalt

Das Loev Hotel Rügen bietet ein vielfältiges Verwöhnprogramm

Was gibt es Schöneres als nach einem ausgedehnten Strandtag oder einem langen Winterspaziergang den Abend bei einem gemütlichen Glas Wein ausklingen zu lassen? Das klingt nach wunderbarer Entspannung? Dann erleben Sie einen traumhaften Urlaub in den elegant eingerichteten Doppelzimmern, Studios und Appartements des Loev Hotels Rügen. In exklusiver Lage – nur 50 Meter von der Seebrücke entfernt, finden Sie das Loev Hotel Rügen in der Fußgängerzone und Hauptflaniermeile. Genießen Sie bei einer kulinarischen Erlebnis-Weltreise und besuchen Sie die Brasserie »Loev«. Hier werden Sie zu sündigen Schlemmereien internationaler und regionaler Küche verführt. Erlesene Weine runden Ihr kulinarisches Highlight ab. Ein paar Schritte weiter erwarten Sie feurige, spanisch-mexikanische Spezialitäten und TexMex im El Dorado Los Mexicanos.
Alle, die sehen und gesehen werden möchten, besuchen unbedingt die Cocktailbar Caffé Bars. Hier schlemmen Sie tagsüber bei hausgebackenem Kuchen und leckeren Kaffeespezialitäten – und versinken abends in der Welt der Coladas, Batidas und Daiquiris – Urlaubsfeeling pur. Und danach tanzen Sie in dem angesagtesten Club Löwe bei heißen Rhythmen durch die Nacht.
Eines noch fehlt zum perfekten Urlaub. Jede Frau weiß es – Shopping. In der Loev Passage findet aber nicht nur SIE ein passendes Accessoire. Auch ER kommt im Herrenmode-Geschäft auf seine Kosten.

Modern und freundlich sind die Zimmer eingerichtet.

Stilvoll schmausen in der Brasserie

Majestätisch und ganz in weiß präsentiert sich das Loev Hotel an der Strandpromenade.

Herzlich willkommen an Ihrem Urlaubsort!

Loev Hotel Rügen
Hauptstraße 20–22 · 18609 Binz
Tel. (03 83 93) 3 90 · Fax (03 83 93) 3 94 44
hotel@loev.de · www.loev.de

Ostseebad Binz – VIEL MEER FLAIR

Am Wasser und in typischer Natur

Inselweite Angebote eines Dienstleisters

Die Philosophie von Braun Immobilien lautet, dem Kunden durch Verkauf und Vermietung von Objekten auf Rügen ein schönes Stück Insel zu erschließen. Dabei ist entscheidend, dass der Kunde im Mittelpunkt aller Aktivitäten steht. Durch persönliche Beratung soll ihm das Gefühl vermittelt werden, er sei der einzige Kunde.

Auszugsweise

Beispielhaft ein kleiner Auszug aus dem Portfolio des Binzer Immobilienhauses Braun. Die Angebote konzentrieren sich auf die besten Insellagen, auch direkt am Wasser. Das zeigen die Standorte. Das Immobilien-Büro versteht sich als reiner Dienstleister und bietet neben der Vermittlung von Baugrundstücken oder dem Erwerb eines Massivhauses weitere Leistungen an.

Die weiteren Schwerpunkte beinhalten Bauträgerleistungen sowie die Vermittlung von Hotel- und Gewerbeobjekten, insbesondere die Vermittlung von Eigentumswohnungen.

Was sonst noch so geht

- Vermittlung von Mietwohnungen
- Vermittlung von zur Vermietung stehenden Gewerbeimmobilien
- Unverbindliche Finanzierungsberatung zum Aufzeigen der tatsächlich entstehenden Kosten beim Bauen oder zum Abchecken der finanziellen Möglichkeiten des Bauinteressenten.

Braun Immobilien steht seiner Kundschaft täglich zur Verfügung. Mit einer kleinen Ausnahme: Am Wochenende nur nach vorheriger Absprache.

Rohrgedecktes Bauernhaus mit Seeblick und Gästehaus

Romantisches Fachwerkhaus in Alleinlage

Attraktive Ferienwohnung mit Wellnessbereich im Ostseebad Binz

Rohrgedecktes Ferienhaus mit direktem Wasserzugang (Baubeginn nach Absprache) im Ostseebad Sellin

BRAUN IMMOBILIEN · Inh. Helmut Braun
Strandpromenade 42 · 18609 Ostseebad Binz
Tel. (03 83 93) 3 28 99 · Fax (03 83 93) 3 38 20
www.insel-ruegen-immo.de
braun-immobilien@t-online.de

Ostseebad Binz – VIEL MEER FLAIR

Wo Binz besonders schön ist...

Ferienorganisation »Am Fischerstrand«

Das Ostseebad Binz ist ein historischer Ort mit einem ganz besonderen Charme. An jener historischen Stelle, an der vor über hundert Jahren die Geschichte des Ostseebades begann, stehen einige außergewöhnliche Unterkünfte bereit. Direkt am feinsandigen Strand der Ostsee, am südlichen Ende der berühmten Strandpromenade, im Schutz des Hochufers und der jahrhundertealten Wälder der Granitz gelegen, vermittelt der Fischerstrand den Reiz der landschaftlichen Vielfalt dieser einzigartigen Insel. Der Blick auf das Meer eröffnet ein traumhaftes Panorama der Binzer Bucht, über die Schmale Heide reicht die Sicht bis hin zu den Kreidefelsen des Jasmunder Nationalparks.

Villen am Strand

Im Stil der verspielten und herrschaftlichen Bäderarchitektur erwarten die Gäste modern eingerichtete Ferienwohnungen und Appartements für eine bis sechs Personen. Da ist die Villa Agnes, 1994 renoviert und direkt am Strand gelegen, natürlich mit Meerblick und bester Ausstattung. Die Villa Strandeck bietet Ferienwohnungen von 50–90 Quadratmetern. 1999 wurde sie aufwändig rekonstruiert und verbindet architektonische Großzügigkeit der Kaiserzeit mit modernstem Wohnkomfort. Das hübsche Seeschloss mit seinen Türmen hat 33 Appartements, eine Sauna und Garagen.

Ruhig gelegen ist das Aparthotel Ostsee, eingebettet zwischen Meer und Wald. Die Wohnungen sind 35–70 Quadratmeter groß, jeweils mit Balkon zur Seeseite und mit getrennten Wohn- und Schlafzimmern ausgestattet. Ein Lift und eigener Parkplatz ergänzen das umfangreiche Serviceangebot. Die Villa Stranddistel ist im Jahre 1999 rekonstruiert worden und hat Ferienwohnungen in verschiedenen Größen und Ausstattungen, ebenfalls mit Meerblick. Wunderschön ist auch die Villa Gudrun mit ihren großzügig und bequem eingerichteten Wohnungen, direkt am breiten Sandstrand.

Planungshilfe für den Urlaub

Gebucht werden können die sechs Unterkünfte zentral über die Feriendienstorganisation »Am Fischerstrand«. Auf der Internetseite sind die Domizile ausgiebig vorab zu besichtigen, es sind sogar kleine Videofilme erstellt worden. Die freundliche Buchungsagentur berät gerne bei der Auswahl nach der passenden Bleibe zu Ihrem Wunschtermin.

Eine freundliche und gepflegte Anlage: die Villa Gudrun

Eingebettet in die Natur: die Villa Strandeck

Mit Türmchen und Balkonen: die Stranddistel

Ein Traum am Strand: das Hotel Seeschloss

Bäderarchitektur und viel Komfort: das Aparthotel Ostsee

Die Villa Agnes

Feriendienstorganisation am Fischerstrand
Strandpromenade 6 · 18609 Ostseebad Binz
Tel. (03 83 93) 49 90 · Fax (03 83 93) 4 99 83
info@fischerstrand.de · www.fischerstrand.de

Ostseebad Binz – VIEL MEER FLAIR

Klettern und Kraxeln

Größter Klettergarten auf der Insel Rügen

Auf fast vier Hektar Waldfläche befindet sich in Binz auf Rügen einer der größten Klettergärten Deutschlands. Abenteuer, Sport & Spaß und das Gefühl der Freiheit – dies finden Sie im Seilgarten Prora, direkt an der ehemaligen KdF-Anlage in Prora gelegen. Die Besucher klettern, balancieren und gleiten durch eine Welt aus Balken, Netzen, Tauen, Brücken und Seilbahnen. Von Baum zu Baum. Es stehen nach der Einweisung in das Sicherheitsprinzip derzeit neun Parcours mit fünf verschiedenen Schwierigkeitsgraden in ein bis neun Meter Höhe zur Verfügung – ein Erlebnis, das Sie so schnell nicht vergessen werden. Parcours eins ist mit einer Höhe von bis zu 1,50 Meter und dem Schwierigkeitsgrad eins für Kinder ab fünf Jahren und einer Mindestgreifhöhe von 160 Zentimetern geeignet. Kinder im Alter von 8–11 Jahren dürfen in Begleitung einer erwachsenen Person, Kinder ab 12 Jahren unter Aufsicht auf allen für sie geeigneten Parcours klettern.

Highlights sind unter anderem der Tarzansprung, die frei hängenden Kletterwände, das Einrad und ein Schiff in luftiger Höhe – dem Spaß steht im Seilgarten nichts im Wege. Rund drei Stunden Klettern in der Natur stehen auf dem Programm, danach kann man sich direkt am Strand der Prorer Wiek ausruhen.

Der Seilgarten ist einfach mit dem Auto, dem Fahrrad, mit dem Prora-Express, dem Zug oder zu Fuß zu erreichen. Das Seilgarten Prora Team freut sich auf Ihren Besuch.

Solide Verarbeitung der einzelnen Geräte ist die Grundlage für Sicherheit.

Kinder haben im Seilgarten ihren Spaß.

Rasante Seilbahnfahrten für Kraxel-Fans

Seilgarten Prora KG
Strandstraße 52, Block 3 · 18609 Ostseebad Binz
Tel. (0 38 31) 3 56 94 73 · Mobil (01 72) 7 32 58 80
info@seilgarten-prora.de · www.seilgarten-prora.de

Der Koloss von Prora

Die KulturKunststatt Prora ist ein All-in-one-Museum

Prora ist sowohl für Reisegruppen als auch für Einzelreisende ein interessantes Ausflugsziel während ihres Urlaubes auf der Insel. Wer Rügen kennenlernen will, der will auch Prora kennen lernen. Die KulturKunststatt Prora bietet seit rund 14 Jahren ein interessantes und informatives Besucherangebot. Die KulturKunststatt Prora präsentiert das »Zeitfenster Prora 1934–2002«. Das Erlebnismuseum auf 5000 Quadratmetern befindet sich in der historischen KdF-Anlage in Prora, auch »Koloss von Prora« genannt. Mit 120 000 Besuchern jährlich ist es eines der meist besuchten Museen in Mecklenburg-Vorpommern. Fast 40 Fernsehteams drehten hier bereits.

Der Besucher wird abwechslungsreich durch die verschiedenen Museumsbereiche und die Bildergalerie der KulturKunststatt geführt. Das Wiener Kaffeehaus und der Panoramasaal Silberreiher, der für Gruppen und Vorträge geeignet ist, runden das Angebot ab. Als All-in-one-Museum hat es historische, naturwissenschaftliche, technische und militärische Ausstellungsbereiche. Eine gelungene Kombination aus rekonstruierten Räumlichkeiten am Originalschauplatz und umfangreichen Hintergrundinformationen machen den Besuch der KulturKunststatt Prora zu einem Erlebnis.

Kernbereiche sind das NS-KdF-Museum mit der 18 Meter langen Modellanlage »KdF-Seebad Prora«, dem Urlauberzimmer Baugilde 1936, der Sonderausstellung KdF-Reisen und das NVA-Museum. Dies zeigt auf über 1500 Quadratmetern die militärische Nutzung von 1952–1992, ein NVA-Urlauberzimmer im Erholungsheim Walter Ulbricht, sowie 40 original rekonstruierte Räume. Das Rügen-Museum zeigt die Ausstellung Rügen von der Inselwerdung bis zur Gegenwart, Streiflichter der Hanse und die Hafengeschichte Sassnitz. Diverse Technik-Sonderausstellungen präsentieren unter anderem die Motorradwelt der DDR mit fast 60 restaurierten Motorrädern sowie Schreibmaschinen und Kamera-Raritäten der DDR. Die Bilder-Galerie ist eine ständige Verkaufsausstellung von 20 Rügener Malern und Keramikern.

Mit 4,6 Kilometern ist das »KdF Rügen« das längste Gebäude Europas.

KulturKunststatt Prora
Objektstaße Block 3/TH 2
18609 Ostseebad Binz, OT Prora
Tel. (03 83 93) 3 26 96 · Fax (03 83 93) 3 26 96
kultur-info@kulturkunststatt-prora.de
www.kulturkunststatt-prora.de

Ostseebad Binz – VIEL MEER FLAIR

Bausoldat fordert Gedenken

Landkreis könnte im Proraer Jugendherbergsblock handeln

Im Block Fünf der KdF-Anlage Prora – das ist jener kurz vor den Ruinen ohne Putz und Fenster – möchte der Landkreis zusammen mit dem Jugendherbergswerk (DJH) eine Herberge errichten. Eine Jugendherberge mit 500 Metern Länge und fünf Stockwerken. Der dazugehörige Campingplatz wird schon betrieben.

Jung war auch einmal der 1967 in Eisenach geborene frühere Bausoldat Stefan Wolter. Geschichte und Theologie hat er später studiert. Wer ihn heute sieht, kann kaum glauben, dass er am Bau des Fährhafens Mukran vor allem als Schwerarbeiter beschäftigt war. »Prinz von Prora« hatten ihn Vorgesetzte bei der NVA genannt. Rund 15 000 Bausoldaten, der Insiderbegriff für Wehrdienstverweigerer der DDR, waren zwischen 1964–1989 beim Militär der DDR stationiert und tätig. Auch heute noch haben alte Offiziere und die Obrigkeit Probleme mit den als Nestbeschmutzer angesehenen Querulanten. Nach Wolters Angaben seien zumindest zu Beginn seiner Zeit als Bausoldat die Zustände der Kasernierung auf Rügen »skandalös« gewesen. Erst im Zelt untergebracht, wurde später der Block Fünf eine Bleibe mit dauerhafter Schikane.

Wolter schrieb in seinem 2005 erschienenen Werk »Der Prinz von Prora« erstmalig in diesem Umfang darüber. Und löste eine allgemeine Debatte über Bausoldaten in der DDR aus.

2007 kam er mit einem neuen Buch im Gepäck zurück, das die Reaktionen ehemaliger Bausoldaten dokumentiert. Sein Ziel: Das Bausoldaten-Gemeinschaftszimmer am Treppenhaus acht, vierter Stock erhalten. Heute hängt hier nur noch eine weit über 20 Jahre alte Karte an der Wand. »Mir wurde vom Prora Zentrum e.V., in dem auch die Landrätin Mitglied ist, versprochen, dass wir hier was machen können. Ich habe Sorge um die Karte«, sagte Stefan Wolter damals vor Ort und bemühte sich um Kontakt ins Bauamt des Landkreises. Bauamtsleiter Rainer Roloff hörte erstmalig davon. Natürlich sei vorgesehen, zusammen mit dem Deutschen Jugendherbergsverband (DJH) dort etwas zu machen. »Dass der Raumwunsch so konkret ist, erfahre ich jetzt zum ersten Mal«, so Roloff damals. Der Prora-Zentrum-Verein war allerdings im Eingangsgebäude des Zeltplatzes sofort vertreten.

»In diesem Raum, unter dieser Karte, haben wir unsere Briefe geschrieben. Ein paar Meter weiter ist unser Zimmer gewesen. Natürlich kann man die Geschichte der Bausoldaten mit Authentizität nirgends besser dokumentieren«, weiß Wolter.

Stefan Wolter mit einem seiner Bücher vor dem Block Fünf in Prora.

Die Dimension Proras aus der Luft: 4,5 Kilometer und Europas längstes Gebäude. Eine noch immer schwere Bürde für den Landkreis.

Für die heroische Darstellung der Nationalen Volksarmee (NVA) und ihrer Organe hat sich in Prora schon lange ein Ausstellungsplatz gefunden.

Dass diese authentische, weil 20 Jahre alte Karte im früheren Schreibzimmer nur kleine Kratzer hat, freut Wolter. »Man müsste sie mit Plexiglas schützen«.

Er macht er sich nach wie vor Sorgen, dass die Debatte ins Leere läuft. »Viele machen sich jetzt erst auf, den Platz ihrer Demütigungen in Prora zu besuchen. Es wäre schade, wenn diese Chance eines Gedenkplatzes vertan würde. Erst jetzt beginnen viele, das alles aufzuarbeiten«, so Wolter.

www.proraer-bausoldaten.de

Ostseebad Binz – VIEL MEER FLAIR

Las Vegas von Rügen

Treffpunkt Glück: die Ostseespielbank in Binz

Klassisch spielen am Poker oder Roulette – modern spielen an Glücksspielautomaten der neusten Generation. Eingebettet in ein maritimes Ambiente im schönen Ostseebad Binz können Urlauber und Einheimische bei einem kleinen Spielchen ihr Glück versuchen.

Die Ostsee-Spielbanken sind Ausgangspunkt erlebnisreicher Unterhaltung in einem anspruchsvollen Rahmen. Vor dem Hintergrund einer einmaligen Vielfalt an Natur und Wellness auf der Insel Rügen, verbindet die Ostseespielbank Binz Glücksspiel, Kultur und Events zu einer genussvollen Freizeitalternative.

Die Spielbank in Binz wurde im September 2006 mit einer Investitionssumme von rund 1,6 Millionen Euro eröffnet. Ein optischer Höhepunkt ist die neugestaltete Fassade. Der überregional bekannte Bühnenbildner und Designer Kurze gestaltete die Fensterfassade mit historischen Einblicken in die Geschichte des Seebades aus der Sicht maritimer Aspekte.

Die Spielbank Binz liegt zentral im Ort.

Hochmoderne Spieltische für anspruchsvolle Freizeitgestaltung

Spiele-Klassiker und moderne Automaten

An rund 80 modernen Spielautomaten der Firma Novomatic Spielunterhaltung wird den Besuchern Spielspaß auf höchstem Niveau geboten. Neben der neuesten Multi Roulette Anlage stehen den Gästen auch Automaten zur Auswahl, an denen sie schon ab 2 Cent Ihr Glück versuchen können. Neben den altbewährten Münzauszahlungen werden Gewinne mit einem neuen Ticketsystem schnell und unkompliziert verbucht.

Jeden Dienstag, Donnerstag und Samstag können die Besucher zudem um 20 Uhr an den Spieleinführungen und Demospielen im Live Game teilnehmen. Regelmäßige Veranstaltungen, wie die monatlichen Pokerturniere, haben sich als fester Bestandteil des touristischen Unterhaltungsangebotes im Ostseebad Binz etabliert. Gerade Poker gehört zu den wieder neu entdeckten Gesellschaftsspielen, die zur Zeit eine Renaissance feiern. Aber auch klassisches Roulette hat nie seinen Reiz verloren. Wenn die Kugel rollt, steigt die Stimmung, bis »nichts mehr geht«.

Treffpunkt Jackpot Bar

Für das leibliche Wohl sorgt die Jackpot Bar mit vielen leckeren Cocktails, egal ob mit oder ohne Alkohol. An der Bar kann man während einer kurzen Spielpause auch nette Kontakte knüpfen oder die nächsten Strategien besprechen.

Die Spielbank Binz ist täglich in der Zeit von 11 – 3 Uhr geöffnet. Der Eintritt ist frei.

Roulette gehört nach wie vor zu den Klassikern im Glücksspiel.

Ostseespielbanken GmbH & Co. KG
Spielbank Binz
Proraerstraße 1 · 18609 Ostseebad Binz
Tel. (03 83 93) 13 78 80 · Fax (03 83 93) 1 37 88 11
service@ostsee-spielbanken.de
www.ostsee-spielbanken.de

Die Erfolgsgeschichte eines
mittelständischen Unternehmens in Vorpommern

Vom kleinen Gebrauchtwagenhändler zum Multimarkenhändler

Begonnen hat alles 1990 auf der »grünen Wiese« in Sagard mit der Gründung der Auto Eggert GmbH und dem Verkauf von Gebrauchtwagen. Doch schon 1991 eröffnete Manfred Eggert das erste neuerbaute Autohaus auf Rügen. Mit dem Vertriebsvertrag des koreanischen Herstellers HYUNDAI wurde der Grundstein für den Vertrieb von Neuwagen gelegt. Dies ist nun 18 Jahre her und war nur der Anfang einer Erfolgsgeschichte. Im Laufe der Jahre folgten weitere Vertriebs- und Serviceverträge mit anderen Automobilherstellern.

So wurde Anfang 1996 der Vertrag für die Marke OPEL unterzeichnet. 2001 folgte der Vertrag mit ŠKODA und 2003 öffnete das neue SAAB Zentrum auf Rügen die Türen für seine Kunden. 2007 folgte dann die Unterzeichnung des Vertriebs- und Servicevertrages für die Marke NISSAN.

Erstes Multimarken-Autohaus in Vorpommern

Das jedoch größte Projekt wurde im November 2006 mit einer großen Eröffnungsfeier abgeschlossen. Manfred Eggert übernahm aus den Händen des Architekten den Schlüssel für das erste Multimarkenautohaus in Vorpommern. HYUNDAI, OPEL, ŠKODA, SAAB – vier Automobilmarken unter einem Dach vereint.
Somit ist die Firma Eggert mit 5 Fahrzeugmarken an insgesamt 8 Standorten auf Rügen, in Stralsund und in Greifswald vertreten. Abgerundet wird das ganze durch jeweils einen großen Gebrauchtwagenmarkt in Stralsund und Greifswald.

Weitere Standbeine nützen Urlaubern

Der Verkauf von Neu- und Gebrauchtwagen ist jedoch nur ein Standbein der Firma Eggert. Der Service als Vertragswerkstatt für die fünf Marken gehört genauso dazu, wie der Service als freie Werkstatt für alle Fabrikate. Besucher der Insel Rügen nutzen diesen Service gern während ihres Aufenthaltes auf der Insel. Die Gäste machen Urlaub, genießen die Schönheiten der Insellandschaft und die Firma Eggert kümmert sich um den Freund auf vier Rädern, ohne dass die Mobilität verloren geht. Wie? Mit dem Mietwagenservice der Firma Eggert. Vom Kleinwagen bis zum Familienbus zum kleinen Preis ist alles möglich. Aber auch Gäste, die mit der Bahn anreisen, können diesen Service nutzen. Sie buchen Ihren Mietwagen bereits bequem von zu Hause. Bei Ankunft am Zielbahnhof wird das Fahrzeug von einem freundlichen Mitarbeiter der Firma Eggert übergeben und am Ende des Urlaubs wieder in Empfang genommen: eben das kleine Etwas mehr an Service.

Die Insel Rügen bietet Heiratswilligen schöne und romantische Plätze für das Ja-Wort. Auto Eggert hat das passende Hochzeitsauto dazu – geschlossen oder oben ohne mit einem Cabrio – selber fahren oder mit Chauffeur.

Auto Eggert GmbH
Ansprechpartner: Constance Eggert
Tilzower Weg 23
18528 Bergen auf Rügen
Hotline (0 38 38) 8 03 00
Mobil (0173) 8 90 99 09
www.autohaus-eggert.com
24-Stunden-Abschleppdienst und Pannenhilfe
(01 71) 3 48 23 66

Ostseebad Binz – VIEL MEER FLAIR

Bernstein-Galerie

Die einzigartige Welt des Ostseegoldes

Die Bernstein Galerie Binz präsentiert zauberhaften Bernstein in höchster Vollendung. In der größten Bernstein-Verkaufsausstellung Rügens gibt es für jedes Alter, jeden Typ und jeden Geschmack die passenden Steine. Wir möchten Sie auf einen kleinen Streifzug durch die exklusive Welt des Bernsteins einladen, entführen in die sinnlichen Erscheinungen der verschiedensten Formen und Farben dieses faszinierenden Steins.

Bernsteinschmuck
Die stets warme Farbgebung des Bernsteins passt sich vielerlei Einrichtungsstilen an. Ob sehr puristisch mit Edelstahl oder zum Beispiel eher klassisch in Verbindung mit Holz. Nur wenige wertvolle Steine werden mit dem Begriff zeitlos tituliert, darunter fällt mit Sicherheit der Bernstein. Perfekt kommt er in Verbindung mit hellen Metallen wie Silber, Edelstahl, Titan oder Platin zur Geltung, wobei feinstes 925er Sterlingsilber am häufigsten Verwendung findet. Es schmeichelt dem warmen Glanz des Bernsteins und lässt sich darüber hinaus optimal bearbeiten.

Die Entstehung

Das Gold der Ostsee fasziniert seit jeher die Menschen. In Wissenschaft, Kultur und Kunst hat Bernstein eine lange Tradition. Den besonderen Reiz des Bernsteins macht seine langwierige Entstehung aus: etwa 40 Millionen Jahre vergehen, bis aus dem klebrigen Harz aus tertiären Wäldern Bernstein wurde. Die am Ostseestrand angespülten Bernsteine stammen mutmaßlich von einer Kiefer- oder Zedernart, die im subtropischen Klima des heutigen Baltikums wurzelte und das inmitten von Palmen, Ölbäumen und Magnolien. 250 verschiedene Bernsteinarten werden von Kennern unterschieden – vom angespülten »See-Bernstein« bis zu dem im Samland geförderten »Erd-Bernstein«.

Es gibt zwei grundlegende Sorten des Steines, der eigentlich gar keiner ist, sondern das getrocknete Baumharz, das von den unterschiedlichsten Bäumen und Gründen aus der Rinde gepresst und anschließend komprimiert wurde. Zum einen ist da die durchsichtige, cognacfarbene Version, die wir zumeist mit den Inklusionen von kleinen Tierchen und Farnen kennen, und dann gibt es noch die älteren und wertvolleren Steine, deren Färbung vom reinen Weiß bis zum Honiggelb die Betrachter fasziniert. Die Nuancen sind so zahlreich wie das Spektrum des Regenbogens. Ursachen dieses Farbenrausches sind häufig Einschlüsse wie Schwefelkies oder Algen, die einen Grünstich hervorrufen. Luftbläschen können den Bernstein weiß aufschäumen. Bestimmte Mineralien sorgen sogar für silberne Spielarten.

Auch heute noch kann man an Rügens Ostseeküste Bernstein finden. Welle um Welle türmt einen gewaltigen Muschelberg am Ufer auf. Wenn die Frühjahrs- und Herbststürme die Ostseeinsel Rügen auf eine harte Probe stellen, spielt sich diese Szene viele Male am Tag ab. Dann kann man mit Sicherheit auch mal einen größeren Bernsteinfund machen – man muss nur früh genug aufstehen. Also, Augen auf oder gleich in die Bernstein-Galerie oder in die Verkaufsausstellung »Meeresgold« im Hotel Ceres kommen. Bei der Riesenauswahl an hochwertigen Qualitätssteinen finden Sie bestimmt Ihren persönlichen Bernstein. Wir beraten Sie gern.

Kompetenz in Sachen Schmuck: Inhaberin Sabine Mantey

Verschiedene Farben und Formen, verarbeitet zu Ringen mit Silber, Edelstahl oder Platin.

Zahlreiche Bernsteincolliers warten zur Anprobe im modernen, neuen Geschäft gegenüber dem alten Standort.

»Das Gold des Meeres« in seiner schönsten Form

Eine von rund 250 Arten Beinstein – jede für sich schön und vollendet

Schmuck für jeden Typ und jeden Anlass

Bernstein Galerie Binz
Hauptstraße 24/25 · 18609 Ostseebad Binz
Tel. (03 83 93) 3 08 76 und 66 63 69
info@bernstein-ruegen.de
www.bernstein-ruegen.de

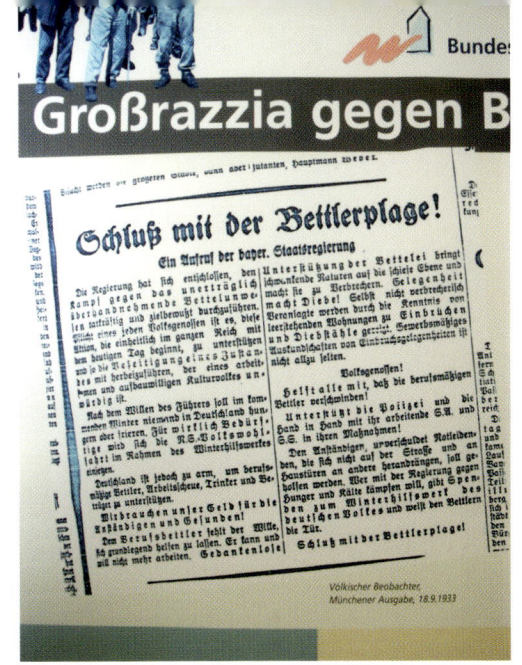

Gut aufbereitete Exponate: Das Dokumentationszentrum zeigt regionale wie nationale Aspekte zum Nationalsozialismus.

Manchmal ist die Dramatik der Zeitgeschichte, wie hier in einer Ausstellung zu Tschetschenien, den Beteiligten am Gesicht abzulesen.

Ohne Dokumentationszentrum geht nichts

Prora muss einen Ort der Geschichte ausweisen

Das Dokumentationszentrum Prora wurde unter dem Dach der Stiftung NEUE KULTUR im Juli 2000 gegründet und hat im Sommer 2001 mit Förderung der Europäischen Union eine Konzeption für eine umfassende Dokumentation zu Prora abgeschlossen. In europäischer Kooperation wurden in den Jahren 2003 und 2004 wesentliche Teile der Konzeption realisiert und im Juli 2004 die Ausstellung »MACHTUrlaub« über das »KdF-Seebad Rügen« und das gesellschaftspolitische Konstrukt der nationalsozialistischen »Volksgemeinschaft« eröffnet. Das Dokumentationszentrum Prora ist seitdem ein wichtiger Bestandteil der deutschen Erinnerungskultur geworden.

Es befindet sich im Gebäudekomplex des ehemaligen »KdF-Seebad Rügen«, auch »Koloss von Rügen« genannt.

Konkurrenz ohne Not

»Landrätin Kerstin Kassner hat auf Initiative eines ehemaligen Mitarbeiters des Dokumentationszentrums im Herbst 2001 einen »Förderverein Dokumentationszentrum Prora« gegründet. Dort hat sie selbst den Vorsitz inne und bekannt gegeben, dass dieser Verein das Dokumentationszentrum Prora übernehmen werde«, bemängelt der Leiter des Dokumentationszentrums, Dr. Jürgen Rostock nicht nur die Namensähnlichkeiten. Der Verein wurde später in »Prora-Zentrum« umbenannt. Bislang in Prora nicht existent, bezog dieser Ende Mai 2008 im Block V des Landkreises Räume. »Ein Vorgaukeln von Präsenz wie ein Potjemkinsches Dorf«, sagt Jürgen Rostock.

Verkauf Block Drei

Wenige Tage nach der Eröffnung des neu gestalteten Dokumentationszentrums im Sommer 2004 wurde in Rostock ein Vertrag unterschrieben, mit dem zentrale Teile der Anlage, der besterhaltene und gut genutzte »Block III mit Querflügel«, in dem auch das Dokumentationszentrum Räume gemietet hat, an die Gesellschaft »Inselbogen« veräußert wurden. 370 000 Euro waren für ca. 60 000 Quadratmeter Nutzfläche zu zahlen. Eine zweistellige Millionensumme erwarten die Investoren als Fördermittel des Landes. Der Haushaltsausschuß des Deutschen Bundestages stimmte trotz zahlreicher Proteste zu.

Das Dokumentationszentrum Prora arbeitet seit acht Jahren erfolgreich in Prora, seit 2004 mit einer neuen Dauerausstellung. Über die Jahre wurde intensiv Bildungsarbeit geleistet: Beispielsweise wurden 32 Sonderausstellungen, außerdem Vorträge, Lesungen und zahlreiche weitere Veranstaltungen organisiert (siehe Fotos).

»Die Einrichtung hat steigende Besucherzahlen«, sagt Jürgen Rostock. »Voraussichtlich erreichen wir 2008 die Zahl 100 000.«

Erklärung der Akademie der Künste

»Der Monumentalbau in Prora auf Rügen ist ein einzigartiges architektonisches und sozialgeschichtliches Zeugnis der nationalsozialistischen Ideologie und ein unverzichtbares Dokument der deutschen zeitgeschichtlichen Erinnerungskultur. Die Verbindung von Verführung durch nationalsozialistische Propaganda und Zeugnis einer gescheiterten Diktatur, deren Völkermord einen Zivilisationsbruch unvorstellbaren Ausmaßes in der deutschen Geschichte darstellt, erschließt sich in seiner ganzen historischen Dimension jedoch nur durch die Vermittlung aller Facetten der Verzahnung von historischem Ort und Politik des »Dritten Reiches«.

Bei den regelmäßigen zeitgeschichtlichen Ausstellungen finden sich immer zahlreiche Besucher ein.

Dr. Jürgen Rostock bei Eröffnung einer Ausstellung zu Wohnungslosigkeit im Nationalsozialismus.

Ostseebad Binz – VIEL MEER FLAIR

Radler-Kompetenz auf Rügen

Die Halbinsel Mönchgut im Südosten präsentiert eine vielfältige Landschaft zwischen Meer und Bodden. Über lange Sandstrände und die Zickerschen Alpen führen viele Rad- und Wanderwege. Die Familie Deutschmann hat sich ganz dem Fahrrad verschrieben.

Urlaubs-Station für Fahrrad-Fans ist das Radler Hus mit Ferienwohnungen und Reetdach-Haus.

Das Zweiradhaus Deutschmann bietet eine riesige Auswahl an Leihrädern an.

Auch Vespa-Roller können für Ausflüge auf der Insel ausgeliehen werden.

Fahrrad- und Rollerverleih

Der Zweiradhandel Deutschmann bietet einen umfassenden Service auf der gesamten Insel an. Zwei Filialen in Binz, eine in Putbus, in Lauterbach am Hafen und eine auf Mönchgut sowie ein Pannen-Notruf garantieren, dass die Räder rollen. Neben Reparaturen, neuen und gebrauchten Fahrrädern sowie Motorrollern gibt es eine große Auswahl an Mietfahrrädern. Vom Kinderrad über Trekking-Bike, Cross-Rad bis hin zum Tourenrad ist für jeden Fahrspaß etwas dabei.

Ferienwohnungen für Radler

Das Radler Hus befindet sich in Middelhagen an der Hagensche Wiek. Middelhagen liegt im Biosphärenreservat Südost-Rügen. Von der Pension aus erreicht man alle größeren Orte mit Fahrrad, Bus oder Auto in kurzer Zeit. Zum Strand sind es circa zwei Kilometer. Vier Ferienwohnungen und ein Ferienhaus mit Reetdach stehen zum Mieten bereit, alle durch den DTV mit drei Sternen bewertet. Auf 3000 Quadratmetern gibt es neben einem Grillplatz auch einen Kinderspielplatz, Sitzgelegenheiten und Parkmöglichkeiten für Autos.

Zweiradhandel Deutschmann Binz
Dollahnerstraße 17 · 18609 Ostseebad Binz
Tel. (03 83 93) 3 24 20 · Fax (03 83 93) 1 30 64
zweirad-deutschmann@t-online.de
www.zweirad-deutschmann.de
Filiale Putbus · Bahnhofstraße 7 · Tel. (03 83 01) 4 29

Radler Hus
Dorfstraße 34 – 35 · 18586 Middelhagen
Tel. (03 83 08) 2 54 82
Fax (03 83 08) 2 50 43
radlerhus.deutschmann@t-online.de
www.radlerhus-deutschmann.de

Urlaub ohne Wellness – ist wie Meer ohne Wind

Ein Herz für Kinder – Entspannung für die Familie – Luxus pur

Rügen bietet alles, was das Urlauberherz begehrt: traumhafte Sandstrände, unberührte Natur, altehrwürdige Seebäder, verträumte Fischerdörfer sowie wunderbare Hotels. Ein herausragendes Hotel-Trio sind die Häuser an der Strandpromenade: das Strandhotel Arkona, das Strandhotel Rugard sowie das Grand Hotel Binz.

Der Traumstrand vor dem Strandhotel Arkona

Das Strandhotel Rugard

Strandhotel Arkona *****

Das Vier-Sterne-Haus mit dem kompletten Serviceangebot von Tagung bis Wellness richtet sich besonders an Familien. Eine Attraktion für die kleinen Gäste ist das »Spatzennest«, ein eigenes Haus für Kids. Dort werden sie liebevoll von einer Erzieherin betreut.

Strandhotel Rugard *****

Wellness-Paradies auf über 3000 Quadratmetern. Das mit dem World Hotel Award ausgezeichnete Fünf Sterne-Haus bietet Luxus pur in den Beauty & Spa-Welten, Kreidearrangements, einen Wohlfühlfriseur und viele andere Möglichkeiten, einen traumhaften Urlaub zu verbringen. Eine Attraktion ist der große Bernsteinbrunnen.

Grand Hotel Binz *****

Exklusiv am ruhigsten Abschnitt der Promenade gelegen. Luxuriöse Zimmer und Suiten im gehobenen Niveau von Fünf Sternen beinhalten ein umfassendes Wellness-Erlebnis mit neuer Erweiterung, dem Thai Bali Beauty Spa, und kulinarischen Höhepunkten im Restaurant Ruiani.

Grand Hotel Binz aus der Vogelperspektive

Strandhotel Arkona
Strandpromenade 59
18609 Binz
Tel. (03 83 93) 5 50 · Fax (03 83 93) 5 77 77
hotelarkona@aol.com
www.arkona-strandhotel.de

Strandhotel Rugard
Strandpromenade 62
18609 Binz
Tel. (03 83 93) 5 50 · Fax (03 83 93) 5 77 77
hotelrugard@aol.com
www.rugard-strandhotel.de

Grand Hotel Binz
Strandpromenade 7
18609 Binz
Tel. (03 83 93) 1 50 · Fax (03 83 93) 1 55 55
info@grandhotelbinz.com · www.grandhotelbinz.de

Ostseebad Binz

Ausflüge, Strandpromenade und Bäderarchitektur

Binz, 1318 als kleines Fischerdorf Byntze erstmals urkundlich erwähnt, zählt heute rund 6000 Einwohner. Das größte Seebad der Insel Rügen liegt an einer der zauberhaftesten Buchten der Insel, der Prorer Wiek. Flankiert von den weitläufigen Waldgebieten der Schmalen Heide und der Granitz, schmiegt sich der Ort im Westen an das schilfumsäumte Ufer des Schmachter Sees, während er im Osten der Ostsee zugewandt ist.

Das Ostseebad Binz zählt mit seinen 1872 Sonnenscheinstunden pro Jahr zu den sonnigsten Orten Deutschlands. Zu den einmaligen Naturmitteln des Ostseebades gehören die jodhaltige Salzluft, Heilkreide und eine Thermalsole-Quelle. Sie sind die Grundlage für vielfältige Wellness- und Beautyangebote.

Einzigartig wie in keinem anderen Seebad der Insel, zeigt sich in Binz die Bäderarchitektur. Die verspielten Ornamente und Rosetten an den Holzbalkonen der Villen sind zum Synonym für Binz geworden und ziehen jährlich Tausende Besucher an. Jedes Jahr im September steht dieser Architekturstil besonders im Mittelpunkt. Neben Ausstellungen werden Führungen und Vorträge angeboten.

Eine Besonderheit des Seebades ist die 3,2 Kilometer lange Strandpromenade. Gesäumt von Häusern in romantischer Bäderarchitektur lädt sie ganzjährig zum Spaziergang ein. Den Mittelpunkt dieser Promenade bilden das Kurhaus (Ende 2001 wieder als Hotel eröffnet), der Kurplatz mit dem Konzertpavillon, den Pergolen und Wandelhallen, sowie die 1994 wieder errichtete Seebrücke. Sie ist 370 Meter lang und Ausgangspunkt für Schiffsfahrten in die benachbarten Ostseebäder und zur Kreideküste.

Das Badeparadies

Das Ostseebad Binz ist ein beliebtes Badeparadies. Die geschützte Lage, der feinsandige weiße Strand, der steinfreie Meeresgrund und die schwache Brandung sind ideal für puren Badespaß, insbesondere für Familien mit Kindern. Für die sehr gute Strand- und Wasserqualität wurde das Ostseebad Binz mit dem Umweltsymbol »Blaue Flagge« ausgezeichnet.

Neben Strandvergnügen gibt es zahlreiche Ausflugsmöglichkeiten und Sehenswürdigkeiten in der Umgebung, etwa den Park der Sinne am Schmachter See, das Biosphärenreservat Süd-Ost Rügen, die Rügensche Bäderbahn »Rasender Roland«, die Feuerstein-Felder der Schmalen Heide, das Jagdschloss Granitz, Prora – den Koloss von Rügen oder die Museumsmeile in Prora.

Für Kunstinteressierte gibt es eine Auswahl an Galerien und Werkstätten regionaler Kunsthandwerker, die den einmaligen Charme der Insel einfangen. Der Veranstaltungskalender des Seebades ist das ganze Jahr über gut gefüllt. Regelmäßig finden Kur- und Kirchenkonzerte, Kinderprogramme, Lichtbildervorträge und geführte Wanderungen statt. Zu den Veranstaltungshöhepunkten zählen das Anbaden der Binzer Hoteliers (1. Mai), das Seebrückenfest (Mitte Juni), das Sommerfest (Ende Juli) und das Binzer Herbstfest (Mitte Oktober).

Entspannend – Spaziergang am Strand von Binz

Historisch – Der »Rasende Roland« bei der Fahrt durch die Granitz

Romantisch – Park der Sinne am Schmachter See

Bäderarchitektur trifft Natur.

Einmalig – Bäderarchitektur entlang der Strandpromenade

Kurverwaltung Ostseebad Binz
Heinrich-Heine-Straße 7 · 18609 Ostseebad Binz
Tel. (03 83 93) 14 81 48 · Fax (03 83 93) 14 81 45
info@ostseebad-binz.de · www.ostseebad-binz.de

Fremdenverkehrsverein Binz/Rügen e. V.
Paulstraße 2 · 18609 Ostseebad Binz
Tel. (03 83 93) 66 57 40 · Fax (03 83 93) 66 57 50
info@gastgeber-binz.de · www.gastgeber-binz.de

Lancken-Granitz – Am Fuße des Schlosses

Der kleine Laurenz macht angesichts der Höhe dieser Treppe früh schlapp und rutscht auf dem Hosenboden zurück.

Die Schinkelsche Wendeltreppe mit ihren durchbrochenen Stufen

Jagdschloss Granitz
Dreifaltigkeit zwischen Historie, Architektur und Moderne

Laurenz sitzt auf der gusseisernen Treppe im Jagdschloss Granitz. Nur wenige Stufen ist er hochgestiegen, dann wollte er zurück. Auf dem Hosenboden. Unheimlich sei es ihm gewesen, sagt er beim Runterkommen. »Der hätte gar nicht alleine da hoch gedurft«, kommt Arno Derwisch vom Wachschutz hinzu, der ein Auge auf die tückische Treppe hat.
Das gusseiserne Meisterstück – nach Plänen von Karl-Friedrich Schinkel – im Jahre 1844 in den 38 Meter hohen Turm des Jagdschlosses eingefügt, ist mit seinen filigranen und durchbrochenen Metallstufen die Attraktion im Jugendstil-Schloss. Mutprobe für manche, Gegenstand von Alpträumen, und daher völlig indiskutabel, für andere. »Wenn die Aufwärtskletterer nicht runterschauen, klappt es meist, doch wehe, wenn«, sagt Derwisch, der schon Menschen aus halber Höhe huckepack geborgen hat. »Die wollten auch nicht mehr wie Laurenz auf dem Hosenboden runterrutschen.«
Schinkels Name (1781–1841) fällt immer wieder im Zusammenhang mit dem Jagdschloss, obwohl dieser nur den Turm in den Lichthof eingefügt und die Treppe konzipiert hat. Der Auftrag von Fürst Wilhelm Malte zu Putbus ging an Architekt Gottfried Steinmeyer. Und dieser war mit Schinkel befreundet.

Nach 154 Stufen auf 144 Metern über dem Meeresspiegel angekommen, liegen einem die Buchenwälder der Granitz und nahezu die halbe Insel Rügen zu Füßen. Es sei denn, es herrscht Nebel: Dann ist gerade mal das kleine, rötlich gestrichene Ablegerschlösschen zu sehen, in dem mittels einer Ausstellung des Nationalparkamtes über die Biosphäre Süd-Ost-Rügen und ihre Zielsetzung informiert wird.

In die Gemächer des Fürsten gelangen Besucher des Jagdschlosses nach dem Abstieg zum ersten Stock nahezu automatisch und man sollte auch einen Blick auf die bescheiden in einem anderen Eck sich korkenzieherartig hocharbeitende hölzerne Wendeltreppe übrig haben. Dort wurden über kleine Seitentüren die Speisen aus der Küche im Keller in die Säle gebracht.

Ausschnitt eines Zimmers in den Gemächern des Fürsten.

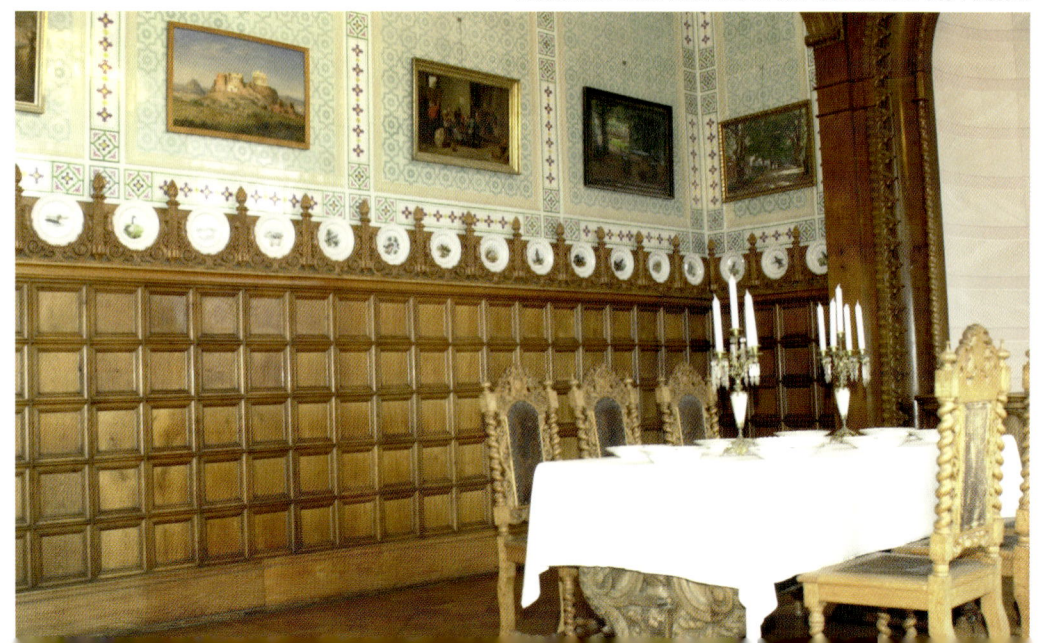

Lancken-Granitz – Am Fuße des Schlosses

Nicht alle trauen sich auf ihrem Weg über die Schinkelsche »Schwindel«-Treppe so dicht ans Geländer zu treten.

Etwa in das Jagdzimmer, dessen Porzellanteller mit jagdlichen Motiven bis auf einen verschwunden waren. »Nun sind sie von der Fürstenberger Pozellanmanufaktur 32-fach dem letzten Original wieder nachempfunden worden«, berichtet Verwalter Klaus-Dieter Mikschat. Ebenso erneuert wurden die den Schlosseingang flankierenden riesigen Molosserhunde.

Klaus-Dieter Mischkat und seine Frau haben es geschafft, einen erstaunlichen Mix der Nutzung aus Jagd, Historie und Kunst auf dem Schloss zu etablieren. Trotzdem fehlt noch vieles und muss über die Jahre weiterhin ergänzt werden. Der Rundgang zeigt sehr imposante Exponate, wie etwa einen klassizistischen Ofen von Tobias Feilner (1773–1839), Tische aus der Renaissance oder die Jagdgemälde im folgenden Salon.

»164 Jagdtrophäen hängen an den Wänden«, konnte Haustechniker Jochen Windelberg noch 2007 erläutern. Auch auf die Ausstellung im Hochparterre mit Jagdwaffen und wilden Tierarten aus Mitteleuropa konnte er bislang verweisen. Dieser Themenschwerpunkt jedoch schwindet oder schwand schon infolge einer Konzeptionsänderung der staatlichen Verwaltung der Burgen und Schlösser. Diese fordert, dass mehr Kunst und Kultur Einzug halten soll. Jagd in diesem Ausmaß, sei nicht mehr zeitgemäß. Daher freuen sich die Jäger des Kreisjagdverbandes, die nun Teile der »Hirsche der Welt« und einen imposanten Eberkopf als Trophäe am Kap Arkona in ihrer Jagdausstellung präsentieren können.

Statt der Jagdgöttin Diana und anderen jagdlichen Utensilien soll künftig mehr Modernität ins Jagdschloss einkehren.

Dauerausstellungen über die Romantiker Rügens sind heute eher en vogue. Und die regelmäßig wechselnden »Modernen«: Clara Schumann, Johannes Brahms, Friedrich Schleiermacher und natürlich Caspar David Friedrich. Diese und noch mehr haben sich auf Rügen aufgehalten und mit ihren Eindrücken die Kunst bis heute geprägt.

Die obligatorische Postkarte aus dem Shop kann mit Muße und bei Dudelsack- und Pfeifenmusik im Keller ausgefüllt werden. Dort, im früheren Wirtschaftsbereich, befindet sich das Wirtshaus »Alte Brennerei«, das ebenso wie das Jagdschloss am Montag geschlossen ist. Sonst lädt es zu rustikalem Essen oder auf Bestellung zu Schlemmerspektakeln ein.

Komplizierte Anfahrt

Von der Binzer Seebrücke fährt ab 9.45 Uhr über Hotel Rugard, IFA Ferienpark, Dünenpark, Großbahnhof oder vom Parkplatz Süllitz, der Jagdschlossexpress. Um 15.30 Uhr hupt der letzte Jagdschlossexpress für Fußkranke und Wandermüde zurück.

Nichts geht jedoch bei Schnee und Eis, daher am besten einen Fahrplan einstecken.

Kommen und gehen können Wanderer auch auf einem wunderschönen Weg von Neu Süllitz – nach Anreise mit der Kleinbahn »Rasender Roland« – und einem steiler werdenden Fußmarsch durch eine bezaubernde Allee und den dichten Buchenwald der Granitz.

Das gewaltige Jagdschloss wurde in den letzten 20 Jahren mehrfach saniert, bis die Farbgebung wieder stimmte.

Lancken-Granitz – Am Fuße des Schlosses

Wohnen auf der schönen Seite

Appartements zwischen Salzwiesen und Buchenwald

Der schönste und attraktivste Teil Rügens liegt nördlich von Lancken-Granitz. Dort ist die Granitz, der größte zusammenhängende Buchenwald der Insel. Das schöne Gästehaus liegt in ruhiger und reizvoller Naturlandschaft direkt an den Salzwiesen des Neuensiener Sees mit seiner einzigartigen Flora und Fauna. Man erreicht von hier aus zu Fuß, auf dem Fahrrad, mit dem Auto oder ganz romantisch mit dem »Rasenden Roland«, der dampfbetriebenen Kleinbahn, bequem alle Sehenswürdigkeiten der Insel Rügen.

Im Süden schließt sich die Halbinsel Mönchgut an mit kilometerlangen herrlichen Sandstränden und einer sanften Hügellandschaft, deren Landzungen sich weit hinaus in Bodden und Ostsee schieben. Von fast jeder kleinen Anhöhe entdecken die Ausflügler neue, eindrucksvolle Sichten über verträumte Fischerdörfer, Seen und Buchten und spüren die Harmonie der Natur – den Einklang von Wasser und Land.

Der Ess- und Wohnbereich in einer Ferienwohnung

Urlaub für Allergiker

Die Appartementanlage bietet einige Besonderheiten an: Als umweltorientiertes Haus wurde Wert darauf gelegt, dass alle Materialien frei von schädlichen Schadstoffen sind. Allergiker können hier unter optimalen Bedingungen Urlaub machen. Rauchen und Haustiere sind in den speziellen Appartements nicht gestattet.

Lancken-Granitz gehört zu den schönen Wohngegenden in der Nähe von Binz.

Appartementanlage »Lancken-Granitz«
Dorfstr. 27 · 18586 Lancken-Granitz
Tel. (0 61 98) 50 20 99 · Fax (0 61 98) 50 20 91
granitz@t-online.de · www.lanckengranitz.de

Ein Traum in der Natur

Urlaub im Biosphärenreservat

Inmitten des Biosphärenreservats Südost-Rügen haben sich Frauke Kohrs und Holger Hartung ihren Traum erfüllt: eine Herberge mit Hof-Café in herrlichster Landschaft! Auf einem anderthalb Hektar großen Grundstück wurde ein kleines Gehöft im Rügener Baustil errichtet und eine Streuobstwiese neu angelegt.

In der oberen Etage des Hauses befinden sich zwei komfortabel eingerichtete Wohnungen. Die kleine »Rote« ist das Appartement für Verliebte und Paare, die abends den Sonnenuntergang bewundern möchten und die Zweisamkeit genießen wollen. Die große »Grüne« bietet mit vier bis sechs Schlafgelegenheiten viel Platz für Familien und hat nicht nur für kalte Winterabende einen gemütlichen Kaminofen. Für Radfahrer, Wanderer und spontane Besucher steht der Heuboden als Herberge zur Verfügung.

Café im Hof

Das Café im Hof lädt ein zum Verweilen: Schattig und trocken unter der Remise des Stalls und dem Sonnensegel im Innenhof oder sonnig mit Blick auf den Teich, die Obstwiese und weiter bis zum Horizont. Die Gastgeber bereiten feine, einfache Speisen aus eigener und regionaler Produktion zu. Besonders beliebt sind Kaffee und Kuchen, Salate und Suppen sowie kleine stärkende Gerichte für Radfahrer und Wanderer.

Ein traumhaftes Rügener Haus mit herrlichem Garten und Teich.

Ein kuscheliger Schlafplatz für süßeste Träume

Das Hof-Café liegt geschützt hinter dem Haus, serviert werden feinste Kuchen-Spezialitäten.

Natourlust Rügen
Preetz 1b
18586 Lancken-Granitz
Tel. (03 83 03) 1 25 30
Fax (03 83 03) 1 25 31
Mobil (01 78) 1 83 52 63
info@natourlust-ruegen.de
www.natourlust-ruegen.de

Burtevitzer Pferdeparadies

Gönnen Sie sich und Ihrem Pferd Urlaub auf dem Hof Burtevitz

Verbringen Sie einen entspannten Urlaub in komfortablen 3- und 4-Sternewohnungen. Sie wohnen unterm Rohrdach in ruhiger Alleinlage, nur fünf Minuten entfernt von den großen Seebädern Sellin und Binz.

Umgeben von weitläufigen Pferdekoppeln bietet der Hof Liegewiesen, Terrassen, Wäsche- und Grillplatz. Das neu ausgebaute Radwegenetz liegt unmittelbar am Hof Burtevitz und lädt zu Radtouren Richtung Mönchgut oder Südostrügen ein, vorbei an Fischkaten und urigen Fischrestaurants, gemütlichen Naturhäfen – immer am Wasser entlang.

Ihr Pferd kann sich in großen, neuen Paddockboxen, auf satten Weiden oder bei langen Ausritten zu den Hünengräbern und zum Greifswalder Bodden vom Trainings- oder Stadtstress erholen. Oder Sie halten sich und Ihr Pferd auf der Rennbahn, dem Dressur- und Springplatz fit, auf Wunsch auch mit Unterricht.

Sollten Sie ohne Pferd kommen, finden Sie hier vielleicht Ihr Traumpferd. Aus Stuten vom Kobold, Landsieger und Concetto Famos wächst hier bei bestem Ostseeklima Nachwuchs von den Hengsten Concetto Famos, Contendro I und Lord Lennox mit dem Brand des Internationalen Springpferdeverbandes auf.

Auch als Altersruhesitz für das ausgemusterte Sportpferd sind die Bedingungen auf dem Hof Burtevitz ideal. Bei konsequent artgerechter Haltung stehen hier die natürlichen Bedürfnisse des Pferdes immer im Vordergrund.

Mitten in der Natur Ferien mit dem Pferd erleben.

Das Haus im Wind steht den Feriengästen offen.

Gepflegte Unterbringung für die geliebten Vierbeiner

Haus im Wind auf dem Hof Burtevitz
Burtevitz Nr. 1
18586 Lancken-Granitz
Tel. (03 83 03) 1 29 60
Fax (03 83 03) 1 29 60
Mobil (0171) 7 40 07 45
www.haus-im-wind.de

Zu Gast bei Gauklern

Schlemmerspektakel und Essen im Gewölbekeller

Das Wirtshaus Alte Brennerei befindet sich im urigen Gewölbe des Jagdschlosses Granitz. Fast wie im Mittelalter können sich die Gäste fühlen, wenn sie an rustikalen Holztischen neben kupfernen Brennblasen und unter runden Steinbögen wie Ritter und Reisende vergangener Zeiten tafeln. Das Personal ist gekleidet wie Gesinde und serviert herzhafte Leckerbissen und erquickende Getränke.

Auf Vorbestellung wird ein gigantisches Schlemmerspektakel organisiert, mit Gauklern und Musikanten – ob Hochzeit im Marmorsaal oder Räuberparty mit der Clique! Eine gelungene Kombination aus »Brot und Spielen« lässt alle Abenteurerherzen höher schlagen! Lachen, Staunen, Genießen heißt die Devise, bei der ein deftiges Viergang-Menü serviert wird, während die Gaukler die Gaumenfreuden mit

Die kupferne Brennblase erinnert noch heute an alchimistische Zeiten.

Einblick in die Wirtsstube

Üppig gedeckte Tafel im rustikalen Ambiente des alten Wirtshauses

allerlei Aktivitäten bereichern. Musikalisch ertönen gälische, bretonische und italienische Klänge.

Im Schlosshof gibt es eine Sonnenterrasse, auf der Kuchen- und Eisspezialitäten serviert werden. Und natürlich ist da noch das Schloss selber: »Rügens Neuschwanstein« ist ein wundervoller Bau des Fürsten Wilhelm Malte I. zu Putbus aus dem Jahre 1836, nach den Plänen des Architekten Karl Friedrich Schinkel. Ein idealer Ort für eine Zeitreise mit kulinarischem Verwöhnprogramm.

Wirtshaus Alte Brennerei im Jagdschloss Granitz
Tel. (03 83 93) 3 28 72 · Fax (03 83 93) 66 62 70
info@alte-brennerei.com · www.alte-brennerei.com

Lancken-Granitz – Am Fuße des Schlosses

Kräuter? Weiß der Geyer!

Mit Kräutergeyer an Hügelgräbern und im Biosphärenreservat

Bereits früh im Jahr, während des noch zaghaft sprießenden Grüns, findet der aufmerksame Wanderer die ersten Kräuter. Sie sind besonders reich an Inhalts- und Wirkstoffen. Wenn die Tage dann länger werden, die steigenden Temperaturen zu ausgiebigen Spaziergängen und zum Verweilen inmitten der Wiesen einladen, erstreckt sich zu unseren Füßen ein prächtiger Blütenteppich. Er betört durch seinen Duft. Bis hinein in den Herbst, der in warmen Farben noch einmal all die Fülle der Natur in seinem ganz besonderen Licht erstrahlen lässt, können wir die Kostbarkeiten aus der Schatzkammer der Natur finden.

Erwandern lässt sich dies auf den Spuren von Ampfer bis Zinnkraut im unvergleichlichen Kräutergarten Rügens. Mit Renè Geyer. Er nimmt seine Gäste mit auf eine Exkursion in die Welt der Kräuter, erzählt ihnen über altes Wissen und neue Erkenntnisse. In der einmaligen Natur- und Kulturlandschaft des Mönchgutes beispielsweise, entdecken, riechen und schmecken wir die wertvollen Kräuterschätze der Natur. Geyer gibt einfache und nützliche Rezepte weiter, wie sie Kräuterkundige von je her überliefert haben. Kräuter schmecken nicht nur hervorragend, sie sind wahre Fitmacher. Einige Köche der Insel haben das auf Wiesen und in Gärten rund um ihre Restaurants kultiviert. Aus dieser Köche-Szene ist ein Kräuterlieferant für das ganze Land und darüber hinaus erwachsen. Das Unternehmen nennt sich »Essbare Landschaften«. Schafffleisch gewinnt seinen besonderen Geschmack, wenn die Schafe, wie etwa hier das Rudenlamm, auf wildkräuterreichen Wiesen grasen.

Der Sagen- und Mythenschatz dieser Region begleitet die Gruppe in Gestalt von Erzählungen auf dieser Entdeckungsreise. Bereits vor Tausenden von Jahren wussten Heilkundige um die Kräfte. Es erwartet die Mitwanderer der Kräutergang entlang der üppig blühenden Kräuterwiesen des Zickerschen Höfts, inklusive Tipps zum Selbstsammeln und zur Verwendung in Naturheilkunde und der heimischen Küche. Dann geht es durch die Hutelandschaft des südlichen Mönchgutes, Oase der Ruhe und wahres Fest für alle Sinne, mit grandiosen Ausblicken von den Höhenzügen und den beeindruckenden Steilufern auf Buchten und Landzungen von Bodden und Ostsee.

Vom Schlagbaum am Ende der Boddenstraße führt der Weg für die Kräuterwandergruppe durch das Naturschutzgebiet Zicker in die Zickerschen Berge, zum Svantigard.

Die Führungen sind ein Angebot von April bis September. Jedoch lohnt sich zu jeder Jahreszeit ein Besuch des Zickerschen Höfts.

Zu Beachten

Die Weitergabe von altbekannten Wissen über die naturheilkundliche Anwendung von Wildkräutern ersetzen nicht den Besuch bei einem Arzt oder Fachmediziner. Dieser sollte vor einer medizinischen Verwendung befragt werden. Die Führungen werden in einem Naturschutzgebiet durchgeführt, entsprechend ist das Sammeln von Wildkräutern in dieser Region nicht erlaubt.

Der Kräutergeyer

René Geyer ist freiberuflicher Naturführer im Biosphärenreservat Südost-Rügen, vom Amt für das Biosphärenreservat Südost-Rügen bestellter ehrenamtlicher Naturschutzwart und ebenso ehrenamtlicher Bodendenkmalpfleger.

Sein Angebot umfasst Führungen zu den Hünen- und Hügelgräbern, geführte Kräuterwanderungen und Vorträge. Darüber hinaus ist er Autor der »Kleinen Wildkräuterfibel von der Insel Rügen«.

Der Gundermann wird auf einer Führung erklärt. Zudem die Entwicklung dieser Kulturlandschaft.

Lancken-Granitz – Am Fuße des Schlosses

Sein Slogan: »Hünengräber? Hügelgräber? Kräuter? Wo die zu finden sind, das weiß der Geyer.« Die Führungen zu den Hünen- und Hügelgräbern im Bereich von Lancken-Granitz sind ein ganzjähriges Angebot. Treffpunkt ist die Raststätte »Zum Jagdschloss« bei der Kleinbahnhaltestelle Garftitz in Blieschow (Ortsteil von Lancken-Granitz). Dabei gibt es das einmalige Hügelgräberfeld von Blieschow zu erleben, sowie das umgangreichste jungsteinzeitliche Großsteingräberfeld Rügens.

Eine Region reich an Sagen und Mythen

Hügelgräber sind ein Stück Identität der Insel. Die Zeit der Errichtung der Grabanlagen wird »zurückgeholt«. Das bedeutet, anschaulich gemacht. Es werden Sinn und Zweck der Grabanlagen sowie die Konstruktion und Errichtung der Megalithgräber erklärt und die Grabbeigaben erläutert. Die Teilnehmer erfahren manches über den Umgang mit den Bodendenkmalen von damals bis heute. Spannende Sagen und Mythen über die Grabanlagen runden den Ausflug in die Zeit der Altvorderen ab.

Der Gundermann...

... ist ein unscheinbares Lippenblütergewächs mit hellblau-violetten Blüten, der dem Kräuterkundigen durch seinen balsamisch-aromatischen Geruch auffällt. Zunächst kriecht der Gundermann am Boden und steigt erst am Blütenende aufrecht in die Höhe. Er ist auf nährstoffreichen feuchten Böden sowie in Wäldern und im Heckenbereich zu finden. Die Pflanze ist ein hochwertiger Eisenträger und enthält außerdem wertvolle Gerb- und Bitterstoffe. Als Kraut des Frühlings fördert der Gundermann die Entschlackung und die Entgiftung des Körpers, egal ob als Tee oder frisch zu Salaten und Suppen verwendet. Darüber hinaus regt er die Nierentätigkeit an und stellt als Tee eine Hilfe bei Entzündungen der Atemwege dar. Schon Hildegard von Bingen (1098–1179) wußte die Kraft des Gundermannes zu schätzen.

www.naturgeyer.de
www.essbare-landschaften.de

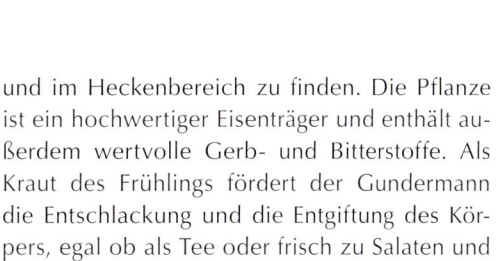

Wer sich gut vorbereitet, hat auch etwas zu erzählen.

Blühender Gundermann

Von außen betrachtet erkennen nur Kundige, was sich in den Baumgruppen verbirgt.

Ostseebad Sellin – Dichter am Horizont

Gerne glänzt die Seebrücke Sellin auch im Schein eines Feuerwerks zum Abschluss eines gelungenen Abends

Vom Fischerdorf zum Ostseebad

Sellin geht einen anderen Weg

Artistik mit der Traber-Familie war eine ganz besondere Attraktion an der Seebrücke.

Die heutige Gemeinde Sellin besteht aus den vier Ortsteilen Altensien, Neuensien, Moritzdorf und Seedorf. Eingebettet in die bewaldeten Höhenzüge der Granitz ist Sellin gegen nördliche und westliche Winde geschützt. Im Norden, Osten und Süden ist der Ort von der Ostsee begrenzt. Der Südstrand bildet eine wunderschöne Badebucht mit feinem weißem Sand. Südwestlich ist die Begrenzung der Selliner See mit Verbindung zum Greifswalder Bodden.

Sellin damals

Die Ortschaft wurde im Jahre 1295 erstmals urkundlich erwähnt als »Zelinische beke«. Der Name leitet sich vom slawischen Wortstamm »Zelino« ab. Das bedeutet: Grünes Land. Die »Beke« – oder der Bach – verweist auf einen deutschen Ursprung. Das Wort »Bek« ist auf Rügen mehrfach zu finden.
Über die Jahrhunderte gehörte das Dorf, wie vieles auf der Insel, zur Grundherrschaft der Fürsten zu Putbus. Die Einwohner waren leibeigen und an die Scholle gebunden. Nach 1750 siedelten sich ein Weber und Schneider, ein Bäcker, ein Stellmacher und ein Schiffer in der Selliner Heide an. 1786 wurde das Dorf zu einem kleinen Ackerwerk und sechs Hofstellen eingerichtet, so ist es bei der historischen Abteilung der Kurverwaltung zu erfahren.
Bei der Aufhebung der Leibeigenschaft im Jahre 1806 zählte Sellin 104 Einwohner, davon 34 Freie. Bis zum Ende des 19. Jahrhunderts blieb Sellin in seiner Eigenschaft als Fischerdorf zwischen Ostsee und Binnensee für den Tourismus relativ bedeutungslos.
Um 1887 begann jedoch die Entwicklung zum Badeort. Es entstanden Pensionen und Hotels und auch hier hielt die Bäderarchitektur Einzug. Diese gipfelt im heutigen Selliner Prachtstück, der alten und wieder neu gestalteten Wilhelmstraße mit ihren Villen. Es wurden Reisewege erschlossen, die dazu beitrugen, dass sich Sellin zu einem anerkannten Familienbad entwickelte.

Sellin heute

Vom Fischerdorf zum zweitgrößten Ostseebad der Insel Rügen mit rund 2500 Einwohnern

Ostseebad Sellin – Dichter am Horizont

Sellin hat sich zum Marktflecken für hochwertige Keramik gemausert.

Wie hier bei einer internationalen Hochzeit, geben sich jährlich fast 1000 Paare das Ja-Wort auf Rügen.

zieht sich eine Entwicklung, wie sie auch in vielen anderen Seebädern stattgefunden hat. Die Ostsee, der feinsandige Strand, der Granitzwald und der Selliner See boten gute Grundlagen dafür.

In der Wilhelmstraße wurden viele Hotels und Pensionen wieder neu hergerichtet. Natürlich im Stil der Bäderarchitektur. Andere wurden schnell zu Spekulationszwecken abgerissen, obwohl ihre Eigentümer das Herrichten im alten Stil zum Ziel hatten. Wie beim ehemaligen Strandhotel, dessen Lücke bis heute nicht geschlossen werden konnte. Gegenüber am Platz des ehemaligen Haus Frieden hat es geklappt. Doch dies Hotel schließt von November bis März.

Die Architektur in den Nebenstraßen weist häufig noch letzte Reste der flachen, eineinhalb geschossigen Fischerhäuser auf, die den Katen folgten und dann im Laufe der Zeit aufgestockt wurden.

Die Wilhelmstraße endet am Steilufer und mündet in die Seebrücke. Mit Restaurant und Anlegestelle für Ausflugsschiffe ist sie das Wahrzeichen Sellins. Hier legten in den 1920er Jahren auch Wasserflugzeuge im Regelverkehr an, sofern die Dünung sie nicht an den Selliner See zwang. Die Seebrücke ist keine leichte Bürde für den Pächter. Rund 25 000 Euro Pacht bekommt die Gemeinde.

Die Ausstattung

Das staatlich anerkannte Seebad verfügt über ein vielfältiges Angebot an Geschäften. Der Besucher kann sich in dem sehr breit gefächerten Angebot an Unterkunftsmöglichkeiten entscheiden: von den neuerbauten Ferienwohnungen oder den kleinen individuellen Pensionen bis hin zu Vier- und Fünf-Sterne-Hotels. Die Gastronomie bietet auch ein sehr differenziertes Angebot.

Die Seebrücke mit anlegendem Schiff im gleißenden Licht

Freizeit ist mit Tennis, Rudern, Wandern, Radfahren, Angeln, Segeln, Reiten, Bogenschießen, Malen und Basteln ebenfalls sehr vielfältig abgedeckt. Es existiert ein Spaßbad mit Rutsche, Außenbecken, Saunen und Wellness-Anwendungen. Auch das Hotel auf dem Cliff hat sein anspruchsvolles Privatschwimmbecken wieder öffentlich zugänglich gemacht. Und nicht zu vergessen: der Strand. Der Selliner Südstrand bildet das Nordende einer wunderbaren Badebucht. Saubere, gepflegte Strände und genügend Platz zeichnen Sellin aus. Und mit der Eisbahn im Seepark ist das Ostseebad konsequent den Weg zur Saisonverlängerung des Freizeitangebotes gegangen.

Heute sieht man endlich die Möglichkeiten, die das nahe Biosphärenreservat bietet. Nach langem Widerstand wird es zu den Pfründen gezählt, mit denen man im Tourismus gegenüber den umweltorientierten Gästen wuchern kann.

1986 erhielt Sellin die staatliche Anerkennung als Erholungsort, 1993 den Titel »Seebad«. Ende 1995 beging das Bad sein 700-jähriges Jubiläum. Am 5. Januar 1998 schließlich krönte der Titel »Ostseebad« alle Bemühungen.

Platz zum Liegen: Die Strandkörbe im weißen Sand wandern mit der Sonne.

Ostseebad Sellin – Dichter am Horizont

Endlich Urlaub!

Die Vierjahreszeiten-Vielfalt-Residenz

Urlaub auf Rügen bedeutet Urlaub in einer der schönsten Regionen Deutschlands. Direkt am idyllischen Selliner See und nur wenige Gehminuten vom weißen Ostseestrand gelegen, befindet sich der Seepark Sellin. Strahlend weiße Häuser in klassischer Bäderarchitektur verleihen der Ferienwohnanlage den Charme des Außergewöhnlichen. Elegante Geschäfte, nette Cafés und Restaurants, ein auf Rügen einzigartiges Badeparadies sowie eine 18-Loch-Minigolfanlage befinden sich direkt auf dem weitgehend autofreien Areal des Seepark. Der Seepark Sellin ist eine moderne Ferienanlage im klassischen Bäderstil mit Spaßbad, Bowlingbahn, Fahrradverleih, Post und zahlreichen Einkaufsmöglichkeiten.

Geeignete Appartements

Ob Single, Paar oder Familie mit Kindern – im Seepark Sellin findet jeder sein ideales Ferienappartement: Einraumwohnungen, zwei und drei Zimmer, alle mit Küchenzeile, Balkon und Kabelfernsehen. Zusätzlich ist in allen Zimmern kostenfrei das Programm Premiere zu empfangen. Für die Autos ist eine Tiefgarage vorhanden, allerdings nur bis zwei Meter Maximalhöhe.

Mountainbiking oder Surfen?

Mit dem Mountainbike auf die Halbinsel Mönchgut und ein paar Berge bezwingen? Oder lieber auf die Wellenberge mit dem Surfbord? Boddenwasserwandern mit dem Kajak? Natürlich kommen auch Angler, Segler, Strandliebhaber, Sonnenanbeter, Golfer, Kunstfreunde und kulturell Interessierte zu ihrem Recht. »Dicht am Horizont« kann man einmalige Natur entdecken, das unglaubliche Farbenspiel aus Sonne und Wolken über dem endlosen Meer beobachten, frische, gesunde Seeluft atmen und vieles mehr.

Blick über die Küste: Seebrücke Sellin

Erlebnisbad »Inselparadies«

Mit seinen vielfältigen Wasserattraktionen und der großen Saunalandschaft bietet das Inselparadies auf dem Gelände des Seeparks vom Wetter unabhängigen Badespaß, das ganze Jahr hindurch. Das Beste: Die Gäste des Seepark Sellin können den Badespaß in der Wasserwelt täglich drei Stunden kostenlos genießen. Aktuelles Highlight sind die Tauchkurse im Spaßbad, außerdem wird Aqua-Training und Wassergymnastik für Senioren angeboten. Für Seepark-Gäste gegen geringes Entgelt.

Angeln

Rügen gilt unter Anglern in ganz Europa als eines der besten Reviere. Die Gewässervielfalt mit Haffen, Boddengewässern, Wieken und Küstengewässern bietet für alle Angler das ideale Revier und die Aussicht auf einen großen Fang.

Fahrradverleih

Die Rental-Station im Seepark Sellin hat genügend Fahrräder, Familientandems, Inline-Skates, Bollerwagen. Angeboten werden Vermietung, Verkauf und Reparatur. Gerne geben die Mitarbeiter auch Tipps für die schönsten Routen rund um die Insel.

Bootsvermietung

Wer Lust hat, Sellin und Umgebung vom Wasser aus kennen zu lernen, kann sich ein führerscheinfreies Motorboot leihen. Das ist ein toller Spaß für alle, die gerne die Umgebung auf dem Wasserwege erkunden wollen. Ausleihbar sind auch Tret-, Ruder- und Segelboote.

Ausstellungen

Auf der Insel Rügen gibt es nicht nur regelmäßig faszinierende Ausstellungen, sondern auch eine Vielzahl interessanter Museen und ge-

Ostseebad Sellin – Dichter am Horizont

schichtsträchtige Orte, die es wert sind, besucht zu werden.

Kinderprogramm
Zu bestimmten Zeiten finden selbstverständlich auch Kinderanimationen statt. Spiel und Spaß für unsere Kleinen. In Zusammenarbeit mit dem Kinder- und Jugendfreizeitzentrum ist weiterer abwechslungsreicher Spielspaß möglich. Glückliche Kinder, damit die ganze Familie einen entspannten Urlaub verbringen kann.

Reiten
Das Glück der Erde liegt auf dem Rücken der Pferde. Reiter und Pferdefreunde finden ihre passenden Vierbeiner bei der »Green Valley Ranch« und können Rügen vom Pferderücken aus erleben.

Wanderungen
Vom Seepark Sellin aus finden täglich geführte Wanderungen in die Umgebung statt. Mit Unterstützung der Guides lernt man die einzigartige Natur zu Fuß und mit Bedacht kennen.

Gutes für den Körper
Joggen, Nordic Walking und Radtouren an der frischen und gesunden Ostseeluft, Saunagänge in einer der vielen verschiedenen Saunen im Badeparadies, hautregenerierende Kreidepackungen oder Massagen, um nur einiges zu nennen. Der Seepark Sellin und die nahe Umgebung bieten aber noch deutlich mehr, um sich Auszeit zu nehmen: Auf der turniertauglichen Minigolfanlage direkt im Seepark, Strand- und Aqua-Gymnastik oder Inlineskaten. Für die ausgewogene Ernährung steht den Gästen eine Vielzahl an Restaurants zur Verfügung, die eine leichte, vielseitige Küche anbieten. Wellness-Angebote können direkt im Seepark gebucht werden.

Es lohnt sich, rechtzeitig zu buchen und nach attraktiven Angeboten und Sonderkonditionen zu fragen. Es gibt immer wieder Komplettpakete mit vielen Extras zu besonders interessanten Preisen. Der Hausprospekt wird auf Anfrage gerne versendet, und auch bei allen Fragen rund um die Urlaubsgestaltung ist das freundliche Mitarbeiter-Team gerne für Sie da.

Wie eine kleine Stadt mit viel Charme: der Seepark Sellin

Badespaß im Erlebnisbad

Golf-Mädels auf der 18-Loch-Minigolfanlage

Die Minigolfanlage begeistert hunderte Besucher.

Seepark Sellin
Mönchguter Straße 4
18586 Ostseebad Sellin
Tel. (03 83 03) 89 70
Fax (03 83 03) 8 97 77
seepark-sellin@t-online.de
www.seepark-sellin.de

Das sind Ihre Gastgeber auf Rügen: Willkommen in den Ferien!

Die Selliner Gastgeber:
Küstenbewohner mit Herzlichkeit und Lebenslust!

Ostseeappartements Rügen – Schöner Wohnen

Ein Paradies der Stille entlang der Ostseeküste Rügens, in wilder unberührter Natur, unterbrochen von den romantischen Ostseebädern mit der außergewöhnlichen Architektur und kilometerlangen Sandstränden. Eine Landschaft, die sich dem Touristen in voller Pracht und abwechslungsreicher Vielfalt zeigt. Das Mönchgut präsentiert sich mit geschwungenen Buchten und Haff's, mit Ostseebädern, genauso wie mit winzigen idyllischen Dörfern und abgelegenen Landhäusern. Das natürlichen Miteinander der wundervollen Natur, des geschichtlichen Reichtums und der Tradition, machen diese Umgebung sowohl für Naturliebhaber als auch für Kunstbegeisterte interessant. In diesem zauber-

Auf einer Hängematte am Strand muss niemand schlafen – die dient ganz allein dem Präsentieren von Rügens Schönheiten.

Ostseebad Sellin – Dichter am Horizont

haften Panorama der Landschaft finden Sie die schönen Ferienwohnungen und Ferienhäuser unserer Agentur.

Das Wort »sellin« kommt ursprünglich aus dem Slawischen und bedeutet so viel wie »grüner Ort«. Ein Name, dem das Ostseebad noch heute alle Ehre macht. Im Nordwesten reichen die Buchen des Waldes um das Jagdschloss Granitz bis in den Ort hinein. Im Osten liegt das Meer, im Süden der Selliner See. Mitten in diesem Naturidyll erheben sich die Häuser im Stil der Bäderarchitektur.

Auf 40 Metern Höhe steht Sellin direkt an der Küste. Einer der schönsten Boulevards der Insel, die Wilhelmstraße, mit ihren prächtigen Häusern aus der Ursprungszeit der Bäderarchitektur, mündet in der Himmelsleiter, einer langen Freitreppe mit 78 Stufen, die das Zentrum über die Steilküste mit dem Hauptstrand verbindet. Wer lieber den Aufzug benutzen möchte, kann das auch, denn den gibt es direkt daneben. Die berühmte Seebrücke von Sellin mit ihren beiden Restaurants Palmengarten und Kaiserpavillon verbindet mit ihrer stolzen Länge von 394 Metern den »grünen Ort« direkt mit dem Meer. Dazwischen erstreckt sich über 2,5 Kilometer feinsandiger Strand. Und wenn das Wetter mal nicht mitspielt? Im großen Freizeitbad »Inselparadies« spielt das Wetter keine Rolle.

Von Lancken-Granitz, Binz, Neuensien, Sellin, Baabe Lobbe, Glowitz, Gager bis Klein Zicker...

Egal ob Ferienwohnung, Ferienhaus oder Appartement – Urlaub auf Rügen ist immer schön. Wie Sie sich auch immer Ihren Urlaub vorstellen, ob aktiv oder erholsam, ob in einem Reethaus oder in einer Ferienwohnung in stilvoller Bäderarchitektur – die Ostseeappartements Rügen halten für jeden das ganz persönliche Urlaubsdomizil bereit.

Im Internet wird möglichst zielgenau über die Lage, die individuelle Ausstattung und Größe der Ferienhäuser, Appartements und Ferienwohnungen auf der Insel Rügen informiert. Eine interessante Auswahl an Appartements ist zusammengestellt. Doch so unterschiedlich sie auch sind, wir legen bei allen großen Wert auf Qualität in Erscheinungsform und Einrichtung. Ein Belegungsplan gibt schnell und einfach online den Überblick, welche Wohnungen und Häuser zu welchem Zeitraum noch frei sind. Wer sich entschieden hat, kann sofort seinen Wunschtermin per eMail losschicken und sich sein Wunschdomizil sichern! Auch die Preise zu den jeweiligen Saisonzeiten sind online hinterlegt, ebenso wie Sonderausstattungen, etwa Sauna oder Wellness, sowie besondere Serviceleistungen.

Für viele Urlauber geht mit der Buchung dann auch ein Traum in Erfüllung: Einmal im Landhaus am See schlafen, zu Gast im Waldschlösschen sein, den Blick auf Hafen oder Zickersche Berge genießen, die Villa am Meer bewohnen oder doch lieber die Dünenresidenz.

Ein architektonischer Traum ist die Villa Freya, die in der Sonne besonders charmant aussieht.

Moderne Appartements am Ortsrand von Sellin

Ferienhäuser nahe am Meer

Wohnen unter Reet – ein besonderer Genuss

Sie haben Urlaub – wir den Service

Während des Urlaubs kann der Service unserer Rezeption jederzeit in Anspruch genommen werden, wie zum Beispiel Brötchenservice (nur im Wohnpark Stadt Hamburg), Buchung von Rügenrundfahrten, Karten für die Störtebekerfestspiele und vieles mehr. Es gibt auch eine Kartei, um einen zuverlässigen Babysitter zu finden.

In allen unseren Appartements können zusätzlich zu den Übernachtungspreisen Wellnessanwendungen beziehungsweise Anwendungs-Pakete gebucht werden. Rügen mit dem Bus erleben. Buchen Sie auch die Ausflugsfahrt über uns. Wir lassen Sie auch nach Ihrem Urlaub nicht allein. Zum Service gehören auch die freundlichen Mitarbeiterinnen und Mitarbeiter der Rezeption, diese stehen in Binz oder Sellin gerne als Ansprechpartner zur Verfügung.

Das Haus am See macht seinem Namen alle Ehre.

ostsee appartements rügen

Urlaubs- und Buchungs-Hotline
Ostseeappartements Rügen
Tel. (03 83 03) 9 09 40 · Fax (03 83 03) 9 09 44
info@oar1.de · www.oar1.de

Büro Sellin
Granitzer Straße 8 · 18586 Ostseebad Sellin
Tel. (03 83 03) 9 09 40 · Fax (03 83 03) 9 09 44
info@oar1.de · www.oar1.de

Büro Binz
Zinglingstraße 36–45 · 18609 Ostseebad Binz
Tel. (03 83 93) 46 30 · Fax (03 83 93) 46 33 33
wohnpark@oar1.de · www.oar1.de

Ostseebad Sellin – Dichter am Horizont

Das Selliner Shopping-Paradies

Das Kaufhaus-Unternehmen STOLZ ist 150 Jahre alt

Am Anfang war die Schaffell-Mütze

»Am 27. October 1858 erkennen Kämmerer und Osterrichter, dass dem Schafhirten Steen von Katharinenhöfft; itzo zu Burg wohnhaftig, erlauptet sein soll, Mützen aus Schaaf- und Lammfellen anzubieten und zu verkaufen.« Das Zitat stammt aus dem Fehmarnschen Tageblatt, und mit diesen Worten begann im Jahre 1858 eine große Firmenkarriere auf der Insel Fehmarn. 150 Jahre später, im Jubiläumsjahr 2008, ist das Kaufhaus-Unternehmen STOLZ mit derzeit 18 Geschäftshäusern in Schleswig-Holstein und in Mecklenburg-Vorpommern ein erfolgreiches und beständig weiter expandierendes Familienunternehmen. Tradition und Moderne vereinigen sich in einem serviceorientierten Einkaufsparadies.

Die Geschichte der Steens

Der Kaufmann Johann Friedrich Steen wird schnell bekannt für seine »Steen'sche Baßlick Mützen«, eine Kopfbedeckung gefertigt aus Schaffell, ähnlich der französischen Baskenmütze. Sein Sohn Claus Hinrich übernimmt den Betrieb 1888 und erfüllt sich wenig später den Traum vom eigenen Geschäft. Das erste Geschäftsgebäude stand am Süderende in der Stadt Burg auf Fehmarn, später dann am Markt an der Ecke Niendorfer Straße.

Wenig später erwirbt Claus Hinrich Steen zwei alte Katen an genau dem Ort, wo jetzt das Hauptgeschäftshaus der Firma steht. Steen lässt diese beiden Katen abreißen und ein neues Gebäude errichten, dessen Grundmauern heute noch sicht-

Die zweite Filiale in Sellin

Ostseebad Sellin – Dichter am Horizont

Die STOLZ-Filiale im Stralsunder Wohngebiet Knieper West

Das Ostsee-Center in Stralsund-Langendorf

Freundlicher Einkaufen bei STOLZ in Altenkirchen

bar sind und den Kern des Stammhauses und jetzigen Kaufhaus-Komplexes in Burg bilden.

Der Bau der Fehmarnsund-Brücke im Jahre 1963 ebnet dem Unternehmen dann auch den Weg aufs Festland. Der Neubau eines Kaufhauses in Heiligenhafen von großstädtischem Zuschnitt ist der Anfang der Ausweitung über ganz Schleswig-Holstein. Nach und nach entstehen neue Einkaufsmöglichkeiten in Grömitz, Heide, Büsum, Kappeln, Tinnum auf Sylt und im Frühjahr 2008 im Nordseeheilbad St. Peter-Ording. Parallel dazu folgt nach der Wende vom Jahre 1991 an die Erschließung Mecklenburg-Vorpommerns. Der erste Schritt ist die Eröffnung eines Kaufhauses in Parchim. Weitere Standorte sind bis heute jene in Bützow, Kühlungsborn, Ribnitz-Damgarten, Barth, Grimmen, Stralsund, Sellin und Altenkirchen auf Rügen. Der Steen'sche Pioniergeist weht auch heute noch durch die Köpfe der inzwischen fünften Generation im Unternehmen Stolz. So sind über das Jubiläumsjahr 2008 hinaus weitere Geschäftseröffnungen in Schleswig-Holstein und Mecklenburg-Vorpommern geplant.

STOLZ erobert die Insel Rügen – Filialen in Sellin und Altenkirchen

Am 13. November 2003 feierte das 13. Haus des Kaufhausunternehmens STOLZ Richtfest im Ostseebad Sellin auf der Insel Rügen. Am 13. Mai 2004 folgte dann die Eröffnung. Auf einer Ebene findet der Kunde hier eine gut sortierte Damen- und Herrenkonfektion, Schuhe, Haushalts- und Spielwaren sowie eine Parfümerie und Kosmetikabteilung, eben ein komplettes Sortiment zu supergünstigen Preisen. Im April 2008 konnte unmittelbar neben dem ersten Haus ein weiteres Gebäude mit einem jetzt noch umfangreicheren Angebot für alle Kunden auf der Insel Rügen seiner Bestimmung übergeben werden. In der Hauptsaison von März bis Oktober sind die Kaufhäuser an sieben Tagen in der Woche geöffnet. Kostenfreie Kundenparkplätze sind ausreichend vorhanden. Der Ostseestrand und das Ortszentrum sind vom Kaufhaus aus in rund fünf Gehminuten zu erreichen.

Am 29. März 2007 wurde in Altenkirchen das 17. Kaufhaus eröffnet. Für die Einheimischen und Gäste des Windlandes Wittow, das im äußersten Norden der Insel Rügen liegt, bietet es sensationelle Einkaufsmöglichkeiten. Von Markenbekleidung und Spielwaren, Elektro- und Drogerieartikeln über Schreibwaren und Zeitschriften bis zu einem Kleinpreismarkt findet man alles, was das Herz begehrt – zu dauerhaft günstigen Preisen. In den Sommermonaten von März bis Oktober ist das Haus sogar an allen sieben Tagen in der Woche geöffnet.

Hansestadt Stralsund

In der Hansestadt Stralsund befinden sich zwei weitere STOLZ-Filialen in unmittelbarer Nähe zur Insel Rügen: im Wohngebiet Knieper West und vor den Toren der Stadt im Einkaufszentrum »Ostsee-Center Stralsund«. Rund 200 neue Arbeitsplätze hat das Kaufhaus-Unternehmen STOLZ in den letzten sechs Jahren für die Menschen in dieser Region geschaffen – eine Partnerschaft auf Gegenseitigkeit.

STOLZ
Unser Kaufhaus seit 1858

150 Jahre STOLZ
Qualität mit Tradition

Kaufhaus Martin Stolz GmbH
Friedrich-von-Hagenow-Str. 3
18586 Ostseebad Sellin
Tel. (03 83 03) 1 26 80
Fax (03 83 03) 12 68 29

Kaufhaus Martin Stolz GmbH
Straße des Friedens (direkt neben NETTO)
18556 Altenkirchen/Rügen
Tel. (03 83 91) 43 47-0 · Fax (03 83 91) 43 47 29

Ostseebad Sellin – Dichter am Horizont

Tuuuut, einsteigen und genießen!

Das ist mal eine Zugfahrt. Es rollen zwar keine Räder, aber dennoch bewegt sich hier einiges. Im Restaurant und Café Kleinbahnhof Sellin speisen die Gäste in der ersten, zweiten und dritten Klasse. Ganz wie früher in den Zügen der Eisenbahn.

Gastronomie im Flair der Eisenbahn
Der »Blaue Salonwagen« serviert stilgerecht mit dem Erste-Klasse-Service, in der zweiten Klasse werden Kaffee und hausgebackene Kuchen sowie Snacks für zwischendurch gereicht. Der Bereich der dritten Klasse eignet sich für Feiern im kleinen Kreis und zeigt, wie gemütlich die »Holzklasse« ist.
Geöffnet ist das Lokal täglich ab 11.30 Uhr.

Schön gedeckt: das Abteil der ersten Klasse

Ebenso schön: die Holzklasse

Restaurant und Café Kleinbahnhof Sellin
An der B196 3
18586 Sellin
Tel. (03 83 03) 8 79 71
Fax (03 83 03) 8 79 72

Die Villa Edelweiß

Die Villa Edelweiß liegt in der schönsten Lage am Rande der Granitz in der Nähe des Strandes und der historischen Wilhelmstrasse. Wenn Sie zur Seebrücke flanieren, können Sie das Ambiente der Jahrhundertwende nachempfinden.

In den 5 Appartements, die mit modernstem Komfort ausgerüstet sind, können Sie großzügig wohnen. Alle Wohnungen sind mit einem bzw. zwei Schlafzimmern ausgestattet. Naturliebhaber sind bei uns richtig. Der große Garten lädt zum Verweilen ein. Unsere Villa verfügt über die schönste Anlage und ist für jeden Urlauber ein besonderer Genuss.

*Die Villa Edelweiß –
in schönster Lage am Rande der Granitz*

Villa Edelweiß
Granitzer Str. 51 · 18586 Ostseebad Sellin
Tel. (03 83 03) 8 72 72
post@sellin-edelweiss.de
www.sellin-edelweiss.de

Jeder möchte mit Eisbär

Schuld ist der Strandfotograf Hans Knospe. Er begründete das Selliner Fotohaus und hatte in den 1920er Jahren die Idee, dass bei Sommerhitze sein Kumpel mit Eisbärenfell hinzukommt. Ob nun der Tourist auf der Bank mit Eisbär, die Kinder oder die Strandschönheiten: Alle wollten sie mit dem Eisbären aufs Bild und Hans Knospe, der übrigens dank seiner Beharrlichkeit auch ein wenig für die neue Seebrücke verantwortlich ist, hatte sein Motiv und damit seine Kundschaft.

Eines aber sei verraten: Ein Foto mit Eisbär kostet heute kein Geld mehr. Meist entsendet die Kurverwaltung den zotteligen weißen Bären und macht das mehr als Gag und zur Imagepflege. Er taucht auch mal bei Klassenabschlussfeiern auf. Die Wirkung ist nahezu dieselbe wie bei Knospe: Eisbär tritt auf, Scharen von Erwachsenen und Kindern und dann Blitzlichtgewitter – in Gruppe und allein. So ganz geheuer ist aber nicht jedem in den Pranken.

Übrigens ist das Bedauern für einen Eisbären im Sommer an der Seebrücke Sellin oder anderweitig in der Sonne durchaus angebracht. Nach Aussagen gut informierter Kreise lässt sich das Fell nach einer Stunde Auftritt auswringen.

Es handelt sich um eine Eisbärendame, die da den Nachwuchs zum Ablichten bereithält. Das sei verraten. Und dass sie in der Sonne nicht länger als eine Stunde aushält.

Wellness Welt Rügen

Wenn die Füße sich wohl fühlen, geht es dem Rest des Körpers auch gut. Der MBT ist der erste Schuh, der positiv auf den ganzen Körper wirkt. Denn der menschliche Bewegungsapparat ist für das barfuß Gehen auf weichem, natürlichem Untergrund ausgerichtet. Wir aber laufen heute überwiegend auf harten Böden. Nach mehr als einem Jahrzehnt Entwicklungsarbeit wurde für diesen Schuh eine revolutionäre Sohlenkonstruktion entwickelt, die die natürliche Instabilität des Untergrundes imitiert. Ein Fersentaster und eine Zwischensohle mit Balancierbereich sind die Kernstücke des Schuhs, der Gelenke entlastet, Muskeln trainiert und den Bewegungsapparat stärkt.

Chapa Dawn ist ein sportlicher Freizeitschuh für jeden Tag.

Inhaberin Ingrid Kirschner zeigt das Sohlensystem des Spezial-Schuhs.

Schick und gesund ist der MBT Gesundheitsschuh, den es natürlich auch als Sommersandale gibt.

Wellness Welt Rügen
Seeparkpromenade 16 · 18586 Sellin
Tel. und Fax (03 83 03) 9 55 55
info@wellness-haus-ruegen.de
www.wellness-haus-ruegen.de

Ideal kombiniert für den gemeinsamen Einkauf

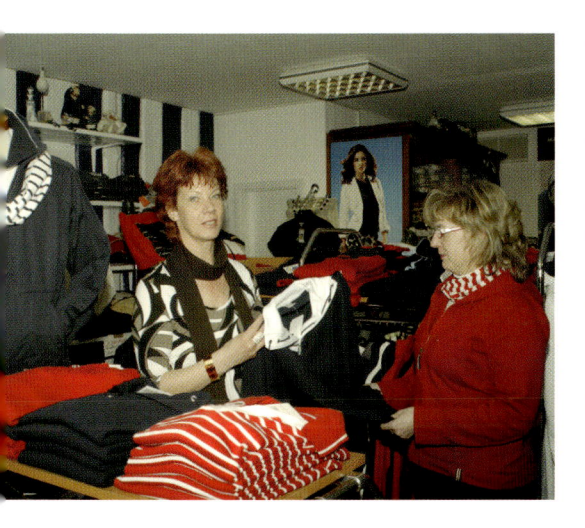

Gabriele Mischkevitz führt in Sellin die ideale Einkaufs-Kombination an Geschäften. Maritime Freizeitmode für die ganze Familie, top aktuelle Trends für Kids, für Damen und Herren. Dabei hält sie auch die oft vermissten Größen für figürlich benachteiligte Damen und Herren bei »Top-Mode« bereit. Das große Aufgebot an atmungsaktiven, wetterfesten Jacken lässt auch bei Regen den Spaziergang zur Selliner Seebrücke nicht ins Wasser fallen. Das Geniale: wer aus der Familie keine Kleidung sucht, geht derweil nach nebenan. Dort wartet das Geschäft »Sammel-Surium« mit regionalen, inseltypischen Produkten in ihrer ganzen Vielfalt auf. Sanddorn verarbeitet zu Säften, Konfitüren, Spirituosen, Süßigkeiten und Kosmetika. Lustige Kreidemännchen, maritime Souvenirs gehören zum Angebot. Einzigartig die Rügener Heilkreide. So kann der Kunde den Urlaub mit nach Hause nehmen und beispielsweise bei einem Kreidebad Körper und Geist entspannen.

Gabriele Mischkevitz bietet mit ihrem Fachpersonal in Sellin Mode und Geschenkartikel an.

Top Mode · Sammelsurium
Wilhelmstraße 6 · 18586 Sellin
Tel (03 83 03) 8 60 28
Fax (03 83 03) 8 60 28
Sellin-kroll@t-online.de

Der Hotel-Park Ambiance an der prachtvollen Wilhelmstraße

Fünf Restaurants mit Kochschule

Hotel besetzt Erlebnismeile auf ganz Rügen

Wie verrückt muss ein Hotelgast sein, um im November zu grillen? Stefan von Heine, inzwischen 13 Jahre auf Rügen, findet, ein klein wenig verrückt müsse die Caspar's Kochschule schon bleiben. Für das Grillen auch edler Zutaten mitsamt den Beilagen muss die Vorbereitung zuvor ganz klassisch in der Küche erfolgen – mit Profis wie von Heine, Barbara Lembke oder Dirk Bretschneider.

Das traf sich gut für die Gäste dieses Wochenendarrangements. Gegen vierzehn Uhr ging es vom Hotel los in die Kälte, obwohl Rügen durch die Ostsee später kalt wird, dafür aber auch im Frühjahr später warm. Im Gepäck fanden sich Blauer Schwede, Blue Salad Potatoe, Highland Burgundi Red, aber auch die Linda, Nicola, Silena und Solara. Bodenständige Erdfrüchte für allerlei Leckereien aus Kartoffeln. Von Suppe über Salat bis zu den Grillbeilagen wie Lachs und Scholle in Folie, Barbecues, Filets, Geflügel ging alles auf die Reise. Das Verkehrsmittel ab Zubzow: ein Kremser mit Kirsten Wiktor am Zügel.

Eine weitere Besonderheit: »Alles Wiederholungstäter«, sagt der Patron bei regem Zuspruch in der Runde. Der Binzer Handwerksmeister Jürgen Schulz hatte die Kochschule an seinen Freund Uwe Seybold aus Hamburg verschenkt.

Der nullte eben mit einem Geburtstag. Gespeist hat der Jubilar nicht am Tisch im Restaurant, sondern am fein gedeckten Rastplatz nahe des Rassower Stroms, den Bug in Front und ein Feuer, besser zwei – den Grill mit eingerechnet, im Rücken. Anlass für Stefan von Heine, ganz seinem Motto »Erlebte Landschaften«, die Geschichte des Luftgeschwaders 81 auf dem Bug anzureißen. Zum Auftakt gab es das selbst gekochte Kartoffelsüppchen, bei dem Jürgen Schulz, trotz inzwischen vieler Kochschulen, die Karotten wieder zu groß geschnitten habe, kritisiert seine Frau Hella. Zeit zum Ausdiskutieren bleibt beim gemeinsamen Spaziergang an den längst abgeernteten Sanddornbüschen. Jungkoch Chris Schreiter präpariert derweil mit Haustechniker Siegfried Keller und dem Chef den Grill. Und wer bisher noch nicht wusste, was alles so in einen Pferdeanhänger passt: Das komplette Catering von Champagner über Thermobehälter, Rollcontainer, Holztische und -bänke. Und danach die Kuscheldecke für sechs Gäste bei Wind.

Lange dauert es nicht, bis nach der Rückkehr vom Spaziergang Gang um Gang, die Stimmung auf dem Höhepunkt ankommt. »So gut gegrillt habe ich mein Leben lang noch nicht«, sagt eben der Jubilar zu Christian Hagge, seinem Gegenüber, wie die Binzerin Gudrun Reimer ebenfalls Wiederholungstäter.

Ähnlich schmunzelte von Heine einige Staffeln später, anlässlich der 15. Kochschule. In dieser Staffel ging es um Pasta und Fisch, diesmal bei strahlendem Wetter vor dem Sassnitzer Seenotrettungskreuzer Wilhelm Kaisen. Mit deftiger Verspätung, denn die Gäste ließen auf ihrer Besichtigungstour im Bauch des Kreuzers die

Die Bar b.ambi, Café, Lounge und Bar. Frech. Chic. Einzigartig.

Ostseebad Sellin – Dichter am Horizont

Wie filetiert man eigentlich einen Lachs?

Frische Kräuter gehören immer dazu.

Eine Kochschule und ihr Meister geht bei jedem Wetter raus – sommers wie winters.

Erlebte Landschaften: Der Chef (2. v. r.) führt die Biker von BMW Berlin in einer Überraschungstour über die Insel. Hier am Bug

Stefan von Heine und Jungkoch Chris Schreiter zusammen mit Seenotrettern

»Landschaft erleben ist ein Teil der Gastlichkeit im Hotel-Park Ambiance geworden. Und das geht eben nur am Tisch, egal wie ausgesucht das regionale Menü ist.« sagt von Heine und angelte sich die Raps-Bikertour von BMW Berlin für eine große Überraschungsausfahrt. Was Tourleiter Torsten Serno so begeisterte, das er das wohl auch künftig auf dem Plan haben wird. »Biker, egal ob BMW oder Harley, sind Individualisten, also unser Klientel.« Und wer nebenbei noch etwas Kunst erleben möchte, kann dies, ob er will oder nicht, in der Galerie »Ambiance«, dem unterirdischen Gang, der die einzelnen Häuser miteinander verbindet. Die dortigen Bilder von »Marleen« lassen einen doch mit etwas Ruhe mehr als einen Blick nehmen. »Reife Frauen« sind collagierte und malerisch bearbeitete Fotos.

Aber der Verrücktheiten nicht genug: Kürzlich fand man in der Schwimmgrotte des Hotels, nicht mehr als 800 Meter vom Strand der Ostsee entfernt, gleich mehrere Taucher mit Flasche, Maske und Flossen. »Nun« meint von Heine, »wer im Winter einen Schnupperlehrgang macht, dürfte auch im Sommer wiederkommen, um die Unterwasserlandschaft der Ostsee zu erleben.

Hotel-Park Ambiance
Wilhelmstraße 34
18 586 Ostseebad Sellin
Tel. (03 83 03) 12 20
Fax (03 83 03) 12 21 22
info@hotel-ambiance.de
www.hotel-ambiance.de

Erlebte Landschaft per Bike – beste Versorgung immer mit dabei.

beiden Köche glatt zwei Stunden warten. Zeit für von Heine, noch einmal über die vergangene Kochschule im Sassnitzer Fischereihafen, die bei strömendem Regen stattfand, zu schwärmen. Und trotz des widrigen Wetters war die Laune bei allen bestens. Der Inhaber der Kutter- und Küstenfisch hatte den Seitenteil seiner Markthalle geöffnet und ein NDR-Fernsehteam begleitete und dokumentierte alles.

Ostseebad Sellin – Dichter am Horizont

Purer Genuss auf dem Selliner Kliff für alle Sinne...

Seit Jahren das! Argument für eine Rügenreise

Längst ist das Cliff-Hotel aus den Schatten der eigenen Vergangenheit herausgetreten. In den Siebzigern als Erholungsheim Baabe gegründet, wendet sich das Haus heute an alle, die auf höchstem Niveau Entspannung und Erholung pur suchen. Das inzwischen privat geführte Anwesen mit Resortcharakter thront in exponierter Lage hoch auf dem Selliner Kliff und verwöhnt schon das Auge mit seinem doppelten Seeblick auf Ostsee und Selliner See. Das Cliff-Hotel ist heute als strahlender und moderner Ort voller Ruhe und Inspiration das führende Hotel am Ort.

Was es bedeutet, im Cliff-Hotel Gast zu sein

Trotz des einladenden und weitläufigen Foyers mit Bar und Kuchenbuffet dreht sich nach der Ankunft von Gästen im Hotel alles um die Frage: Wo und wie wohne ich? Die Einzelzimmer im Cliff verlocken zu einem Wochenende auch zu zweit, großzügige Zimmer und luxuriöse Suiten lassen keine Wünsche offen. Frühstück im Bett? Gerne ein Glas Champagner dazu. Die Junior-Suiten sind der heimliche Favorit, weil man so schön seine Blicke schweifen lassen kann: Vom Mönchgut über die Weite des Selliner Sees – dafür müssen Gäste noch nicht einmal das gemütliche Bett verlassen. Es sei denn, sie können es nicht erwarten, das Restaurant »Seeterrassen« zu besuchen, wo sie auf der sonnigen Terrasse mit Blick auf die Ostsee ein traumhaftes Frühstück erwartet.

»Rülax« – Beauty & Wellnesswelt

Nach dem Frühstück etwas Bewegung gefällig? Mit Blick in den Hotelgarten weite Bahnen im sonnendurchfluteten 25 Meter Schwimmbad ziehen, dem Größten auf der ganzen Insel. Allmorgendlich ein wenig Aqua-Gymnastik in weichem Ozon-Wasser? Die Cliff-Sportprogramme bringen den Stoffwechsel in Schwung. In dem wirklich grandiosen, 2000 Quadratmeter großen Bereich mit »Privat-Spa-Suite« und verschiedenen Saunen nach finnischer und römischer Sitte findet hier jeder Gast sein individuelles Wellnesserlebnis. Sanfte Berührung, herrliche Düfte und geheimnisvolle Klänge verführen. Rhassoulbad, Kreide-Prozedur und Soft Pack verwöhnen Körper

Restaurant »Seeterrassen«

Zimmerbeispiel »Studio«

Ostseebad Sellin – Dichter am Horizont

Die Luftaufnahme zeigt, woher das Selliner Cliff-Hotel seinen Namen hat. Mit eigenem Strandaufzug.

Zwischendurch eine Shi-tao-Massage mit heißen Steinen

und Seele, Massagen jeder Couleur entspannen tief und gründlich. Ergänzend zu dem inneren Strahlen sorgt der Beauty-Salon mit sehr hochwertigen Produkten für das strahlende Äußere.

In Zeiten von Hektik und arbeitsreichen Tagen ist es genau eine solche Oase, wonach wir uns sehnen. Die Seele baumelt und alle Gedanken ruhen. Auch bei ein paar Regentagen oder etwa Kälte ist bei uns jeder völlig unabhängig von der Stimmung des Wetters. Die »Rülax« Beauty- und Wellnesswelt erholt, entspannt und erhöht die Widerstandskräfte, jede Ermüdung schwindet.

Wer gänzlich unabhängig von Wetter und Wind seinen Urlaub genießen möchte, findet neben der modernen Wellnesswelt eine perfekte kleine Hotel-Stadt vor. Ein kleiner Schwatz in den zahlreichen Bars, eine neue Sommerfrisur für die Dame, ein bisschen Stöbern im geschmackvollen Ambiente-Shop, ein hübsches Schmuckstück als bleibende Erinnerung. Am Nachmittag laden Terrassen, Café, Bar und das Strandcafé zu Kuchen, Torten und Pralinés. Alle in der hauseigenen Patisserie entworfen und hergestellt. Kein Wunsch bleibt offen.

Sommerglück am Strand

Für die schönste Zeit des Jahres gilt im Cliff selbstverständlich das Motto Shorts, Bikini, Luftmatratze und vielleicht ein gutes Buch unter dem Arm. Einmal der Erste am Strand sein und den Sonnenaufgang mit einem Picknickkorb voller Frühstücksleckereien begrüßen. Der geschützte Strand des Cliff gewährt seinen Gästen einen weitläufigen Blick auf die umliegenden Buchten. Erreichbar über den eigenen Fahrstuhl liegt hier Ruhe und Erholung. Mit dem »Strandcafé« und seinen leckeren Cocktails, kühlen Getränken, hausgemachtem Eis und kleinen Snacks. Der hoteleigene Tennisplatz lädt aktive Gäste zu einem Match, die Strandkörbe und eine anschließende Massage im Strandhaus zur Erholung davon.

Verführerische Küche und große Weine

Genuss durch gesunde, leichte Küche ist Lebensfreude pur. Das ist voll im Trend und passt mitten ins Leben. Das Cliff steht auch für einen kulinarischen Standort der besonderen Art. Im Jahre 2004 wurde das Restaurant »Seeterrassen« mit seiner raffinierten Küche als erstes Haus auf Rügen in die Confrérie de la Chaî des Chaîne des Rôtisseurs aufgenommen. Ausgezeichnet werden Häuser mit außergewöhnlich gutem Essen und Trinken für Ihre Gäste. Das Restaurant »Casa Blanca« besticht durch frische mediterrane Küche, entspannte Atmosphäre und die große Terrasse, auf der Sie bei Kerzenschein unter Palmen genießen. Die Cliff Bar lädt zum anschließenden Digestif ein, die Smokers Lounge zu einer guten Zigarre. Ungezwungene Abende verlebt man in der rustikalen, maritimen »Hansestube«. Die Gäste des Cliff lieben seine Vielfältigkeit, den Luxus des Raumes und die gepflegte Tischkultur des Hauses.

Das Cliff-Hotel ist übrigens auch ein Luxus-Traum für Heiratswillige. Alles ist bis ins Detail durchdacht und zahlreiche Restaurants und Säle stehen im Hotel zur Verfügung. Acht Tagungsräume und moderne Technik stellen das Cliff-Hotel ideal für Tagungen oder Incentivs für bis zu 250 Personen auf. Mit durchgehend individueller Betreuung.

Schwimmen lässt sich bei jedem Wetter – im größten Hotelhallenbad der Insel.

Cliff-Hotel
RÜGEN

Burgen und Schlosshotels Dr. Lohbeck OHG
Cliff-Hotel Rügen
Siedlung am Wald 22 · 18586 Ostseebad Sellin
Tel. (03 83 03) 80 · Fax (03 83 03) 84 90
info@cliff-hotel.de · www.cliff-hotel.de

Ostseebad Sellin – Dichter am Horizont

Die großen, hellen Zimmer eignen sich gut für Familien.

Das Hotel Xenia vor herrlicher Kulisse

Das herzhafte Frühstücksbüffet sorgt für einen kräftigen Start in den Tag.

Familiäre Gastfreundschaft

Hotel Xenia und Gasthaus mit böhmischer Küche

Das Hotel Xenia befindet sich direkt im Zentrum des Ostseebades Sellin. Die Wilhelmstraße ist nur wenige Minuten vom Hauptstrand und der Seebrücke Sellin entfernt. Das Hotel bietet für jeden Gast ein individuelles Angebot, mit dem Restaurant Xenia sowie einem Böhmischen Gasthaus und großen Sonnenterrassen.

Hotel Xenia

Im Hotel Xenia befinden sich 33 Doppelzimmer und sechs Einzelzimmer. Durch die Größe der Zimmer eignen sich diese auch sehr gut für Familien mit Kindern. Zur Ausstattung der Zimmer zählen Dusche und WC, Sat-TV, Sitzecke, Möglichkeit der Aufbettung sowie Minibar. Auf Wunsch auch Raucherzimmer. Von vielen Zimmern aus haben Sie einen tollen Ausblick auf die Wilhelmstraße mit ihren historischen Häusern und natürlich auf die fast vor der Haustür liegende Ostsee mit ihren blauen Weiten bis zum Horizont.

Arrangements

Für Ihren Aufenthalt bieten wir eine Reihe von Arrangements an. Oder probieren Sie die Schnupperangebote aus, die Ihnen Appetit auf Sellin und Rügen verschaffen. Speziell für in Gruppen reisende Gäste haben wir attraktive Angebote. Bei einer Gruppenstärke ab 20 zahlenden Gästen gewähren wir einen Freiplatz für Kost und Logis im Einzelzimmer. Gerne sind wir bei der Vermittlung von unterschiedlichen Ausflügen und Freizeitaktivitäten für Ihre Gruppenreise behilflich.

Wellness

Rund um das Thema Wellness arbeiten wir als Hotel Xenia mit einer Reihe von Partnern in Sellin zusammen. Gern vermitteln wir einen Termin oder sind bei der Beschaffung von Eintrittskarten für das Spaß- und Erlebnisbad behilflich. Zum Urlaub gehört auch die Entspannung an frischer Luft, atmen Sie das milde Reizklima der Ostseeküste. Lassen Sie Ihrer Seele freien Lauf bei einem Spaziergang am Strand oder durch die nahen Wälder der Granitz. Ergänzend kommen verschiedene Massagen, Anwendungen und Behandlungen hinzu.

Restaurant Xenia

Das Hotelrestaurant empfängt am frühen Morgen die Gäste zum ausgedehnten und reichhaltigen Frühstück. So können Sie mit vielen gesunden Produkten in einen neuen Urlaubstag starten. Am Mittag und Abend halten wir im skandinavisch eingerichteten Restaurant das Beste von Fisch und Fleisch bereit. Frischer Fisch aus der Ostsee, Fleisch- und Wildgerichte nach pommerscher Art kitzeln Ihren Gaumen. Frische Salate, leckere Beilagen und natürlich ein süßes Dessert komplettieren die Auswahl auf unserer Speisekarte. Für Reisegruppen und Gäste mit Halbpension ist abends ein großes Büffet mit wechselnden Speisen und Beilagen angerichtet. Das Restaurant eignet sich für Feierlichkeiten mit bis zu 60 Personen, etwa Geburtstag, Jubiläum oder Hochzeit.

Böhmisches Gasthaus

Im April 2000 eröffnete die Familie Pendorf das Restaurant mit böhmischen Spezialitäten in der Selliner Wilhelmstraße. Freunde guter böhmischer Küche finden hier eine Gastwirtschaft, in der die Gerichte mit Liebe und nach originalen Rezepten gekocht werden. Das Böhmische Gasthaus bietet 55 Plätze sowie eine Terrasse mit weiteren 80 Plätzen. Genießen Sie unsere Speisen, wie es der brave Soldat Schwejk einst tat. Mit landestypischen Speisen und Getränken aus Böhmen bereitet das Team viele gemütliche Stunden. Die königliche Biermarke Krusovice hat übrigens eine lange Tradition böhmischer Braukunst nach Deutschland und damit in das Ostseebad Sellin geholt. Denn Krusovice ist nicht irgendein Pils, es hat bei einem Test in Tschechien als einziges Bier fünf Sterne vor den Marken Pilsner Urquell und Budvar erreicht.

Böhmische Bierkultur am rustikalen Tresen

Restaurant Xenia im skandinavischen Stil

Hotel Xenia & Böhmisches Gasthaus
Wilhelmstraße 26 · 18586 Ostseebad Sellin
Tel.(03 83 03) 8 73 74 · Fax (03 83 03) 8 75 52
rezeption@hotel-xenia.de · www.hotel-xenia.de
info@boehmisches-gasthaus.de
www.boehmisches-gasthaus.de

Ostseebad Sellin – Dichter am Horizont

Begegnungen in der Provinz
Eine Galerie als Lernfeld und Hemmschwellenminderer

Stockholm, Malmö, Berlin oder Kopenhagen. Leipzig, Dresden ebenso. Und manchmal Rügen an der Wand. Kommunikativ ist es nahezu immer. Beim Galeristen Knut Hartwich. Der bringt in Sellin den Rand der Republik mit dem Rest des baltischen und skandinavischen Raumes und dem Rest Deutschlands zusammen. Künstlerisch, da jedoch mit strengen Einschränkungen. Was sich bei ihm einfindet, wird dem Anspruch gerecht, exemplarisch zu sein. Wir Insulaner und unsere Gäste lernen also in dem alten Gemäuer einer Feuerwache höchste Modernität der Kunst. Kennen. Gegen diese Aussage würde sich der Galerist zwar auflehnen. Dennoch: An kaum einem anderen Ort vermischt sich die Vertrautheit einer Galerie mit den Menschen und einem Bündnis gegen Elitäres, so wie hier in Hartwichs Küche. Hier darf der Galeriebesucher unwissend sein und vielleicht auch etwas unbedarft. Angesichts des manchmal harten Tobacs der Moderne eine weiche Pastete? Bei den regelmäßigen Vernissagen findet man kein besserwisserisches Klima. Hier dürfen alle mit ihresgleichen, manche jedoch auch crossover mit den »Anderen« Gedanken zum Reifen bringen. Und wer die Zeit nutzt zum Hinschauen, dem fallen auch die richtigen Fragen ein. Und wer fragt, bekommt gar am Abend der Eröffnung aus vielen Mündern nicht die, sondern vielfältige Antworten.

Dresden, Kunstraum Modul: Daniel Rode

Alte Feuerwache Sellin: Galerist Knut Hartwich vor Malerei von Petra Ottkowski

Schweden: Christoffer Hultenberg

Warum diese Galerie in Sellin?

Nun, der frühere, kleine Pavillon in Sassnitz hätte sicher auch zu einer Etablierung in der Hafenstadt an anderer Stelle führen können. Doch der Selliner Bürgermeister Reinhard Liedtke hat die Galerie in seinem Ostseebad leidenschaftlich gewollt. Ein Bürgermeister sollte ja Visionen haben. Und dass eine Galerie in dem »Alte Feuerwache« oder schlicht Galerie Hartwich genannten Gebäude irgendwie zum angestrebten »Umfeld« dazugehört, hat Liedtke früher verstanden, als alle an-

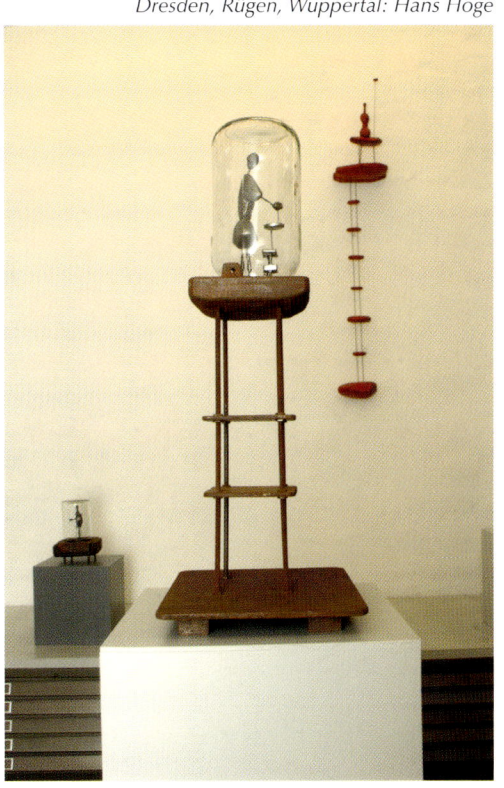

Dresden, Rügen, Wuppertal: Hans Hoge

Mecklenburg-Vorpommern: Miro Zhara

Derzeit Japan: Veronica Dobers

deren. Auch wenn er selbst in unbeobachteten Momenten auch mal den Kopf schüttelt vor der Bilderwand. Diesen Job hat er gut gemacht. Hat eine alte Feuerwache nachhaltig erhalten, sodass diese heute nicht nur ständig Wohnmagazine ziert – denn der Galerist kann auch Einrichtungen à la »Schöner wohnen« zaubern – sondern, dass sie als eben die Institution für diese Art Kunst schlechthin im Ostseeraum gilt. Kaum ein Künstler, der es sich entgehen ließe, dort eine Ausstellung und damit einen Meilenstein in der Vita zu ergattern. Und da es schon so weit ist, wie Hartwich natürlich nie zugeben würde, ruhen auch die Augen der Kunstwelt und damit potenzieller Käuferinnen und Käufer auf diesem Ort.
Dass man Hartwich seit drei Jahren in den Kojen der Kunstmessen wie der Preview Berlin und der JAM art fair Mallorca oder auf der SCOPE art Basel findet, wundert nun nicht mehr. Die Art-Sail 2007, eine eher regionale Schau in Rostock, hat er gemeinsam mit Kollegen von der Galerie Schwarz aus Greifswald und der AG Galerie Plüschow auf die Beine gestellt.

Ostseebad Sellin – Dichter am Horizont

Ostsee-Idyll zwischen Himmel und Meer

Das Hotel Bernstein steht für ein sinnliches Ferienvergnügen an 365 Tagen im Jahr

Kleines Juwel mit phantastischer Lage: Das Vier-Sterne-Domizil Hotel Bernstein auf der Hochuferpromenade des Seebads Sellin begeistert seine Gäste mit einer der geschmackvollsten Wellness-Adressen auf der Insel Rügen. Das von der sinnlichen Kraft des Bernsteins inspirierte Ambra Spa mit großem Indoor-Pool und traumhaften Treatments verwöhnt Körper, Geist und Seele. Große Anerkennung bekam das Hotel Bernstein bereits vom Deutschen Wellness Verband, der dem Haus mit seinen 72 Zimmern und Suiten mit Meerblick schon kurz nach dem Facelift die begehrte Zertifizierung erteilte und das genussvolle Gesamterlebnis mit »sehr gut« bewertete.

Mit seinem 750 Quadratmeter großen Ambra Spa hat das Hotel Bernstein eine der modernsten und stilvollsten Adressen für Schönheit, Gesundheit und Entspannung auf Rügen geschaffen. Vom traumhaften Indoor-Pool aus schweift der Blick über die Ostsee und die berühmte Seebrücke von Sellin bis hin zu den Kreidefelsen im Nationalpark Jasmund. Diese unvergleichliche Lage hat auch das Spa-Menü beeinflusst: Inspiriert von der über Jahrmillionen gewachsenen Energie des Bernsteins, der Rügener Heilkreide – auch »weißes Gold« genannt – und den Kräften der See erleben die Gäste hier ein außergewöhnliches Wellness-Ambiente voller Sinnlichkeit und Harmonie.

Warme Bernsteinfarben und heller Sandstein prägen das geschmackvolle Ambiente des neuen Ambra Spa. Passend zur Lage hoch über dem Meer hat der wohlig warme Pool die Form eines großen Ammoniten, die sich auch an der lichten Decke spiegelt. Schon im Eingangsbereich werden die Gäste von einem Fliesenmosaik in leuchtenden Gelbgold-Tönen empfangen, elegante Sessel stehen bereit für ein persönliches Beratungsgespräch über das besondere Treatment-Angebot des Hauses. Luxuskosmetik von Maria Galland und Phytomer kommt dabei genauso zum Einsatz wie wertvolle Naturstoffe – edler Honig etwa oder nährstoffreiches Sanddornöl, eine weitere Spezialität des Nordens.

Massagen, Heilkreide und Bernsteingrotte

»Es kommt ganz auf die spezifischen Bedürfnisse des Gastes an, ob wir ihm eher eine Massage mit Bernsteinen empfehlen oder eine marine Stempelmassage mit Lavendel und Meersalz«, schildert Spa-Managerin Sandra Dorissen. Die für viele Wirkkräfte bekannte Rügener Heilkreide wird in einer ganzen Reihe von traumhaften Treatments genutzt – in der Sanotherm-Packungsliege mit sanften Klangschwingungen genauso wie in der

So soll ein Tag starten: mit einem opulenten Frühstück auf der Terrasse!

Das Hotel Bernstein ist das führende Wellness-Hotel der Insel.

Der herrliche Indoor-Pool für Badespaß bei jedem Wetter.

Stilvolles Ambiente für den puren Wellness-Genuss

Zu den beliebtesten Anwendungen gehören die heilenden Kräfte der Bernsteine.

Bernsteingrotte mit Dampf und warmem Sprühregen. Vollendeten Genuss verspricht aber auch die Sanospa-Wanne in der von Kerzenschein erleuchteten Spa-Suite für Zwei. Während der eine Partner in Aromen und Regenbogenfarben gebadet und gleichzeitig von 144 feinen Düsen massiert wird, genießt der andere die Tiefenentspannung einer Sanddornöl- oder Traummassage.

Partner-Behandlungen gehören zum Programm. Während er massiert wird, genießt sie die Sanospa-Wanne.

Ein idealer Weg, um die Vielfalt des neuen Ambra Spa zu entdecken, sind die Wellness-Packages mit unterschiedlichen Schwerpunkten: »Bernsteinzauber«, »Ambra Auszeit«, »Ambra Kuschel« oder »Bernsteinwärme« heißen die Pauschalen für mehrere Tage Aufenthalt, die verschiedene Bäder, Massagen, Packungen und Gesichtsbehandlungen kombinieren und perfekt aufeinander abstimmen.

Genuss, Sonnenschein und Service

Vom Himmel verwöhnt ist die Insel mit 2000 Sonnenstunden im Jahr und wochenlangen Schönwetterperioden. Diese machen Rügens Ostküste zum idealen Ganzjahresziel – faszinierend schön in jeder Saison. Hier residiert das Hotel Bernstein in phantastischer Lage auf einer Klippe über dem Meer, mit sattgrünen Wäldern im Hintergrund und atemberaubender Aussicht auf die berühmte Seebrücke von Sellin, die bunten Strandkörbe im weißen Sand, die restaurierten Bäderarchitektur-Villen

Tief eintauchen in die Welt des Verwöhnens.

Kurse für Körper und Seele gehören mit zum Schönheitsprogramm.

an der Promenade und die berühmten Kreidefelsen am Horizont. In dieser malerischen Umgebung bietet das in den 90er Jahren erbaute Ensemble seinen Gästen ein Ferienerlebnis voller Vergnügen und Individualität – für Romantiker und Genießer, Naturfreunde, Familien und Wellness-Urlauber.
Tief in der Region verwurzelt zeigt sich auch die phantasievolle Küche mit viel fangfrischem Fisch und feinen Gerichten nach vorpommerscher Tradition, die sich im täglichen Wahlmenü aus bis zu 20 kreativen Gerichten widerspiegelt. Neben dem Restaurant mit spektakulärer Terrasse über dem Meer bietet das Haus jetzt auch die neue Bernstein Lounge – eine Cocktail-Bar mit Panoramablick im nostalgischen Ambiente. Weitere Neuheit ist der Ambra Kinderclub mit Kletterwand und liebevoller Betreuung in den Ferienzeiten.

****
Hotel Bernstein
ambraSPA
Ostseebad Sellin auf Rügen

Hotel Bernstein
Hochuferpromenade 8 · 18586 Ostseebad Sellin
Tel. (03 83 03) 17 17 · Fax (03 83 03) 17 18
info@hotel-bernstein.de · www.hotel-bernstein.de

Wie wird Essen zum Erlebnis?

»Erlebte Landschaften« heißt das Motto einer Kochschule. Sie tafelt bei jedem Wetter im Freien

Wie erlebt der Gast eigentlich eine Landschaft? Wie nähert er sich ihr? Wie und vor allem wer vermittelt ihm die regionale Esskultur ebenso wie Sitten und Gebräuche? Es ist das eine, die Kochmütze mit der regionalen Esskultur verliehen zu bekommen und ans Portal zu hängen. Doch endet das dann bei der Speisekarte? In Sellin versucht Koch und Hoteldirektor Stefan von Heine, neue Wege zu gehen. Seit 1995 bemüht er sich, anfangs mit regionalen Produkten, später Gerichten und nun auch Geschichten, regionale Wege zu gehen. Sein Motto: »Erlebte Landschaft«.

»Erlebte Landschaft«

Landschaft erleben ist etwas Sinnliches. Dafür kann das Gericht auf dem Teller zwar Einstimmung sein, den Fußweg, die Fahrt oder die Seeroute wahrzunehmen, ersetzt es jedoch nicht. So fährt von Heine mit Radfahrern durch den Raps. Mit Bikern ebenso. Führt sie in Großmärkte oder zum Bauern, in Gänseställe oder Fischhallen. Und gibt allen das Gefühl, so richtig »middenmang« zu sein. Rügen mit allen Sinnen zu erleben ist auch sein Ziel.

Kochschüler forever

»Alles Wiederholungstäter«, bestätigt der Patron eben in der Küche, bei regem Zuspruch der Runde. Die beiden Berliner Freunde beispielsweise, die bis auf eine oder zwei alle 16 Staffeln besucht haben. Zum zehnten Mal gab es bunte Sternchen auf die schwarze Caspars-Schürze. Beim 15. Mal rückte der Chef die Kochschiffchen mit einem gestickten, goldenen Schriftzug raus. So viel Spaß muss sein.

Vor dem Verzehr im Freien am Nachmittag steht heute der gemeinsame Spaziergang entlang des Sanddorns. Auf einer herbstlichen Tour wurde

Stefan von Heine: Erfinder der Kochschule Caspar's

Gegessen wird immer. Egal, bei welchem Wetter.

dieser schon von Gästen »gemolken«. Soll heißen, für den orangefarbenen Saft dem Strauch aufwändig abgepresst. Dass jemand am Abend spürt, was den Tag über getan wurde, ist ein Teil der Philosophie. Landschaft erleben.

Rustikal und doch gediegen

Der Grill ist derweil präpariert. Daneben der umgenutzte Pferdehänger für Frostbeulen. Wenn der Wind pfeift, sitzt es sich dort gut.
Apropos Pferde: Dieser überdachte Rastplatz für Radwanderer und Läufer am Bodden kann auch Ziel einer Kremsertour sein. Dann jedoch reitet von Heine nebenher und die Westrügener Pferdehofinhaberin Margitta Wiktor erzählt vom Kutschbock, was ihr am Herzen liegt und warum es, beispielsweise, auf Wittow keine Maulwürfe gibt.

Stimmung ungebrochen

Lange dauert es nicht, bis sich nach der Rückkehr aus dem Sanddorn die Stimmung hebt. Die Mischung von Gästen und Rüganern steigert den Erlebniswert. Wenn es, wie jetzt gerade, um typische Gerichte geht und jemand auf den Arbeiteraal (Hornhecht) mit seinen grünen Gräten abhebt und preisgibt, dass dieser hier traditionell, in die Zeit seines Zugs passend, mit Rhabarber gegessen wird. Ohne viel Firlefanz, in Mehl gerollt und schnell angebraten. Oder einfach scharf auf der Haut in kleinen, mundgerechten Häppchen. Noch zumindest!

Fischknappheit
auch in der Baltischen See

Dass Fisch auch auf Rügen immer weniger wird, zitierte schon der Bergener Heimatkundler Alfred Haas aus dem Heberegister des Jahres 1532 zum Heringsfang. Das erklärt, warum die Fischer immer auch Kleinbauern waren. Wissenswert auch, wie sich aus sogenannten »Vitten«, den Plätzen, an denen die Kaufleute den Hering zum Transport einsalzen ließen, Fischersiedlungen entwickelten. Oder wie die Herrschaften von Platen oder von Putbus wegen des dort zur Saison herrschenden Lebens Dorfkrüge einrichten ließen. Auf die wiederum gehen dann die alten Kneipen Rügens zurück. Und der Kampf gegen Alkohol.
Strand- und Gewässerrechte und die Ablieferung waren ein Privileg der Herrschenden. Was wiederum für die Begründerin der Seemannsheime, Gräfin Adelaida Schimmelmann, die geschilderte Armut der Fischer erklärte. Nur die Fischerkommune in Vitte auf Hiddensee fischte auf »Gemeinrecht«, bis 1945 die Rechte für alle neu verteilt wurden.
Bis 1940 noch verfügte der Fürst zu Putbus über 18 360 Hektar Land. Mehr als die 1400 bäuerlichen Betriebe zusammen hatten. Weitere acht Großgrundbesitzer besaßen zusammen 13 000 Hektar. Also insgesamt die halbe Insel.
Dennoch hatte der Barde Wizlaw III. in seinem Repertoire Lieder, die von Arm und Reich, von Bier und Met, gutem Wein, Rindern, Gänsen und feisten Schweinen handelten. Ebenso wird der Kamminer Bischof Marinus in der DDR-Ausgabe des Buches »Köstlichkeiten einer Inselküche« angewidert zitiert mit der Aussage:

»Wills dir nicht gelingen
Sieben Moltieden (Mahlzeiten) zu schlingen
Und einen Käse Zentnergewichts,
giltst du auf Rügen nichts.«

Als wortkarg galten die Inselbewohner, jedoch auch als feierfest.

Demgegenüber geht es beim Kochen und Essen heute doch gesittet zu. Hungrig bleibt niemand und essen ist hier Mittel zum Zweck. Gut erinnert sich von Heine noch an die Kochschule im Park neben dem Gutshaus Boldevitz. Schon lang nach 22 Uhr, musste er die plaudernden Teilnehmer massiv zum Nachhauseweg auffordern. Und auch im Winter auf Kliewes Gänseweide war die Kälte kein Grund, Tisch und Feuer zu verlassen.

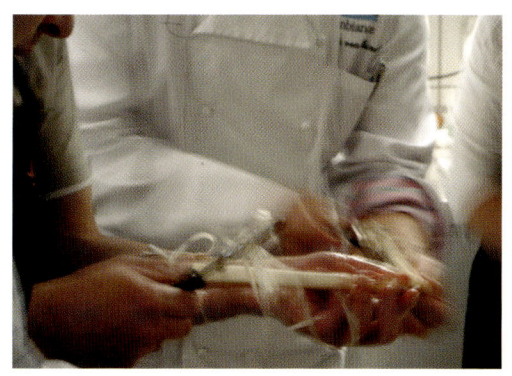

Kochen ist kinderleicht.

Ostseebad Sellin – Dichter am Horizont

Rügen in Ruhe genießen

Hotel Moritzdorf in Moritzdorf: Reetgedeckte Schmuckstücke

Ein blühender Garten am wenig befahrenen Weg, so stellt man sich entspannten Urlaub vor.

»Wer's nicht gesehen hat, wird kaum glauben, dass Deutschland solche Ecken besitzt«, schrieb die Zeitschrift Yacht über den Ort. Und es ist wahr. Lassen Sie sich bezaubern, wenn der Fährmann Sie mit dem kleinen Ruderboot vom Baaber Bollwerk nach Moritzdorf übersetzt. Genießen Sie den Fußweg durch das historische Reihendorf mit seinen schilfgedeckten Häusern. Erleben Sie die Stille der Insel abseits der Straße und die Ruhe eines Ortes, an dem die Harmonie zwischen Mensch und Natur noch Wirklichkeit ist. Die Ostseebäder Binz, Sellin und Baabe mit ihren lebhaften, vielfältigen Angeboten sind schnell und problemlos zu erreichen.

Im Zusammenspiel der ungewöhnlich ruhigen, schönen Lage unseres Hotels, seiner rügentypischen, harmonisch in die Landschaft eingefügten baulichen Gestaltung und der Gastfreundschaft der Mitarbeiter erlebt man Rügen als natürlichen Wellnessfaktor.

Von den zwei reetgedeckten Häusern des Drei-Sterne-Superior-Hotels Moritzdorf hat man direkt am Naturschutzgebiet eine herrliche Aussicht auf das Wasser und die umgebende Natur. Die großzügigen Doppelzimmer und Juniorsuiten für zwei bis vier Personen haben zum Teil Balkon und sind mit modernem Komfort und W-LAN ausgestattet. Im Restaurant mit Terrasse bietet die anerkannt gute Küche frischen Fisch direkt vom Fischer, mit Sorgfalt zubereitet, interessante einheimische Gerichte, Kuchen aus eigener Herstellung, Eis und Kaffee. Strandkörbe am Wasser, eine Sauna und ein Fitnessbereich gehören zum Haus. Fahrradvermietung und der Ticketservice ebenso. Das Restaurant ist ganzjährig täglich ab 12 Uhr geöffnet. Kostenlose Parkplätze befinden sich direkt am Hotel.

Hotel Moritzdorf
Moritzdorf 15
18586 Ostseebad Sellin
Tel. (03 83 03) 1 86
Fax (03 83 03) 1 87 40
moritzdorf@web.de
www.hotel-moritzdorf.de

Selliner schaffen Wintervergnügen

Am 3. Dezember 2004 eröffneten die Selliner die neue Eisbahn im Seepark Sellin. Dadurch schuf die Kurverwaltung zusammen mit dem danebenliegenden Spaßbad eine wetterunabhängige Winterattraktion. Täglich von 10–22 Uhr hat die 555 Quadratmeter (37 m x 15 m) große Eisbahn zum Pirouetten-Drehen geöffnet. Anträge machen, Mondschein erleben oder auch Eishockey spielen. Die Eisbahn ist zu einem weiteren wohldurchdachten und beliebten Anziehungspunkt im Ostseebad Sellien geworden.

Der Strom zur Eisgewinnung ist kein Problem mehr, denn die Wasserwelt nebenan hat Wärme, die sich in Kälte wandeln lässt. Eine wunderbare Idee und auf Rügen einzigartig.

Falls Sie Ihre Schlittschuhe vergessen haben sollten, so können Sie sich diese vor Ort für nur drei Euro in allen Größen ausleihen oder für nur fünf Euro ihre stumpfen Kufen schleifen lassen.

Noch sind Lisa, Lars und Carlo etwas unsicher auf Kufen.
Mit fortschreitender Saison gibt sich das jedoch.

Entspannung am Neuensiener See

Die familienfreundliche Ferienanlage in Seedorf auf der Halbinsel Mönchgut ist mit vier Sternen ausgezeichnet worden. Die Ferienanlage besteht aus 65 komfortablen Ferienwohnungen, einem eigenen Bäcker, einem Restaurant und einer

Weitblick in die Landschaft der Halbinsel

Attraktive Ferienanlage in Seedorf

Fischräucherei und bietet somit alles für einen erholsamen Urlaub auf Rügen. Genussvolle Spaziergänge im Sonnenuntergang durch die malerische Landschaft direkt am Neuensiener See gehören zu den schönsten Erholungen. Das Flair des malerischen Fischerdorfes hinterlässt einen bleibenden Eindruck.

Insel und Mehr Touristik GmbH
Proraer Straße 1 · 18609 Ostseebad Binz
Tel. (03 83 93) 66 62 20 · info@insel-und-mehr.de
www.insel-und-mehr.de

Sellin, die Perle an der Ostsee

Traditionelles Seebad mit ländlicher Dorfstruktur

Das traditionsreiche Ostseebad Sellin mit seinen ländlich-idyllischen Dörfern Altensien, Moritzdorf, Seedorf und Neuensien wird wegen seiner bevorzugten geografischen Lage am Rande ausgedehnter Buchenwälder und inmitten einer unverbrauchten Natur- und Kulturlandschaft überaus geschätzt.
Mit seiner einzigartigen historischen Seebrücke und dem denkmalgeschützten Ensemble von altehrwürdigen und stilvollen Hotels und Pensionen in der Wilhelmstraße ist der Badeort ein besonderes Kleinod der Bäderarchitektur an der Ostseeküste.

Attraktionen und Prophylaxe

Außer dem fröhlichen Badespaß an feinsandigen Meeresstränden im Sommer, können die Gäste zu allen Jahreszeiten in das Freizeitbad »Inselparadies« eintauchen. Sellin ist der Schlüssel zur Halbinsel Mönchgut mit ihren landschaftlichen Schönheiten und aufgrund seiner guten Verkehrsanbindungen (Bahn, Bus und Schiff) ein idealer Ausgangspunkt, um die Sehenswürdigkeiten der Insel Rügen kennen zu lernen.

Zur gesundheitlichen Prophylaxe sind zahlreiche Kuranwendungen vor Ort möglich. Schritt für Schritt – Wege zur Gesundheit, nennen sich Angebote der Kurverwaltung von therapeutischen Terrainkurwegen bis hin zu Nordic Walking. Weitere Aktivitäten wie Reiten, Segeln, Radfahren, Minigolf und vielfältige kulturelle Veranstaltungen runden das gute Serviceangebot ab.
Übrigens – beim Blick vom Selliner Steilufer auf die Seebrücke und über das weite Meer, fühlt man sich einfach »dichter am Horizont«.

Ein Küsschen für den Eisbären

Kurverwaltung Sellin
Warmbadstraße 4 · 18586 Sellin
Tel. (03 83 03) 1 60 · Fax (03 83 03) 1 62 00
kv@ostseebad-sellin.de
www.ostseebad-sellin.de

Bezaubernde Bäderarchitektur

Ein Bagger für alle Fälle

Kreative Außengestaltung vom Aushub bis zur Zaunanlage

Für Hauseigentümer und Grundstückseigner gibt es immer viel zu tun. Sei es beim Bau eines Hauses oder Carports, der Beräumung oder Neugestaltung von Hof und Garten – der Baggerbetrieb Uphoff mit Inhaber Andreas Uphoff und seinem Team sind die richtigen Ansprechpartner.

Sie sind die Ersten auf der Baustelle, vom Aushub der Baugrube bis zum letzten Handschlag bei der fantasievollen Gestaltung der Außenanlagen. Die fachkundige Unterstützung reicht vom ersten Spatenstich bis hin zur abschließenden Umzäunung, natürlich auch mit kompletter Bepflanzung und Begrünung – damit sich später das Grundstück mit natürlicher Optik in das Landschaftsbild einfügt.

Durch das Verarbeiten und Mischen von Natursteinen mit herkömmlichen Materialien sind die liebevoll gestalteten Steingärten, Parkplätze und Hofflächen nicht mehr aus dem Bild der Seebäder und Dörfer wegzudenken. Der Betrieb bietet das komplette Programm, auch wenn Sie nicht vor Ort weilen, und ist auch bei außergewöhnlichen Projekten ein versierter Ansprechpartner: Reitplätze, Klärteiche, Terrassenanlagen... Was liegt bei Ihnen an?

Aufgetürmt wie Treppen sind diese großen Steine.

Gartengestaltung mit Neuanpflanzungen

BAGGERBETRIEB Andreas Uphoff
Baggern & mehr!

Baggern & mehr! · Baggerbetrieb Andreas Uphoff
Mönchguter Straße 1 · 18586 Ostseebad Sellin
Tel. (03 83 03) 1 24 47 · Fax (03 83 03) 1 24 49
Mobil (01 70) 8 94 83 87

Ostseebad Baabe – Vom Fischerdorf zum Badeort

Das neue Haus des Gastes mit unverkennbarer Handschrift des Architekten Peter Rockel

Baabe am Graben des Mönchguts
Hier zählt die künstlerische Aufstellung

Südost. Baabe, Ostseebad mit rund 800 Einwohnern, mit seiner kunstbestückten Promenade auf dem Weg zum Strand. Hier beginnt das Mönchgut mit rund 6000 Einwohnern, dem besonderen Menschenschlag der sogenannten Poken. Durch eine gewisse Abgeschiedenheit im Süden der Insel und vielleicht auch andere Gebräuche unter Herrschaft des Klosters entwickelte sich hier lange ein den Klosterregeln unterworfenes, völlig anderes Leben. Sichtbar gemacht am Mönchgraben, der Trennung von der restlichen Welt mit dem neuen Tor und seinen symbolträchtigen Figuren. Sehenswert: Auch hier ist wieder ein Fragment Müther-Architektur an der Promenade zu entdecken.

Künstlerisches Profil gewählt

Wie jedes Seebad, ringt auch Baabe mit seinem Profil. Und hat sich frühzeitig für das der Kunst entschieden. So beginnt die Promenade weit sichtbar für alle Durchreisenden von der Kreuzung mit einer luftigen Metallskulptur. Die könnte auch anlocken. Geht es dann auf dem Rondell mit Abgang zum Strand eher bodenständig mit einem Quader als Stele und den Himmelsrichtungen zu, gibt es davor rechts und links manch Neues zu entdecken. Eben sind rund vier Millionen Euro investiert worden. So hat sich die Kurverwaltung, in der auch ein neuer Event-Manger residiert, in ihrem eben fertiggestellten Bauwerk »Haus des Gastes« architektonisch-künstlerisch aufgestellt. Der bekannte Rügener Architekt Peter Rockel gestaltete ein in seiner Formensprache auffälliges Gebäude, das nach außen ein künstlerisch ästhetisches Anliegen transportiert. Mit Stegen auf den Gipfel der Düne oder großen Freitreppen in die Bibliothek im zweiten Stock. Farben und Gründach tun ihr Übriges.

Links davon sticht sofort die neugestaltete, sogenannte Kurmuschel ins Auge, deren diagonale Verschalung mit Lärchenholz ebenfalls auf die moderne architektonische Komponente setzt. Und manche unverhofften Einblicke gewährt. Hier finden im Sommer Musikveranstaltungen und das Reusenfest statt. Auch erscheint manchmal ein Puppenspieler oder eine Jazz-Combo.
Neuerdings scheint Baabe, das sich wie andere aus dem seit zehn Jahren etablierten Blue-Wave-Festival im Herbst ausgeklinkt hat, sein Herz für den Blues an der Ostsee doch wieder entdeckt zu haben. Feiert ihn aber im Mai. Als Test, ob sich das Musikereignis auch vorverlegen lassen könnte, so der neue Eventmanager. Wenn es dann, wie 2008 beim ersten Mal geschehen, keiner merkt, wird es hoffentlich nicht einem allgemeinen Desinteresse am Blues angelastet.

Konkrete Kunst im Kurpark

Auf mehr als Absichtserklärungen ist auch im Kurpark zwischen der Bühne und der jedoch völlig vergammelten Müther-Hyparschale zu treffen. Hier stößt der Suchende auf ganz Konkretes: Konkrete Kunst des Sassnitzer Skulpteurs Helmut Senf. Und da muss der Kurverwaltung und Gemeinde doch ein echtes Kompliment ausgesprochen werden, denn mit dem Ankauf eines echten Senf hat sich die Kurverwaltung einen Platz in der »Hall of Fame« erworben. Es ist das erste auf Rügen installierte Objekt von Senf. Weitaus größere hat er in seiner Produktivität in ganz Deutschland meist bei öffentlichen Einrichtungen installieren können.

Helmut Senf galt in der DDR als ein ästhetischer Wanderer zwischen den Bereichen Kunsthandwerk und freier Kunst. Er schuf Gebrauchsgegen-

Ostseebad Baabe – Vom Fischerdorf zum Badeort

Kunst in alle Himmelsrichtungen – auf der Promenade

stände mit einer am Bauhaus und am Deutschen Werkbund geschulten Materialästhetik. Parallel dazu entstanden lyrisch-konstruktive Skulpturen. »Seit den späten Siebzigern kam ein umfangreiches malerisches Werk hinzu. Somit wurde er zu einem kritisch produktiven Erbe des klassischen Konstruktivismus und der Konkreten Kunst. Seine leuchtend vitale Farbigkeit konterkariert das rational minimalistische Grundvokabular des Konstruktiven: Kreis, Linie und Winkelvariationen. So folgt er den ungeschriebenen Gesetzen einer poetischen Geometrie und erschafft aus Rationalität und Intuition konstruktive Metaphern im Einklang mit den Unwägbarkeiten des Zufalls. Bei ihm gibt es noch in der Kunst das Schöne und die sinnliche Freude am technischen Konstruieren. Das ist etwas, was heute nur noch selten in der Gegenwartskunst zu erleben ist.«

Weitere Beispiele sind der Wreechener Bildhauer Bernard Misgajski, ebenfalls an seiner Formensprache mit den Stühlen in Stahl zu erkennen. Weniger selten präsent in der Öffentlichkeit ist Rolf Carlos Reeckmann. Seine hölzerne Bankskulptur birgt zwar schon einige Gäste, lässt dazwischen, mit der Aufforderung, hinzusitzen, jedoch noch Platz.

Binnenbollwerk Bek

Wieder zurück auf der Hauptstraße führt diese rechts zum Binnenbollwerk an der Bek. Mit der kleinsten Fähre Rügens und dem Schiffsoldtimer Lamara. Entdeckungen in die Having und rund um die Insel Vilm ebenso wie Hochzeitsfahrten beginnen dort. Es geht vorbei an der alten Entmagnetisierstation für Großschiffe, einer maritimen Rarität.

Am Bollwerk Baabe vor dem Solthus liegen auch manche Segler, gar das Zeesboot Swat Johann. Hotelier Harald Schewe fährt darauf persönlich. Die kleinste Fähre der Familie Strandmann setzt über die Bek und verkürzt auf Zuruf den Weg auch für Radler zur Moritzburg.

Die andere Welt an der Bek: Ruderfähre setzt Fahrräder und Menschen auf Zuruf über

Ferienhaus Pudelwohl

Das charmante Ferienhaus mit rund 70 Quadratmetern befindet sich in einer sehr schönen Ferienhausanlage im skandinavischen Stil. Das Haus wurde 2006 erbaut und ist ein zertifiziertes Nikken Wellness Home mit vielen gesundheitsfördernden Ausstattungsmaßnahmen. Ganz einzigartig ist die Ausstattung mit diversen Gesundheitsprodukten im Wohn- und Schlafbereich: Decken, Kissen, Matratzenauflagen, Kuscheldecken mit Magnetfeld und Stuhlauflagen, ein Wasser- und Luftreinigungsfilter, Nahrungsergänzungen zum Testen und Fitness-Schuhe zum Ausleihen. Fußbodenheizung und Kaminofen sorgen im Winter für eine kuschelig warme Atmosphäre. Auf einem naturbelassenen Grundstück mit lichtem Wald hinter den Dünen sind es nur 200 Meter bis zur Ostsee und der Bernsteinpromenade. Der Name verrät: Hunde sind hier sehr gern gesehene Gäste.

Ferienhaus Pudelwohl · Dünenweg 28 d · 18585 Ostseebad Baabe
info@wellness-haus-ruegen.de · www.wellness-haus-ruegen.de

Der Eingangsbereich zum Wellnesshaus Pudelwohl

Oldtimer MS Lamara

Gebaut wurde das Motorschiff MS »LAMARA« 1959 als Seeschiff. Stabilität und Ausrüstung sind somit raueren Gewässern gewachsen. Ein sehr sicherer Oldtimer, der regelmäßig von seiner Crew gepflegt wird. Die Verhältnisse in ihrem jetzigen Revier bewältigt die »LAMARA« spielerisch. Sagt Kapitän Heinrich Olbert.

Rund 30 Meter misst das Fahrgastschiff, hat einen Schiffsdiesel vom Typ MAK als Herz. 160 PS bei 500 Umdrehungen pro Minute bringt dieser alte Vierzylinder. So geht es durch die romantische Boddenlandschaft. Die Fahrt von Kapitän Heinrich Olbert und Bootsfrau Anja Lawatsch führt aus der Baaber Beek heraus mit dem Ziel, die Insel Vilm vor Lauterbach zu umrunden.

Kapitän Heinrich Olbert legt außerhalb der Saison selbst Hand an sein Schiff.

Kapitän Olbert übrigens war auch mal anders aufgestellt. Als Rheinschiffer steuerte er Frachtschiffe. Doch was ist dieses Leben gegen Küstenerlebnisse vor Rügen?! Ob Tag oder Nacht, ob Regelverkehr oder Sonderfahrten wie bei einer Hochzeit.

Am Baaber Bollwerk angelegt

Strahlend schön ist das Ostseehotel Baabe am Abend.  *Moderner Wohnkomfort mit frischen Farben und wohnlicher Ausstattung*

Reisen und Wohlfühlen

Arrangements mit Geschmack und Stil

Herzlich Willkommen im Urlaub!

Blick in das Restaurant

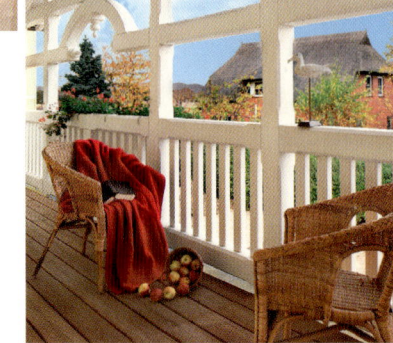

Idylle auf dem geräumigen Balkon, Zeit zum Lesen und Ausruhen.

Die Strandpromenade Baabe verströmt einen Hauch von Herrschaftlichkeit, der einen in Bücher und alte Filme hineinversetzt. Hier möchte man eintauchen, sich verwöhnen lassen und ausspannen. Schön, dass es das charmante Ostseehotel Baabe gibt, einen Ort zum Entspannen.

Geschnürt werden verschiedene Wohlfühlpakete, mit denen man auch noch prima sparen kann. Das familienfreundliche Haus bietet an, Kinder bis 14 Jahren kostenlos im Zimmer ihrer Eltern mitwohnen zu lassen. Zwischen den Häusern »Christine« und »Brunhilde« befindet sich außerdem ein Kinderspielplatz. Die Zimmer haben eine exzellente Mischung aus modern und romantisch. Viel Rot trifft sich mit altem Mobiliar und hübsch drapierten Stoffen. Die Veranda mit Holzboden ist ein schöner Rückzugsort, und natürlich braucht in den Ferien niemand zu kochen. Mehrere Restaurants laden ein, vom reichhaltigen Frühstücksbüffet über Mittagstisch bis hin zu speziellen Abendangeboten. Im Hause befinden sich das Restaurant Alchemia mit Hotelbar, die Mönchguter Fischerstube mit angeschlossener Weinstube sowie ein Biergarten.

Ein Hotel mit Geschichte

Das Ostseehotel Baabe hat eine lange Geschichte. 1864 war es noch die Villa Heimkehr, in die ein Händler mit seiner Frau einzog. Ein Stockwerk wurde obendrauf gesetzt, Fremdenzimmer eingerichtet, der Name geändert und im Sommer 1931 wurde das Ostseehotel eröffnet. Scharenweise kamen die Tagesausflügler und ruhten sich beim Ehepaar Uthleb aus. 1936 ließ er Haus Brunhilde bauen, das nach seiner einzigen Tochter benannt wurde und ihr später gehörte. Sie und ihr Mann Gerhard bauten das Hotel nach und nach aus. Im Zuge der politischen Veränderungen flüchtete die Familie 1953 in die Pfalz. Das Hotel war inzwischen zum Ostseeheim der Staatssicherheit geworden. 1991 konnte das Ostseehotel wieder an die Familie übergeben werden. Die Gründer leben nicht mehr, konnten aber in den letzten Jahren noch miterleben, wie vieles renoviert und restauriert wurde.

»Es ist den beiden neuen Betreibern des Ostseehotels, den Familien Belger und Stendal-Ziemke, sehr gut gelungen, eine freundliche Athmosphäre zu schaffen, in der sich sicherlich die Gäste wohlfühlen werden«, heißt es in einer Chronik über das Haus.

Ostseehotel Baabe auf Rügen
Dorfstraße 2 · 18586 Ostseebad Baabe auf Rügen
Tel. (03 83 03) 12 84 00 · Fax (03 83 03) 12 84 10
reservierung@ostseehotel-baabe.com · www.ostseehotel-baabe.com

Darf's ein bisschen Meer sein?

Hotel Störtebeker – alles, außer gewöhnlich

Flotte Drinks vor der hoteleigenen Gartenbar mit Regendach und Sonnenstühlen

Der Zugang zum Hotel Störtebeker

Abends in gemütlicher Runde den Tag ausklingen lassen

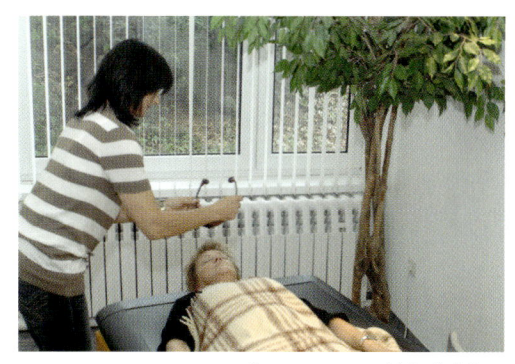

Entspannen und Musik hören

Lichtabhängig wechselnde Stimmung zaubern die verglasten Frühstücks- und Restauranträume.

Das Ostseebad Baabe ist ein ruhiger Urlaubsort am Eingang zur Halbinsel Mönchgut. Der feinsandige, breite Strand erstreckt sich von Sellin nach Göhren über rund fünf Kilometer. Rügens Klima wird besonders von Erholungssuchenden und Allergikern sehr geschätzt. Ferien auf dieser wundervollen Insel ist sowohl für Alleinreisende Wellnessurlauber, vertraute Paare und Familien mit Kindern eine wahre Erholung.

Familienhotel in Strandnähe

Das Hotel Störtebeker liegt in einer ruhigen Seitenstraße, nur wenige Schritte von der Strandstraße und vom Strand entfernt. Die Haltestelle der Ortslinie »Uns lütt Bahn« befindet sich gleich beim Hotel, so dass es sich lohnt, das Auto einmal stehen zu lassen. In der Kurkarte ist eine kostenlose Benutzung der Kleinbahn enthalten, gleiches gilt für die Bäderbahnen in Binz, Sellin und Göhren.

Das persönlich geführte Ferienhotel legt viel Wert auf familiäre Gastlichkeit. Dazu gehört auch die behagliche Ausstrahlung des Hauses, das mit drei Sternen ausgezeichnet wurde. 73 gemütlich eingerichtete Zimmer sind mit Dusche, WC, Direktwahltelefon, Fernseher und teilweise mit Balkon ausgestattet. Weitere vier Zweiraum-Appartements sind hell und einladend gestaltet.

Das Wintergarten-Restaurant umfasst 170 Plätze und erwartet seine Gäste am Morgen mit einem reichhaltigen Schlemmer-Frühstücksbüffet, bei dem keine Wünsche offen bleiben.

Traumhaft schön ist die neue, überdachte Sonnenterrasse, auf der bei schönem Wetter auch Frühstück und Abendessen serviert wird. Nachmittags lockt selbstgebackener Kuchen

Abends wird gutbürgerliche Küche mit regionalen Besonderheiten und täglich 15 Gerichten zur Auswahl offeriert. Das Dreigang-Menü beginnt mit einer Suppe oder Kaltschale und am Salatbüffet darf sich der Gast nach Herzenslust bedienen. In der Saison finden regelmäßig Grillabende auf der Terrasse statt, und wer danach noch Lust hat, Seemannsgarn zu hören oder zu verbreiten, trifft sich später in der Piratenschenke. Die gemütliche Hotelbar ist eine Raucher-Lounge mit vielseitigem Getränke- und Cocktailangebot. In der Lobbybar wartet ein knisterndes Kaminfeuer auf Leseratten und Spielerunden.

Die Sinne verwöhnen

Im Hause befindet sich eine phantastische Wellness-Insel mit offener, großer Sonnenbank – falls die Sonne am Himmel mal nicht mitspielt. Neue Dimensionen des Massierens bieten die Hydro-Jetten mit Unterwassermassagen ohne nass zu werden. Individueller Badespaß lockt in den Einzelwhirlpools mit einer prickelnden Softmassage. Weiterhin gibt es Infrarot-Wärmekabinen sowie eine Sauna samt Ruheraum, Wohlfühlmassagen und Kosmetik.

Hotel Störtebeker
Karl-Moritz-Straße 1 · 18586 Baabe
Tel. (03 83 03) 89 00 · Fax (03 83 03) 89 06 66
reservierung@hotel-stoertebeker.de
www.hotel-stoertebeker.de

Ostseebad Baabe – Vom Fischerdorf zum Badeort

Rügener Traditionsküche!

Restaurant Rugia im Hotel Seestern Baabe

Das Hotel Seestern wurde im Jahre 1999 erbaut, nur 100 Meter vom Strand des Ostseebades Baabe entfernt. Der hübsche gelbe Bau mit dem stilisierten Eckürmchen hat im Untergeschoss das Restaurant »Rugia«. Rund 80 Gäste haben hier Platz, auf der Terrasse sind noch einmal 40 Plätze, direkt am schönen Kurpark Baabe. Das Ambiente ist gediegen-gutbürgerlich, geöffnet ist das Restaurant ab 12 Uhr.

Regionale Inselküche

Die regionale Kochkunst des Hauses beruht auf historischen Rezepten, die sich aus der Lebensart der Bevölkerung entwickelt haben. Die heimische Küche Rügens präsentiert sich eher bodenständig: Fleisch und Wild wird reichlich verwendet, und auch der Fisch spielt, angesichts des vielen Wassers überall, eine wichtige Rolle. Für die meisten Spezialitäten gibt es keine Rezepte, es liegen meist mündliche Überlieferungen zugrunde.

Verwendet werden hauptsächlich Qualitätsprodukte von der Insel. Das Wild stammt aus der Granitz, der Fisch kommt von Fischer Peters aus Polchow, weitere Produkte von den Bauern Lange aus Lieschow und Kliewe aus Mursewiek. Zwischen den Zulieferern und dem Seestern wurde eine regelmäßige Kooperation mit regionalen Produkten vereinbart. Senior-Chef Peter Schöfl und Küchenchef Matthias Schöfl legen großen Wert auf den heimischen Bezug, was beim Einkauf anfängt. Auch die Beilagen, von der Kartoffel bis zum Gemüse, kommen aus Rügen. Diese Philosophie wird den Gästen gerne und ganz bewusst erläutert. Wer wissen möchte, woher sein Abendessen stammt, wird auch schon mal auf einen der Höfe oder zum Fischeinkauf mitgenommen. Frische und Qualität sind die Grundzutaten, die den Geschmack begründen.

Schlafen im Hotel

Auch die Getränkekultur ist heimisch: Obstbrände und Liköre der Ersten Edeldestillerie Rügen stehen ebenfalls auf der Karte. Allerdings werden bei der Weinempfehlung regionale Abstriche gemacht. Nicht nur deshalb freuen sich viele Schlemmerfreunde, nach dem Essen gleich im Hause bleiben zu können und im Hotel ihr Quartier bezogen zu haben.

Am nächsten Morgen geht es mit dem kulinarischen Verwöhnprogramm gleich weiter. Ab 7.30 Uhr wartet auf die Gäste ein üppiges und abwechslungsreiches Frühstück für einen guten Start in den Tag.

Restaurant Rugia im Hotel Seestern
Strandstraße 43 · 18586 Ostseebad Baabe
Tel. (0 38 03) 9 10 · Fax (0 38 03) 9 11 13
seestern@bsw24.de

Zentral und dennoch ruhig gelegen: das Hotel Seestern mit dem Restaurant Rugia

Küchenchef Matthias Schöfl kauft den Fisch fangfrisch bei Fischer Peters.

Das kompetente Mitarbeiterteam aus Küche und Hotel beim Geflügelhof Kliewe

Einkauf bei Bauer Lange: Lebensmittel ohne lange Transportwege für regionale Gerichte

Maritime Farben in den freundlich gestalteten Gaststuben

Ostseebad Baabe – Vom Fischerdorf zum Badeort

Mediterrane Küche, Bar, Pension und Kiteschule in Baabe

Spanisches Lebensgefühl im Casa Atlantis

Das Haus Atlantis wurde in den 1920er Jahren erbaut und 2003 im mediterranen Stil umgestaltet. Wie die sagenumwobene Stadt dreht sich hier alles um das Leben am Meer. Die Betreiber Katja und Sascha Reichhardt haben von ihrem mehrjährigen Aufenthalt in Spanien viele Ideen aus dem sonnigen Süden mitgebracht, darunter ausgewählte Rezepte und eine herzliche Gastfreundschaft.

Spanisches Lebensgefühl im hohen Norden

Der Tag im Casa Atlantis beginnt mit einem frischen Frühstücksangebot, das nicht nur Surfer-Herzen höher schlagen lässt. Moderne Gerichte und Snacks wie Baguettes, Hamburger, Salate und leckere Tapas bieten jede Menge Abwechslung und für jeden Hunger etwas. Die Pastakarte ergänzt das Angebot an tollen Fisch- und Fleischgerichten, im spanischen Stil zubereitet. Hinterher passt noch ein Eis oder Dessert, und die Auswahl an trendigen Kaffee- und Teesorten ist legendär. Da der Tag nach dem Essen im Casa Atlantis noch lange nicht zu Ende ist, wurden auf der Karte Weine aus Europa und Chile zusammengestellt. Die Cocktailkarte klingt nach Party bis weit nach Sonnenuntergang, nach Freunde treffen, über Wassersport fachsimpeln und flirten.

Die jungen und jung gebliebenen Gäste schätzen die zentrale Lage des Hauses. Gleich vor der Tür beginnt das Meer, aber auch Supermarkt, Arzt und Apotheke sind in der Nachbarschaft. Die Zimmer sind mit hellen Holzmöbeln ausgestattet, haben Fernseher, Dusche und WC. Zusätzlich können die Gäste vor Ort das Internet nutzen.

Die »Las Fincas« sind traumhafte Appartements mit spanischem Dekor, ruhig gelegen am Naturschutzgebiet des Selliner Sees. Erst 2007 wurde die Anlage wunderschön und kreativ saniert. Runde Formen, trendige Möbel, Holzböden und Holzterrasse strahlen in ganz außergewöhnlichem Ambiente.

Sportliche Angebote

Die angeschlossene Kiteschule bringt Wind- und Wasserfans den Sport des Kitesurfens näher. Egal ob Anfänger oder Fortgeschrittener – die Kurse bieten alle Schwierigkeitsstufen und natürlich jede Menge Spaß. Chefkitelehrer Sascha ist ein erfahrener VDWS-Kitelehrer, der schon auf Fuerteventura bei René Egli gearbeitet hat. Im angeschlossenen Shop gibt es die passenden Boards und entsprechende Mode.

Für die Fortbewegung an Land steht eine große Auswahl an Leihfahrrädern zur Verfügung. Modelle für Damen, Herren und Kinder, Anhänger und Sitze für die ganz Kleinen gibt es auch.

Und....Action! Kitesurfen wie die Profis!

Finca-Urlaub auf Rügen

Die Fincas von innen im modernen Style

Einfach nur genial: die Bar im angesagten Casa Atlantis

Der Shop für Wassersportfans

empfohlen und getestet von
MARCO POLO

Casa Atlantis · Strandtraße 5 · 18586 Baabe
Tel. (03 83 03) 9 55 65 · Fax (03 83 03) 9 55 25
Mobil (01 73) 2 18 61 11
info@casa-atlantis.de · www.casa-atlantis.de
www.las-fincas.de · www.kitesurfen-ruegen.de
www.fahrradverleih-baabe.de

Ostseebad Göhren – Staatlich anerkannter Kneipp-Kurort

Bernstein – legendenbehaftet und sagenumwoben

Der Stein des Lichts schwimmt oben

Der ehemalige Koserower Pastor Johann Wilhelm Meinhold ist Autor des Werkes »Die Bernsteinhexe«. Es spielt während der Zeit von 1618–1648, dem 30-jährigen Krieg. In der Zeit von Brandschatzung, Not und Elend findet die 16-jährige Pfarrerstochter Maria zufällig nahe eines Verstecks ergiebige Bernsteinvorkommen. Mit dem Erlös lindert sie die Not der Menschen ihrer Umgebung. Dann wird sie bezichtigt, sie habe magische Kräfte. Die Kirche befördert den Vorwurf der Hexe, zumal Maria die Quelle ihres Reichtums nicht preisgibt. Bis zur Verurteilung zum Tode auf dem Scheiterhaufen. Fast. Denn es gibt Rettung in letzter Minute.

Der Ort konnte sich durch den Roman sensationsgieriger Menschen kaum mehr erretten. In späteren Jahren galt der Roman als eine Art frühes Tourismusmarketing.

Apropos: auch Göhren bedient sich noch heute des Bernsteins: es gibt eine Bernsteinpromenade und sogar eine Bernsteinkönigin mit aufwändigem Kopfschmuck.

Bernstein, Gold des Nordens

Bernstein lockt. Schon ewig. Auf den Fensterbänken der Insulaner steht er verpackt in Gläsern oder Schalen. Manch Schleifer des fossilen Gutes dürfte auf Rügen nach dem Einsammeln der Hausvorräte an Bernstein lange Zeit Arbeit haben.

Echte Experten haben ihre Plätze, wo sie noch während West-Sturm tobt mit Wathose und mit Käscher an langen Stöcken den Strand ablaufen und die See abfischen. Bernstein schwimmt. Und landet so im Netz.

Ein Tipp für Urlauber: Nester von kleinem Treibholz und Algen am Strand sind nach einem Sturm besonders ergiebig gespickt mit Bernsteinkrümeln.

Bernstein preußisch historisch

1716 schenkte Friedrich Wilhelm I. von Preußen dem russischen Zaren Peter I. das Bernsteinzimmer, ursprünglich fürs Berliner Schloss hergestellt. Es wurde 1755 in einem Saal des großen Palastes in Zarkoskoje Selo verbaut. Hitlers Armee stahl es, brachte es ins Königsberger Schloss und seither gilt es als vermisst.

Auf der Grundlage von Fotos entstand eine Rekonstruktion mit integrierten Originalteilen. Das rekonstruierte Zimmer wurde 2003 wiedereröffnet. Die Suche nach dem verschwundenem Original dauert jedoch an. Bernstein, der brennende Stein, ist das Gold der baltischen See und hält deren Sonnenstrahlen gefangen. Daher auch der Name.

Bernstein handwerklich alltäglich

Auf Rügen existiert ein Bernsteinmuseum in Sellin, in dem der Goldschmiedemeister Jürgen Kintzel Objekte verschiedenster Art ausgestellt hat bis hin

Auch auf Rügen findet sich Bernstein in jeglicher Form und Verarbeitung auf jedem Markt.

zum mit 1686 Gramm größten Bernstein Rügens. Rund 15 000 Menschen besuchen es nach Angaben des Inhabers jährlich. Kintzel fertigte auch die Krone der Göhrener Bernsteinkönigin.

Bernsteinwerkstätten gibt es in Sassnitz ebenso wie in Binz oder am Kap Arkona. Ortsfest in Ladengeschäften oder an der Binzer Promenade bei der Kunstmeile »Petit Montmartre«. Auch in Kloster auf Hiddensee wird schöner Bernsteinschmuck verkauft. Auf dem Festland in Bad Doberan existiert die architektonisch eigenwillige Bernsteinmanufaktur mit Ausstellung und musealer Tradition seit 1954. Die Staatliche Bernstein-Manufaktur Königsberg war mit fast 1500 Beschäftigten von 1926–1945 der überhaupt größte bernsteinverarbeitende Betrieb der Welt.

Bernstein erdgeschichtlich

Bernstein ist Zeuge einer längst versunkenen Welt: An der baltischen See standen vor den Eiszeiten einst subtropische Wälder. Ihre Nadelbäume liefer-

Der Bernsteinbrunnen im Restaurant des Binzer Hotels Rugard ist ein Schmuckstück höchster Vollendung

Ganze Bernsteinnester können glückliche Sucher zur rechten Zeit am Strand finden. Dieses allerdings ist gestellt.

Ostseebad Göhren – Staatlich anerkannter Kneipp-Kurort

von Fischern gesammelt und verkauft. Kiloschwere Brocken sollen dabei gewesen sein. Nur noch wenige Schleifer sammeln heute selbst. Sie handeln mehr. Wer Bernstein kaufen will, sollte aufpassen: Herkunftsnachweise sind wichtig, da in Billigländern auch die Fälschungen einfacher und lohnenswerter sind.

Bernstein aus der Kälte

»Bernsteinfischer« müssen früh raus: Bereits vor Tagesanbruch sind die Profi-Sammler in ihren Wathosen am Strand. Chancen für Bernstein sind gut nach Weststürmen. Die nicht nur Schlechtes bringen. Im Winterhalbjahr, wenn die Stürme häufiger sind, lohnt es sich eher, nach den Bernsteinbrocken am Hiddenseer Weststrand, am Bessin, in der Schaabe oder bei Dranske zu suchen. Die Plätze, an denen er angeschwemmt wird, sind jedoch lokal meist sehr begrenzt. Der Test mit der Fühlprobe am Zahn unterscheidet Bernstein von Glas oder Kiesel. Der Unterschied ist merklich.

Bernstein-Brunnen statt Bernstein-Zimmer

Ein edler Brunnen aus Bernstein bereichert die Atmosphäre seiner Umgebung im Restaurant des Binzer Hotels Rugard: Geschmückt mit vergoldeten Messingteilen, handgeschmiedeten Kiefernästen, Kiefernzapfen und galvanisch vergoldeten Zierornamenten, stellt er den Werdegang des nor-

Nicht selten wird aus dem selbst Gesammelten eigener Schmuck.

ten das Harz für Bernstein. Vor 40 Millionen Jahren wurde das klebrige Harz aus den Kiefern gepresst, trocknete dann und wurde immer weiter komprimiert. Manchmal auch mit Einschlüssen. Entstanden in dem Moment, wenn die Fliege auf dem Harz kleben blieb und konserviert wurde.

Das aus dem Tertiär stammende »Gold des Meeres« wurde vor 100 Jahren noch zentnerweise

Die nicht mehr amtierende, letzte Göhrener Bernsteinkönigin mit dem Zeichen ihrer Regentschaft im Haar.

dischen Goldes dar und ist ein echter Hingucker. Das Brunnenbecken ist in Form einer Jakobsmuschel dekoriert und gefüllt mit Strandsteinen der Ostsee. Den Brunnen schuf der Tiroler Kunstschmied Manfred Hörl und schuf damit nochmals ein Meisterstückchen.

www.bernsteinmuseum-sellin.de

Vielfältig sind die von Generation zu Generation übergebenen Sammlungen in Rügener Haushalten.

Ostseebad Göhren – Staatlich anerkannter Kneipp-Kurort

Wohltäterin konträr zu ihrer Zeit

Die Seemannsheime der Gräfin Adelaide Schimmelmann

Kolorierte Postkarten und Fotos zeigen noch heute die am Göhrener Strand lagernde Flotte von Fischern im 19. Jahrhundert. Von überall her kamen sie. Fischer galten bis damals als randständig, arm und kaum beachtenswert. Viele von ihnen nächtigten im Sommer im Boot und tranken ausgiebig an Strandfeuern. Anschließende Raufereien inbegriffen.

Auf dieses Strandbild traf die wohlhabende Gräfin Adelaide Karoline Luise Schimmelmann im August 1886. Wegen eigener Krankheit und der Trauer um den Tod ihres »innig geliebten Vaters« fuhr sie zur

Auf einer alten Postkarte sind die damaligen Fischerboote vor der Küste zu sehen.

Gräfin Adelaide Schimmelmann, meist Gräfin Adelina genannt

Frisch zur Reparatur aufgeslipter alter Kutter in Gager

Erholung an die See. Versehentlich landeten ihre Koffer jedoch statt in Thiessow in Göhren, wie der Greifswalder Theologe Professor Jörg Ohlemacher zu seinen Forschungen einmal vor dem »Förderverein Mönchguter Museen« darlegte.

Die Situation der Fischer bewegte sie. Zupackend konzipierte Schimmelmann schon bald das erste Heim für Fischer mit 50 Schlafplätzen und Verpflegungsmöglichkeit. Es stand nahe des 1815 von der preußischen Regierung errichteten »Solthus«, dem Salzlagerplatz am heutigen »Soltweech«, auf dem das in Fässern gelagerte Salz für die Konservierung der Fische an den Strand gebracht wurde. Hinter dem »Haus am Hövt« beginnt dann der das gesamte Göhrener Hövt bedeckende Wald, an dem der markierte Wanderweg in Verlängerung der Hövtstraße betreten werden kann. Dort – wo dieser Weg unmittelbar an das Kliff heranführt – bieten sich phantastische Aussichten gen Usedom sowie auf die Greifswalder Oie – auch »Helgoland der Ostsee« genannt.

Heime wurden angenommen

1887 wurde das Göhrener Seemannsheim eingeweiht. Damit keimte in diesem Ostseebad die Saat für eine ganze Bewegung. Die gutbetuchte Wohltäterin kaufte in anderen Küstenorten von den Einheimischen Land für weitere Heime auf, wie das Rügener Anzeigenblatt zu dieser Zeit vermerkte.

Auch auf der Oie hatte die Schimmelmann kurzfristig eines ihrer Heime errichtet. Wegen des strikten Alkoholverbots und der gleichzeitigen Konkurrenz zu anderen Gastronomen wegen ihrer Suppenküche gab es jedoch bald unlösbare Konflikte, zumindest auf der Oie. Damit war hier das Seemannsheim gescheitert.

Parallel begann ihr Kampf gegen den Alkohol und – ein Novum – sie predigte in der Männerdomäne am Strand, wie ein zeitgenössischer Stich aus den Mönchguter Museen zeigt. Alles nicht nur zur Freude des sich eben mausernden Seebades Göhren, das die rohen Fischer lieber losgewesen wäre, statt sie auf diese Art zu binden.

Archivkiste war der Anfang

Der Förderverein für die Mönchguter Museen hat auf der Grundlage alter Arbeiten der früheren Museumsleiterin Maria Müller über Schimmelmanns Wirken das spärliche Material aus einer Archivkiste öffentlich zugänglich gemacht. Entstanden ist vor allem durch die nachfolgende Arbeit von Ohlemacher ein äußerst soziales Bild der Adeligen, die von 1872–1890 Hofdame der preußischen Kaiserin Augusta gewesen ist. Schon seit dem Tod des Vaters 1885, so die Überlieferung, habe die Schimmelmann Trost im Evangelium gesucht, vermutlich ein starkes Motiv für ihre Arbeit.

An den alten Klinkerbooten zum Heringsfang oder Reusenleeren hat sich bis heute kaum etwas verändert.

Großes Interesse fand eine Ausstellung zur Gräfin Adelina.

Befreiung aus der Psychiatrie

Die Familie ließ Adelina mit falscher Diagnose in die Psychiatrie einweisen, um ihre Arbeit und die hohen Ausgaben zu unterbinden. Freunde befreiten sie im April 1894 aus ihrer Lage. Gräfin Schimmelmann fuhr mit ihrem Wirken fort, später von ihrem Adoptivsohn Paul unterstützt. Mit der Jacht Duen (Taube) bereiste sie fortan die Küsten Skandinaviens, Englands und Italiens. Nach Göhren kehrte sie immer wieder zurück. Für 1896 ist ihr Besuch mit der Duen in Stralsund, Sassnitz und Göhren im Stralsunder Anzeiger belegt. Letztlich gelangte ihre missionarische Botschaft bis nach Amerika. Auch dort speiste sie bedürftige Seeleute. Sie kehrte 1898 nach Deutschland zurück.

Anlandeplatz im Hafen

Zwar unterstützten sie nun finanzstarke und auch adelige Kreise, die Kirche jedoch blieb auf Distanz. Ganz nach dem Motto »Das Weib schweige in der Gemeinde«. Ebenso machte sie sich die Gastronomen mit ihrem Kreuzzug gegen Alkohol allerorten sofort zum Feind.

Nun auch Verlegerin des »Leuchtfeuers«

Im Zuge des Versuchs, rationeller zu arbeiten, gründete Adeline Schimmelmann 1906 die »Gräfin Schimmelmannsche internationale Mission« Die Zeitschrift »Leuchtfeuer« entstand, in der sie sich auch mit anderen religiösen Strömungen der Zeit anlegte. Doch scheint die mittlerweile 59jährige den Anstrengungen der weiten Seereisen und ständigen Sorgen nie mehr ganz gewachsen zu sein. Sie stirbt früh und völlig verarmt in Hamburg am 18. November 1913. Beigesetzt wurde sie in Ahrensburg. Die Totenrede hatte die Krebskranke noch selbst verfasst.

Nebeneinander von Alt und Neu, Tradition und Moderne

Der Bremer Pastor Otto Funke (1836–1910), der sie bei einem Vortrag im Jahre 1886 mit Geißelung des »geadelten Müßigganges vieler Frauen und Jungfrauen der höheren Stände« erst auf diesen missionarischen Weg gebracht hatte, bezeichnete sie einmal als »öffentliches Leuchtfeuer«.

Außer drei kleinen, im Göhrener Heimatmuseum ausgestellten Büchern und lokalen Postkarten nebst Zeitzeugnissen existiert sehr wenig Material über die Gräfin. Auch vom dänischen Königshaus ist offiziell nichts zu erfahren. In der 2004 von der Kirchengemeinde Groß Zicker veröffentlichten Festschrift anlässlich 750 Jahre Mönchgut (1252–2002) setzte ihr der Greifswalder Theologe Professor Jörg Ohlemacher das bisher umfangreichste schriftliche Denkmal.

Netzmarkierungen am Kutter im Hafen

205

Ostseebad Göhren – Staatlich anerkannter Kneipp-Kurort

Ostseebad Göhren

Natur ist Trumpf an Rügens Spitze

Entspannung und Natur gibt es an jeder Ecke.

Ostseebad Göhren, von der Luft aus betrachtet

Nordic Walking gehört zu den beliebtesten Freizeitaktivitäten.

Die gepflegte Promenade ist der bunte Laufsteg von Urlaubern und Einheimischen.

Die traumhaft schöne landschaftliche Umgebung, mit der das Ostseebad Göhren gesegnet ist, kann man sicher keinen Geheimtipp mehr nennen. Aber wer hätte gedacht, dass es sich dabei um Deutschlands schönste Landschaft handeln könnte? Bei einer Qualitätsbewertung von mehr als 150 deutschen Heilbädern und Kurorten, die 2007 durchgeführt wurde, liegt Göhren im Punkt Attraktivität und Vielfalt der Landschaft auf dem ersten Rang.

Tatsächlich ist die Lage Göhrens ziemlich einzigartig. An der östlichsten Spitze Rügens gelegen, bietet Göhren äußerst abwechslungsreiche Natur auf kleinem Raum. Feine, weiße Strände, schaurig schöner Küstenwald an steilen Hängen, liebliche Hügel mit Wiesen und Feldern, imposante Ausblicke auf die Weite der Landschaft, hinter jeder Ecke verbirgt sich ein neuer landschaftlicher Höhepunkt.

Einer der Hauptanziehungspunkte des Ortes ist der im Sommer lebhafte Nordstrand mit der angrenzenden Bernsteinpromenade, der Seebrücke, dem Kurpark sowie dem historischen Kurpavillon, dem Mittelpunkt zahlreicher kultureller Veranstaltungen.

Seit mehr als 130 Jahren, so lange trägt Göhren nun schon das Prädikat Seebad, genießen Urlaubsgäste die Vorzüge des Ortes, besonders natürlich die Entspannung und Erholung an der frischen und gesunden Meeresluft. Im Jahr 2007 erhielt Göhren ein weiteres Prädikat: Kneipp-Kurort. Als erster Ort an der deutschen Ostseeküste. Gesundheit und Wohlbefinden werden also weiterhin groß geschrieben im Ostseebad Göhren.

Kurverwaltung Göhren
Poststraße 9 · 18586 Ostseebad Göhren
Tel. (03 83 08) 6 67 90 · Fax (03 83 08) 66 79 32
kv@goehren-ruegen.de · www.goehren-ruegen.de

Ohne Rauch keine Leistung

Es raucht nicht nur aus den Schloten der Kleinbahn im Göhrener Endbahnhof, sondern auch beim Räucherer Detlef Karney. Beides kann man hier betrachten. Räuchern, also das schonende Garen des Fisches oder seiner Teile im heißen Rauch, erlebt eine wahre Renaissance. Räucheröfen gibt es da und dort zu erwerben, wenngleich das nicht alle Nachbarn genießen und mitmachen. Ist eben noch intensiver als Grillen, zumal der Rauch mit geheim gehaltenen Mischungen aus verschiedenen Holzsorten wie Erle oder Buche die Würze ausmacht. Hier jedenfalls muss auch der Koch Dirk Gundlach mal in den Ofen schauen, da es seinem Geschick obliegt und dem der Kollegin am Tresen, wie gut die heiße Ware dann ihren Absatz findet.

Bahnhofsladen mit Kleinbahnanschluss

Rügens Attraktion, der »Rasende Roland« hält direkt vor der Tür des Göhrener Bahnhofsladens. Oft kommen die Gäste gleich herein, um sich bei einer Tasse Kaffee Tipps über das schöne Ostseebad Göhren zu holen. Somit beginnt der Bummel durch das Geschäft. Maritime Souvenirs oder Andenken mit Motiven der Kleinbahn sind sehr begehrt. Das »weiße Gold Rügens«, die Rügener Heilkreide, die lustigen Kreidemännchen sowie Rügenliteratur erweitern das Angebot.

Zu den inseltypischen Spezialitäten gehört der Sanddorn, verarbeitet zu Konfitüren, Säften, Spirituosen, Tee, Süßigkeiten und Kosmetik. Eine große Auswahl an maritimer Freizeitmode für die ganze Familie rundet das Angebot ab. Gut ist, bei solcher Vielfalt den Pfiff der Kleinbahn nicht zu versäumen.

Das Innenleben des Bahnhofsladens mit maritimen und Kleinbahnangeboten

Bahnhofsladen G. Mischkewitz · Bahnhofstraße 3 · 18586 Göhren
Tel. (03 83 08) 6 64 49 · Fax (03 83 08) 8 60 28 · sellien-kroll@t-online.de

Ostseebad Göhren – Staatlich anerkannter Kneipp-Kurort

Ein liebevoll gedeckter Frühstückstisch

Gepflegte Herberge in Göhren

In zentraler Lage, aber trotzdem ruhig und persönlich erwartet die Villa »Seerose« ihre Gäste. 12 großzügige, familienfreundlich gestaltete Zimmer mit geschlossenen Balkons sowie ein Ferienappartement stehen für die Urlaubszeit zur Verfügung. Die 1920 erbaute Pension mit Geschichte wurde nach der Wende 1993 wieder eröffnet. Liebevoll geführtes Haus der Familie Walther.

Schlafen in der »Seerose«

Göhren ist von zwei Seiten vom Wasser umgeben und auf einer Anhöhe gelegen. Mit dem Nord- und Südstrand sind gleich zwei Bademöglichkeiten vorhanden, dazu die Seebrücke als Attraktion, die Uferpromenade und Konzertpavillon.

Pension »Seerose« G***
Carlstraße 13 · 18586 Göhren
Tel. (03 83 08) 23 39 und 9 10 17
Fax (03 83 08) 66 68 62
pension-seerose@t-online.de
www.pension-seerose.de

Ein Haus mit Geschichte

Das »Haus Blick zur See« ist fast 100 Jahre alt

Das ursprüngliche Haus wurde im Jahre 1911 von Ernst Ohl als »Villa Ohl« erbaut. 1955 wurde es an Paula Berndt überschrieben und umgebaut. Bis 1969 war das »Haus Blick zur See« ein Ferienheim der Jagdwaffenwerke, anschließend wurde es als Kinderheim genutzt.
Im Jahr 1997 wurde das Haus auf der alten Grundfläche komplett neu aufgebaut – nach historischem Vorbild. Geplant ist als nächstes der Bau einer Seebrücke.
Heute dienen die geräumigen 12 Ferienwohnungen der Erholung im Biosphärenreservat. Ein bis drei Zimmer mit bester Ausstattung sind Standard. Dazu gehören etwa eine voll ausgestattete Küchenzeile mit Spülmaschine, Kaffeemaschine, Toaster, Mikrowelle und Geschirr, weiterhin SAT-TV mit Videotext, Telefon und Faxanschluss, WLAN (16 000 bits/sek.), sowie ein Radiowecker. Besonders Familien mit kleinen Kindern freuen sich über die Ausstattung mit Kinderhochstuhl, Kinderbadewanne, Kinderbett, Töpfchen und Bollerwagen. Bettwäsche und Handtücher werden gestellt, ein hauseigener Parkplatz vermeidet lästiges Suchen.

Nomen est Omen

»Haus Blick zur See« sagt eigentlich schon alles: die Aussichten sind grandios – ob in das grüne Biosphärenreservat, bis nach Usedom, in den Greifswalder Bodden oder bis zum Strand. Wer nicht nur schauen, sondern entdecken möchte, erreicht sowohl die Fußgängerzone als auch den Strand und das Naturschutzgebiet zu Fuß.

Helle Atelierwohnung mit Wendeltreppe

Ein freundlicher Essplatz und gemütliche Sofaecke

Das »Haus Blick zur See«, aufgebaut nach historischem Vorbild.

Haus Blick zur See
Friedrichstraße 18 · 18586 Ostseebad Göhren
Tel. (03 83 08) 5 53 55 · Fax (03 83 08) 5 53 20
Mobil (01 70) 7 30 07 33
info@blick-zur-see.de · www.blick-zur-see.de

Ostseebad Göhren – Staatlich anerkannter Kneipp-Kurort

Das Türmchen zum Verwöhnprogramm

Wellness, Genuß und Erholung auf höchstem Niveau

Mitten im Biosphärenreservat Südost Rügen und auf dem höchsten Punkt einer ins Meer ragenden Landzunge liegt das Vier-Sterne-Superior-Hotel Hanseatic Rügen & Villen. Das neu erbaute Haus mit seinen Villen Fortuna und Felicitas ist im hanseatischen Stil eingerichtet und verfügt über eine großzügige Wellnesswelt mit chlorfreiem Schwimmbad, Saunen, Fitnessraum, Beauty-Studio und einem lichten Vital-Center mit einer kassenärztlich zugelassenen Physiotherapie, herrlichen Ayurvedaräumen und einer Meerblicksauna.

Kulinarisch wird der Gast in einem Gourmet-Restaurant, einem À-la-carte-Restaurant, einem Turmcafé, einer Cocktailbar und einem Biergarten verwöhnt.

Bei Tagungen und Feiern im neuen Bersteinpalais finden bis zu 160 Personen Platz. Ein Organisationsteam erfüllt (fast) alle Wünsche: von der Strandhochzeit bis zum Incentive quer über die Insel.

Markenzeichen ist der frei zugängliche Aussichtsturm. Oben angekommen, eröffnet sich ein faszinierender Blick auf das prächtige blaue Meer und die einmalige Landschaft der Insel Rügen. Bei klarem Wetter kann man die Inseln Ruden und Vilm, sowie die Strände von Usedom sehen.

Das Hotel Hanseatic mit seinem Aussichtstürmchen in der Abenddämmerung

Schöner baden geht nicht – ein Pool wie im Märchen

Geschmackvoll eingerichtete Gästezimmer mit Blick in die Natur

Hotel Hanseatic Rügen und Villen
Nordperdstraße 2 · 18586 Ostseebad Göhren
Tel. (03 83 08) 5 15 · Fax (03 83 08) 5 16 00
info@hotel-hanseatic.de · www.hotel-hanseatic.de

Zimmervermittlung und Touristinformation

Fremdenverkehrsverein Göhren e. V.

Der Fremdenverkehrsverein Göhren e. V. wurde im Jahre 1997 gegründet und hat 2008 rund 100 Vereinsmitglieder. Er kann in seiner Vermittlungstätigkeit über seine Mitglieder und Kooperationspartner alleine im Raum Süd-Ost-Rügen und der Halbinsel Mönchgut auf Ferienwohnungen, Ferienhäuser, Privatzimmer und Pensionszimmer, sowie auf Hotelzimmer aller Kategorien zurückgreifen.

Viele Ausflugsmöglichkeiten locken auf der Insel.

Leistungen

Hauptziele sind Informationen und Beratung, Vermittlung und Vermietung von Ferienunterkünften wie Ferienzimmer, Ferienwohnungen, Pensions- und Hotelzimmer, Ferienhäuser und Ferienbungalows. Angeboten wird der Verkauf von Eintrittskarten für Schiffsrundfahrten, Theater, Störtebeker und Lachmöwe, der Verkauf von Souvenirs, Ansichtskarten, Wanderkarten und Reiseführern.

Das Büro befindet sich in dem Ort mit den zwei Ostseestränden (Südstrand und Nordstrand – hier befindet sich die Seebrücke und die Bernsteinpromenade). Urlaubern wird gerne bei Auskünften jeglicher Art zur Insel Rügen geholfen, die richtige Unterkunft wird nach individuellen Wünschen ausgewählt, und die ausgewiesene Touristinfor-

Die Seebrücke Göhren

Das Büro vom Fremdenverkehrsverein Göhren e. V

mation im Ostseebad Göhren weiß auch zu allen anderen Fragen die richtige Antwort.

Der FVV Göhren hat seit dem Jahr 2007/2008 einen eigenen Katalog mit Gastgeber- und Informationsteil und verschickt diesen auf Anfrage.

Fremdenverkehrsverein Göhren e. V.
Berliner Str. 8
18586 Ostseebad Göhren
Tel. (03 83 08) 2 59 40 · Fax (03 83 08) 2 59 30
fvv-goehren@t-online.de · www.info-goehren.de

Ostseebad Göhren – Staatlich anerkannter Kneipp-Kurort

Preisgekrönte Fischsuppe!

Muschelbar und Villa Mona Lisa: zwei Mal Gastfreundschaft in Göhren

Wer im Ostseebad Göhren zentral wohnen und dennoch in nur wenigen Gehminuten den Strand erreichen möchte, findet in der Villa Mona-Lisa das ideale Urlaubsdomizil. Die hochwertigen Zimmer sind mit Dusche und WC, Radio und Fernseher und auf Wunsch mit Minibar ausgestattet. Die Ferienwohnungen haben außerdem eine Küche mit Backofen und Mikrowelle. Ferner gibt es Terrassen, Balkone und Pkw-Stellplätze. Netter Nebeneffekt für Selbstversorger: es befindet sich ein Fisch- und Bäckerladen im Haus. Bequemer geht es kaum.

Außer, man lässt sich bekochen. Das Restaurant Zur Muschelbar mit Blick auf die Ostsee ist berühmt für die preisgekrönte Fischsuppe. Natürlich gibt es auch viele Sorten Fisch und Muscheln in vielen Variationen, knackige Salate, Nudelgerichte, Fleischgerichte und spanische Küche. Eine Besonderheit ist die hauseigene Räucherei, und Stimmung kommt auf, wenn Livemusik ertönt.

Das Restaurant »Zur Muschelbar« mit vielen attraktiven Tagesangeboten

Die Pension »Mona-Lisa« bietet Zimmer und Ferienwohnungen in zentraler Lage an.

Villa Mona-Lisa
Strandstraße 15 · 18586 Ostseebad Göhren
Tel. (03 83 08) 9 10 63 · Mobil (01 71) 4 48 80 30
www.villa-mona-lisa.de

Zur Muschelbar
Am Nordstrand 1
18586 Ostseebad Göhren/Rügen
Tel. (03 83 08) 2 54 42 · Mobil (01 71) 4 48 80 30
muschelbar@web.de · www.muschelbar.de

Acht Museen im Verbund

Eintauchen in Mönchguter Geschichte(n)

Acht Museen, vier im Ostseebad Göhren, lassen auf anschauliche Weise die Geschichte Mönchguts und seiner Bewohner aufleben. Spannende Ausstellungen über Leben und Arbeit der Fischerbauern werden im Heimatmuseum gezeigt. Wertvolle Trachten verdeutlichen Lebensweise und Traditionen der Mönchguter.
Der Museumshof – eine uralte Hofstelle von 1574 – zeigt ein komplettes bäuerliches Gehöft. Hier finden viele Freiluftveranstaltungen statt. Das Rookhus, ein schornsteinloses Hallenhaus mit hohem Manteldach, ist eine architektonische Rügener Besonderheit. Sie zeigt, wie der Rauch von der offenen Herdstelle durch die Eulenlöcher unter dem First abzog. Wie transportierten und verarbeiteten die Fischerbauern ihren Fang, wie bestellten sie ihre kargen Felder? Wie lebten die Schiffseigner auf dem Küstenfrachter Luise? Am Museumsschiff ist ein Tonnenstrich der zeigt, was der Schiffer beim Einlaufen sieht, bis er den Hafen erreicht. Das Küstenfischermuseum in Baabe zeigt traditionelles Handwerkszeug und Fischerboote. Im Pfarrwitwenhaus Groß Zicker müssen die Großen den Kopf einziehen. Das historische Kleinod mit Bauerngarten wird als Museum und Galerie genutzt. Einzigartig ist die Schulstube mit Lehrerwohnung im Middelhagener Schulmuseum. Darüber wacht die historische Lotsenwache auf dem Lotsenberg in Thiessow, die über die Geschichte des Lotsenwesens ab dem 17. Jahrhundert berichtet.

Das sind die Mönchguter Trachten von heute – getragen von den Mitgliedern der Mönchguter Trachtengruppe

Knotenschule mit Kapitän Sakuth am Museumsschiff Luise

Backtag mit Bäckermeister M. Schmidt am historischen Backofen

Mönchguter Museen e. V.
im Ostseebad Göhren
Strandstraße 4
Tel. (03 83 08) 21 75 · Fax (03 83 08) 6 67 45
info@moenchguter-museen-ruegen.de
www.moenchguter-museen-ruegen.de

Ostseebad Göhren – Staatlich anerkannter Kneipp-Kurort

Museen mit innovativer Museumsdidaktik

Tradition selbsterklärend

In Göhren wird an geschichtsträchtigen Orten gefeiert. Einer davon ist das Rookhus, ein traditionell rohrgedecktes Gebäude, dessen Rauchöffnungen im Giebel hinter den Schmuckbrettern dem Rauch ohne Schornstein Abzug lassen. Das Gebäude ist eines der ältesten Häuser der Insel Rügen, denkmalgeschützt und mit seinem Fachwerk und dem tief heruntergezogenen Rohrdach ein richtiges architekturgeschichtliches Kleinod. Hier fristeten Mönchguter Fischer und Bauern ihr karges Leben. Ein Rauchhaus – daher auch der Name Rookhus. Länger als 30 Jahre schon gehört es zum Museum.

Seine Geschichte als museale Einrichtung begann allerdings schon früher. Bereits 1959 gestattete es die ehemalige Besitzerin Amanda Damp, in ihrem Stallgebäude eine kleine Mönchguter Stube einzurichten. Die konnte dann im Sommer von Urlaubern besichtigt werden. Damals betrug der Eintrittspreis 10 Pfennig. Am 25. Mai 1977 wurde es offiziell Museum.

Wie kam Luise auf die Wiese?

Ein anderer musealer Ort ist die »Luise«. Ein alter Küstensegler. Und wie kam der auf die Wiese?

Wieder war die Museumsgründerin Ruth Bahls im Spiel und wieder wurde damit ein Grundstein für etwas ganz Einzigartiges gelegt. Vor über 30 Jahren wurde der Küstenfrachter »Luise« in Göhren angelandet. 1982 fand die Eröffnung als Museumsschiff statt. Bis der 103 Jahre alte Küstenfrachter dorthin gelangte, erlebte er einiges. 1906 lief der Watt- und Küsten-Frachtsegler in den Niederlanden vom Stapel. Gebaut für einen deutschen Schiffer an der Niederelbe. 1939 übernahm der Schiffer Erich Knuth aus Kleinhagen das Plattbodenschiff und befuhr die Strecke Baabe – Stralsund. Im Krieg wurde der Segler, inzwischen mit einem 25-PS-Motor ausgestattet, für Wehrmachtszwecke beschlagnahmt. 1945 floh die Besatzung, während Erich Knuth sein Schiff suchte. Fünf Jahre später kam es zurück nach Baabe und erhielt vom Seefahrtsamt der DDR die Fahrerlaubnis für Haff und Bodden. Wolfgang Husmann aus Baabe kann sich noch gut daran erinnern, wie er als Kind mitgefahren ist und auch mal am Steuer stand. »Das Schiff hatte nach der Sprengung des Rügendamms die Versorgung übernommen«, so der Schiffbauingenieur und frühere Volkswerftleiter aus dem Museumsförderverein.

Alte Trachten sind in Göhren bewahrt.

Eigner Knuth wollte, dass die »Luise« nach Ende der Dienstzeit nicht verschrottet, sondern als Museumsschiff genutzt wird. Die Museumsleitung suchte unter seiner tätigen Hilfe nach einem geeigneten Standort. Nach seinem Tod bot die Witwe das Schiff erneut an. 1976 wurde die Gemeinde endlich Besitzer. Zehn Jahre als Getreidelagerschiff in Stralsund hatte die Luise jetzt auch noch hinter sich. Ruth Bahls hatte sämtliche Behörden angeschrieben, um das Schiff nach Göhren zu holen. Am 13. Oktober 1977 fand der Schlepp von Stralsund nach Göhren statt. Dann sollte sie über den Dünenkamm gezogen werden.

Ans Ufer gezogen und gerollt

An diesen Tag kann sich Hans-Jürgen Pingler noch genau erinnern: »Ein sehr spannendes Erlebnis. Es war ein ungemütlicher Herbsttag. Das Schiff lag 200 Meter vor dem Ufersaum und nicht am Ufer.« Pingler war damals Leiter des VEB Wasserbau Seedorf und hatte dem Museum bei dieser Aktion Hilfe zugesagt. Das tat »der Wasserbau« öfter. »Fräulein Bahls benötigte Unmengen von Holz für ihre Projekte. Die haben wir im Sägewerk gesägt. Eines Tages fragte sie, wie man die Luise

Heringsfest an der Luise bedeutet, Brotfisch Hering auf kulinarisch statt des gezüchteten Lachses.

Folklorekinder der Mönchguter Trachtengruppe: Blickfang und kulturelle Bereicherung

an Land ziehen könnte.« Zwei Mal war er mit ihr nach Stralsund zum Schiff gefahren, um Gewicht und Tiefgang für die Berechnung der benötigten Zugkraft zu überprüfen. Auch der Uferabschnitt wurde in Wathose und mit Peilstange untersucht. Als die Anlandung morgens um acht Uhr begann, kam auch die Unteroffiziersschule Prora mit ihrer Technik zu Hilfe. Eine »Tatra«-Zugmaschine zog das Schiff mit einem 200 Meter langen Drahtseil an den Ufersaum. Dann sollte das Schiff gerollt werden, da der Übergang von Wasser zu Sand zu krass war. »Für einen Moment wurde es kritisch«, erinnert sich Pingler. Ein Bolzen war gebrochen. Um 15.30 Uhr stand das Schiff schließlich auf seinem heutigen Platz.

Fast fünf Jahre lang brachten Göhrener Einwohner, Fischer, Handwerker, Segelmacher aus Ueckermünde, Takler aus Stralsund und Metallarbeiter aus Gager das Schiff auf Vordermann. Am 12. August wurde es der Öffentlichkeit feierlich als Museumsschiff übergeben.

Tonnenstrich

Heute ziert die Luise ein sogenannter Tonnenstrich. Das bedeutet, dass die Mitarbeiter des Fördervereins und des Museums erneut unzählige Stunden damit zugebracht haben, der gemeinen Landratte zu zeigen, welche Seezeichen so ein Schiff passiert, bevor es in den Hafen einläuft. Und selbst dort liegen noch Zeichen, welche die Fahrrinne aufzeigen. Solche Aktionen machen die Mönchguter Museen so einzigartig.

Schüttel die Büx

Eine Gruppe für Plattdeutsch kann das Museum nicht anbieten. Doch hält es einen Fundus an Wissen bereit und unterstützt beispielsweise die Kindergruppe, die flott in Tracht tanzt und auch die Sprache lebendig hält.

Dafür gehen in Göhren Spitzenköche ins Rennen, wenn es gilt, die beste Fischsuppe zu küren.

Tonnenstrich bedeutet, dass alte Tonnen wieder fit gemacht und in richtiger Anordnung aufgestellt werden, wie hier rund um die Luise. Sie zeigen die Betonnung des letzten Abschnitts einer Hafeneinfahrt und vermitteln so maritimes Wissen.

Mönchgut – Eigenwilliger Süden

Bewohner, Hoteliers und Touristiker wollen kein Kohlekraftwerk bei Greifswald

Tut Kohle Rügen gut?

Axel Klehs hält in Thiessow am Oststrand eine Schablone zur Beschriftung von Strandkörben in der Hand. Im Hintergrund gestaltet der bekannte Inselmaler Jörg Korkhaus am Motiv Kreidefelsen in Anlehnung an ein Motiv von Caspar David Friedrich. Korkhaus ist Friedrich- und Kreidefelsenexperte. Seine heutige Arbeit ist eine geniale Adaption. Die Personen tragen Schutzmasken. Und die See ist voller Kohleschuten. Nicht nur seine Sicht der Dinge.

Was geschieht?

Ein dänischer Energieproduzent hat sich mit Unterstützung der Landesregierung den Energiestandort Lubmin bei Greifswald ausgesucht. Dort, am früheren und zurückgebauten Kernkraftwerk, soll auch die russische Gaspipeline enden. Verfeuern wollen die Dänen allerdings Steinkohle. Drei Blöcke mit 1600 MW Leistung in Sichtweite des Mönchgutes. Ohne Kraftwärmekopplung, wie in Dänemark längst vorgeschrieben. Noch sieht man in 17 Kilometern Entfernung nur vier verbliebene alte Schornsteine. Der Schlot würde sie trotz moderner Architektur der geschickt agierenden dänischen Kraftwerksplaner überragen. Schiffsverkehr und das benötigte Kühlwasser machen den Touristikern zudem Sorgen. Ihr Thema ist das Gesundheitsland.

Insgesamt wurden 2008 von vier Bürgerinitiativen über 30 000 Unterschriften beigebracht, damit sich das Schweriner Landesparlament nochmals mit der Entscheidung beschäftigt. Freiwillig wollte die Politik nicht mehr. Die Touristiker befürchten Einbußen bei ihrem Ziel, über Gesundheitstourismus im Reizklima Küste neue Gästegruppen zu gewinnen. Das jedoch ist in Mecklenburg-Vorpommern ein Alleinstellungsmerkmal.

Bundeskanzlerin Angela Merkel hat auf einem Parteitag im Oktober 2007 in Binz auf Rügen versucht, die lokalen Widerstände in der eigenen Partei zusammen mit dem Landesverband zu entkräften. Daraufhin gab es Austritte, da auch die lokale Partei das Anliegen der Bürgerinitiativen unterstützt. Unter Touristikern ist allerdings auch umstritten, wie offensiv das Thema debattiert wird. »Wenn das Kraftwerk kippt, haben wir das Thema noch immer«, so eine Hotelinhaberin. »Dann halten die Folgen länger an.« Aktive entgegnen, dass auch zurückliegende »Naturereignisse« heute kein Thema mehr seien, ein »nicht wehren« jedoch einem »schon verloren« gleichkomme.

Künstler, Hoteliers und Touristiker gemeinsam

Künstler wie Jörg Korkhaus oder der Grafiker Walter Gustav Goes, ebenso der Bergener Kunstlehrer Hubert Weber ficht das an jenem Sonnabend am Thiessower Strand nicht an. Sie unterstützen auf ihre Art den Widerstand einer Mehrheit von Mönchguter Bewohnern oder Gastronomen, wie auch Torsten Jelinski. Seit Wochen hängt an dessen alter Fischerklause das riesige Transparent mit seiner Ablehnung. Auch Informatiker Axel Klehs sagt, er sei mit seiner Familie nicht zurückgekommen, um dann hier im Smog zu leben. Farbenfrohe und

Walter Gustav Goes drückt es mit Schrift und Prosa aus

Der Strandkorb gedeiht...

Mönchgut – Eigenwilliger Süden

Die Thiessower sind nicht alleine mit ihrem Protest gegen das Kohlekraftwerk.

hintergründige Gemälde auf der Rückseite von acht Strandkörben, gestiftet von der Strandkorbverleiherin Sabine Stöckmann, sagen das alles aus. Und sorgen auch für Gespräche unter den Urlaubern.

Binzer Hoteliers aus der Reserve

Das ist eine Seltenheit in Binz. Führende Angestellte oder Inhaber aus der Hotelbranche wie Sandra Fuchsgruber, Ute Pfütze, Arne Kurowski, Gudrun Müller, Bernd Richter, Wolfgang Schewe, um nur einige zu nennen, stehen gemeinsam Schlange. Und sie sind nur ein Bruchteil aus der Reihe von 32 namhaften Binzer Hoteliers. Im April trafen sie sich auf einer Veranstaltung des Binzer Wirtschafts- und Kulturvereins, um gegenüber Wirtschaftsminister Jürgen Seidel die Petition zur Wiederaufnahme des Themas Steinkohlekraftwerk im Schweriner Landtag zu signalisieren. Hoteldirektor Freddy Quirin machte mit seiner Unterschrift für die Hutter-Gruppe den Anfang. »440 Mitarbeiter«, sein Argument.

»Hier stehen Vertreter von rund 2500 Arbeitsplätzen«, rechnet Organisator Ulf Dohrmann beeindruckt zusammen. Er hatte mit diesem Verlauf nicht gerechnet.

Teil des Erfolgs war ein brillanter Vortrag des Selliner Hoteliers Wolfgang Kannengießer (DEHOGA). Dieser beinhaltete nicht die üblichen, häufig genannten Kritiken, sondern ging auf eben jene Konzepte der vorigen rot-roten Landesregierung ein. »Wir haben einen Masterplan. Der befasst sich seit 2005 mit der Studie Gesundheitsland MV«, so Kannengießer. Er weiß, dass sich in Bayern an den Starnberger See niemand ein solches Kraftwerk bauen ließe. »Binz, Sellin und Göhren beispielsweise nehmen bei 143 deutschlandweit untersuchten Tourismusorten Spitzenplätze ein. Nicht wegen ihrer Infrastruktur oder Gästebespaßung. Grund sind die Kategorien Klima und Kultur. Alle im Gesundheitstourismus vorgesehenen Möglichkeiten und die bisherigen Investitionen könnten dann in den Wind geschrieben werden«, zählte Kannengießer auf. »Bis der Konflikt um die reine Luft und das Steinkohlekraftwerk ausgestanden ist, stehen Investitionen still.«

Laut Zeitplan müsste der dänische Energieversorger ab 2009 mit der Errichtung seines Steinkohlekraftwerks beginnen. Die Verzögerungen durch den heftigen Widerstand sind jedoch außer Kontrolle geraten.

Axel Klehs hält eine Schablone von Hubert Weber in der Hand.

Kritische Distanz bei Jörg Korkhaus auch seinem eigenen Werk gegenüber

»Unser Hotel ist judenfrei«
Bäderantisemitismus im 19. und 20. Jahrhundert

Wer Spuren jüdischen Lebens auf Rügen sucht, muss sehr genau hinschauen. Einige Schriftzeichen kann man am Portal der Gingster Kirche entdecken, Hinweise auf versteckt beerdigte Bürgerinnen und Bürger, auf einen plötzlich verstorbenen jüdischen Kaufmann oder Abgeordneten des Bergener Stadtparlaments findet man im Bergener Stadtmuseum. In verschiedenen Archiven befindet sich noch nicht aufgearbeitetes geschichtliches Material. Gedenkstätten für Pogrome finden Interessierte zwischenzeitlich wenigstens in Form der Stolpersteine. Sind antifaschistische Bekenntnisse aus DDR-Zeiten durchaus noch erhalten, sucht man Zeichen oder Gedenken an das auch hier einmal normale jüdische Leben vergebens. Dabei leben sogar noch Zeitzeuginnen der Vorkommnisse in Gingst, als die Bürgerin Anna Grosse der Rassenschande bezichtigt, erst öffentlich geschoren, in sogenannte Schutzhaft vor dem selbst inszenierten Gingster Mob genommen und dann der Insel verwiesen wurde. Das Originalfoto dazu liegt in Stettin im Archiv. Das Dokumentationszentrum Prora zeigt es.

Auch die Hotels haben natürlich ihre Geschichte, wie in eigentlich allen Badeorten. Vitte auf Hiddensee warb damit »kein Luxusbad« und »judenfrei« zu sein. Schon in den frühen 20er Jahren des letzten Jahrhunderts.

Steigende Übernachtungszahlen allein bei den Jugendherbergen von 60 000 im Jahre 1919 auf 4,4 Millionen im Jahre 1932 ließen einige Häuser – angeblich auf Anforderung ihrer Gäste – eigene Wege des Marketings gehen. Es entstanden gar Lieder, die jüdische Urlauber ausdrücklich als unerwünscht brandmarkten. Borkum, Norderney und Heringsdorf nennt Frank Bajohr, Autor des Buches »Unser Hotel ist Judenfrei«, doch auch in Ahlbeck, Bansin, Putbus, Bergen, Binz oder Lauterbach belegt der Autor Anfeindungen gegen Juden. Schülerinnen und Schüler des Ernst-Moritz-Arndt-Gymnasiums in Bergen haben dokumentiert, wie der jüdische Inhaber des Binzer Kurhauses mit der Aktion Rose wenige Jahre nach Ende des Faschismus gleich ein zweites Mal enteignet wurde.

Wer die letzten Spuren jüdischen Lebens und seine Zentren heute noch zuordnen möchte, muss auf die jüdische Friedhöfe gehen. In Stralsund gibt es einen und in Niederhof bei Brandshagen existiert der älteste jüdische Friedhof des Ostseeraumes. Dieser ist entstanden, da Stralsund bis zum ausklingenden 18. Jahrhundert seinen jüdischen Mitbürgern die Bestattung auf den christlichen Friedhöfen verweigerte. Studiert man auf dem Stralsunder Friedhof die Ortsangaben, fällt auf, dass Altenkirchen und Bergen sehr häufig auftauchen.

Das Thema Bäderantisemitismus bietet nach der langen Zeit Abstinenz sicherlich noch viele neue Erkenntnisse, wird nur danach geforscht.

Tafel aus der Ausstellung »Bäderantisemitismus« des Dokumentationszentrums Prora

Idyllisches Seebad

Willkommen im Ostseebad Thiessow

Thiessow und Klein Zicker sind idyllisch gelegen. Ein behagliches Seebad im Biosphärenreservat. Die reizvolle Landschaft präsentiert sich auf von Mönchen im 13. Jahrhundert kultivierten Boden in seiner Vielfalt und Ursprünglichkeit. Feine weiße Sandstrände, dichter Mischwald auf sanften Hügeln, Salzwiesen, von Mohn, Kornblumen und Kamille eingerahmte Felder und das Meer von drei Seiten.

Natur pur, die zu jeder Jahreszeit gut tut.

Neben der überwältigenden landschaftlichen Schönheit bieten sich Seewasser und mildes Reizklima als natürliche Heilmittel an. Das Zusammenspiel von Schon- und Reizfaktoren verschiedenster Intensität garantiert einen optimalen Erholungseffekt, besonders für Erkrankungen der Atemorgane und des Herz-Kreislaufsystems. Für ambulante Badekuren steht eine Badeärztin zur Verfügung.

Thiessow ist eines der attraktivsten Surfreviere in Deutschland. Die Surfschule bietet Kurse für Windsurfen, Kitesurfen, Catamaran- und Jollensegeln an. Der Lotsenturm hat eine traumhafte Aussicht auf Meer und Landschaft, wenn die Fischer in den frühen Morgenstunden in den Häfen anlegen und frisch vom Kutter verkaufen. Fangfrischen Fisch und regionale Spezialitäten sollten Sie unbedingt bei den Gastwirten genießen.

In Thiessow am Deich ist das Leben so behaglich wie seine Bewohner.

Wellness für das Auge ist der weite Landschaftsblick.

Entspannung und Wohlbefinden bietet Ihnen die exklusive Badelandschaft im Wellness Hotel Fürst Jaromar. Gemütliche Hotels, Pensionen und viele Ferienwohnungen sowie die Camping Oase bieten Urlaub für jeden Geschmack und Geldbeutel.

Kurverwaltung
Hauptstraße 36 · 18586 Ostseebad Thiessow
Tel. (03 83 08) 82 80 · Fax (03 83 08) 3 01 91
ostseebad-thiessow@t-online.de
www.ostseebad-thiessow.de

»Fürst Jaromar« Hotel Resort & Spa

Für Schönheit, Genuss und Komfort

Das »Fürst Jaromar« Hotel Resort & Spa liegt exklusiv inmitten der einmalig schönen Landschaft der Halbinsel Mönchgut. Auf der 8800 Quadratmeter großen, parkähnlich angelegten Anlage fügen sich die acht Häuser des Hotels harmonisch in die sanfte Landschaft des Biosphärenreservates Südost-Rügen ein. Die 40 Hotelsuiten und Ferienwohnungen sind mit Farb-TV, Radio, Telefon, Badezimmer mit Dusche oder Wanne und WC ausgestattet.

Vital & Schön
In der über 600 Quadratmeter großen Therme befindet sich neben dem riesigen Pool ein Römisches Dampfbad, ein Japanisches Duftblütenbad, ein Dampfbad mit exotischen Düften, ein Tepidarium, ein Laconium sowie eine finnische Sauna. Weiterhin gibt es Beauty-Programme, abgestimmt auf jeden Hauttyp nach persönlichen Wünschen. Edle, hochwertige Pflegesubstanzen sowie verschiedene ätherische Öle machen den Körper widerstandsfähig und vitalisieren mit kräftigen Düften alle Sinne. Individuelle Beratung und ein hervorragender Service sind selbstverständlich.
Das Restaurant Odin, die Terrasse und der neu entstandene Wintergarten laden zum entspannten

So schwimmen Fürsten: im Luxus-Wellness-Pool

Auch die Sauna-Anlage gewährt höchsten Standard.

Traumhafter kann man kaum in die Landschaft eingebettet sein.

Verweilen ein. Der Wellnessgedanke wird auch auf der kulinarischen Ebene konsequent fortgeführt. Auf Fertigprodukte wird völlig verzichtet. Die Küche bereitet neben Fleisch aus artgerechter Tierhaltung von den Bauernhöfen der Insel auch regionalen fangfrischen Fisch, mediterrane Salate oder eine Auswahl von vegetarischen Gerichten zu.

»Fürst Jaromar« Hotel Resort & Spa
Hauptstraße 1
18586 Ostseebad Thiessow
Tel. (03 83 08) 3 45
Fax (03 83 08) 3 46 00
hotel@jaromar.de
www.jaromar.de

FÜRST JAROMAR ****

Mönchgut – Eigenwilliger Süden

Kommt Anreise via Seebrücke wieder?

Mit Raddampfer Freia auf Seebrückentour

»Jede Wirtschaftsentwicklung basiert auf Verkehrsinfrastruktur.« Sagt der Fachbuchautor Hans Georg Prager. In Göhren aufgewachsen und heute in Hamburg ansässig, hat Prager seine Heimat nie aus dem Visier verloren.

Anders als Verkehrsexperten setzt Prager noch immer auf Seeverkehr. »Ohne Blechlawine«. Wenn er vom »Verkehr« spricht, meint er solchen an den mehrfach neu aufgebauten, von Eis und Mensch immer wieder zerstörten Seebrücken. Deren längste ging mit 1002 Metern am Göhrener Südstrand entlang. Von den Schweden erbaut. Den Seebrücken und dem Bäderverkehr widmet sich auch das Buch von Jürgen F. Braeunlich »Bäderdampfer auf der Ostsee«. Der Schifffahrtsjournalist Prager zeigt immer wieder auf, wie der Schiffsverkehr das kaum erschlossene Rügen und die Bäder von Stettin aus belebte,

Ein wenig anlegen, ein wenig Möwen füttern und ein wenig flanieren: Einer Seebrücke in diesem Zustand bleiben wenige Funktionen.

»so wie später nie mehr«. Kernstück dabei war der Schaufelraddampfer Freia.

»Mit 16 Knoten Geschwindigkeit, einer Länge von 71,91 Metern und Platz für über 700 Passagiere, sollte die Freia etwas Besonderes werden. Hamburg – Helgoland und Dover – Ostende waren die ersten Routen der Freia, bis sie Eigner Albert Ballin, später Chef von HAPAG, 1890 an die Reederei Braeunlich für ihren Seebäderverkehr verkaufte.

Freia erregte Aufmerksamkeit

Der Seitenraddampfer Freia kam an. 1891 fuhr die Freia zwischen Sassnitz und Trelleborg und legte mit dieser Testfahrt den Grundstock für die spätere Königslinie, die sechs Jahre später tatsächlich auch von der Freia eröffnet wurde, weil der dafür gebaute Dampfer Imperator noch im Dock lag.

»Braeunlich hat sehr wohl erkannt, dass die Postlinie mit ihrem späteren Fährkonzept für Eisenbahnen enorme Schiffskapazitäten freisetzen wird und stachelte die Kommunen der Seebäder zum Bau von Seebrücken an«, kommt Prager immer wieder zum Kern. Denn die zunehmend nach Rügen strömenden Passagiere mussten langwierig ausgebootet werden und bei Seegang nach Lauterbach zurück. Von dort wartete eine beschwerliche Kutschfahrt bis Sassnitz auf sie.

Auch heute noch wird, wie hier vor der Binzer Seebrücke, ausgebootet.

Eine Kuriosität: Es gab auch am Königsstuhl einmal eine Seebrücke. Würde viel Verkehr im Nationalpark einsparen.

Der Erste Weltkrieg zerstörte alles. Die Schiffe kamen zur Marine und der Doppelschraubendampfer Rügen legte nur einen Sommer an. 1919 begann der Verkehr wieder. Mit der Freia. Nun bekam Sellin die schönste Seebrücke, an der auch im Regelverkehr Wasserflugzeuge anlegten. Große und kleine Schiffe wie die Rugard, Hertha, Odin und Frigga wurden eingetaktet und man sprach vom Siebengestirn der Braeunlich-Dampfer. »Zu dieser Zeit existierten Fahrpläne, die um 8.40 Uhr in Berlin begannen und 17.43 Uhr in Göhren endeten.«

1934 erhielt Göhren erneut und als letztes die modernste Seebrücke mit stählernen Unterzügen. Doch auch diese sollte dem Menschen nicht standhalten. Denn der plante schon wieder Krieg.

»Heute«, so findet Prager, »müsste man die Tilgungen für die Seebrücken erlassen und die Summe in die Verlängerung der Seebrücke investieren. Dann würden sie vielleicht wieder Sinn machen. Statt auf Verkehrsstaus zu starren. Sellin habe es ja gezeigt. Dann würden sich die investierten 56 Millionen Mark für 17 Seebrücken vielleicht doch noch rechnen.«

Die Binzer Seebrücke ist unbebaut geblieben. Dort funktioniert der Seebrückenverkehr immer.

Manchmal werden viele Schilder auch ein Schilderwald – oder Fischschwarm.

Hier eine klarere Sprache: Glas-Holz-Metallkombination.

Fisch allerorten

Middelhagen vereint Tradition und kreatives Outfit

Die Gemeinde Middelhagen mit ihren Ortsteilen ist einer der stilleren Teile der Halbinsel Mönchgut. Middelhagen ist umgeben von der offenen Ostsee sowie dem Greifswalder Bodden, liegt also zwischen zwei Wassern. Wiesen, Höhenzüge, Äcker, Steilküsten, lange Sandstrände, auch Schilf- und Salzwiesen prägen die Landschaft. In den stillen Dörfern der Gemeinde findet man lauschige Plätze zum Ausspannen, und beim abendlichen

Der Holzfisch – diesmal als Sitzbank

Gespräch vor dem Haus erfährt man weit mehr über das Mönchgut, als ein Reiseleiter vermitteln kann. Dafür sollte man jedoch auch mal eine Zeit lang schweigen können und einfach den Himmel betrachten. Tatsächlich gibt sich hier auch binnen weniger Kilometer die interessanteste Gastronomie ein Stelldichein, was sich nicht immer nur im Namen ausdrückt. Wer aufmerksam die Aushänge betrachtet, wird auch die eine oder andere Veranstaltung in den beiden vorhandenen Sälen oder als Ergänzung einer Ausstellung im Breedehus finden. Im vielgepriesenen Schulmuseum darf jedoch statt des Muffs von 1000 Jahren an der Kasse auch etwas Weltoffenheit einkehren.

Als Radwegekreuz gut versorgt

Da die Radwege hier gut ausgebaut sind und zusammmenlaufen, heißen die Gastronomen Radler besonders Willkommen. Ob innen oder im Biergarten, wovon es in Middelhagen unter dem Zeichen von Fröschen und Linden gleich zwei gibt.

Wilkes buntes Bauen zeigt die optimale Ausnutzung von Baugrund.

Der Ort wurde vor rund 700 Jahren von den Zisterziensermönchen des Klosters Eldena angelegt. Bis zur Säkularisierung 1535 war das Land damit ab dem Mönchgraben das »Gut der Mönche«. Daher der Name »Mönchgut« und keinesfalls Mönch»s«gut, wie gerne geschrieben wird. 1430 wurde die Kirche errichtet. Der um 1480 entstandene Katharinenaltar ist einer der ältesten Schnitzaltäre auf der Insel Rügen. Das zur Saison täglich geöffnete Schulhaus wurde 1825 in seiner jetzigen Form erbaut. Zu den ältesten Gebäuden im Ort und den beiden ältesten Kneipen auf Rügen zählt auch der Gasthof »Zur Linde«. Der Dorfteich, ein Restteich, welcher aus der »Hagenschen Wiek« entstanden ist, wurde von den Mönchen zur Fischzucht genutzt.

Thema Fisch in Schildervariationen

Fische sind daher auch ein hervorstechendes Thema: Alle Wegweiser und Bushaltestellen stehen unter diesem Motto. Wenn eine Gemeinde einen Kunsthandwerker wie Thom Wilke im Ort hat, ist sie gut beraten, solcherart Kreativität zu unterstützen und aufzugreifen.

Familie Wilke zeigt übrigens am Standort gegenüber der Linde auch andere Arten von Kreativität. Nicht nur, dass Holzkunst, Stein und Keramik dort entsteht. Auch architektonisch hat jede Familienerweiterung am Haus Spuren hinterlassen: Schön farbig mit Holz und Keramik in Szene gesetzt.

Mönchgut – Eigenwilliger Süden

Ältester Gasthof der Insel

Speisen und Trinken wie die Mönche

Hereinspaziert ins Hotel Zur Linde. Hier erwartet Sie Tradition mit Herz und einem Lächeln.

Die gemütliche Kaminstube ist im Sommer wie im Winter ein lauschiger Rückzugsort.

Bereits vor 500 Jahren war der Gasthof »Zur Linde« ein Ort der Gastlichkeit – und ist es bis heute. Auf der Insel Mönchgut, dem traditionsbeladenen Ort der Zisterzienser Mönche, konnte er sich ein halbes Jahrtausend behaupten. Noch heute erinnert das rustikale Ambiente, das liebevoll an die moderne Zeit angepasst wurde, an die Tradition der Insel. Die prämierte Küche offeriert Rezepte aus vergangenen Tagen. Regionale Zutaten werden am offenen Kamin und bei Kerzenschein serviert. Beliebt sind Gerichte wie Flunder auf heißen Stachelbeeren, sowie Zander unter einer Sauerkrautkruste.

Das Bier der Linde

Um 1450 wurde das Haus einst als Dorfkrug erbaut. Die Zisterziensermönche, die der Halbinsel Mönchgut ihren Namen gaben, schrieben Geschichte. Seit dem Jahr 2000 wird das historische Bräu in einer eigenen Mikrobrauanlage wieder hergestellt. Abwechslungsreiche Raumaufteilungen wie die Mönchsgutstube, der Schankbereich, Jäger- oder Fischerecke machen die Gastlichkeit aus.

Im Sommer kehren hier viele Radfahrer zu einer Erfrischung ein.

Die Gerichte werden aus biologischen Zutaten zubereitet. »Cross-over-Küche« verbindet die historischen Rezepte mit internationalem Flair. Griebenschmalzstullen, Mönchguter Fischsuppe, Kürbisrisotto, Boddenzander oder eine Grillplatte und hausgemachter Milchreis. Wer nicht mehr heimfahren mag, sollte sich eines der 20 Zimmer im Hotel reservieren. Neben verschiedenen Arrangements stehen auch sportliche Aktivitäten wie Wellness, Wandern und Sauna auf dem Programm.

Hotel & Gasthof Zur Linde
Dorfstraße 20 · 18586 Middelhagen
Tel. (03 83 08) 55 40 · Fax (03 83 08) 5 54 90
info@zur-linde-ruegen.de
www.zur-linde-ruegen.de

Kirchenviertel mit Museen

Ein Ensemble wie gemalt

Als erstes entdecken Besucher von Middelhagen die St. Katharinakirche. Noch ohne zu wissen, was sich hier noch alles verbirgt. Der Backsteinbau, dessen Fundament aus Findlingsblöcken besteht, wurde um 1455 errichtet. Erst später entstand der hölzerne Turm, denn Zisterziensermönche blieben ohne Turm am Boden. Erhalten blieb der um 1480 geschaffene Katharinenaltar. Auch ein vergoldeter, aus Silber getriebener Kelch aus dem Jahre 1597 gehört zu den Schätzen. Daneben sind ein Votivschiff und der Taufstein sehenswert.

Schulmuseum

Im angrenzenden Lehmfachwerk- und Backsteingebäude des historischen Ortskerns präsentiert das Schulmuseum im alten Küsterhaus Schulwesen bis nach 1945. Ein cleverer Bürgermeister rettete das Museum vor der Schließung. Der Unterrichtsraum einer einklassigen Volksschule ruft

Zauberhafte Wege und Ausblicke prägen das kleine Ensemble rund um die Kirche.

Das Schulmuseum

alte Erinnerungen hervor. Im Klassenraum stehen die Tafel und das Lehrerpult. Die Tintenfässer sind eingelassen in die Bänke. Generationen von Schulkindern haben sich hier abgescheuert. Und sich auf der Platte in Ritztechnik verewigt.

Die Galerie Breedehus

Eines der ältesten Häuser auf Mönchgut ist über einen kurzen, idyllischen kleinen Durchgang zwischen den Häusern zu erreichen. In den Monaten Mai bis Oktober finden dort wechselnde Verkaufsausstellungen von verschiedenen Künstlern statt. Der Kunstförderverein Stilbruch bewirtschaftet das Haus mit Kursen und erhält es durch Nutzung.

Mönchgut – Eigenwilliger Süden

Das Schöpfwerk Lobbe

Windenergie könnte Kosten senken

Das Schöpfwerk wurde 1920 erbaut und 1997 für 326 000 DM rekonstruiert. Damals machte das die Originalfirma Adler, muss jedoch bei der Demontage und späteren Verschraubung der Windlamellen am Rad nicht aufgepasst haben. Es wurden seither immer wieder große Muttern am Boden gefunden und 2007 brach das Rad dann nach einem Sturm und dem Versuch, es auszurichten. Es kam nach Greifswald, wurde nun mit Schweißnähten gesichert und ist wieder in Betrieb. Entgegen anderslautenden Gerüchten arbeitet es erfolgreich und hält große Flächen um Lobbe trocken und nutzbar. Nur während der großen Regenperiode 2008 wurde eine elektrische Pumpe zugeschaltet, um die Region um den Lobber See zu entlasten.

Auf Rügen sind große Teile der Landschaft eingedeicht worden. Sie müssen, im fachchinesisch ausgedrückt, »melioriert«, das heißt, entwässert werden. Die dafür nötigen Anlagen wurden nach und nach von Windkraft auf Elektrik umgestellt. Viele sind im Außenbereich mit anfälligen Freileitungen versehen. Ein großes Problem, das die starken elektrischen Pumpen mit sich bringen: Das Anschalten führt zu allgemeinen Stromschwankungen, da oft mehrere Pumpen gleichzeitig ans Netz gehen.

Radfahrer auf dem Deich halten hier regelmäßig staunend an.

Bei extremen Regenfällen wird zur Entlastung zusätzlich elektrisch gepumpt.

Ein zweites Windrad wie das in Lobbe steht übrigens auf dem Rügenhof am Kap Arkona, wohin es seinen Weg gefunden hat, nachdem die Gemeinde Neuenkirchen dafür kein Geld aufbringen wollte.

Heute sind, laut Landesregierung, die Kommunen dafür verantwortlich, die Kosten für die Entwässerung der eingedeichten Gebiete auch auf die Besitzer bzw. Nutzer nicht vom Wasser bedrohter Grundstücke umzulegen. Paradoxerweise trifft es dabei gerade oft diejenigen, die entsiegeln und selbst mit Regenwasseranlagen sparen.

Im Zuge der hohen Energiepreise muss die Diskussion wieder begonnen werden, warum Wasser in einer windreichen Gegend nicht mit Hilfe des Windes und damit zwar nicht komplett wartungsfrei, jedoch weitestgehend ohne Energiekosten, geschöpft werden kann. Lobbe jedenfalls zeigt, dass die Schnecke im Schöpfwerk nach wie vor fördert.

219

Mönchgut – Eigenwilliger Süden

Die Kurverwaltung

Gager und Groß Zicker: Feriengemeinde in kontrastreicher Natur

In einem der schönsten Landstriche der Insel Rügen heißt Sie die Kurverwaltung Gager/Groß Zicker herzlich Willkommen. Stimmen Sie sich ein auf Ihren Urlaub in unserem Erholungsort.
Die Weite der Ostsee auf der einen, die Schönheit der Boddenlandschaft auf der anderen Seite – und mittendrin die höchsten Erhebungen der Halbinsel Mönchgut. Das ist Urlaubsfreude pur. In überwiegend rohrgedeckten Häusern mit liebevoll eingerichteten Ferienzimmern und Gästewohnungen oder in kleinen, meist familiär geführten, Pensionen werden Urlauber mit großer Gastfreundschaft empfangen.

Lange Sandstrände am Strand von Gager zwischen Lobbe und Thiessow laden zu ausgiebigen Spaziergängen am Wasser ein, oder Sie unternehmen ausgedehnte Wanderungen im Naturschutzgebiet der Zickerschen Berge. Historisch interessant ist das Pfarrwitwenhaus aus dem Jahre 1723, charakteristisch mit der Zuckerhutform. Im Inneren sind Zeugnisse der Siedlungsgeschichte sowie jährlich wechselnde Sonderausstellungen zu sehen. Ein weiteres Baudenkmal ist die Backsteinkirche aus dem späten 14. Jahrhundert mit den bunten Glasfenstern.

Für Familienausflüge in die Natur gibt es viele lohnenswerte Ziele rund um Gager.

Der modernisierte Hafen von Gager ist vor allem bei Seglern beliebt. Von hier aus starten Ausflüge zu Schiff nach Peenemünde und Lauterbach. Im Sommer 2005 eröffnete eine Lachsmanufaktur, die frisch geräucherten Fisch verkauft.

Kurverwaltung Gager/Groß Zicker
Zum Höft 15a · 18586 Gager
Tel. (03 83 08) 82 10 · Fax (03 83 08) 3 02 13
kv-gager-gr.zicker@t-online.de
www.mein-moenchgut.de

Der Gasthof zum Wohlfühlen

Generationen-Betrieb auf der Halbinsel Mönchgut

Der Gasthof Zum Walfisch ist der älteste Gasthof auf Mönchgut, der sich seit mehreren Generationen im Familienbesitz befindet. Er wurde 1888 von Urgroßvater Karl Kliesow erbaut und eröffnet. 1954 bis 1964 wurde der Gasthof von Werner und Thekla Kliesow gemeinsam geführt. Ab 1964 bis 1983 von seiner Frau Thekla alleine. Seit 1983 führen Wolfgang und Ilona Kliesow den Gasthof.

Gästezimmer
Die liebevoll und hochwertig eingerichteten Gästezimmer wirken wie aus einem Bauerntraum und sind mit allem Komfort wie Dusche, WC, Farb-TV, Kühlschrank und Telefon ausgestattet. Morgens gibt es ein Frühstück, das keine Wünsche offen lässt. Wetten, dass Sie es zu Hause nicht besser haben?

Restaurant
Küchenchef ist Ururenkel William Kliesow. Im Restaurant wird überwiegend deutsch gekocht, viel Wert wird auf frische Produkte gelegt. Hier können Sie sich in gemütlichem, stilvollem Ambiente kulinarisch verwöhnen lassen. Die bodenständige, regional geprägte Küche bietet neben Fleisch- und Fisch-Spezialitäten auch verschiedene typisch mecklenburgische Gerichte, vor allem aus der heimischen Fischerei.

Das gemütliche Restaurant

Hochzeitszimmer

Gasthof Zum Walfisch
Lobbe 32 · 18586 Middelhagen
Tel. (03 83 08) 2 54 67 · Fax (03 83 08) 2 54 51
info@walfisch-ruegen.de
www.walfisch-ruegen.de

Der »Gasthof zum Walfisch« mit seiner imposanten Außenterrasse

Hinter dem Haus, im riesigen Garten, gibt es ausreichend Platz für Erholung.

Reizvolles Fischerdorf Gager

Ferienparadies mit Lachsmanufaktur und Hafenambiente

Produktionvielfalt der Lachsmanufaktur (oben) und Gaststätte in der Abenddämmerung (unten)

Mönchgut, die im Südosten Rügens gelegene Halbinsel mit kilometerlangen Sandstränden, sanften Hügeln, die sich als Landzungen bis weit in den Bodden erstrecken, unberührter Natur, traditionellen Seebädern und verträumten Fischerdörfern ist eine Urlaubsregion ganz besonderer Klasse.

In dem idyllischen Fischerdorf Gager befindet sich das maritime Ferienparadies Port Gager sowie Rügens einzige Lachsmanufaktur und Räucherei Rügen Rauch. Ferien am Wasser – im Kojenhus oder in einem Ferienhaus, feinste Gastronomie in der »Alten Bootswerft« mit Blick auf den Segler- und Sportboothafen, Wellness in der Finnischen Strandsauna direkt an der Boddenküste und Rügens erste Lachsmanufaktur – das ist Port Gager.

Lachsmanufaktur und Fischrestaurant

Die Lachsmanufaktur »Rügen Rauch« produziert Premiumprodukte aus Lachs. Diese werden in der hauseigenen Gastronomie serviert und bundesweit an Feinschmecker geliefert. Eine Manufaktur nach höchsten EU-Richtlinien, eine klassische Räucherei und ein anspruchsvolles Restaurant in einem faszinierenden Ambiente.

Die Alte Bootswerft ist der ideale Ort, um das Beste vom Lachs zu genießen, auf einer der schönsten Terrassen oder alternativ in der Erlebnisgastronomie. Rund 60 Gäste können im Innenbereich bewirtet werden, in den sommerlich-warmen Monaten kommen weitere 60 Plätze auf der Terrasse mit Blick auf den Hafen hinzu. Das urige Fischrestaurant bietet nicht nur mit den Premium-Produkten aus eigener Herstellung ein kulinarisches Erlebnis, das zum Mitnehmen auch zu Hause genossen werden kann.

Anspruch des Hauses ist es, sich als eines der führenden Fischrestaurants der Insel Rügen zu behaupten. Frische, regionale Produkte und ein hoher Grad an Kreativität – in Verbindung mit langjährigen Erfahrungen in der gehobenen Gastronomie – sind die Grundlagen dafür.

Sportboot- und Seglerhafen

Der idyllische Hafen mit seinen Sport- und Segelbooten hat circa 80 Liegeplätze, die während der Saison sehr beliebt sind. Schließlich ist das Fischerdorf Gager ein malerisches Plätzchen, an dem man sowohl Feiern und Schlemmen als auch Angeln und Boot fahren kann.

Urlaub wie auf einem Schiff mit stilechter Koje ist im Kojenhus möglich. Hier hat der Gast die Wahl zwischen Mannschaftskabine, Offiziers- oder Kapitänskabine, Eigner- oder Reedersuite – eine außergewöhnliche Erkundungsreise maritimen Le-

Das ist Entspannung: der Sauna-Ruheraum.

Lecker Lachs, ganz frisch zubereitet

bensstils mit einem hypnotischen Zauber. Gäste, die sich so gar nicht mit der Seefahrt anfreunden können, haben mit den großzügig geschnittenen und individuell eingerichteten Ferienhäusern mitten in der ruhigen und reizvollen Naturlandschaft des Biosphärenreservates Süd-Ost-Rügen ebenfalls eine gute Wahl getroffen.

Sauna am Meer

Noch ein Highlight? Eine Finnische Sauna direkt am Meer. Das ist Wellnus pur, ungestörtes Saunieren im privaten Rahmen. Hier werden die Abwehrkräfte gestärkt, der Stress reduziert und ein Höchstmaß an Entspannung garantiert. Anschließend wartet eine Erfrischung im Bodden und Entspannung auf der Terrasse oder im Ruheraum.

Port Gager: Touristik und Erlebnis & Rügen Rauch
Am Hafen · 18586 Gager
Tel. (03 83 08) 6 64 70 · Fax (03 83 08) 66 47 10
info@portgager.de · www.portgager.de

Mönchgut – Eigenwilliger Süden

Hafen Gager nimmt Fahrt auf
Nach militärischer Nutzung muss Arbeit und Tourismus in Einklang finden

Im kleinen Fischereihafen von Gager herrscht vor allem morgens Hochbetrieb. Während die Stellnetzfischer aus dem Bodden zu ihren kleinen Häuschen mit Gerät im Hafen mit vollen Heringsnetzen zurückkehren und den Hering aufs Eis bringen, legen einen Bootssteg weiter zwei Ranger ab, die sich auf einen anderen Törn vorbereiten. Die beiden Männer gehören zu den insgesamt 16 Rangern des Biosphärenreservats Südost-Rügen. Bei dieser Kontrollfahrt gehen sie selbst auf Pirsch. Robben, genauer Kegelrobben, werden gesucht, die in den vergangenen Monaten mehrfach vor Rügens Küste gesichtet wurden.

Das kleine Boot der Reservatsverwaltung ist schnell klar gemacht. Noch ein letzter Motor-Check, dann steuert Manfred Klatt den Außenborder mit 50 PS aus dem Hafen in die Fahrrinne. Gute Voraussetzungen für ein Rendezvous mit Meeressäugern. Obwohl Fischer diese Aktivitäten nicht so gerne sehen. Laut Klatt sei es jedoch auch ein seltener Glücksfall, eine wildlebende Robbe in heimischen Gewässern zu beobachten. Noch!

Krasse Gegensätze im Hafen

Der Hafen bietet für den, der bleibt, Gegensätze und Stilformen en masse. Lassen die beiden weißen Räuchertürme das Bild eher skandinavisch wirken, machen die Fischerhütten und das dazugehörige Material einen bodenständigen Eindruck von Mönchguter Arbeit. Ein paar Meter weiter betreibt Thomas Trojan seine Seekajakstation, bei deren Eröffnung sogar ein leibhaftiger Minister Kajak gefahren ist. Da die Seekajaks auch die Erlaubnis für geschützte Gewässer unter besonderer Sachkunde haben, sind die Mädels und Jungs am Rande des Campingplatzes selten anzutreffen.

*Eine typische Scheune
für den Doppelnutzen Fischerei und Landwirtschaft*

Während am Übergang zwischen dem alten Fischereihafen und dem sanierten Militärhafen ein paar Fischer der Genossenschaft ihren Kahn aufgeslipt haben und statt ihn zu kalfatern, kräftig Epoxidharzspachtel in die Ritzen schmieren, ist der neue und mit EU-Geldern sanierte Hafenteil nahezu aseptisch. Von hier führt die einzige Schiffsverbindung Rügens nach Usedom und manchmal auch nach Peenemünde. Wenig Betrieb für die vielen Gelder. Aber Infrastruktur, die vielleicht künftig noch genutzt werden kann.

Wohnhäuser in bester Lage

In direkter Sichtachse jedoch entstehen Wohnhäuser für Ferien oder Dauerwohnen. Meist entwickeln sich daraus die ersten Gegensätze, da niemand gerne im Sommerurlaub morgens um vier von einem schweren Schiffsdiesel beim Warmlaufen geweckt wird. Bleibt der Sektor zwischen den Fischern und der hohen Kaikante, wo an zarten Stegen ein paar Segler liegen. Der Hafen wird sein Potenzial bald zeigen.

Jedenfalls stört vom einzigen Restaurant im Hafen derzeit noch kaum etwas den freien Blick über den Hafen aufs Mönchgut. Und das ist beim Fischessen vor den Räucheröfen doch eine Ansage wert.

Ein typisches Reusenboot mit Gager Kennzeichen

Segler liegen zwischen Fischern und Berufsschifffahrt.

Alt Reddevitz

Teil der rügenschen »Bergregion«

Eigentlich ist Jasmund auf Rügen ja der höhere Inselteil. Doch die bewaldeten Hügel bei Sassnitz werden durch die Bäume nicht derart wahrgenommen. Wahrgenommen wird als bergig eher der Süden. Die Reddevitzer Berge mit dem Fliegerberg und die Zickerschen Berge machen mit ihrer entbuschten Heide ein gutes Wanderrevier aus.

Alt Reddevitz ist eines jener kleinen Fischerdörfer mit rund 150 Einwohnern. Alt Reddevitz ist auch ein Ortsteil von Middelhagen, dem Zentrum der Halbinsel Mönchgut. An beiden Seiten von Wasser umgeben, auf der Landzunge Reddevitzer Höft gelegen, zieht sich der Ort hin bis zu den Steilküsten des Höftes. Hier herrschen knallgelber Ginster, niedrige Küstenwälder und mächtige Findlingsblöcke.

Der Naturstrand von Alt Reddevitz lädt im Sommer zu einem erfrischenden Bad ein. Da hier überall Naturschutzgebiet ist, sind die Binnenlandaktivitäten nicht so ausgeprägt, wie in anderen Beiträgen rund um den Fliegerberg geschildert. Das flache Gewässer davor ist auch für kleine Kinder gut geeignet. Die Sandstrände der Ostseebäder Sellin, Göhren und Baabe befinden sich in etwa drei bis fünf Kilometer Entfernung und sind auf gut ausgebauten Fahrradwegen zu erreichen.

Die kleine Boddenbucht auf Mönchgut mit dem breiten und feinsandigen Nordstrand bei Göhren ist einer der zugkräftigeren Strände der Region. Wer Ruhe sucht, findet sie aber eher am vier Kilometer langen Südstrand. Solange zumindest, wie die Pläne, dort einen Hafen mit langem Steg bis ins Fahrwasser zu errichten, nicht verwirklicht werden.

... die Menschen wirken klein und zerbrechlich vor den Eismassen.

Wo Kräutergeyer im Sommer seine Gruppen in Kräutern unterrichtet und Lehrreiches parat hat...

Ziel für Naturliebhaber

Mit seinen vielfältigen Freizeitmöglichkeiten wie Wandern, Radfahren, Reiten, Angeln und Segeln ist Alt Reddevitz ein beliebtes Ziel für Naturliebhaber. Führungen von Kräuergeyer zeigen, was der normale Wanderer sonst wenig wahrnimmt. Und wenn Rügen im Eis liegt, sind die Nasen der Insel im Eispanzer immer einen Besuch im Eis wert, sofern der Wind passt.

Das schmale, vier Kilometer langen Reddevitzer Höft zieht sich weit in Richtung Rügischer Bodden und Insel Vilm ins Meer hinaus. Auf See fast greifbar, ist die Strecke dahin vor allem im Sommer nach Lauterbach eher eine größere. Weil alle fahren.

Besiedelt mit einigen wenigen Einzelgehöften, ist der Ortskern von Alt Reddevitz idyllisch an einer großen Bucht der Hagenschen Wiek gelegen. Die hier vor Anker liegenden kleinen Fischerboote bieten ein beliebtes Fotomotiv wie überall die Reusenboote an dieser Küste. Ein Genuss ist am Ende des Höfts vom Hochufer der Blick auf die Weite des Rügischen Boddens. Bei normalem Wasserstand können Badehungrige beim Wandern schnell die Stufen zum Ufersaum hinabsteigen. Ein paar hundert Meter lassen sich am meist steinübersäten Ufer des steilen Sand- und Mergelkliffs erkunden. Aber immer ein wachsames Auge auf das Kliff werfen und auf Einheimische hören, wie sich der Zustand des Kliffs aktuell darstellt.

Hier bei Klein Zicker hat jemand gleich Stühle in die Sonne gestellt und grillt.

...hält der Winter bei entsprechenden Windrichtungen gnadenlos Einzug am Fuße der Berge. Eis türmt sich auf wie hier auf der anderen Seite des Boddens in Klein Zicker.

Jede Ausbuchtung am Reddevitzer Höft gestaltet die See und es ist ein winterlich bizarres Vergnügen, das sich kein Rügenfan entgehen lassen sollte.

Der Thiessower Haken im Eis

Für Höhenflüge in die Zickerschen Berge

Mit Segelflugabenteuer die Jugend für den Krieg geworben

Die Fliegergruppe Bergen

Gruppenfoto am Fliegerberg mit Schulgleiter

Der verstorbene Sehlener Fluglehrer Bernhard Meußling hatte seine Erinnerungen über die Fluggeschichte Rügens im Kopf behalten. Der Stralsunder Dietrich Urbanski erinnert sich in seinem 2008 erschienenen Buch »Wenn ich nicht zurückkehre...« an die Fliegerei in Alt Reddevitz zu Kriegszeiten.

Die Verlockungen der Technik für die Jugend nutzen und sie dann auf die Laufbahn des Kriegshandwerks bringen, so handhabe dies das alte wie das neue System. Am gleichen Ort.

Wegen der sich rasant entwickelnden Segelflugtechnik suchte auch die in Bergen ansässige »Flugsportgruppe Rügen« einen Platz, wo mehr als Luftsprünge möglich waren. Grundzüge des Thermikfluges in warmen Aufwinden unter Cumuluswolken waren inzwischen bekannt – Georgii hatte im April 1928 erstmals einen längeren Thermikflug unter einer Wolke absolviert. Bei Thermikflügen ergeben sich weitaus höheren Steiggeschwindigkeiten als am Hang. Der Flug entlang von Hängen, die den Wind nach oben umleiten, wurde jedoch weiterhin als Standard des Höhengewinns ohne Motor gelehrt. Auf Rügen ist kaum anderes möglich, da der viele Wind Thermik nur schwer entstehen lässt.

Auf zum Fliegerberg

Erste Erkundungen führten Anfang der 30er Jahre in die Zickerschen Berge. Bei Windstärken von sechs bis acht, so berichtete Bernhard Meußling, habe er dort seine ersten Dauerflüge von drei bis fünf Stunden für den Luftfahrerschein absolviert. Auf Rügen beendete meist der Abend und nicht der fehlende Wind die Flüge. Die ersten Ausflüge der Gruppe um Erwin Petow, dem Sohn des damaligen Feuerwehrkommandanten, der auch unseren Erzähler damals zum Fliegen auf dem Hof der Ernst-Moritz-Arndt-Schule überredet hatte, passten mit dem Beschluss der Bezirksregierung Schwerin zusammen, dass auf Rügen ein Segelfluggelände zu gründen sei. Bald zog die Gruppe ganz um nach Reddevitz und gliederte sich dem dortigen Platz an. Der Bergener Platz, vor der heutigen Berufsschule in Richtung der Strüssendorfer Allee gelegen, wurde aufgegeben.

Die politische Entwicklung, die sich bald schleichend, dann immer rasanter auch des Segelflugs

Auf dem Pendelbock wurde das erste Fluggefühl getestet.

Wer nicht aufpasste, landete schnell lim Wasser.

Schulgleiter im Landeanflug...    *...und kurz vor dem Aufsetzen.*    *Jungs und Mädchen an der Segelfliegerwerkstatt mit Bauteilen für ein Grunau-Baby*

als willkommenen Mittels bemächtigte, kam auch den Rügener Segelfliegern und dem Fluggelände zugute. Was sich im Zivilen als Sport darstellte, hatte natürlich auch schon lange das militärische Interesse geweckt. Viele Entwicklungen liefen parallel. Während man anfangs noch mit einem 1000 Meter langen Gummiseil »in den Wind schoss«, wurde die Technik weiterentwickelt. Andere experimentierten damit, Flugzeuge an Kraftfahrzeugen, später mittels einer Seilwinde oder auch schon an Motorflugzeuge gehängt, in die Luft zu befördern.

Die nächste Generation

Die Flugzeuge zum Schulen der Jugend wurden vom Militär konstruiert und die Ausbildung war der Hitler-Jugend, genannt Flieger-HJ, angegliedert worden. Das ganze zivile Flugwesen unterstand dem Nationalsozialistischen Fliegerkorps (NSFK) und war eindeutig auf die Schulung zu Piloten der Luftwaffe ausgerichtet. Der Traum vom Fliegen sollte für viele dieser Generation im Desaster enden. 1938 stieß der zehnjährige Edmund Lorenz aus Middelhagen, Sohn einer Fischerfamilie, zur Fliegerei. Bernhard Meußling, der wegen seines fehlenden Auges auch später nicht zur Luftwaffe eingezogen wurde, war sein Fluglehrer. Ich hörte erstmals von Lorenz auf dem Flugplatz Güttin, wo er heute noch häufig anzutreffen ist. Auch ihn ließ die Fliegerei nie los. Gut erinnert er sich an den Namen des damaligen Flugplatzleiters: Erwin Neumann. Auch daran, dass sie noch geflogen seien, als die Bomber nach Peenemünde schon über den Platz donnerten. Lorenz erzählt von der großen Halle, die 1942/43 für die Flugzeuge gebaut worden war. Bei einem Besuch zeigt er mir die Fundamente. Nur den Platz, an dem 1945 alle dort gelagerten Segelflugzeuge von den Russen verbrannt worden sind, kennt niemand mehr. Auch die Gattin des Werkstattleiters Erich Schneider besuchen wir, die uns in Alt Reddevitz noch ein Foto der Halle aushändigt. In der Zeit nach 1945 fällt diese Halle der Not an Materialien aller Art zum Opfer.

Für Bernhard Meußling war es das Ende der Fliegerei. Aus verständlichen Gründen mied er den Platz lange Zeit. Die Flugbücher mit den ganzen Stempeln von Edmund Lorenz hatten dessen Eltern vorsorglich verbrannt. Doch Edmund Lorenz war wieder dabei, als 1949 junge Leute von der Universität in Rostock kamen und sich erinnerten, dass in Reddevitz einmal geflogen worden war.

Der Neubeginn

In Mariendorf hätten sie immer geschlafen. Die seien auch schon wieder ganz gut ausgerüstet gewesen, wohingegen die Hiesigen sich alles zusammenbauen mussten. Man begann das Segelfliegen wieder mit den alten Typen wie Grunau Baby, Weihe, ja selbst dem Schulgleiter. Günther Drews aus Stralsund erinnert sich, daß er 1954 nach der Ausbildung an die Volkswerft in Stralsund gekommen sei. Hier stieß er auf die dortige Fliegergruppe. Viel geforscht habe man damals nicht nach der Vergangenheit. Die Dorfbevölkerung habe sogar gedacht, mit den Fliegern komme die alte Zeit wieder. 1958, mit Einweihung des Stralsunder Flugplatzes, ging die Zeit für Reddevitz zu Ende. Noch war der Luftraum frei.

Edmund Lorenz, Middelhagen, an den Mauerresten der alten Flughalle. Ihn trifft man noch heute gerne am Flugfeld Güttin.

Fliegerberg mit seinem Platz für den Gummiseilstart. Später gab es auch Windenstarts am Drahtseil.

Mönchgut – Eigenwilliger Süden

Schlemmerpunkte für Fisch, Fleisch und Süßes

Familienunternehmen mit drei Gastronomieeinheiten

Das Hafenbecken von Thiessow aus der Vogelperspektive

Mit drei verschiedenen Restaurantbetrieben hat sich die Familie Franz in Groß Zicker und Thiessow einen guten Namen erkocht. Kaisers Gaststuben in Groß Zicker ist direkt in der Ortsmitte ansässig und verfügt über ausreichend Parkplätze am Haus. Beide Speiserestaurants der guten Mittelklasse bieten traditionelle Mönchguter Fischspezialitäten, zubereitet nach alten Familienrezepturen. Außerdem gibt es auch heimische Gerichte vom Wild, Lamm und Rind, die mit frischen Kartoffeln gereicht werden. Anschließend gibt es leckeren, selbstgebackenen Kuchen. Für Kinder gibt es eine Extrakarte und auch für Senioren gibt es eine Auswahl an kleinen, altersgerechten Portionen.

Der herrliche Panoramablick vom Wintergarten, der Terrasse oder dem Biergarten aus präsentiert die Schönheit des Greifswalder Boddens und der Steilküste von Klein Zicker. Das Lokal ist sehr beliebt bei Wander- und Busgruppen und bietet täglich ab 11.30 Uhr warme Küche bis in den Abend hinein. Das Restaurant ist im Innenbereich komplett ein Nichtraucherrestaurant.

Einkehr in Mönchgut, zu Gast bei Familie Franz

Mönchguter Zipfel aus der Luft

Schlafen mit Panoramablick

In der ersten Etage stehen zwei Ferienwohnungen zur Vermietung bereit, beide mit eigener Terrasse und moderner Einrichtung. Die eine Wohnung verfügt über einen kombinierten Wohn-Schlafraum mit Doppelbett und Couchgarnitur, eine separate Küche mit Mikrowelle, dazu eine Dusche mit WC und einen Ausstieg zur Dachterrasse mit Sonnenliegen. Die zweite Ferienwohnung hat ein Wohn- und Schlafzimmer, eine Küche mit Mikrowelle, zwei Kochplatten und allem Zubehör zur Selbstversorgung. Es steht ebenfalls die Dachterrasse mit den Sonnenliegen zur Verfügung.

Strandimbiss

Der Strandimbiss Franz in Groß Zicker ist während der Saison für die Unterwegs-Verpflegung zuständig. Direkt am Radweg von Lobbe nach Thiessow hat von Mai bis September der Tages-Parkplatz mit WC geöffnet.

Kaisers Gaststuben von innen, in vollem Glanz mit Blick durch die große Fensterfront in die Natur

Kaisers Gaststuben
Boddenstraße 43 · 18586 Groß Zicker
Tel. (03 83 08) 3 00 91

Strandimbiss Franz
Am Radweg von Lobbe nach Thiessow

Zum Südperd in Thiessow

Das Café und Restaurant Zum Südperd ist nach dem südlichsten Landzipfel, der ins Meer ragt, benannt worden und wurde 1997 von Mario Franz, dem Sohn der Betreiber von Kaisers Gaststuben, eröffnet.

Die reichhaltige Speisekarte begeistert vor allem Familien. Kinder bekommen eine eigene Karte mit jeweils auf sie zugeschnittenen Angeboten. Spezialitäten sind frische Waffeln, hausgemachte Eierpfannkuchen, Sanddornprodukte, Kaffeespezialitäten und selbstgebackener Kuchen. Ebenfalls auf der Karte stehen Fisch, Fleischgerichte, Lamm, Wild und Seniorengerichte. Die Wildgerichte stammen aus heimischen Jagdrevieren und werden vom Chef persönlich zubereitet.

Das Restaurant ist behindertengerecht zugänglich und bietet 70 Innen- und 40 Außenplätze. Es eignet sich für Familienfeiern, Feste und Gruppen. Der Innenbereich ist den Nichtrauchern vorbehalten.

Im Dachgeschoss gibt es drei ruhige Ferienwohnungen sowie eine vierte mit Wendeltreppe zum Schlafraum und mit eigener Terrasse. Zur Ostsee sind es nur 200 Meter. Parkplätze für den eigenen Pkw gibt es direkt am Haus.

Café und Restaurant »Zum Südperd« – ein beliebter und ruhiger Treffpunkt

Gemütliche Einkehr in Thiessow

Zum Südperd
Strandstraße 28 · 18586 Thiessow
Tel. (03 83 08) 3 09 08

Mönchgut – Eigenwilliger Süden

Die Perle auf der Halbinsel

Wellness Aparthotel Boddenblick mit Gasthof seit 1895 in Familienhand

Im Südosten Rügens finden Sie eine der urigen Regionen der Insel, das Mönchgut. Eine alte Kulturlandschaft – umgeben von der Ostsee und dem Greifswalder Bodden. Sanfte Hügel und deren Landzungen strecken sich weit in Meer und Bodden. Abbruchküsten und endlose Sandstrände wechseln einander ab. So erschließt sich dem Besucher eine einzigartige Harmonie von Landschaft und Meer. Eindrucksvoll sind die Aussichten von den bis zu 68 Meter hohen Anhöhen.

Groß Zicker ist ein altes Fischer- und Bauerndorf, das sich bis in die heutige Zeit seine Ursprünglichkeit bewahren konnte. Sehenswert für jeden Besucher sind die alte Kirche aus dem 14. Jahrhundert und das Pfarrwitwenhaus aus dem 18. Jahrhundert, ein altes rohrgedecktes Niederdeutsches Hallenhaus.
Bei Wanderungen durch die Zickerschen Alpen kann man sich vom Alltagsstress so richtig erholen. Etwa einen Kilometer entfernt kann auch der Badehungrige am fünf Kilometer langen feinsandigen Badestrand entspannen oder sich aktiv erholen.

Blick auf die Terrasse vom Boddenblick: gemütlich!

Die romantische Hochzeits-Suite für Verliebte und Vermählte

Hereinspaziert in das alte Anwesen der Familie Losansky!

Wohnen mit Komfort

Das Hotel ist sehr geräumig und komfortabel ausgestattet. Allen Besuchern soll ein wunderbarer und angenehmer Aufenthalt bereitet werden. Das Wellness-Aparthotel Boddenblick wurde 1998 neu erbaut. Es bietet große, freundlich eingerichtete Doppelzimmer und Zwei-Raum-Appartements. Die Zimmer sind jeweils mit Dusche und WC, Sat-TV und Telefon ausgestattet. Eine Besonderheit des Hotels sind die Hochzeitssuiten in kuscheligem Ambiente. In der oberen Etage kann man teilweise den Blick zum Wasser genießen. Selbstverständlich gibt es Parkplätze und eine Terrasse am Haus. Für Anreisende mit dem Zug oder Bus gibt es einen hauseigenen Shuttleservice.

Im Haus befindet sich ein Restaurant, in dem man sich nach Herzenslust verwöhnen lassen kann. Dort gibt es ein reichhaltiges Frühstücksbüffet, regionale Spezialitäten und fangfrischen Fisch aus heimischen Gewässern. Zu den unverwechselbaren Highlights gehört Matjes in zehn verschiedenen Variationen. Das Restaurant hat täglich ab 11 Uhr geöffnet und bietet frische, individuell zubereitete Inselspezialitäten an.

Ein Fischrestaurant mit frischen Farben und noch frischeren Gerichten

Nach einer ausgedehnten Wanderung durch die Zickerschen Alpen kann man bei einer Tasse Kaffee selbstgebackenen Kuchen genießen. Viele Gäste genießen die Wellness- & Walking-Angebote in Verbindung mit einer optimierten gesunden Ernährung.

Wellness Aparthotel »Boddenblick«
Boddenstraße 16 · 18586 Groß Zicker
Tel. (03 83 08) 82 54 · Fax (03 83 08) 34 00 34
hotel-boddenblick@web.de
www.ruegen.de/kundenplakate_tzr/
wellness_aparthotel_boddenblick.html

Mönchgut – Eigenwilliger Süden

Schafe auf Trockenrasen
Einzigartige Natur rund um die Ostseebäder des Mönchguts

Die Kurverwaltungen von Göhren bis Thiessow sind sich relativ einig in ihrer Beschreibung der Mönchguter Landschaft. Sie gleiche einer Inselgruppe, deren Höhenzüge nur lose durch einen schmalen Flachlandstreifen miteinander verbunden sind. Der erhebt sich nur wenige Meter über den Meeresspiegel.

Infolge der Waldrodung entstanden nach und nach Lebensbedingungen, wie sie eher für die Steppen Südost-Europas charakteristisch sind. Extreme Trockenheit und nährstoffarme Böden ließen Vegetationsformen entstehen, wie sie an keiner anderen Stelle unserer Küstenlandschaft zu finden sind. Hier fallen im Jahresmittel die geringsten Niederschlagsmengen der ganzen Insel. Die Trockenheit wird noch durch die Südlage vieler Hänge verstärkt, denn durch die Reflexion der Sonnenstrahlen an der Wasseroberfläche wird die Sonneneinstrahlung auf die Hänge erhöht.

So konnten sich in dieser Kulturlandschaft auf dem sogenannten Trockenrasen viele Pflanzenarten ansiedeln, die ihre Heimat eigentlich viel weiter südlich haben. Einige Vertreter sind das Silbergras, die Golddistel und der weiße Schwalbenwurz.

Die Kurverwaltung und das Biosphärenreservat stellen die genannten Landschaftsformen, Trockenrasen, Salzwiesen, sowie die dort vorkommenden selten gewordenen Wildobstarten in Vorträgen und in geführten Wanderungen vor.

Wie diese Vegetation erhalten?

Mitteleuropa ist von Natur aus Waldland. Erst die Rodung brachte neue Lebensbedingungen für die Vegetation. Weide und Mahd ließen die Böden ohne Düngung verarmen. Die heutige Pflanzensymbiose auf dieser Art Boden ist selten geworden. Die Natur will Sandtrockenrasen und Kalktrockenrasen durch Pioniergehölze wie Ölweide, Weißdorn, Eschen, aber auch Birken. Daher wurden etliche Stellen wieder entbuscht und werden nun schonend durch Pommernschafe beweidet.

Pfennigsucher kommen ins Spiel

»Eigentlich bin ich ein kostenloser Landschaftspfleger. Den Heilbädern in der Mönchguter Landschaft wurde eben nach einer Umfrage unter 150 weiteren Bädern bescheinigt, mit dieser Art von Landschaft in Deutschland die Nummer eins zu sein«, zitiert Nils-Torsten Volk. Wie noch zwei bis drei andere seiner Kollegen beweiden 200 seiner Tiere derartige Trockenrasenbiotope und halten sie nieder. Am Göhrener Ohlberg beispielsweise, und auch in Gager müssen die Deiche beweidet werden, damit die Landschaft offen bleibt und nicht wieder verbuscht. Hiervon profitiert also eindeutig der Tourismus. »In der Lüneburger Heide bekommen die Schäfer dafür etwas bezahlt«, weiß Volk.

Etwas Exklusives hat es, wenn seine Schafe rund 70 Minuten lang über das Wasser nach der geschützten Insel Ruden fahren dürfen. Salzwiesenlamm kommt dann heraus und Gastronomen wie der Sellinner Küchenmeister Fred Beck suchen sich daraus ganze Tiere aus. »Manchmal, im Winter, probieren wir auch gemeinsam neue Rezepte aus«, sagt Beck. »Ich weiß, wo die Schafe stehen und wie sie aufgrund der Kräuterwiesen schmecken. Und die Tiere ha-

Der Blick von Göhrener Trockenrasenflächen in Richtung Zickersche Berge und Hagensche Wiek.

Der frühere Bootsbauer und heutige Schafhalter und Vermarkter schaut gerne übers Wasser in Richtung Ruden.

Mönchgut – Eigenwilliger Süden

Küchenchef Fred Beck besiegelt im Reiferaum von Nils-Torsten Volk den Kauf von sechs Lämmern mit Handschlag.

Ein paar wenige Büsche benötigen Vögel und Niederwild. Den Rest halten die Schafe flach.

ben genau das richtige Fleisch und den richtigen Geschmack für unser Haus.« Volk wiederum freut es, dass Beck sechs komplette Schafe abnimmt: »Der weiß genau, dass aus den nicht so begehrten Teilen auch noch ein Ragout zu kochen ist.«

Regionaler Einkauf wird schwerer. Beispielsweise dürfen bestimmte Gastronomiebetriebe nur noch für zehn Prozent regional einkaufen. Der Rest muss bei gelisteten Lieferanten bestellt werden. »Das macht es nicht einfach, regionale Produkte einzukaufen«, sagt der Küchenmeister an den Schäfer gewandt.

Züchter und cleverer Vermarkter

Seit 1981 züchtet Nils-Torsten Volk das einheimische Rauhwollige Pommersche Landschaf und gehört somit zu den Pionieren und Rettern dieser Rasse. »Diese Tiere sind die Landschaftspfleger in unseren Schutzgebieten«, weiß er. Seit dem Jahr 2000 hat er mit dem Landschaftspflegeverband Südostrügen rund zehn Hektar Land entbuscht. Auch die kräuterreichen Südhänge des Ostseebades Göhren. Das schätzen die Spitzenköche wie Fred Beck.

Seit 1994 leben Muttertiere auf der alten Lotseninsel Ruden völlig frei und wild. Im März 1995 wurden die ersten wilden Rudenlämmer geboren und gediehen prächtig. Die Tiere und das Heu für den Winter werden mit dem eigenen Boot auf die acht Seemeilen entfernte Insel im Greifswalder Bodden übergesetzt. Auch dort ist das Futterangebot einmalig. Erst wenn die Bock-Lämmer geschlechtsreif werden und springen, müssen sie den Ruden verlassen. Per Rettungsboot.

Vermarktung fortgeschritten

Seit April 1998 werden unter der geschützten Marke »Rügener Insellamm Rudenlamm« von Volk eigene Produkte verarbeitet und verkauft. In namhaften Restaurants – auch über die Grenzen Rügens hinaus – ist das Rudenlamm auf der Speisekarte ein kulinarisches Highlight. Auf seiner »Ranch am Torfmoor«, wo sich auch seit 2001 die eigene Schlachterei des gelernten Bootsbauers befindet, kann Rast gemacht und deftig vom Schaf gegessen werden. Volk ist im »Verbund Ökohöfe« organisiert und sein Betrieb ist nach EU-Norm zertifiziert.

Die heute wieder typischen Pommerschen Rauhwoller nahe Gager bei der Deichpflege

Mönchgut – Eigenwilliger Süden

Ein uriges Restaurant

Denkmal traditioneller Gastwirtschaft mit neuer Küche

Kliesows Reuse ist einer der letzten intakten, mit Schilfrohr gedeckten Höfe der Gegend. Es handelt sich um einen noch originalgetreuen Dreiseitenhof mit Wohnhaus, Stall und Scheune, zu dem 5000 Quadratmeter Wiese und Gartenland gehören.

Geschichte des Hofes

Der 420 Jahre alte ehemalige Bauernhof von 1574 wurde erstmalig im Kirchenbuch von Middelhagen erwähnt. Seit 1847 wurde er zuletzt von der Familie Hans Looks bewirtschaftet und liegt in Alt Reddevitz, einer der ältesten Gründungen Mönchguts.
Als die Landwirtschaft 1991 nicht mehr als Lebensunterhalt für die Familien Looks und Kliesow in Frage kam, wurde der erste Spatenstich zum Bau eines Restaurants in der alten Scheune getan. Bei der Einrichtung beließ man soviel wie möglich beim Alten und dekorierte es mit Utensilien aus vergangenen Zeiten, wie sie von ansässigen Bauern und Fischern verwendet wurden. Nach einer raschen Bauphase und mitten in der Saison eröffnete am 3. August 1991 das Scheunen-Restaurant Kliesows Reuse. Die gepflegte Tradition und den Ruf der guten Küche

Steak mit Blümchen: Interessante Komponenten sind die Spezialität von Jörg Karle.

Gemütliche Stimmung in der »Guten Stube«

verteidigen seit März 2007 die neuen Pächter, Ute Struckmeyer und Jörg Karle.
Zufriedene Gäste aus ganz Deutschland haben sich mittlerweile im Gästebuch verewigt. Sie alle schätzen das gemütliche Ambiente, die freundlichen Service-Mitarbeiter und natürlich das ausgezeichnete Essen. Viele Erstbesucher wurden zu Stammgästen und bringen gerne Freunde und Verwandte mit, denn neben dem Gastraum ist eine separate Stube mit bis zu 50 Plätzen für Firmen- oder Familienfeste vorhanden.

Koch mit Leidenschaft

Frische, regionale Küche ist die Leidenschaft der neuen Küchenkünstler in Kliesows Reuse, dem urigen Scheunenrestaurant auf dem historischen Alt Reddevitzer Bauernhof. Hier speist man nicht nur rustikal – Ihr Gaumen erlebt traditionell zubereitete Gerichte mit der Frischekost vom Rügener Land, aus Bodden und Ostsee. Unser Team unternimmt gerne alles, um Ihnen täglich eine leckere

Der urige Gasthof Kliesows Reuse in einem ehemaligen Bauernhof

Bauer Looks auf einem Aquarell

Der alte Bauer Looks auf einem Aquarell

Auswahl frischer Fisch- und Fleischgerichte zu servieren.
Was sich dabei konkret im Angebot befindet, bestimmt jedoch der Lauf der Natur, das bedeutet nur in der jeweiligen Jahreszeit wirklich zu fangende Fischsorten beziehungsweise nach Saison zu erntendes Obst oder Gemüse sind bei uns erhältlich. Dafür stehen ständig neue Tagesangebote zur Verfügung.

Kliesows Reuse
Dorfstraße 23a · 18586 Alt Reddevitz
Tel. (03 83 08) 21 71 · Fax (03 83 08) 2 55 27
gasthaus@kliesows-reuse.de
www.kliesows-reuse.de

Kiters Arbeit – so möchte ich urlauben

Kiten hat im Sommer Saison

Haiko Milke mit neuer Ausstattung am Lobber Strand

Im Winter sind Surf- und Kitesurflehrer deshalb oft unterwegs in die Ferne. Zum Geldverdienen, um dazuzulernen und international Erfahrungen zu machen. Von Südafrika und Ägypten berichtet Haiko Milke.

Wir waren direkt in der Big Bay Bucht mit Blick auf den Tafelberg. Hier traf ich auch des erste Mal Ruben Lenten, den internationalen Slingshot Teamrider. In Capetown hatten wir jeden Tag ordentlich Wind. Dieser kam meist gegen Mittag und wurde zum Abend hin immer stärker. Wenn man schon morgens leichte Wolken am Tafelberg sah, wussten wir ganz genau, gleich kommt der Wind.

Die Trainingsbedingungen in Capetown waren super. Jeden Tag Starkwind mit bis zu 44 Knoten. Es waren bei solch starken Bedingungen nur noch wenige Kitesurfer auf dem Wasser. Viele staunten nicht schlecht über meine mit dem Fünf-Quadratmeter Slingshot REV Kite gefahrenen doppelten Kiteloops auf 8–12 Metern Höhe. Noch nie bin ich so hoch gesprungen wie in Kapstadt. Auch einen Wal und Seehunde hab' ich gesehen. Der beste Moment war, als 15 Meter vor mir in einer Welle ein drei bis vier Meter langer Hai auftauchte. Ich sah seinen Körper direkt vor mir...

El Gouna, Ägypten. März bis Mai

Zwei Monate in El Gouna waren die schönste Zeit meines bisherigen Kitesurfer-Lebens. Der erste Monat glich einem Urlaubsmonat. Nur Training. Im April arbeitete ich dann direkt an der Kitepowerstation. Die Kombination aus Arbeit und Freizeit ist super. Wir waren auch ohne Wind immer aktiv beim Schnorcheln, Schwimmen oder Wakeboarden...

Wir hatten an der Kitepowerstation eine slowenische Gruppe von Kitern. Einer von ihnen wurde von Cabrinha gesponsert... Gerade hatte ich meine Schulungsstunde beendet und für den Rest des Tages frei. Schnappte mir also meinen 9er Slingshot REV und ging trainieren. Der Wind war für

Das Revier am Tafelberg

Leerer Strand in Lobbe auf Rügen: Die Arbeit vor dem Vergnügen bleibt nicht erspart.

die nächste Stunde perfekt wie noch nie. Nach meinen ersten fünf Fahrminuten kam auch der Cabrinha Teamrider Jonas mit aufs Wasser. Wir fuhren beide einen kleinen Privatcontest. Innerhalb von zehn Minuten standen 30 bis 40 Leute mit Videocams am Strand.

Jeder Kiter der Gouna kennt, weiß, dass der Bereich am Strand sehr voll ist. Viele Kites, und beim Springen muss man echt aufpassen. Aber wir gaben so viel Gas, dass die anderen Kiter uns eine eigene Zone frei hielten und auch nicht »störend« hinein fuhren. Viele der Kiter, die uns sahen, sagten: »Oh Mann, das war doch krank.« Aber ich meine, jeder bestimmt selbst sein eigenes Limit des Sports. Direkt vor dem Strand war das Wasser 40 Zentimeter tief. Ich sprang auf zehn Meter Höhe kiteloop into handlepass oder einfach nur 60 Meter weite Boardgrabs.

Der sogenannte F16 Kiteloop ist der, bei dem der Fahrer im Sprung selbst, während der Kite die tiefste Stelle des Loopings passiert, komplett mit dem Körper über dem Kite sein muss. Ich selbst also auf sechs bis acht Meter und mein Kite hat fast das Wasser berührt. Die Leute am Strand sind ausgeflippt und haben gekreischt und geschrieen, als ich den Sprung dann auch noch ein zweites mal mit Frontrotation meines Körpers gelandet habe. Der sogenannte s-bend F16.

Mit Arbeit das Kite-Training finanzieren – hier der Unterricht am Strand.

Bei Wellen und Wind springen

Und die Fülle am Strand lockt dann schon wieder ins ruhige Revier nach Lobbe oder Klein Zicker.

231

Wo Land und Meer sich küssen...

Taun Hövt bietet feinste Wohlfühlferien mit einem Schlemmerangebot für Verwöhnte

Der Blick reicht weit über die Ostsee und die ursprüngliche Natur. Groß Zicker gilt vielen als Inbegriff der Schönheit in einer landschaftlich vollendeten Region. In dieser einzigartigen Umgebung auf der Halbinsel Mönchgut im Südosten der Insel Rügen, liegt das Taun Hövt mit seinen Appartements und dem 2007 neu errichteten Restaurant.

Wenn Urlaub für Sie bedeutet, Ihre Seele baumeln zu lassen, sich an unberührter Natur zu erfreuen, an den schönsten Stränden der Ostsee die Sonne zu genießen und darüber hinaus eine Betreuung von der Unterkunft bis zum Restaurant zu erleben, dann sind Sie bei uns richtig!

Im Taun Hövt erwarten Sie eine einzigartige Lage in einer der schönsten Regionen Deutschlands, erstklassige und weiträumige Unterkünfte mit grandiosem Ausblick und ein wunderschön eingerichtetes Restaurant mit ambitionierter Küche und einem Kamin. Die Küche zaubert aus den frischen und hochwertigen Zutaten der Region heimische Gerichte auf höchstem Niveau. Bei schönem Wetter können Sie auf der großzügig angelegten Terrasse einen überwältigenden Ausblick auf das Naturschutzgebiet Groß Zicker genießen. Die einmalige Lage war sogar der größten deutschen Zeitung, dem ADAC-Magazin, folgende Empfehlung wert: Die »vielleicht schönstgelegene Pension Rügens«!

Berühmte Rügen-Bewunderer

Fischerboote beim Ein- und Auslaufen in der Zicker See.

»Das Meer ist doch eine Verschönerung aller Landschaften, und in so origineller Form, wie es sich vor Rügen zeigt, wüsste ich es nirgends anderswo gesehen zu haben...«, schwärmte Karl Friedrich Schinkel (1781 – 1841) von der Insel. Wenn wir über unser Taun Hövt erzählen, dann kommen wir über eine Besonderheit selbst immer wieder ins Schwärmen: das ist die traumhafte Lage inmitten einer beeindruckenden Naturkulisse. Das Eigentümlichste der uns umgebenden Landschaft ist die seltsame Verquickung von Wasser und Land. Gerade die Einmaligkeit dieser Landschaft in der Verbindung mit dem Meer kommt auch in dem Schinkel-Zitat zum Ausdruck. Diese Be-

Mönchgut – Eigenwilliger Süden

sonderheit ist vielleicht am besten zu verstehen, wenn Sie sich deren Wirkung auf weitere Künstler vor Augen führen. Vor allem Maler fanden und finden hier Inspirationen für große Werke.

Der bekannteste ist ganz sicher Caspar David Friedrich (1774–1840), der, von der Poesie Ludwig Kosegartens (1758–1818) angeregt, sich Rügen künstlerisch erschloss. Viele seiner größten und bekanntesten Werke wie der »Mönch am Meer«, »Rügenlandschaft mit Regenbogen« und »Mondaufgang am Meer« haben hier ihren Ursprung. Die meisten Besucher können nach einem Besuch den Grundsatz »Ein Bild soll nicht erfunden, sondern empfunden sein«, besser verstehen.

Der Maler Friedrich zog die Einsamkeit vor und fand sie bei seinen Wanderungen auf dem Mönchgut. An den Dichter Schukowski schrieb er einmal: »Ich muss allein bleiben und wissen, dass ich allein bin, um die Natur ganz zu schauen und zu fühlen. Ich muss mich dem hingeben, was mich umgibt, mich vereinigen mit den Wolken und den Felsen um das zu sein, was ich bin.« Auch das ist eine schöne Wahrheit, die sich unseren Gästen im Taun Hövt erschließt. Sie finden eine Harmonie der Gegensätze, den ganz speziellen Zauber dieser Rügenlandschaft. Lassen Sie sich auf dieses Gefühl ein, nehmen Sie sich eine Auszeit und spüren Sie sich in dieser Natur wieder selbst. Sie werden dann das Besondere am Taun Hövt verstehen und erleben.

Essen im Restaurant Taun Hövt
Das Restaurant im Taun Hövt war schon vor dem Neubau ein Geheimtipp für viele Rügenbesucher. Die ganz besondere Atmosphäre des alten

Restaurant Taun Hövt in der Abendsonne

Vom Taun Hövt aus hat man einen hervorragenden Blick in Richtung Klein Zicker.

Einmaliger Sonnenuntergang über dem Greifswalder Bodden

Aussicht zum Nachbarort Gager und nach Alt-Reddevitz im Frühsommer

»Buddelschiffs« hat viele fasziniert und zu echten Stammgästen gemacht. Das meinten auch die Redakteure von Brigitte und Superillu, die ihren Lesern darüber berichteten.

Nun erwartet ein neues – wie wir meinen wunderschön und urgemütlich eingerichtetes Restaurant seine Gäste. In einem kleinen Bereich haben wir dem alten Buddelschiff ein neues »Zuhause« gegeben und somit ein Stück Gemütlichkeit aus dem alten Taun Hövt in das neue Restaurant übernommen. Hier können unsere Gäste mit dem Blick auf das Hövt und einem ausführlichen Frühstück in den Urlaubstag starten, zu Mittag aus unserem Speiseangebot wählen, am Nachmittag Kaffee, Kuchen sowie Eis bestellen und abends ein Menü, vielleicht mit Ostseefisch, genießen. Zum neuen Restaurant gehört auch ein separater Bereich mit Kamin, in dem man Feiern und Veranstaltungen ausrichten lassen kann. Bei schönem Wetter lockt die Restaurantterrasse.

Die Küche ist im Taun Hövt-Restaurant das Herzstück. Gekocht wird mit regionalen Produkten und saisonalen Speisen, frisch zubereitet. Ganz oben auf unserer Angebotskarte stehen die Fischgerichte, die unsere Gäste besonders schätzen. Das Team vom Taun Hövt steht für Gastfreundschaft von ganzem Herzen – im Restaurant und in der Pension.

Taun Hövt · Appartements und Restaurant
Boddenstraße 61 · 18586 Groß Zicker/Rügen
Tel. (03 83 08) 54 20 · Fax (03 83 08) 5 42 13
Mobil (01 70) 54 41 58
info@taun-hoevt.de · www.taun-hoevt.de

Mönchgut – Eigenwilliger Süden

Das Zollhaus in Klein Zicker

Zur historischen Entwicklung bis hin zum Restaurant mit Ferienwohnungen

Wo die sandige Nehrung des »Hakens« mit ihrer günstigen Verkehrsverbindung nach Thiessow hin sich dem sanft ansteigenden Inselkern von Klein Zicker nähert, erbaute man die ersten hochwasserfreien bäuerlichen Höfe. Hier bot sich Zugang zum etwas ausgebuchteten, flacheren südlichen Strand und zum östlichen, windgeschützten geschwungenen, hafenähnlichen Ufer des Zicker Sees für Fischerei, Schifffahrt und Verkehr. 1168 wird das Land christianisiert und kirchlich dem Bistum Roskilde unterstellt.

Der slawische Name der Siedlung (»Meisenort«) wird 1360 beim Verkauf der Halbinsel Zicker durch die Familie von Bonow an das Kloster Eldena mit einem Hof erwähnt. Dieser hatte einen auffallend großen Besitz. Und daher hohe Pacht. 1844 wurde von der Zollverwaltung für zwei Zollbeamte ein Gebäude mit Stallung errichtet. Man stellte drei Zollbootsfahrer für die zwei eigenen Zollboote in Klein Zicker ein, da die Zollabfertigung bis dahin mit Verzögerung für die Schiffer und Kaufleute noch auf den Lotsenbooten durchgeführt werden musste. Die im Zollbeamtenhaus in Lobbe bis dahin stationierten Angestellten hatten immer erst einen Fußweg vor sich.

1847 erwarben fünf Büdner und Lotsen ihre 1/2 Hektar großen Gehöfte zu je 150 Talern von der Preußischen Regierung. 1874 wurden weitere Parzellen an Lotsen, Schiffer, Gastwirte, Bootsfahrer und Fischer verkauft. So auch die berufliche Struktur des Dorfes.

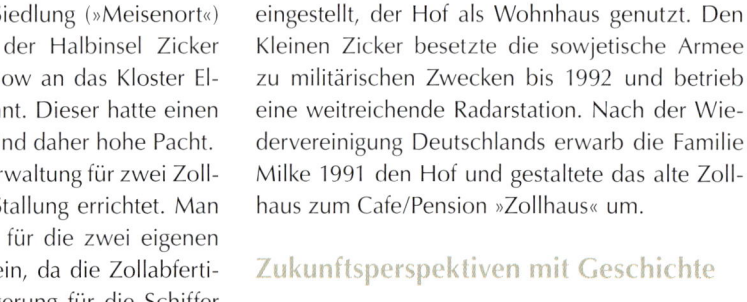

Der Fremdenverkehr verändert das Leben

Mitte des 19. Jahrhunderts setzte auch im Mönchsguter Land der Fremdenverkehr ein. Es entstanden besonders an der Ostküste Rügens die heute noch bekannten Ostseebäder aus den einst verträumten Fischer- und Bauerndörfern. Das Mönchguter Land hat sich seine Ursprünglichkeit jedoch weitestgehend bewahrt.

Nach 1945 wurde der Betrieb der Zollstation eingestellt, der Hof als Wohnhaus genutzt. Den Kleinen Zicker besetzte die sowjetische Armee zu militärischen Zwecken bis 1992 und betrieb eine weitreichende Radarstation. Nach der Wiedervereinigung Deutschlands erwarb die Familie Milke 1991 den Hof und gestaltete das alte Zollhaus zum Cafe/Pension »Zollhaus« um.

Zukunftsperspektiven mit Geschichte

Das Zollhauskind Haiko Milke konnte also nur dem Wassersport verfallen. Die Surfschule bietet sich förmlich an, wenn Strand und Schwimmen nicht mehr ausfüllen. Als Gastronomensohn erkannte er seine Passion fürs Kitesurfen. Gab jedoch die Unterstützung der Eltern vielfältig zurück. Und schuf mit einer Hotelfach-Ausbildung Perspektiven. Immer unterstützt von den Eltern wenn es um die Kite-Surf-Trophy ging.

2007 verband Haiko Milke zusammen mit den Eltern seine Passion erstmals mit dem Zollhaus. Mit Unterstützung der Bürgermeisterin und vielen Behörden holte er die Kite-Surf-Trophy an den Strand unter dem Zollhaus. Ideal, um das Catering gemeinsam mit dem Wettbewerb zu organisieren. Dass sein Kite-Shop ProBoarding nahebei liegt, zeigt, wohin der Weg wohl gehen wird. Sport, so lange möglich, die Gastronomie zusammen mit den Eltern jedoch genau im Blick. »2009 wollen wir die Trophy wieder herholen«, so Milke zielgenau.

Unten das Zollhaus mit herrlichem Blick auf das Kitesurf-Revier

Das »Zollhaus« legt Wert auf helle und moderne Einrichtung.

Die verglaste Veranda, von der aus die Kiter am Strand bestens zu sehen sind.

Wenige Meter weiter ist Haiko Milkes Kite-Fachgeschäft ProBoarding angesiedelt.

PROBOARDING.DE

ProBoarding Rügen Kitesurfschule & Shop
Haiko Milke
Dörpstrat 35
18586 Ostseebad Thiessow OT Klein Zicker
Shop Tel. (038 308) 85 916
haiko@proboarding.de · www.proboarding.de

RESTAURANT & CAFÉ Zollhaus
KLEIN ZICKER | HALBINSEL MÖNCHGUT | INSEL RÜGEN

Zollhaus Restaurant & Cafe · Ferienwohnungen
Dorothea Milke
Dörpstrat 9
18586 Ostseebad Thiessow OT Klein Zicker
Tel. (038 308) 83 12 · Fax. (038 308) 30 240
milke@zollhaus-cafe.de · www.zollhaus-ruegen.de

Rügenmarkt hat Bestand

Regelmäßig 30 Anbieter in Thiessow

Holzgestalter Thomas Kuhnke

Jürgen Kasüske hatte schon 2005 eine Idee. Dem Bergener wollte es nicht einleuchten, dass niemand es schaffen sollte, auf Rügen ein ordentliches Marktgeschehen zu etablieren. Lebensmittel alleine sind, zugegeben, auf Rügen mager aufgestellt und in bestehenden Feinkost-, Fach- oder Naturkostläden vermutlich besser aufgehoben. Doch Rügenprodukte mit Haltbarkeit, mit Souvenircharakter, das müsste doch gehen, war sein Gedanke. Und nach gewisser Vorbereitungszeit erprobte er seine Idee 2006 in Lietzow auf dem Hof der Traditionsräucherei. Dieser Standort scheint mittlerweile etabliert zu sein.

Nun ist er 2008 eine neue Herausforderung eingegangen. Der völlig ruhige Thiessower Hafen wurde sein Ziel. Ein wenig Wiese, Parkplätze und ein Gelände, das Prägung vertragen kann. Seit Mai steht dort also der zweite Rügenmarkt. »Wir haben trotz des ruhigen Mai's immer stabil über 30 Marktstände und ein gutes Publikum«, sagt Kasüske nach zwei mageren Anläufen. Aus Händlersicht ist es sogar besser. Denn in Lietzow bietet der Hof selbst ja doch eine gewisse natürliche Konkurrenz.«

Und was findet der Gast dort? Die Obstbaumeistern Karola Zöllmann natürlich mit ihren

Urlauber auf dem Rügenmarkt. Auch für Kinder was dabei.

Obstbaumeisterin Karola Zöllmann mit ihren Fruchtaufstrichen

Brotaufstrichen, Liqueuren und aus Obstsäften gefertigten Heißgetränken, Bernsteinschmuck, Holzunikate in kleiner und großer Form bis zum Stuhl aus Strandholz, Honig, Brände, ... Kreideprodukte des Rügenshop nicht zu vergessen.

In jedem Fall ist sich Jürgen Kasüske sicher, dass der Markt bei diesem Start auch im kommenden Jahr Bestand haben wird.

Night-Kite-Riding

Ein Grund für die Trophy 2009

Neben den Disziplinen am Tag konnte die Kite-Surf-Trophy 2007 noch ein besonderes Highlight hinzufügen: Rügen hatte Sommersonnenwende und es bleibt nicht nur lange hell am Strand von Thiessow. Es war ein wenig das Feeling der Mitternachtssonne. Der Horizont steuert zusätzlich zu den mit Scheinwerfern am Spot hervorgehobenen Kites sein eigenes Farbspektrum von Violett, Rot bis Orange und jenes tiefe Nachtblau bei.

Optimal für die »Best Night Kite Session«, bei der sich abends jeder Kiter auf sein Board schwingen und unter Beobachtung starker Strahler über einen Slider und einer Ramp sein Können unter Beweis stellen kann. Diese vielfältigen Sprünge und Slides kennen nicht einmal alle Profis und der Andrang war riesig. Vermutlich hätte man sich einen Platz oben am Zollhaus sichern müssen...

Night-Kite ist nur noch durch eigens gefertigte, reflektierende Schirme zu toppen.

Wie immer kam es anders

Die Moderatoren hatten zwar dazu eingeladen und die Scheinwerfer installiert, dann jedoch die Regie nicht behalten. Und so fuhren teilweise 15 Kiter, was bis zum Start der Paare sehr reizvoll aussah. Und danach, ganz ehrlich, war dieses Bild kaum noch zu toppen. Auch nicht durch den Wettbewerb. Der Beleuchter hatte auch keine richtige Lust mehr.

Diese Veranstaltung aber dürfte es sein, die auch 2009 bei dem geplanten Stopp der Trophy in Thiessow wieder einen besonderen Sog entfachen dürfte.

Als Gewinn lockt meist sogar noch ein Preisgeld des Sponsors. Party inbegriffen.

Putbus – Weiße Residenz

Die Stadt nach Plan

Residenz sucht neue Prägung

Aus dem kleinen Ort mit Schloss und Park an dem alten Verbindungsweg von Altefähr über Garz nach Mönchgut wurde im Laufe der Zeit ein Residenzstädtchen. Erreicht wurde dies durch die kluge Politik von Wilhelm Malte I., Fürst und Herr zu Putbus (1783–1854).

Er nutzte das immer stärkere Aufkommen des Fremdenverkehrs. Diesen lenkte er mit der Schaffung von Bade- und Übernachtungsmöglichkeiten sowie kulturellen Angeboten in die unmittelbare Umgebung seines Putbusser Schlosses und Parkes mit dem Dam- und Rotwildgehege. Dort steht auch sein Denkmal. Das Schloss des erfolgreichen Begründers diente also als Fanal und wurde 1962 trotz Widerstands aus allen Kreisen gesprengt.

Badeverkehr und Kultur

In dem an Putbus angrenzenden Neuendorf am Rügischen Bodden wurde am Anfang des 19. Jahrhunderts eine Möglichkeit zum Baden in der offenen See geschaffen. Im Jahr 1818 kam es dann zur Eröffnung eines Badehauses, dem »Friedrich-Wilhelm-Bad« in der Goor bei Lauterbach. Das »Aus« für Sagard, wie wir an anderer Stelle erfuhren. Der Badeverkehr in Sagard hatte eine so übermächtige Konkurrenz erhalten, dass die Anlagen in der dortigen Brunnenaue nicht mehr genutzt wurden und schließlich verfielen.

Putbus wurde vorübergehend zum neuen Zentrum des sich entwickelnden Badeverkehrs auf Rügen. Dabei spielte es durchaus eine bedeutende Rolle, dass das traditionell sogenannte Badehaus in der Goor und die nahe Residenzstadt durch den Hafen in Lauterbach leicht zu erreichen waren und sich in Putbus ein kulturelles Leben zu entfalten

Heimatforscher Andre Farin und Frau Manuela zu Putbus bei den Putbusser Schinkeltagen

Putbus – Weiße Residenz

Kastanienallee in Wreechen

begann. Wer wegen des Wellengangs in den Bädern nicht ausbooten konnte, wurde zur Kutsche in Lauterbach gebracht.

In der Zeit von 1819–1821 entstand gegenüber dem Schlosspark das klassizistische Theater. Aufwändig restauriert und 1998 wiedereröffnet erfreut es auch heute noch viele Besucher. Es ist zudem das einzige Theater auf Rügen.

Geschichtlicher Rückblick

Das mächtige Lehnsherrengeschlecht derer zu Putbus ist seit 1371 im Süden von Rügen nachgewiesen. Nach dem Aussterben der rügenschen Linie der Familie übernahm die dänische Linie mit Malte I. (1671–1750) den Besitz. Anfang des 19. Jahrhunderts wandelte der Enkel, Fürst Wilhelm Malte I. (1783-1854), den Herrensitz in einen Residenz- und Badeort um. Eine Arbeit nach Plan, die nicht auf Zufällen basierte. Planen konnte der Schinkel-Studienfreund Johann Gottfried Steinmeyer, der zwischen 1808 und 1845 eine einheitliche klassizistische Anlage schuf. Mit diesem Bauprojekt gab

Auch einen fürstlichen Jachtclub gibt es in Putbus – hier sind bei einer Regatta die Vilm-Yachten aus Lauterbach Seite an Seite...

Fürst Wilhelm Malte I. den entscheidenden Anstoß zur Entwicklung von Südost-Rügen. Und machte Putbus zu etwas Einzigartigem.

Fürst Wilhelm Malte

Als junger Graf diente er bei den Stockholmer Leibhusaren. 1807 erhob ihn der schwedische König in den Fürstenstand. 1813 nahm er als Generaladjutant des Kronprinzen von Schweden an der Leipziger Völkerschlacht gegen Napoleon teil. 1815 setzte er auf dem Wiener Kongress durch, dass Vorpommern Preußen zugeordnet wurde. Reisen in das erste Seebad der deutschen Ostseeküste Bad Doberan mit dem Badevorort Heiligendamm (1793 eröffnet), inspirierten ihn. Auch Italienreisen, wo sich seine Vorliebe für den klassizistischen Baustil herausbildete. Hier sammelte er Ideen für den Ausbau seiner Residenzstadt auf Rügen. Seinen als Lehnsherr und erfolgreicher Staatsmann erworbenen Reichtum investierte er in eine umfassende Bautätigkeit. Neben Putbus ließ er auch das Jagdschlosses im östlich gelegenen Waldgebiet der Granitz bauen.

Die Einrichtung des ersten Seebades auf Rügen – Putbus mit dem ›Badehaus in der Goor‹ (1817) im drei Kilometer entfernten Lauterbach – zog anders als in Sagard jedoch bald eine Schar illustrer Gäste nach sich. Doch auch hier verblasste Ende des 19. Jahrhunderts der Ruhm des Badeortes an der Boddenküste. Die neu in Mode gekommenen Seebäder am offenen Ostseestrand Ostrügens punkteten nun.

Vernachlässigt zu DDR-Zeiten, steht das klassizistische Kleinod Putbus heute noch am Anfang seiner Renaissance. Trotz umfangreicher Sanierungsmaßnahmen müssen die überdimensionierten Gebäude einen Nutzen haben. Das IT-College oder Rügendruck zeigen, wie.

Circus

Ausgedünnte Alleen – einst gepflanzt, um Reisenden von Gut zu Gut in ihren offenen Kutschen

Steinmetz Carlo Wloch kümmert sich in Abstimmung mit dem Haus zu Putbus um die fürstliche Gruft in Vilmnitz und hat dazu publiziert.

Schatten zu spenden – verbinden Putbus mit den umliegenden Orten. Sie treffen an einem Rondell zusammen, dem Circus. Dessen acht eichengesäumte Kieswege laufen sternförmig auf einen zentralen Obelisken mit der Fürstenkrone zu. Rundherum stehen die 15 Kavaliershäuser, die ab 1830 als Verwaltungsgebäude und Wohnungen für Hofbeamte errichtet wurden. Als erster Bau am Circus war schon 1827 das Pädagogium entstanden. Das imposante dreigeschossige Gebäude an der Ecke zur Alleestraße diente als Gymnasium und Internat für Kinder aus reichem Hause. Ab 1940 erfuhr es in den aufeinander folgenden Regimen unterschiedliche schulische Nutzung.

Im Gebäude Circus 1, dem ehemaligen Kronprinzenpalais, wurde seit Juli 2002 mehrfach eine Nutzung versucht. Das 1845 als letztes Gebäude des klassizistischen Ensembles errichtete Haus des Gastes beherbergt heute eine ständige Ausstellung von DDR-Spielzeug und ein Café.

Die Orangerie in der Abenddämmerung

Putbus – Weiße Residenz

Der sogenannte IT-Circus mit den schon neu genutzten Häusern.

Das IT-College Putbus

Zwischen Vergangenheit und Zukunft

Ausbildungsalltag im IT-College

Das ehemalige Fürstliche Pädagogium als größter Gebäudekomplex am klassizistischen Circus von Putbus blickt auf mehr als 170 Jahre Bildungsgeschichte zurück. Errichtet unter Fürst Malte zu Putbus, der durch Bildung und Ansiedlung für die Entwicklung Rügens sorgte, wurde es nach dem Zweiten Weltkrieg lange Zeit als Lehrerbildungsinstitut und als Schwerhörigenschule genutzt. Da in den letzten Jahrzehnten wenig für den Erhalt der historischen Bausubstanz getan wurde und niemand mehr Verwendung für das große Gebäude hatte, blickte es letztendlich einer unsicheren Zukunft entgegen.

Das IT-College Putbus

Die Wende kam für das Pädagogium 2002, als mit dem IT-College neues Leben in das Haus einzog. Unter zunächst eher provisorischen Bedingungen begann für 33 Schüler der Unterrichtsbetrieb in Sachen Informati-

Putbus – Weiße Residenz

Wissenskarawane – Nachwuchsgewinnung für die Wissenschaft

ons- und Kommunikationstechnologien. Die Gründungsväter um den Putbusser Dr.-Ing. Reinhard Wendlandt verfolgten damit das Ansinnen, zum notwendigen Strukturwandel in der Region beizutragen und der Komponente IT-Wirtschaft konsequent ein Segment Ausbildung zuzuordnen. Heute steht das IT-College als fester Bestandteil der Bildungslandschaft sicher auf mehreren Standbeinen. Erlernt werden können Berufe wie Fachinformatiker, Informatikkaufmann oder ab September 2008 auch Mediengestalter für Digital- und Printmedien an der Höheren Berufsfachschule. IT-Spezialisten qualifizieren sich in verschiedenen Weiterbildungen. Im Rahmen der höheren Laufbahn der Bundesmarine bildet das IT-College Putbus auf der Meisterebene IT-Entwickler aus. Das IT-College Putbus engagiert sich für den Nachwuchs und unterbreitet an allen regionalen Schulen und den Gymnasien Rügens im Programm Schule+ Angebote für erste Schritte in die Welt der Informatik.

Die besondere Stärke der Einrichtung liegt in ihrer Orientierung auf Open Source-Technologien und der praxisnahen Ausbildung, die dank vieler Partner aus dem eigenen Bundesland und darüber hinaus möglich ist.

Der IT-Circus

Das IT-College Putbus als gemeinnützige Bildungseinrichtung ist Bestandteil des IT-Circus, der das Zusammenwirken von IT-Wirtschaft, Wissenschaft, Forschung und Bildung auf Rügen symbolisiert. Das Pädagogium ist, wie auch weitere Gebäude des Komplexes, die durch den IT-Circus genutzt werden, Eigentum der Stadt Putbus. Sowohl die kommunale Seite als auch die Vertreter aus Wirtschaft, Wissenschaft und Bildung verbindet der Gedanke einer dauerhaften, zeitgemäßen und tourismusverträglichen Nutzung der historischen Gebäude. Dass die Entscheidung für den Circus fiel, ist der gemeinsamen Verantwortung für die kommunale und regionale Entwicklung geschuldet. Vorbild und Pate für diese Vorgehensweise sind die Region Oldenburg im Niedersächsischen mit dem Institut OFFIS Oldenburg.

Ausbildung bestanden

Bauliche Modernisierung und Ausstattung

Für die Sanierung des Circus wurden und werden unterschiedliche Fördermittel eingesetzt. Dazu gehören rund 400 000 Euro Städtebaufördermittel des Landes für Fassade, Dach und Fenster des Pädagogiums, die nicht nur für mehr Sicherheit und ein attraktiveres Aussehen des Hauses sorgen werden, sondern auch zur Verbesserung der Arbeits- und Lernbedingungen sowie zur Senkung der Betriebskosten beitragen. Die Übergabe der Zuwendungsbescheide durch den Bund und das Land Mecklenburg-Vorpommern markiert einen Höhepunkt in der Entwicklung des IT-College Putbus. Sie ist eine Würdigung des gemeinsam eingeschlagenen Entwicklungsweges und die Chance, künftig in einer strukturschwachen Region durch Aus- und Weiterbildung in zukunftsträchtigen Berufen für wirtschaft-

Erster Schultag – Ausbildungsbeginn 2007

liche Entwicklung und neue Perspektiven der hier lebenden Menschen sorgen zu können.

Für einen ersten Sanierungsabschnitt stehen ca. 7,15 Millionen Euro Bundes- und Landesmittel, einschließlich 10% Eigenmittel des IT-College zur Verfügung. Für Baumaßnahmen werden über sechs Millionen Euro eingesetzt, rund 1,1 Millionen Euro fließen in die Ausstattung. In der ersten Etappe, bis 2010, wird die Neugestaltung des Schulgebäudes, einschließlich des ehemaligen Schulleiterhauses in der Alleestraße, in Angriff genommen. In weiteren Bauabschnitten folgen das Alumnat und die Sporthalle. Das zur Zeit leer stehende ehemalige Schulleiterhaus wird künftig als Mediathek 35 Lern- und Arbeitsplätze anbieten. Im Gebäudetrakt Ecke Circus/Alleestraße entstehen insgesamt 161 Schülerplätze in verschiedenen Unterrichtsräumen und 30 Werkstattplätze. Im Dachgeschoss kommen in der ersten Phase 26 Internatsplätze in modernen Zweibettzimmern hinzu. Insgesamt sollen einmal 55 Internatsplätze und ca. 200 Schülerarbeitsplätze verfügbar sein. Bis im Jahr 2010 entstehen außerdem eine Küche, eine Mensa mit entsprechenden Funktionsräumen und eine Außenterrasse mit 90 Sitzplätzen. Von der Rekonstruktionsmaßnahme bei laufendem Betrieb soll die heimische Wirtschaft durch entsprechende Beteiligung profitieren können.

Alle Fotos und Montage:
IT-College Putbus

Putbus – Weiße Residenz

Captain Nemos Kombüse

Hotel und Erlebnisgastronomie rund ums Meer

Das schmeckt nach Meer und Mehr! Captain Nemos Kombüsenteam verwöhnt die Gäste mit maritimen und internationalen Köstlichkeiten. Die kulinarischen Reisen führen die Gäste nach China, Indonesien, Südamerika und Australien. Chefkoch Gerd Klatte ist als erfahrener Küchenmeister der Kapitän der leckeren Reiseroute.
In der spannenden Atmosphäre eines U-Bootes kann man jede Menge Schnickschnack aus dem Themenbereich Seefahrt bewundern, an den kupfernen Wänden des Schiffsrumpfes entlang wandeln und die Fische im Aquarium anschauen. Für die Stimmung sorgen regelmäßige Shows und Live-Musik, Tanzabende und verschiedene Freizeitangebote.
In reizvoll eingerichteten Nichtraucher-Kapitänssuiten und marineaffinen Zimmern lässt sich herrlich logieren – einige sind mit Blick auf den Bodden und bis zur Insel Vilm ausgerichtet. Die Kapitänssuiten befinden sich in zwei separaten Gästehäusern.

Seewasseraquarium zwischen stilisierten Schiffswänden

Das Gästehaus ist hell und freundlich eingerichtet – und natürlich deutlich größer als eine Kajüte.

Aus der Luft wirkt die Nautilus noch mal ganz anders.

Speisen wie ein Kapitän – zwischen maritimen Deko-Stücken und stilechter Windrose auf dem Tisch.

Neptun GmbH · Dorfstraße 17 · 18581 Neukamp
Tel. (03 83 01) 8 30 · Fax (03 83 01) 6 08 60
info@ruegen-nautitlus.de
www.ruegen-nautilus.de

Exkursionen zur Insel Vilm

Fahrgastreederei Lenz mit der MS Julchen

Die Insel Vilm ist ein ganz besonderer Ort im Rügener Küstenumland. Sie liegt im »Bodden« und ist ein circa 94 Hektar großes Areal auf zweieinhalb Kilometern Länge. Die gewachsene Landschaft ist ganz einmalig. Es gibt zwei Inselkerne, den großen und den kleinen Vilm, dazwischen ist der Mittelvilm, ein schmaler Strandwall mit eingeschlossenem Moränenkern. Die gesamte Insel zeigt nahezu alle Spielarten von Küstenprozessen. Abtragungen und Anspülungen sind also nicht nur Prozesse der Vergangenheit, sondern noch immer aktuell!
Die Geschichte von Vilm ist ebenso eindrucksvoll, wie ihr Naturschauspiel. 1249 gehört Vilm zu Putbus, und 1336 leben drei Einsiedler auf der Insel. Nach dem Aufbau einer Kapelle, deren Erneuerung um 1494, wird 1886 ein Logierhaus errichtet, und 1936 das Naturschutzgebiet erklärt. 1990 erfolgt die Eröffnung einer Internationalen Naturschutzakademie.

Ab auf die Insel

Fahrten zu und Führungen durch das ausgewiesene Naturschutzgebiet, das Bestandteil des Biosphärenreservates Südost-Rügen ist, werden nach Anmeldung für Gruppen durchgeführt. Ab Lauterbach fährt die MS »Julchen« täglich bis zu maximal 30 Personen nach Vilm.
Erbeten wird eine telefonische Anmeldung oder eine persönliche Vorab-Reservierung, etwa im Info-Kiosk oder in Jennys Hafencafé, direkt am Hafen.

Die MS Julchen

Fahrgastreederei Lenz e.K.
Tel. (03 83 01) 6 18 96 · Fax (03 83 01) 6 18 74
exkursioninselvilm@web.de · www.fgr-lenz.de

Rundgang mit Meerblick

240

Putbus – Weiße Residenz

Das Badehaus des Fürsten von Rügen
Die Wellnessoase mit der Mixtur aus Moderne und Tradition

Das Hotel Badehaus Goor gehörte in der zweiten Hälfte des 19. Jahrhunderts zu den vornehmsten Seebädern Europas. Viele Persönlichkeiten entspannten und erholten sich an diesem bezaubernden Ort. Genannt seien Fürst Otto von Bismarck, Alexander von Humboldt und Elizabeth von Arnim. Putbus gilt als das älteste Seebad der Insel Rügen.

In direkter Lage am Biosphärenreservat Süd-Ost-Rügen erwartet die Besucher ein architektonisch beeindruckender Bau im Stil des Klassizismus. Achtzehn dorische Säulen bilden eine monumentale Kolonnade. Das auserlesene Interieur ist international. Die Möbel und der Marmor sind von der Insel Java, der Granit aus Italien.

Dem Hotel schließt sich das Biosphärenreservat Süd-Ost-Rügen an und damit auch die Goor, ein sieben Hektar großes Waldgebiet. Es erstreckt sich über anderthalb Kilometer, am Ufer des Greifswalder Boddens. Die Goor besteht überwiegend aus Buchen und Stieleichen und lädt zu Spaziergängen ein. Alle Rad-, Wander- und Wasserwege sind ausgezeichnet.

Der Charakter eines Hotels wird im Wesentlichen von den Mitarbeitern bestimmt. Mit Herzlichkeit und Wärme wird man im Badehaus bestens umsorgt. Gastfreundschaft wird hier mit Leidenschaft gelebt, unterstrichen von Erfahrung, Wissen und den Träumen der Gastgeber.

Ein Traum mit Wasser ist die Poolanlage mit Kunst am Beckenrand.

Majestätisch wirkt das Badehaus Goor mit seinem Säulengang.

Hotel Badehaus Goor
Fürst-Malte-Allee 1 · 18581 Lauterbach
Tel. (03 83 01) 8 82 60
Fax (03 83 01) 88 26 3 00
info@hotel-badehaus-goor.de
www.hotel-badehaus-goor.de
www.raulff-hotels

Freundlich und familiär
Der Geheimtipp in Lauterbach

Einen Möwenschlag abseits der etwas größeren Hotels von Lauterbach gibt es eine charmante, familiäre Adresse, die dem Aufenthalt einen persönlichen Touch verleiht. Wer in der Chausseestrasse wohnt, logiert in einem der achtzehn Zimmer mit Dusche und WC, TV und Telefon. Das Frühstück ist reichhaltig, und für den Gast steht die Küche ab 11 Uhr durchgehend zur Verfügung.

Das Haus verfügt ferner über ein Restaurant mit frischer, regionaler Küche, einer großen sonnigen Terrasse und eigenen kostenlosen Parkplätzen. Auch gut erzogene Hunde sind immer gern gesehen.

Der Aufenthalt wird gerne mit den zahlreichen Sehenswürdigkeiten der Insel Rügen verbunden. Das Hotel befindet sich unweit des fürstlichen Theaters in Putbus, das das gesamte Jahr über mit vielfältigen Veranstaltungen einlädt. Oder man fährt mit der Rügenschen Kleinbahn – dem »Rasenden Roland« – entlang der Ostseebäder. Lauterbach hat ein gut ausgebautes Rad- und Wanderwegenetz. Das Unterstellen der Räder ist im Hotel gut möglich. Auch der idyllische Seglerhafen in Lauterbach bietet gute Ausflugsmöglichkeiten, etwa mit dem Ausflugsschiff »Julchen« zur Insel Vilm.

Qualität und herzliche Gastfreundschaft wird hier wirklich gelebt und ist nicht nur dahin geschrieben.

Maritimer Stil in weiß-blau, Parkplätze direkt vor der Tür.

Freundliches Ambiente auf der Außenterrasse.

Hotel & Restaurant »Am Bodden« · Chausseestraße 10 · 18581 Lauterbach
Tel. (03 83 01) 80 00 · Fax (03 83 01) 8 00 20
hotel-am-bodden@gmx.de · www.hotel-am-bodden.de

Putbus – Weiße Residenz

Holzmesse, eine informative Publikumsmesse mit Volksfestcharakter

Altes Handwerk, wie dieser Holzschuhschnitzer, zieht das Publikum an.

Holzmesse ringt um äußeres Profil
Zwei Tage Messe im Biosphärenreservat für nachhaltige Impulse

Nach der Messe ist wie immer vor der Messe. Die 12. Rügener Holzmesse, zum dritten Mal in der Hand des Putbusser Tourismus- und Gewerbevereins (TGV), lockte rund 6000 Besucher am Sonnabend und Sonntag. Keine Steigerung hat sie laut Organisationschefin Regina Dabel damit vorzuweisen. Aber eine kontinuierliche Größe. Dennoch lauten vorgegebene Zahlen aus dem ehemals die Messe initiierenden Nationalparkamt bis zu 20 000 Besucher. Nun ja, geschätzten...

Das Maß aller Dinge

Entstanden ist die Publikumsmesse aus dem Spannungsfeld Politik und Biosphäre als etwas Beispielhaftes für die Entwicklung im Biosphärenreservat. Auf ausdrückliche Forderung der UNESCO sollte mehr Öffentlichkeit für die Ziele der Region im Südosten Rügens hergestellt werden. Immerhin ging es um verträgliche Wirtschaft am Rande des Nationalparks. Der damalige charismatische Leiter Dr. Michael Weigelt hatte daran erheblichen Anteil, bot jedoch auch erhebliche Angriffsfläche. Allerdings hat die Messe heute kein Umweltministerium mehr als vorgesetzte Dienststelle im Rücken und steht unter wirtschaftlichen Zwängen. Gleichwohl muss dem Verein die Übernahme und damit vorläufige Rettung hoch angerechnet werden.

Den Sägewettbewerb mit der Schrotsäge kennen viele nur noch von Hochzeiten.

Dieser Solarkocher gehört wie Solarhightech ebenso dazu.

Warum aber gehen Aussteller wie Besucher auf die zweitägige Schau?
Elke und Dirk Krukow beispielsweise aus Sassnitz: »Wir schauen uns schon seit Jahren immer wieder die Neuerungen beim Thema Holz und Energie an. Autos allerdings können wir im Autohaus schauen. Da müssen wir nicht auf die Holzmesse.« Eine mehrfach gehörte Äußerung, doch Mitveranstalter Lothar Wittmann, verantwortlich für das begleitende Vortragsprogramm zu Biomasse, verweist auf die freien Kapazitäten bei 92 Ausstellern. Und daher auf die Autohäuser als wichtige Mitfinanziers. »Wenn dort überall das Rüganer Handwerk stehen würde.«
Holz allerdings boomt. Während das Geschäft mit Amerika einbricht, wird das Holz im Land selbst und Europa wieder höher bewertet. Der mobile Sägewerker Frank Tornow steht eben mit dem Landwirt Karl-Walter Böttcher zusammen und handelt einen Termin zum Sägen aus. Böttcher war zufrieden, als sie sich auf der letzten Holzmesse kennenlernten und hat diesmal wieder Eiche für einen Bau, sowie Nadelholz einzuschneiden. »Die Holzmesse ist auch Forum für solche Geschäfte«, meint Böttcher.

Marian Haußert ist laut TGV-Chefin Regina Dabel der Handwerker mit dem weitesten Anrei-

242

Putbus – Weiße Residenz

Florina, Malte und Xenia sind Juniorranger im Biosphärenreservat. Bernd Hoppmann betreut die Grundschüler.

Frank Tornows mobiles Sägewerk ist regelmäßiger Anlaufpunkt. Reisende helfen ihm bei seinen Demonstrationen, die er mit gespendeten zehn Raummetern Holz aus einem Privatwald durchführt.

seweg. Der Massivholztischler aus dem Odenwald relativiert das jedoch schnell. »Wir haben ein Haus auf Rügen und denken darüber nach, die Produktion hierher zu verlagern. Daher testen wir die Messekundschaft. Und sind recht zufrieden.« Sagt der Chef und berät Hubertus Albrecht weiter. Ein Kunde, sichtlich begeistert von dem Massivholztisch mit Nussbaumplatte, an dem er sitzt.

Obstbaumeisterin Karola Zöllmann, im Tross des umfangreich angereisten Rügenmarktes unter Jürgen Kasüske, ist nicht zufrieden. »Hab's mal wieder versucht, aber die Kunden suchen hier andere Produkte als meine Brotaufstriche.« Auch am Stand der Poseritzer Inselfrische sind die Damen froh, dass sie ihren Joghurt Vanilletraum und ein paar Früchte dabei haben: »Sonst ginge gar nichts.«

Begehrt: Produkte zum Herzeigen

Aussteller, die etwas herzeigen, sind begehrt und gut frequentiert. Zimmermann Frank Borchert zeigt vielseitige Bäderarchitektur. Kann jedoch auch Gartenmöbel bauen, die er im Winter sogar in Kanada ausstellen möchte. Denn Rüganer müssen pfiffig sein in ihrer Vermarktung. »Auch die Forst merkt den Holzboom«, stellt der Forstamtsleiter von Rügen-Abtshagen, Gerd Klötzer fest. »Der Rohstoff gewinnt wieder an Bedeutung. Und bei der Debatte um Handel mit CO_2-Rechten auch als Wert an sich, den die Waldbesitzer für sich einklagen. Statt der pauschalen Nutzung im CO_2-Handel durch die Länder.«

Stefan Woidig wiederum sieht auf der Messe die Kernaufgabe der Biosphäre bei der Umweltbildung. »Wir stellen erstmalig unsere Juniorranger in ihren neuen Hemden vor und sind alleine bei acht Grundschulen mit Partner- und Patenschaften für Alleen aktiv. 200 Juniorranger haben wir seither betreut.«

Viel los ist auch beim Idol der Kettensäger, Mirko Quade. Einer der ersten gelernten Forstarbeiter, der sich auf der Holzmesse schon zu Anfang dem Modellieren von Holz mit der Kettensäge widmete. Und viele professionelle wie private Nachahmer gefunden hat. Er modelliert diesmal zwei Delphine. Caren Bakker jedoch steht bei ihm mit einer brandneuen Kooperation: »Mirko hat das Surf-Hostel Rügen zu den ersten Rügener Kettensägen-Kunsttagen inspiriert. Die finden im Juli in Suhrendorf statt und sollen stattliche Skulpturen mit Rekordcharakter hervorbringen. Dort unterrichtet Quade die Teilnehmer mit vorhandenem Kettensägeschein bis zu deren eigener Skulptur. Es gibt also sehr wohl hölzerne Perspektiven auf der Holzmesse.

Der »Mecklenburger Sprücheklopfer« muss auch als pensionierter Lehrer noch was in Sachen Holz tun.

Drechseln aus Grünholz ohne Strom: die Kids entwickeln viel Geschick.

Modellieren mit Kettensäge ist bei Mirko Quade Standard.

Putbus – Weiße Residenz

Vorbei die Zeit, als der halbe Fuhrpark ohne Hauptuntersuchung stillstand

Der Roland rast und rast, neuerdings sogar auf sächsisch...

Naja, der Roland rast immer noch. Auch wenn es auf Grund von diversen Streitigkeiten zwischen der Landrätin als Vertreterin des Landkreises Rügen und diversen Eigentümern Unstimmigkeiten gab. Vielleicht hätte ohne den seit Jahren anhaltenden Zwang zum Rotstift eine funktionierende Rechtsabteilung ja auch funktionierende Verträge gebaut. Aua, das war knapp, diesmal. Und, das gibt zu denken: Nahezu alle anderen Schmalspurbahnen im Regelbetrieb fahren heute gute Betriebsergebnisse ein. Nur nicht die auf Rügen.

Doch es wird vorläufig niemand singen: »Fährt denn der ›Rasende Roland‹, noch, fährt denn der... Jahaaaa, er fährt noch, er fährt noch...« Auch, wenn er eigentlich Rügener Kleinbahn (RüKB) heißt. Seit dem 21. März 2008 läuft der Betrieb erst einmal mit angemieteten Fahrzeugen der Pressnitztalbahn. Und deren Lokomotiven. Und so gerade noch konnte das Elend mit dem vorhergehenden und vorvorhergehenden und... also

Drücken oder ziehen – Hauptsache, er dampft über die 71,5 Kilometer lange Strecke.

ja, Betreiber abgewendet werden. Der meinte, die Hauptuntersuchung der Lokomotiven für jeweils rund 200 000 Euro erst einmal ausfallen lassen zu können. Und die Kohle nur noch eine Stufe über Staub im benachbarten Ausland einzukaufen. Und da so eine Hauptuntersuchung im einzigen Instandhaltungswerk Meiningen heute auch nicht mehr eben spontan läuft, fiel es irgendwann auf. Doch die Belegschaft der Kleinbahn ist kampferprobt. Die läuft dann irgendwann schon mal auf, oder auch der durchaus funktionierende Freundeskreis, wenn die Arbeit oder das Unternehmen gefährdet erscheinen.

Geschichte der Kleinbahn

Angefangen hat alles vor über 100 Jahren, genau 1895 auf der Strecke von Putbus nach Binz als Schmalspurbahn mit 750 mm Spurweite. Dies ist heute noch so, sowohl die Strecke, als auch die Spurweite. Selbst die Dampfloks, welche sich

Putbus – Weiße Residenz

Letzter Waggon der Kleinbahn

nitz-Malmö wurde die Strecke Altefähr-Sassnitz sogar zur Hauptstrecke des Schnellzugverkehrs erklärt. Eine Reisezeitverkürzung auf 22 Stunden für die Strecke von Berlin nach Stockholm. Sind wir heute viel schneller?

Pläne zur Erweiterung der Strecke gab es mehrere. Realisiert wurde letztlich nur der Abzweig auf den Bug: aus militärischen Gründen. Schon genehmigte Streckenprojekte, wie die Streckenverlängerung nach Kap Arkona und von Trent nach Schaprode wurden, aus heutiger Sicht bedauerlicherweise, nie umgesetzt. Auch die Verbindung von Bubkewitz nach Garz, 1907 genehmigt, wurde nicht gebaut.

Heute wäre es doch fast ein Traum, wenn man von Altefähr bis nach Kap Arkona mit dem Zug fahren könnte. Es wäre sogar denkbar, dass dann die Insel Rügen, genau wie Hiddensee oder andere Nordseeinseln, nahezu autofrei wäre. So hätte man das viele Geld für die zweite Rügenquerung nehmen und das Streckennetz aus- und umbauen können.

an Bedeutung. Die B96 wurde immer mehr zur Lebensader für die Insel. Am 10. September 1968 stellten die Betreiber den Verkehr auf der Nordstrecke Fährhof-Altenkirchen ein. Am 19. Januar 1970 endete auch der Verkehr auf der Strecke Bergen-Wittower Fähre. Der Abzweig zur Halbinsel Bug war schon 1955 eingestellt worden.

Die Fährverbindung zwischen Wittower Fähre und Fährhof blieb noch bis 1975 im Eigentum der Deutschen Reichsbahn und ging erst dann an die Weiße Flotte über. Erst in den 90er Jahren wurden die alten Eisenbahnfährschiffe außer Dienst gestellt und durch Autofähren ersetzt. Leider konnte auch die Weiße Flotte oder der Landkreis nicht dazu angehalten werden, die noch vorhandenen Fährschiffe zu erhalten. Eines wurde trotz Protesten verschrottet, das andere ging nach Barth in ein Museum.

Für Eisenbahnfreunde: Es fahren heute noch Loks der Baureihe 99 480 des Typ M und auch

Vom Groß- zum Kleinbahnhof

Das Putbusser Betriebsgelände – der neue Betreiber möchte gerne den Großbahnhof kaufen.

Bis Göhren geht die Reise

schnaufend und zischend über die Gleise quer durch die Natur der größten Insel kämpfen.

Der Betreiber, der damals als Rügensche Kleinbahn-Aktiengesellschaft (RüKB AG) firmierte, erweiterte das Netz bis 1899 auf 97,3 Kilometer. Eine Strecke führte vom Bahnhof Altefähr, gegenüber Stralsund, über Putbus nach Göhren. Die andere Strecke führte von Altenkirchen, nahe dem Kap Arkona, über die Wittower Fähre nach Bergen. In Wiek bekam sie gar eine Verladebrücke für Kreide.

Ursprünglich erschloss die Strecke vor allem das landwirtschaftliche Hinterland der Insel Rügen und besaß keine wesentliche Bedeutung für das touristische Rügen. Denn die Sonnenhungrigen verteilten sich auf die Seebäder, die Tagestouristen nach Altefähr und wer es sich leisten konnte, fuhr nach Hiddensee. Besonders erwähnenswert an dieser Stelle ist, dass es damals zwischen Wittower Fähre und Fährhof eine Eisenbahnfährverbindung gab, die auch dem Straßenverkehr diente.

In der Blütezeit und nach Verlängerung der Normalspurstrecke von Bergen bis nach Sassnitz 1891 und Eröffnung der Postdampferlinie Sass-

Dies alles sollte aber nicht sein. Im Gegenteil, der Verkehr verlagerte sich immer weiter auf die Straße, ob privat oder für Güter. Und so verlor das aufgebaute Netz seit den 60er Jahren immer mehr

preußische T36. Zudem ist sowohl die Dampflock 99 787 als auch die Diesellok 199 008-4, der Sächsischen Oberlausitzer Eisenbahngesellschaft im Einsatz.

...schnell ein letztes Foto.

Putbus – verkappte Kulturhauptstadt

Die Zeit des Mäzenatentums ist vorbei – Kunst ist dennoch Standortfaktor

Bei der vorvergangenen Wahl entschieden in Putbus noch knappe 60 Stimmen zwischen Wirtschaft und der Parole, Putbus könne Kulturhauptstadt werden. Wäre der damalige Bürgermeister an die Brennpunkte seiner Kritiker, wie beispielsweise den Hafen, gegangen und hätte erzählt, warum seine Idee so wichtig, witzig und brillant ist und dass die sonstige Wirtschaft darunter nicht leidet, sondern eher profitiert, wäre alles – vielleicht – anders gekommen. Doch das Brillante muss auch verkauft werden.

2008 hat sich die Bevölkerung wieder entschieden: Und erneut, mit deutlicher Mehrheit, den Vertreter der Kultur in Putbus auf den zweiten Platz verwiesen. Der Amtsinhaber, 2007 von seinen Kritikern fast entmachtet, kam wieder wie Phönix aus der Asche.

Saniertes Theater

Man bedenke: es gab einmal Zeiten, da flossen nahezu zwei Jahreshaushalte an Kulturmitteln – 16 Millionen Mark – in die Sanierung des Theaters Putbus, das dank einer bedachten Politik des Landkreises sowie neuerdings des Theaters Vorpommern und seines Leiters spielerisch noch existiert. Nach drei Sommern Caveman ist dieses Theater nach Binz übergesiedelt. Theater im klassischen Sinne finden wir eher am Kap Arkona oder an Sonderspielstätten.

Dass das klassizistische Putbus mit Architekturdenkmalen, Parkkultur, der Galerie des Landkreises oder natürlich dem Theater samt gegenüberliegender Orangerie am Park prädestiniert wäre, zeigt sich immer wieder. Eben schloss die Messe Lebensart im Park mit bestem Wetter und 11 000 Gästen ab. Auch der Versuch eines Rosenfestes wäre zu erweitern, müsste das nicht der kleine Tourismus- und Gewerbeverein alleine stemmen. Und bedenken wir, dass früher in der Orangerie zeitweise nahezu jeden zweiten Monat eine neue Ausstellung lockte, dann ist es heute kulturell schon ein wenig duster in der Fürstenstadt. Auch das stillgelegte deutsche Haus beherbergt ein komplettes Theater oder Varieté in seinem Bauch – und steht leer.

Varieté vor – nahezu Leere in der Orangerie

Immerhin finden wir in der Orangerie noch Reliquien des gesprengten Putbusser Schlosses. Außerdem auch eine Gemälde-Dauerausstellung, die weder ordentlich begleitet noch thematisch kuratiert wird. Momentan gibt es noch kein anderes Nutzungskonzept für diesen Standort.

Die Vision einer neuen Kunsthalle im Park jedoch ist mit ihrem Ideengeber verstummt. Auch der frühere Hauptprotagonist aus der Politik schwärmt nicht mehr von einem Glasbau mo-

Der Putbusser Park mit unterschiedlicher Nutzung rund um den Schlossplatz: Messen, Gartenausstellungen, Lebensart...

Klassizistisch und ein Kleinod: Das Theater Putbus, über das schon Hauptmann einen Roman verfasste.

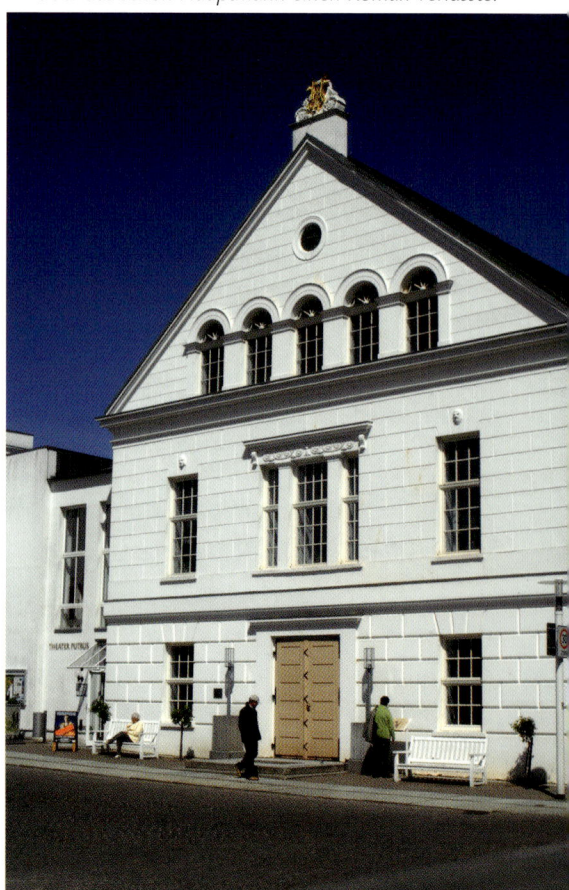

Putbus – Weiße Residenz

Die Kultur der umliegenden Gutshäuser: hier in Krimvitz, dem Geburtshaus von Franz von Putbus

Auch Ästhetik passt zur Kultur.

Rosendoktor für die Rosenstadt. Auch eine Art der Kultur

derner Architektur im Schlosspark. Die Misserfolge oder Missverständnisse hören dennoch nicht auf. Größter Verlust dürfte die Galerie für die Schätze der Kulturstiftung sein. Diese strich nach einer Runde An-der-Nase-herumgeführt-werden und nach einem unnützen Gutachten die Segel. Die Idee einer Galerie des Kulturstiftungsbegründers Hans Marquardt im Marstall verfolgte niemand weiter. Die Stiftung siedelt derzeit nach Ralswiek um. Das Erstaunen in Putbus war groß, dass andere handeln. Der Marstall bleibt erneut leer. Und wird teuer verwaltet.

Nach einer Misswirtschaft um die andere im fürstlichen Pferdestall, bleibt dieser für die »arme« Kunst. Gerhard Benz, der zuletzt eine Installation darin hatte, würde ihn gerne pachten. Das Rossini-Festival, das in Putbus einmal Furore machte, residiert heute übrigens weiter. In Bayreuth.

Kunst bleibt Wirtschaftsfaktor

Warum eigentlich glaubt jeder, Kunst und Kultur wären kein Standortfaktor? Wenn die hellen Köpfe weiterhin ins IT-College streben, wollen sie auch ins Theater mit jungem, frischem Programm. Oder in moderne Kunstausstellungen, deren Räumlichkeiten einmal mehr in Frage gestellt sind. Ansätze wie das Sommer-Varieté vor der Orangerie sind sympathisch, aber zu wenig.

Zeit der Ansiedelungen ist vorbei

Die Zeit der Ansiedelungen ist vorbei. Putbus gerät kulturell in Verfall, zumindest in Stagnation. Zwei Keramiker verließen den Ort wieder. Ein Café mit Galerie ebenso. Eine Puppenwerkstatt und anderes Handwerk stehen still. Einzig Franz Sklorz mit seinem Uhrenmuseum hält sich. Dabei ist seine Einrichtung eine Rarität. Aber Putbus lockt nicht lange genug, kann zudem gastronomisch wenig bieten und so bleibt es kultureller Durchfahrtsort mit einem Tiergehege und Architektur, die man auch vom aus Auto aus sieht. Hier wären Visionen angebracht. Nun ist ja ein sattes Polster mit Bürgermeister-Mehrheit vorhanden. Da bleibt zu hoffen, dass Putbus nicht weitere fünf Jahre seine Pfründe ruhen lässt. Und vielleicht kommen einige mit ins Boot, die von derartiger Standortpolitik etwas verstehen.

Das Theater könnte mehr für Experimentelles denn Konventionelles genutzt werden.

247

Putbus – Weiße Residenz

Schwimmen und wohnen

Am eigenen Haus das Folkeboot anlegen – davon muss niemand nur träumen

»Sie lebt auf dem Hausboot, unten am River, jedermann nennt sie die Pretty Belinda...« Wer hat sich das nicht schon einmal gewünscht. In Lauterbach, dem Putbusser Hafenort stoßen verschiedene Welten zusammen.

Es ist nicht ganz vergessen, welches Theater entbrannte, als die Marina im Jaich gegenüber der Naturschutzinsel Vilm entstehen sollte. Das Badehaus Goor lag noch im Dornröschenschlaf, der eigentliche Lauterbacher Hafen jedoch hatte rund um die legendäre Hornfischbar, einem langsam ge- und umwachsenen Pommes-Container mit den besten Drinks der Gegend, ein typisches Hafenflair. Manch Politiker verstand nicht, dass ein

Schifffahrt tut not, eine Skulptur des Putbuser Bildhauers Bernard Misgajski, Marina im Jaich

Marina (re.) und Hafen – fest in der Eisklammer

Jachtbesitzer mit teurem Gefährt viel weniger gerne ein Hotel aufsucht, wovon überall genügend aufzufinden sind. Nein, die Segler gingen reihenweise in die Hornfischbar und manch Segelführer fing mit ihr an und endete auch an diesem Treff. Nebenan stand noch ein Speicher und die Bar war Sanierungsgebiet. Daher schob man sie wie eine Bauernfigur hin und her, während der Hafen steril gelackt wurde.

In dieser Zeit begann Till Jaich seine Visionen in der Marina zu entwickeln, nur durch das durch eine dritte Spur auch für die Kleinbahn nutzbar gemachte Gleis getrennt, das in einem mächtigen Kopfbahnhof mit Abfertigung nach Polen enden sollte. Doch nix Polen, nix Fähre und zwischenzeitlich auch nix mehr Kleinbahn, zumindest nicht mehr so häufig mit Lokomotive. Denn was niemand bedachte: auf beiden Seiten des Gleises lagern so viele Segelboote, dass es auffällig würde, wenn sie nach und nach alle kleine Brandlöcher von der Glut der Kleinbahn in den Segeln trügen.

Zurück zur Marina und wie deren Anlage etwas Besonderes wurde. Denn schließlich hat Lauterbach durch die Insel Vilm keine geringe Anzahl von Berufsökos, die überzeugt werden mussten. Und es lag auch auf der Hand, dass jemand wie Till Jaich mit Regatta- und Indienerfahrung irgendwie einen neuen Stempel erfinden würde. So kam es, dass die Sanierung des eigentlichen Lauterbacher Hafens diesen immer ruhiger machte, Hafenfeste fremd vergeben wurden und die Hornfischbar heute in Greifswald höchste Erfolge erzielt. Auch fast alle Segelwettbewerbe trotz fürstlichem Jachtclub eingegangen sind. Aber die Marina hat ihren eigenen Schwerpunkt entwickelt. Wellness und asiatische Anwendungen ebenso wie Meditationen und Kurse, eine Architektur, die dem Inhalt entspricht und etwas hermacht wie das Büro am Travellift. Und vor allem die sechs kleinen und sechs großen schwimmenden Villen, die an einem Steg parallel zum Schiffsanleger ins Wasser reichen.

Schifffahrt tut dort jedenfalls nicht not, auch wenn die Skulptur des Bernard Misgajski am Rand der Schwimmhäuser, so heißt. Wer dort wohnt, kann mit den marinaeigenen Folkebooten ablegen und ins Revier segeln. Oder einen Köppi machen. Die Säulen des Badehauses Goor werden den Weg schon zurückweisen. Oder die Hausnummern der Schwimmhäuser, für die man allerdings ein fotografisches Gedächtnis haben sollte. Oder das Flaggenalphabet kennen.

Manche Gäste übrigens überwintern dort auch. Schlagen sich ein Loch an der Schwimmleiter ins Eis, das Rügen ab und an einpackt, sofern wir nicht künftig nur noch von der Regenzeit reden müssen.

Die Übersetzboote der Insel Vilm. Das Julchen des Reedereilenz bringt am Tag ein beschränktes Kontingent hinüber.

Die »Greif«, vormals Wilhelm Pieck, ist im Lauterbacher Hafen regelmäßiger Gast.

Die gelbe Welle signalisiert zertifizierte Qualität an der Küste.

249

Garz – Älteste Stadt

Hier taktierte Jaromar

Der slawische Burgwall war Regierungssitz

Die Arkonaburg war vom 6. bis ins 12. Jahrhundert die Kultstätte der Ranen. Dieser slawische Stamm widmete die Tempelburg ihrem Gott Svantovit. Der Regierungssitz jedoch war in Charenza, vermutlich dem heutigen Garz.

An der äußersten Spitze von Kap Arkona war sie von drei Seiten durch die Steilküste und von der Landseite durch einen bewaldeten Burgwall geschützt. Der Name der alten Tempelburg leitet sich vom Ranenfürst Jaromar I. ab, der nach der Unterwerfung Rügens durch Dänemark im Jahr 1168 zu einem Vasallen des dänischen Königs Waldemar I. wurde. Allerdings bemängeln Historiker immer wieder, dass der Name Jaromars für die Tempelburg am Kap Arkona nicht korrekt sei. »Als die Burg angegriffen wurde, hielt sich Jaromar am Regierungssitz im Garzer Burgwall auf. Er hätte eigentlich zu Hilfe kommen müssen. Niemand weiß also, ob es nicht schon Absprachen gab.«

Tempelfall und Unterwerfung

Nach dem Fall des Tempels unterwarfen sich die Fürsten der Rügenslawen, Tetislaw – der bis dahin als der König der Ranen galt – und sein Bruder Jaromar, dem dänischen König. Der moderatere Jaromar war dann zwischen 1170 und 1218 regierender Fürst der Ranen.

Mit der Tempelanlage fiel König Waldemar I. ein Schatz in die Hände, den dieser jedoch 1171 mit seinem Verbündeten Heinrich dem Löwen teilen musste. Der umfangreiche Landbesitz des Tempels aber ging an die christliche Priesterschaft.

Zumindest das frühe Mittelalter hält einmal im Jahr Einzug am Garzer Burgwall.

Rügen wurde 1169 der Oberhoheit Absalons, des Bischofs von Roskilde, unterstellt, der die Christianisierung unter der Bevölkerung durchsetzte. Zahlreiche Kapellen wurden auf ehemaligen Kultstätten und Begräbnisplätzen errichtet, wie es Christen und andere Glaubensgemeinschaften als Zeichen der Stärke immer gemacht haben. Auf dem Gebiet des ehemaligen Svantovit-Heiligtums entstand vermutlich die erste christliche Kirche Rügens. In der nahe gelegenen Kirche von Altenkirchen, mit deren Bau wohl schon 1185 begonnen wurde, ist ein Stein – der Priesterstein oder Svantevitstein – direkt über dem Fundamentsockel auf der Seite liegend verbaut worden. Zu diesem Stein gibt es verschiedene Deutungen. Mit großer Wahrscheinlichkeit ist dieses Steinrelief vor der 1168 einsetzenden Christianisierung Rügens entstanden und könnte den Priester des Slawengottes Svantevit darstellen, denn nur er hatte das Recht, das große verzierte Trinkhorn des Svantevit zu berühren. Es könnte sich aber auch um den Grabstein von Fürst Tezlaw handeln, dem nach der dänischen Eroberung Rügens die Halbinsel Wittow zugesprochen worden war.

Etwas abseits vom Geschehen am Heerlager finden dann auch Schaukämpfe statt.

Beim Einzug in das Gelände unter dem Burgwall

Garz – Älteste Stadt

Und dann klirren wieder die Schwerter...

Des Weiteren wird angenommen, dass die Seitenlage des Steins die Überlegenheit des Christentums über die frühere Religion darstellen sollte.

Wolfgang Althofs fiktive Geschichte

»Es ist Sommer, Ende Juni, im Jahre 1168. Mit feinem Gespür für Symbolik waren sie zu Pfingsten mit ihren Truppen an der Küste Wittows gelandet: die Bischöfe zum Ruhme Gottes und zu ihrem eigenen, der König der Dänen, um den kleinen, aber mächtigen Störenfried im Süden endgültig in die Knie zu zwingen. Für den legendären Schatz von Arkona hatte er sicher auch eine Verwendung. Musste ihn jedoch später mit Heinrich dem Löwen teilen.

Die pommerschen Herzöge schließlich waren begehrlich auf das Land. Die Krieger nahmen letztlich teil, weil es ihr Beruf war und weil sie auf reichliche Beute hoffen durften.

Zwölf Versuche hatte König Waldemar von Dänemark gebraucht, bis es ihm endlich gelang, die Rugier zu besiegen.« So schreibt Wolfgang Althof in seinem Buch über Jaromar, den Fürst

Auch die Heraldik, also das Wissen um Wappen gehört dazu.

von Rügen. 1200 Schiffe sollen beteiligt gewesen sein. Just zu einer Zeit, als der Gegner selbst eine stattliche Anzahl von Schiffen in einem Sturm verloren haben soll. Das war die Gunst der Stunde.

»Krol Tetislaw hatte dann Jaromar kurzerhand an die Spitze der Rugier gestellt.« Später wird er Jaromar I. genannt.

Der Hauptort der Ranen war Charenza, was vermutlich Garz wurde oder zumindest in der Nähe lag. Dort lebten die Fürsten und Edlen. Übrigens getrennt von der Insel Wittow, mit dem Heiligtum, denn die Schaabe als Verbindung gab es damals noch nicht. Daher erklärt sich auch, dass die heute völlig unbedeutende Stadt Garz die älteste der Insel ist. Es soll jedoch laut Chronisten innerhalb des Burgwalls meist entsetzlich gestunken haben.

Jaromar könnte kurzfristig die Bergener Kirche als Amtssitz zusammen mit einem Bauwerk am Rugard verwendet haben, bevor die Amtshoheit aufs Festland ging.

»Die Kriege wurden einige Zeit weniger, doch damit fehlte auch die Beute und die Jugend hatte nichts zu tun auf Rügen«, führt Althof in seiner Fiktion um die Zeit Jaromars aus. Und nimmt uns mit in ein tiefschürfendes Lebensbild jener Zeit. Entstanden bei einem langen gedanklichen Streifzug am Kap Arkona.

Drei Stolperteine lösten eine ganze Bewegung aus.

Vor dem Gemeindehaus in Garz begann das Gedenken an Rügens verdrängte Geschichte.

Drei Garzer Stolpersteine verändern Rügen

Nichts ist mehr, wie es war

Garz gedenkt regelmäßig der Reichspogromnacht. 2005 wurden daher die Stolpersteine für Arthur Cohn, Thekla Cohn und Ludwig Cohn vor dem Gemeindehaus verlegt. Garz war damit die erste Stadt auf Rügen mit Stolpersteinen.

Interview

Pastor von Schöning, was beeindruckte sie so sehr am Besuch des KZ-Überlebenden Wolfgang Kotljarski in Garz?
Beeindruckend fand ich, dass Wolfgang Kotljarski mit seiner Gattin überhaupt zu uns nach Garz gekommen war. Es gab ja in Stralsund ein Treffen auf dem jüdischen Friedhof, wo allerdings die NPD in den letzten Reihen mit Zeitungen raschelte. Allgemein bekannt ist, dass Wolfgang Israel Kotljarski nicht mehr sehr viel über die Vorkommnisse redet, die ihn als 17jährigen ins KZ brachten. Erst wurden seine Eltern und er in sogenannte »Schutzhaft« genommen, dann wieder freigelassen. Später wurde die Familie wieder verhaftet, überlebte jedoch das KZ. Mir persönlich wurde plötzlich bewusst, dass es eine Seltenheit ist, noch mit Zeitzeugen reden zu können.

Hat das auch mit den Garzer Stolpersteinen zu tun?
Ja, ausdrücklich. Fast zwangsweise kommen die Menschen ins Gespräch, bekennen sich. Eine Dame erinnerte sich an ihre Großeltern. Andere rührt auch fast siebzig Jahre später die persönliche Erinnerung in Garz. Ich ärgere mich nur, das Thema nicht früher angegangen zu sein.

Bleibt es an solchen Abenden beim Gespräch?
Nein! Anschließend legten wir an den Stolpersteinen Blumen ab und stellten Kerzen auf. Jemandem fiel ein, dass zur Zeit des Pogroms vor Familie Cohns Geschäft Konfirmandenunterricht im Gemeindehaus stattgefunden habe. Die hätten mitsamt dem Pastor also auch hinaus können... Gut, dass Pastor Bernhard Giesecke und Bürgermeister Klaus Meißner vor einem Jahr mit hinter den Stolpersteinen standen und wir die gemeinsame Erklärung verfassen konnten.

Danke, Herr von Schöning.

Lange war sich die Gemeinde in Garz nicht darüber im Klaren, welche Entwicklung dort in Gang gesetzt wurde. Sassnitz folgte am 17. September 2007. Die Vorbereitungsarbeit mit Schü-

Garz – Älteste Stadt

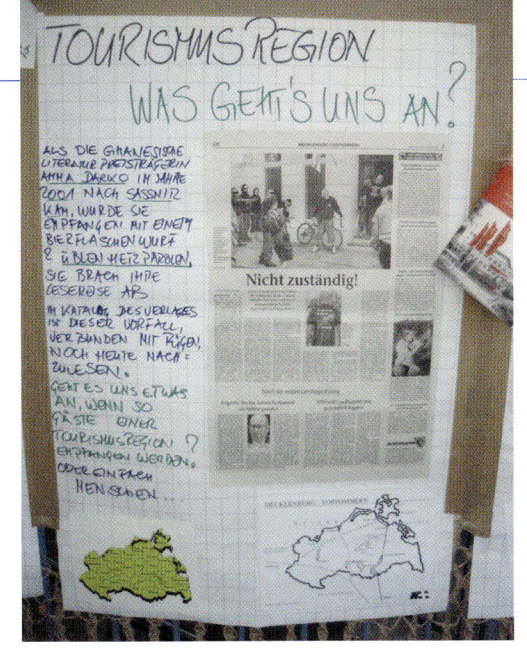

Ein Projekt in der Regionalen Schule Garz sollte erste Erkenntnisse mit Schülern fortführen.

lern hatte über ein Jahr gedauert, waren jedoch so nachhaltig, dass auch 2008 nach den 13 Stolpersteinen des Vorjahres zwei neue verlegt werden.

Spur der Steine in Sassnitz

Nach einem Ratsbeschluss begannen Schülergruppen dreier Schulen ihre Recherchen zum Thema im Jahr 2006. 2008 soll nun eine Stadtführung daraus erarbeitet werden.

Zwei Tage hatte es benötigt, um die Rechercheergebnisse zu den 13 Opfern des Faschismus, in Sassnitz darzulegen. Förderschule, Regionale Schule und Gymnasium haben sich Opfern mit verschiedenem Hintergrund angenommen: Kommunisten, Zeugen Jehovas, Euthanasie- und Germanisierungsopfer, Juden und Charlotte Schimmelpfennig, einer Frau, die Anteilnahme zeigte. Deren Namen wurden später eingeprägt auf sogenannte Stolpersteine des Kölner Künstlers Gunter Demnig. Kulturamtsleiterin Gerlind Bethke betreute und ver-

Noch immer ein heikles Thema: Am Originalstandort in Garz sollten die Steine nicht angebracht werden.

Beteiligte und Angehörige stellen sich in Sassnitz vor dem Rathaus einem Gruppenfoto.

teilte Lob und Tadel. Jugendliche trugen beispielsweise einen halben Vormittag lang Ergebnisse zu Hermann Bebert vor, einem Hamburger Kommunisten, der nach Sassnitz ausgewichen war, um vor den Nazis Schutz zu finden. Seinen Namen hatte die Regionale Schule lange getragen und ihn ablegen müssen. Warum, wollten die Schüler herausfinden, und, wer Bebert war. Erschossen wurde er in den letzten Kriegstagen ob seiner Weigerung, mit »Heil Hitler« zu grüßen. Beteiligt daran Hauptwachtmeister Otto Kuckuck.
Er beherbergte andererseits Emilie Frey aus Lidice, die einzige bekannte Überlebende aus der Stolpersteingruppe. Als Kind sollte sie von 1942–1945 »arisiert« werden.
Lazar Lemos Spur verliert sich zwischen Sassnitz und Stralsund. Er war Konvertit, also durch Taufe zum Christentum gewechselter Jude. »Rassenjude« für die Nazis, deren Ariernachweis drei Generationen »Deutschtum« verlangte. Zur Reichspogromnacht am 9. November 1938 jagten die Bürger und herangekarrte Braun- und Schwarzhemden den Inhaber einer Kreidemühle vor aller Augen durch die Straßen.
Acht Zeugen Jehovas, auch Bibelforscher genannt, karrten zu Forschungszwecken der Ernährungsergänzung Algen von der Ostsee in den Wedding. Dort wohnten die Gefangenen in einer Baracke.
Als hochmotiviert hat Gerlind Bethke die Arbeit nahezu der gesamten Förderschule am Thema Hermann Bebert empfunden. Die Arbeit der Schüler des Ostsee-Gymnasiums hat viele Neuigkeiten, vor allem aus den Archiven, zu Tage gefördert. Am 17. September trugen die Schüler an jedem Stein ihre Quintessenz vor.

Zwei Steine in Bergen

In Bergen waren es Schülerinnen und Schüler zusammen mit den Lehrerinnen Jana Romanski und Susanna Misgajski, die im Nationalsozialismus-Projekt am Arndt-Gymnasium über nahezu zwei Jahre recherchierten. Stolpersteine, die für Manja Richert einen Einschnitt in ihrem Leben bedeuteten. Die frühere Schülerin trug vor, wie Martin Kuhrmann den Kaufmann Albert Noack 1933 vom Fensterkreuz schnitt, nachdem dieser wegen der Ächtung durch die Kollegen seinem

Der Stein für Emilie Frey

Leben ein Ende gemacht hatte. In Bergen am Markt 19.

Demnig hat in Deutschland mittlerweile über 12 000 Stolpersteine verlegt. Auch das benachbarte Ausland schließt sich nun an.

Es wurden versucht, auch rechte Parolen unter die Menschen zu tragen

Garz – Älteste Stadt

Prinzessin Svanvithe – eine Rügener Sage

Und: Der Schatz im Garzer Burgwall

Als die älteste Stadt Rügens noch Charenza hieß, stand dort ein großes, schönes Schloss. Nach der Eroberung und Zerstörung nahmen die Fürsten von Rügen in Bergen ihren Wohnsitz. Einer der Herrscher hatte eine wunderschöne Tochter mit Namen Svanvithe. Als König wäre er froh gewesen, wenn die Prinzessin ihre Wahl unter den vielen Freiern getroffen hätte, doch sie blieb allein in ihrer Kammer. Da endlich begegnete ihr Prinz Peter von Dänemarken, der ihr wohlgefiel. Sie schenkten einander die Ringe und es war die Kunde, dass die schöne Svanvithe Hochzeit halten wollte.

Unter den vielen Prinzen am Königshof war auch ein hinterlistiger und schlechter Mensch. Dieser hatte vergeblich um die schöne Svanvithe geworben. Als er nun sah, dass es wirklich eine Hochzeit werden sollte und Peter von Dänemarken erkoren war, erzählte er dem König und allen Leuten am Hofe, Svanvithe sei keine züchtige Prinzessin und habe schon manche Nacht bei ihm zugebracht. Peter von Dänemarken glaubte alles und reiste kurzerhand ab. Als der Verleumder seinen Zweck erreicht sah, verließ auch er die Fürstenburg. Bald lag Bergen wieder einsam da.

Unschuldige Schöne

In Wahrheit war Svanvithe rein und unschuldig. Der König war wie von Sinnen und er hätte sich fast ein Leid angetan wegen seiner Tochter und der Schande, die sie – wie er glaubte – über das ganze Königshaus gebracht hatte.
Da ergrimmte er in seinem Herzen, ließ Svanvithe holen, schlug sie, zerraufte ihr Haar und stieß sie voll Verachtung von sich. Dann befahl er, seine Tochter in ein verborgenes Gemach zu führen. Sie sollte ihm nie wieder unter die Augen kommen. Schließlich ließ der König in seinem von

Kinderbild von Svanvithe

Garz – Älteste Stadt

te aber nur noch schluchzen. Der König billigte ihre Fahrt.
Zu Johanni begab sich Svanvithe zum König, Lebwohl zu sagen. Sie verkleidete sich für den Weg nach Garz. Der Weg von Bergen war nicht weit. Als es vom Garzer Kirchturm Mitternacht schlug, betrat Svanvithe den einsamen Wall, legte ihre Kleider ab und nahm eine Johannisrute in die Hand. Stumm tappte sie rücklings auf dem Wall entlang. Nach kurzer Zeit tat sich plötzlich die Erde unter ihren Füßen auf. Sie glitt hinunter in ein großes, hell erleuchtetes Gemach, auf dessen Boden ganze Haufen Gold, Silber und Edelsteine hingeschüttet waren.

Das kleine, graue Männlein

In der hintersten Ecke saß ein kleines graues Männlein in einem Lehnstuhl und nickte ihr freundlich zu, als wolle es mit der Urenkelin sprechen. Aber Svanvithe gedachte der Bedingungen, die zu erfüllen waren. Kein Wort kam über ihre Lippen. Statt des Geistes erschien eine Reihe prächtig gekleideter Männer und Frauen. Sie verneigten sich in Ehrfurcht vor ihr, als erwarteten sie den Befehl der Herrin. Schnell nahm sie einige Hände voll Gold und Edelsteinen und winkte, ein Gleiches zu tun. Und führte den Zug hinauf.
Schon hatte sie viele Stufen hinter sich, und sah bereits in der Ferne das dämmernde Morgenlicht – da war Svanvithe bange, ob die Männer und Frauen auch nachkämen. Sie vergaß kurz die Bedingungen und blickte sich um.

Und damit wurde alles zunichte.

Weit hinter sich sah sie den kleinen grauen Mann sich im Augenblick ihres Umwendens blitzschnell in einen großen schwarzen Hund verwandeln. Mit feurigem Rachen und funkelnden Augen sprang das fürchterliche Tier zu ihr hinauf. Zu Tode erschrocken stieß sie einen Schrei aus. Sogleich schlug die Tür über ihr zu, die lange Treppe versank. Mit allen Menschen darauf.
Ungeduldig wartete der alte König auf die Rückkehr seiner Tochter. Als Svanvithe nicht kam, grämte er sich und dem alten König gingen immer wieder quälende Gedanken durch den Kopf. Bis er am Ende ganz und gar irre wurde und langsam dahinsiechte.
Nach vielen Jahren hörte man hin und wieder, die Prinzessin lebe noch. Sie sitze unter dem Garzer Wall und müsse mit dem alten Männlein die Schätze bewachen. Erlöst könne sie werden, wenn es einer auf dieselbe Weise wage, wie sie es einst in der Johannisnacht getan habe. Dieser Mutige müsse sich vor ihr verneigen, ihr einen Kuß geben, sie dann hinausführen und kein Wort dabei sprechen. Gelänge das, so werde er mit ihr in Herrlichkeit leben.

Und das kleine graue Männlein werde ihnen die Schätze zutragen.

dicken Mauern eingeschlossenen Garten einen düsteren Turm bauen. In dieses finstere Verlies kam die Prinzessin.

Im Turm verschlossen

Svanvithe vegetierte dort drei Jahre. Dem alten König war vor Gram sein Haar schneeweiß geworden. Sie aber saß in ihrem Elend und tröstete sich nur mit dem Gedanken, ihre Unschuld müsse doch einmal an den Tag kommen. Bis ihr die Sage von dem Königsschatz unter dem Garzer Wall in den Sinn kam. Nur eine reine Jungfrau aus altem Königsgeschlecht könne den Schatz erlangen. Als der Wächter kam und ihr die Speise durch das Loch reichte, bat sie ihn, gleich zum König zu gehen, um ihm zu sagen, dass seine Tochter ihn noch ein einziges Mal zu sprechen wünsche.

Der König wünschte es nicht.

In der folgenden Nacht hatte er einen sonderbaren Traum. Keiner seiner Ratgeber wusste ihn zu deuten. Er befahl, seine Tochter zu holen.
Svanvithe verneigte sich und sprach: »Ihr wisst, es geht die Sage, unter dem alten Schlosswall zu Garz, wo unsere Vorfahren gewohnt haben, liege ein großer Schatz, den nur eine reine Jungfrau bekommen kann. Diesen Schatz will ich Euch bringen. Sie wollte noch weitersprechen, konn-

Prinzessin Svanvithe

Garz – Älteste Stadt

Ernst Moritz Arndt allgegenwärtig
Dichter, Revolutionär, Abgeordneter, Rüganer

Ernst Moritz Arndt (* 1769 in Groß Schoritz auf Rügen, † 1860 in Bonn) war ein deutscher Dichter, Revolutionär und Abgeordneter der Frankfurter Nationalversammlung. In seiner Frühzeit kämpfte Arndt nach Picht als zweiter Rüganer gegen das Leibeigentum und erreichte die Abschaffung derselben im damals schwedischen Pommern. Später widmete er sich hauptsächlich der Mobilisierung gegen Napoleon, wozu er im deutschen Nationalgefühl das geeignete Mittel sah. Einer der Gründe, warum Arndt auch heutzutage regelmäßig im rechten Störtebeker-Netzwerk angehimmelt wird.

Er lehrte als Professor in Greifswald, musste wegen seiner antifranzösischen Propaganda jedoch im Jahr 1806, beim Einmarsch der französischen Truppen, nach Schweden flüchten. Dort arbeitete er als Redakteur des »Nordischen Kontrolleur«. Nach Greifswald kehrte er 1809 zurück. Im Zeitraum von 1812 – 1816 war er Mitarbeiter des Freiherrn von Stein. In den Jahren 1815 und 1816 gab er die politische Zeitschrift »Der Wächter« heraus. Zwei Jahre später wurde er ordentlicher Professor für neue Geschichte in Bonn.

Auf Grund seiner politischen Anschauungen wurde Ernst Moritz Arndt 1820 vom Dienst suspendiert. Nach den Karlsbader Beschlüssen verfolgten ihn monarchistische Kräfte als »Demagoge«. Erst 1840 gelang seine Rehabilitierung, auf die er 20 Jahre gewartet hatte. Nach seiner Zeit als Abgeordneter der Frankfurter Nationalversammlung (1948 und 1849) lehrte er bis 1854 wieder als Professor in Bonn.

Zeitgenössisches Foto von Arndt

Arndts Herkunft

Vater Ludwig Arndt hatte sich 1769 für 80 Taler aus der Leibeigenschaft des Fürsten Malte zu Putbus freigekauft. Bis zur Geburt seines Sohnes arbeitete er als Inspektor auf dem Gut von Malte zu Putbus. 1776 wurde Ludwig Arndt Pächter von Dumsevitz und Ubechel. Weitere Güter wie Löbnitz kamen hinzu. Wirtschaftlicher Erfolg gestattete Ludwig Arndt, seinen als freien Menschen geborenen Sohn Ernst Moritz durch Hauslehrer unterrichten und von Februar 1787 – 1789 das Gymnasium im Stralsunder Katharinenkloster besuchen zu lassen. Ab Mai 1791 studierte Ernst Moritz an der Universität Greifswald. Sie trägt seit 1933 seinen Namen.

Nach seiner Kandidaten- und Hauslehrerzeit bei Gotthard Ludwig Kosegarten reiste Ernst Moritz Arndt 1798/1799 viel. Er schilderte seine Erlebnisse in den Schriften »Reise durch Schweden«, »Bruchstücke einer Reise durch einen Teil Italiens«, »Reise durch einen Teil Frankreichs« und »Reisen durch einen Teil Deutschlands, Ungarns, Italiens und Frankreichs« (Leipzig 1804).

Im April 1800 habilitierte Ernst Moritz Arndt in Greifswald in Geschichte und Philologie mit einer Schrift, in der er sich gegen Jean-Jacques Rousseaus Ideen wandte. Er heiratete Marie Quistorp, diese starb allerdings kurz nach der Geburt ihres Sohnes Karl Moritz an Kindbettfieber.

Ein Original aus dem reichhaltigen Archiv des Museums

Lesung mit Musik im Arndt-Museum Garz

Kremserausfahrt am Herrentag auf dem Rondell vor dem Arndt-Geburtshaus in Groß Schoritz.

Auch für Kinder findet sich mit der Schule in Garz regelmäßig ein Thema.

Arndt polarisierte

Arndts Schriften und Anregungen führten zum Entstehen von Vereinigungen in Universitätsstädten. Einige dieser Vereinigungen können als Vorgänger der Burschenschaften bezeichnet werden.

Arndt gilt auch als bedeutender Literat im Vorfeld der deutschen Einigung. Sein Lied »Was ist des Deutschen Vaterland?« war lange Zeit die inoffizielle Hymne der Einigungsbewegung.

Lange nach seinem Tod inspirierten seine antifranzösische Propaganda, sein Nationalismus und seine scharf antisemitischen Stellungnahmen reaktionäre Strömungen in Deutschland und Österreich. Die Nationalsozialisten betrachteten Arndt als einen ihrer Vorkämpfer.

Aber auch die DDR verehrte Arndt als Kämpfer gegen Feudalismus und Garanten einer Freundschaft mit Russland. Die sozialistische Blockpartei der Nationaldemokraten (NDPD) war Trägerin der Ernst-Moritz-Arndt-Medaille. Die Jungen Pioniere hatten einen Ernst-Moritz-Arndt-Chor.

Geburtshaus und Museum

Zur Erinnerung an den bekannten politischen Publizisten, Dichter und Schriftsteller erhielt das Garzer Museum 1937 bei der Einweihung seinen Namen. In der dortigen Ausstellung erhalten Besucher Einblick in die Biographie Ernst Moritz Arndts. Benannt wurden auf Rügen nach ihm zahlreiche Straßen und viele Schulen.

Die Ausstellung im Arndt-Museum möchte darüber hinaus, so seine Leiterin Silvia Knöpfel, mit der spannenden Wirkungsgeschichte des Arndtschen Werkes und der Vielfalt der Meinungen darüber bekannt machen.

Begegnen können Besucher Arndt jedoch auch in seinem Groß Schoritzer Geburtshaus. Dort tagt meist die honorige und auch in Bonn angesiedelte Arndt-Gesellschaft. Zudem finden in dem Haus regelmäßig Veranstaltungen und Ausstellungen statt, die Geschichtliches im Allgemeinen, jedoch auch Arndt im Speziellen zum Thema haben.

Arndt Geburtshaus Groß Schoritz
www.stadt-garz-ruegen.de
www.ernst-moritz-arndt-gesellschaft.de

Arndt Museum in Garz
www.stadt-garz-ruegen.de
www2.bonn.de

Regelmäßige historische Vorträge der Arndt-Gesellschaft halten Arndts Geburtsstätte in Groß Schoritz lebendig.

Die Veranstaltungen im Museum finden in zeitgenössischem Ambiente statt.

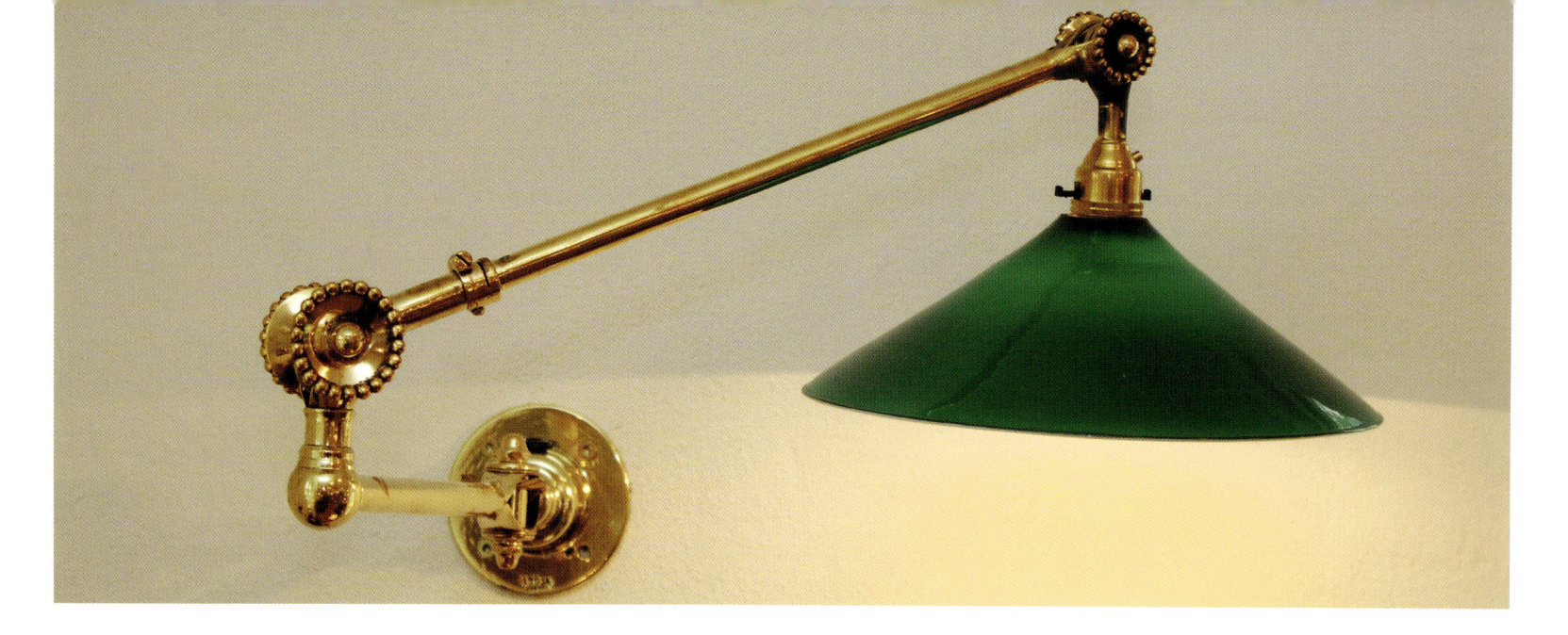

»Die beste Beleuchtung der Welt«

Feiner, englischer Stil in Lampenform

In Groß Schoritz steht das Geburtshaus von Ernst Moritz Arndt. In direkter Nachbarschaft, in einem kleinen, reetgedeckten Haus, sind in den Sommermonaten faszinierende, historische englische Leuchten zu bewundern. Der Tierarzt Dr. Thomas Sahlender und seine Frau Petra Wiebe statten seit über 16 Jahren Privat- und Geschäftshäuser mit ihren außergewöhnlich schönen, alten englischen Leuchten aus. Dabei spielt nicht nur das warme Licht der mundgeblasenen, aufwändig geätzten, geschliffenen oder handbemalten Glaslampenschirme eine sehr große Rolle. Ebenso die Funktionalität. Das begeistert ihre Besitzer außerordentlich.

Erstrahlen im Wortsinne

Während der Sommermonate erstrahlt das kleine Haus im Wortsinne. Mehr als 100 zum Teil einzigartige Leuchten sind täglich von 10–13 Uhr zu bewundern. Darunter befinden sich sehr frühe Paraffinleuchten aus wunderschönem Kristallglas. Sie geben durch den Duplex Brenner auch zum Lesen genügend Licht und riechen nicht. Für den Esstisch sind es originale Zugleuchten, eine englische Erfindung von 1884. Schreibtischleuchten setzten ihre Arbeitsumgebung ins rechte Licht, kleine und große Stehleuchten machen Lesen zum Vergnügen.

Richtungsweisendes Design

Design, Qualität und Funktion gelangten in diesen Leuchten schon um 1900 zur höchsten Entwicklung.

Zugleuchte, England, etwa 1920

Messing, Kupfer und Silber waren die Werkstoffe. Weltweit war Englands Einfluss in der Beleuchtung von größter Bedeutung und zeigt sich heute noch in seiner großen Akzeptanz von den Kunden.

Die feine englische Art für jedes Zuhause

Im Garten der Lamp Gallery leuchten alte Parklaternen aus verschiedenen Städten Englands. Die beiden Kunstsammler freuen sich auf Besucher. Fast zu jeder Lampe wissen sie eine Episode zu erzählen. Dabei passiert die Geschichte der englischen Öl-, Gas- und Elektrobeleuchtung des 19. und frühen 20. Jahrhunderts gewissermaßen Revue. Tee oder ein frisches Getränk gehören zum Stil des Hauses bei der Beratung.

Öllampe, versilbert, England etwa 1880

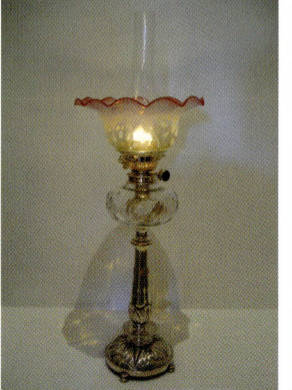

Schreibtischleuchte, Wedgewood etwa 1910

Kerzenleuchter, W.A.S Benson, England 1899

The Lamp Gallery
Am Kirchplatz 8 · 31535 Neustadt-Büren
Tel. (05072) 78 103 · Messe (0179) 49 64 000

Sommerausstellung
Dorfstraße 41 · 18574 Groß Schoritz
Am Geburtshaus von Ernst Moritz Arndt
8. Juni–20. August von 10–13 Uhr oder nach Vereinbarung geöffnet
Tel. (038304) 82 99 92
info@thelampgallery.de · www.thelampgallery.de

Vergessenes Gut Rosengarten

Rhododendren im südlichen Teil der Insel

- 1318: Der »Rosengharde« »mit 15 steuerbaren Hakenhufen Acker« wird urkundlich erwähnt
- 14. Jh.: Teze Slaweke verkauft einen Hof an den Stralsunder Bürgermeister von der Heyden
- 1376: Bürgermeister Gyldehus neuer Eigentümer
- 1392: Herzog Wartislaw VI. erwirbt den Hof und schenkt ihn Kloster Eldena. Einen weiteren Teil verkauft die Familie Putbus dem Kloster.
- 1631–1814: Das »fürstliche Tafelgut« wird in schneller Folge verpfändet oder verpachtet.
- 1815: Nachdem Rügen preußisch geworden ist, erwirbt zunächst Familie von Rosen das Gut und kurz darauf Familie von Langen
- 1902: Freiherr von Maltzan übernimmt das Gut und entdeckt die Mineralwasserquelle »Hertha«. Flaschen gehen von hier in alle Welt.
- 1911: Gustav Wohltmann kauft Gut Rosengarten und beginnt Viehzucht im großen Stil
- 1945: Im Zuge der Bodenreform wird die Familie enteignet, das Land an Neubauern übergeben
- 1955: Gründung der LPG »Charenza« Garz mit dem Gut. Das Herrenhaus wird Kinderheim.
- 1990: Auflösung der LPG. Zerfall des Herrenhauses und der Wirtschaftsgebäude

Nachwendische Realität

Der neue Besitzer Joachim Berg war mit großem Elan an das nahe Garz gelegene Gut gegangen. Rosengarten, in der Landreform nach dem Zweiten Weltkrieg in viele kleine Parzellen aufgeteilt, wartete noch auf seine Zukunft. Seit 2001 sind immer mehr der kleinen Parzellen von ihm zusammengekauft worden, um das Gut zu restaurieren und den Park neu anzulegen.

Aber es ist eben kein so kulturell wichtiges Gut, wie beispielsweise Venz oder Boldevitz, Streu oder... Der Wind bläst ihm ins Gesicht. Um seinen guten Willen zu dokumentieren, ging er im Park mit weit über 200 alten, schon bestens im Wuchs stehenden Rhododendronstauden in Vorleistung. Michael Lorenz und Sebastian van Schie koordinierten damals mit Ars Natura Verde die Pflanzarbeiten und waren begeistert von der Fülle der schön blühenden Stauden. Der Park hat schon eine Alleinstellung, denn auf auf Rügen sind kaum irgendwo außer in Semper oberhalb von Lietzow so viele blühende Rhododendren zu sehen.

Gutshaus-Blog in Arbeit

Die vielen Widrigkeiten, die Berg dabei widerfahren sind, aber auch die vielen Lichtblicke, die ihn immer wieder zum Weitermachen angetrieben haben, wollte er eigentlich schon seit einiger Zeit in einem Blog erzählen. Das würde in Gutshauskreisen wohl seinesgleichen suchen.

Durch Rosengarten läuft »nur« eine öffentliche Straße und direkt angrenzende, verkaufte Parzellen lassen sich nicht zurückkaufen. Sie bewirken neues Baurecht. Damit ist Rosengarten noch relativ glimpflich davongekommen. Es existieren auf Rügen Gutshäuser, die bis auf einen Zwei- bis Dreimeterstreifen um das Haus keinen Grund mehr haben und über den Hintereingang betreten werden müssen. Der Weg zur Freitreppe wurde nach Enteignung systematisch privatisiert und parzelliert.

2005 legten Sebastian van Schie (r.) und Michael Lorenz im Auftrag des neuen Besitzers Joachim Berg den Rhodendronpark an.

Von Weiß...

... über Violett ...

...bis hin zu Rot blüht der Park im Frühjahr in allen Farben.

Garz – Älteste Stadt

Beim Thema Natur sollen alle Interessengruppen in Dialog treten oder: Wieviel Wirtschaft, wieviel Natur?

Rügen mit seinen Schätzen bewahren

Im Spannungsfeld zwischen Wirtschaft und Naturschutz, Naturschutz und Wirtschaft, ergeben sich immer wieder große Differenzen. Hieraus erwächst die Frage: Wieviel Wirtschaft, und vor allem wo, benötigt Rügen außerhalb des Tourismus, der u. a. sechs Millionen Übernachtungen von über einer Milionen Urlaubern mit sich bringt.

Das Biosphärenreservat Südost-Rügen hat eine Fläche von 235 Quadratkilometern. Das Ziel ist es, eine seit Urzeiten von Menschen bewohnte und von diesen geformte Kulturlandschaft zu erhalten. Gleichzeitig soll hier im Programm Mensch und Biosphäre das direkte Umfeld des Nationalparks so gestaltet und gepflegt werden, dass die »Randbereiche« nicht in Diskrepanz zum Nationalpark geraten. Dies bezieht sich ebenso auf das Bauen wie auf die Bewirtschaftungsformen. Die Initiative »Jobmotor Biosphäre« etwa führte dazu, dass Firmen wie Kräutergeyer oder Bienenstock entstanden. Auch die Holzmesse Rügen geht auf das Wirken der »Biosphäre« zurück.

Der Nationalpark Vorpommersche Boddenlandschaft ist mit 805 Quadratkilometern der flächenmäßig größte der neuen Bundesländer. Er umfasst Teile Westrügens und die Insel Hiddensee. Mit 687 Quadratkilometern ist der größte Teil Wasserfläche. Dort wiederum integriert ist seit noch nicht allzu langer Zeit der kleinste Nationalpark Jasmund, Teil des sogenannten »Tafelsilbers der Wende«. Auf Rügen wurde es danach deutlich ruhiger, was die Ansprüche des Nationalparks auf Gestaltung der Insel anbelangte. Die Wege zur Verwaltung des Nationalparks sind länger, die Rückläufe deutlich weniger geworden.

Dieser liegt an der Ostküste der Insel Rügen. Dort befindet sich das inzwischen reduzierte, weil abgebrochene, Wahrzeichen Rügens, die Wissower Klinken an der malerischen Kreideküste, mit seinem imposanten Königsstuhl. Ebenso uralte und schützenswerte Buchenwälder.

Außerdem nehmen Vogelschutzgebiete, Landschaftsschutz und FFH-Gebiete von Natura 2000 weitere große Flächen der Insel ein. In den Schutzgebieten gibt es z. T. Bodenschätze, und hier ergeben sich dann Interessenkonflikte. Im Fall des Streits um den Kiesabbau bei Trent-Zessin versuchte und versucht die Gemeinde Neuenkirchen, den Schutzstatus gegen Kies und für ihre Entwicklung einzusetzen. Anderenorts wird erbittert mit dem Argument der Käseglocke über Wirtschaftsge-

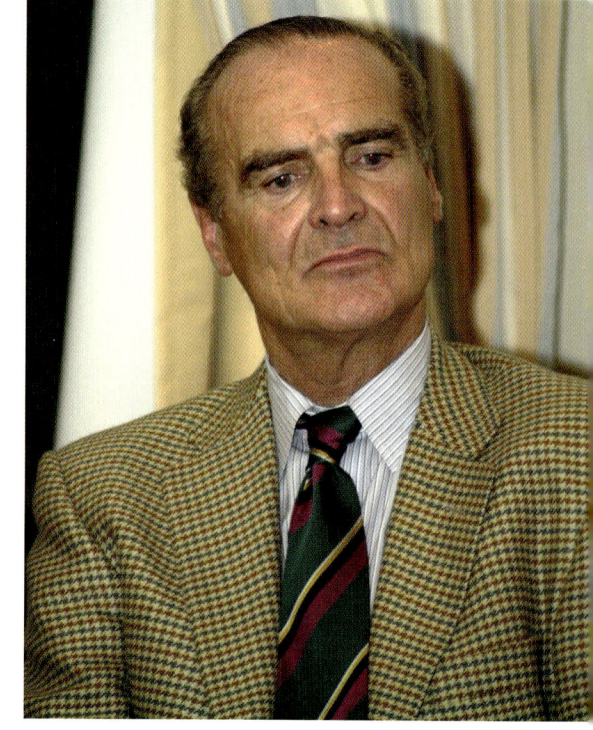

Wolf Michael Iwand

bieten oder ganz Rügen gekämpft. Dies geht bis hin zu Demos von Wirtschaftsvereinen vor dem Kreistag gegen Schutzzonen und angebliche Wirtschaftsverhinderung. Manche sehen die künftige wirtschaftliche Entwicklung dadurch blockiert.

Natur ist, wo man sie sucht: im Nationalpark relativ unberührt, nicht jedoch unumstritten.

Im Hafen auf Kutter oder Segelboot...

Garz – Älteste Stadt

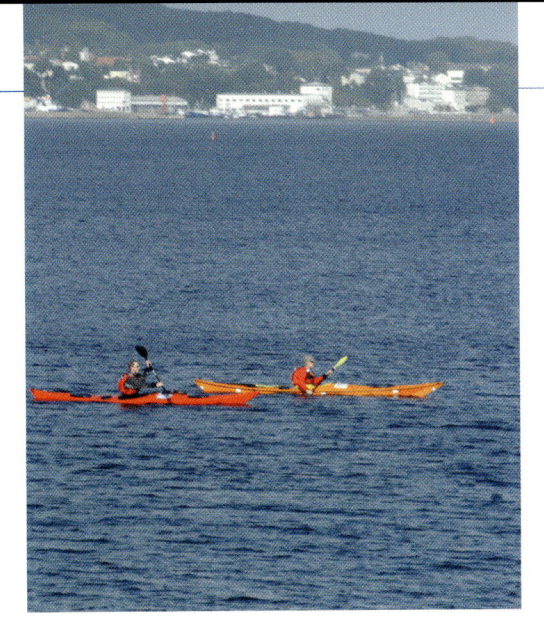

Die einen bewegen sich in ihr...

Dennoch reicht die Bebauung überall hin.

Rügens Debatte um einen Naturpark, ein weitaus geringerer und eher selbstverpflichtender Status, brachte diese Konflikte exemplarisch ans Tageslicht und führte letztlich zu einem Einfrieren der Debatte. Das Interview mit Wolf Michael Iwandt wurde inmitten der Debatte geführt und sollte das Bewusstsein für die Natur Rügens auch als wirtschaftlichen Faktor schüren. Es ist daher in seinem Inhalt weiterhin aussagekräftig.

...die anderen nutzen sie nachhaltig.

Wolf Michael Iwand antwortete als Leiter der Abteilung Konzern-Umweltmanagement der TUI AG. Nach seiner These sieht die TUI bei kapitalkräftigen Kundinnen und Kunden mittleren Alters seit Jahren zunehmende und konkrete Nachfragen nach ökologisch aufgestellten Regionen. Rügen sei eine davon. Allerdings in Konkurrenz zu Usedom. Während auf der Nachbarinsel Usedom Naturparke beschlossen wurden, stritt und streitet man auf Rügen darüber. Noch nimmt Deutschlands größte Insel einen Schwerpunkt im TUI-Katalog ein.

...an der Steilküste ebenso,

...wie am Flachufer.

261

Garz – Älteste Stadt

Kleine Paradiese...

...müssen sich gegen den Drang der Besucher behaupten.

Herr Iwand, Sie haben den Touristikern auf Rügen schon mehrfach mit ihrer Forderung nach Naturstandards ein schönes Päckchen mit auf den Weg gegeben. Was macht sie so sicher, dass sie der Insel Rügen touristisch mehr geben könnten?
Rügen ist für die TUI innerhalb des Deutschlandprogramms Modellregion. Rügen hat hervorragende Voraussetzungen dazu und dieses Schatzkästlein wollen wir natürlich bewahren. Deswegen komme ich weder mit Versprechungen noch mit Forderungen, sondern will Dialog. Das schließt nicht nur lokale Tourismusveranstalter und Behörden mit ein, sondern ganz klar die Bevölkerung. Ebenso wie die Naturschutzverbände. Dieser Prozess, den wir mit unserer Konfliktrecherche auf den Weg gebracht haben, bringt anderswo meist positive Ergebnisse.

In der von Ihnen zitierten »Konfliktrecherche Naturparke« sind Lösungsmöglichkeiten angeboten, das Verhältnis Natur und Wirtschaft zu entspannen. Wie würden sie am Beispiel Rügen damit umgehen?
Alle Interessengruppen müssen offen Farbe bekennen. Es ist ja eine Menge an Potenzial vorhanden. Ich habe zwischenzeitlich auch gemerkt, dass der Naturparkprozess weiter geht. Daher habe ich an der Eröffnung des Nationalparkzentrums am Königsstuhl teilgenommen, und der Erfolg gibt diesem ganzen Projekt absolut recht. Dort wird auch Natur in Wert gesetzt. Sie sagten eben, Natur und Wirtschaft auf Rügen. Und in der Tat geht es nicht nur um Tourismus, sondern wir müssen alle Wirtschaftszweige ebenso partnerschaftlich mit betrachten. Erst wenn wir feststellen, welche Wertschöpfung bei welcher Tätigkeit herauskommt, können wir uns gewisse Werte auch leisten.

Sehen Sie mit ihrer Kenntnis anderer Naturparkregionen und deren Entwicklung ein rügentypisches Problem? Steht sich die Insel bei ihrer Entwicklung gar selbst im Weg?
Ich würde ihnen zustimmen, dass diese Probleme überall auftauchen, weil in den Naturparks mehr Bewegung drin ist. Unter dem Terminus wird eben massiver Naturschutz verstanden. Nicht jedoch, dass Naturparks im Grunde genommen sehr viel mehr als Nationalparks den Schlüssel für eine positive Regionalentwicklung beinhalten. Nun muss man sagen, dass Rügen eine unglaubliche Ausstattung an Großschutzgebieten hat und so respektiere ich auch die Meinung derjenigen, die bei FFH und Natura 2000 daran erinnern, dass es noch Aufgaben wirtschaftlicher Entwicklung gibt. Das will ich nicht unter den Teppich kehren.

Wie also soll man beiden Positionen gerecht werden?
Das Bestreben der Touristiker, einfach ein anderes Label drauf zu machen, funktioniert jedenfalls bei uns als Touristikunternehmen nicht. Da fehlt uns eine grundsätzliche Philosophie über das Naturkapital der Region, mit dem man wie ein guter Vermögensanleger umgehen muss. Da würde ich mir wünschen, dass Rügen im landesweiten Dialog die Vorreiterrolle als die Sonneninsel Deutschlands auch in Sachen Natur erfüllt. Rügen weiß um sein Natur- und Kulturerbe. Dann erlangt Deutschlands größte Insel Rügen nicht nur heute Wettbewerbsfähigkeit, sondern garantiert auch noch für die Gäste im Jahr 2050 oder 2060.
Unsere jüngsten Gäste wollen wir mit gutem Grund auch als rüstige Senioren noch auf der Insel sehen. Sie haben dann wieder mehr Interesse, weil sie nicht mehr so viel ins Ausland fahren. Dann erkennen sie, wie wertvoll Deutschland mit seinen Urlaubsgebieten ist. Die Rügenurlauber von morgen leben heute.

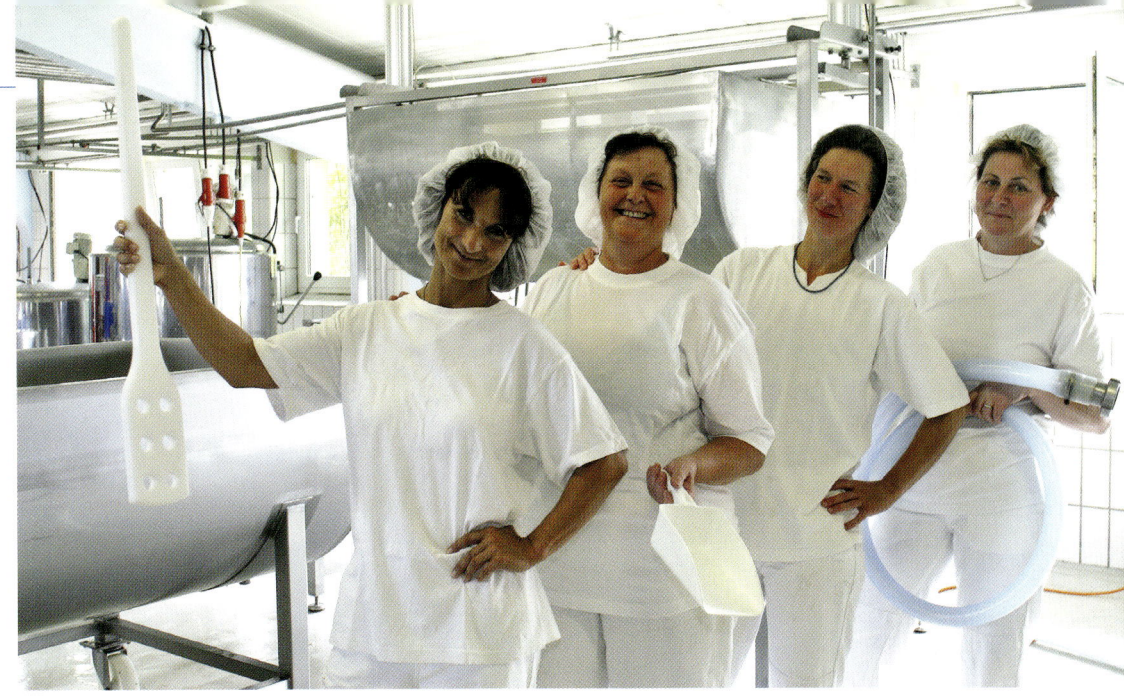

Käsebällchen verschiedenster Art – wie sie frisch aus dem Glas kommen.

Joghurtbecher – mal mit Vanille und Schoko.

Wellness aus Milch und Fruchtprodukten

Molkerei Naturprodukt GmbH Rügen

Frischkäse mit Bärlauch – ein Rügener Spezialität

Schlehen wachsen nicht nur zum Brennen auf der Insel.

Ein Joghurt als Hauptmahlzeit, ein Frischkäse als Dessert, eine Buttermilch als Erfrischung? Aber natürlich, gesund, lecker, leicht und vor allem frisch im Milchladen und Café der Molkerei in Poseritz. Vier Milchfrauen in der Molkerei und die 350 Milchkühe des Landwirtschaftsbetriebes im Dorf machen es möglich. Nun auch mit einem deutlich vergrößertem Betriebsverkauf und einem Café. Dort übrigens sind auch die Gastronomieabpackungen erhältlich.

Seit 10 Jahren wird die Milch der Poseritzer Kühe direkt im Ort verarbeitet. Kürzer kann ein Weg von der Kuh zum Endprodukt kaum sein. Täglicher Weidegang, ein moderner Kuhstall und ein hervorragendes Management sorgen für beste Milchqualität. Und diese ist Voraussetzung für all die Frische-Produkte. Dr. Sylva Rahm-Präger hat ihren Weg aus der Wirtschaftsförderung direkt in die Wirtschaft gemacht und ihr Wissen der Agrarlandschaft Rügens in einer Nische umgesetzt. Mit ihr bildet eine stabile und langjährige Belegschaft das schlagkräftige Team in der Produktion.

Joghurt-Produkte

Der mild-cremige Naturjoghurt, aus drei verschiedenen gut abgestimmten Kulturen ohne weitere Zusätze hergestellt, ist ebenso Basisprodukt wie der Quark. Für diesen wird die Milch unter Zugabe einer milden Käsereikultur und Lab über einen Zeitraum von 24 Stunden zu einem milden, aromatischen und strukturstarken Frischkäse gereift.

Vanilletraum und Sanddorndessert sind die süßen Spezialitäten und werden aus dem frischen Quark und Joghurt hergestellt. Frisch, cremig, leicht und lecker kommen sie herüber und sind auf jeder Terrasse oder am Strand ein Muss und Genuss. Mit frischen Früchten oder pur. Der Sanddorn wird neben anderen Wildfrüchten ebenfalls in der Molkerei verarbeitet, so dass immer eine tolle Palette an Fruchtaufstrichen und Gelees im Angebot ist.

Natürlich auch herzhaft

Natürlich gibt es auch herzhafte Produkte – der Quark aus traditioneller Herstellung mit dem vollen milden Geschmack und der Frischkäse mit verschiedenen Kräutern oder die Käsebällchen mit Knoblauch oder Chili, die Spezialität der Molkerei. Die Produktpalette bietet wirklich sehr vielfältige Überraschungen.

Hofladen und Café:
Montag bis Samstag: 10–18 Uhr

Molkerei – Naturprodukt GmbH Rügen
Poseritz Hof 15 · 18 574 Poseritz
Tel. (03 83 07) 4 04 29 · Fax (03 83 07) 4 04 02
post@ruegener-inselfrische.de
www.ruegener-inselfrische.de

Zudar und Südwest – Nahezu vergessen?

Nicht vergessen – Zudar und Südwest

Gutshäuser und eine ehemalige Wallfahrtskirche bis zum Leuchtfeuer

Palmer Ort vereist und aufgeschoben mit Schollen

Die Kirche St. Laurentius, Zudar

Der Zudar ist eine zur Insel Rügen gehörende, stark gegliederte Halbinsel. Dennoch ist er – gefühlt – irgendwie nicht so gegenwärtig, wie andere Teile der Insel. Und daher leicht im Abseits, um nicht das Wort »Vergessen« zu benutzen. Die Halbinsel ist etwa 18 Quadratkilometer groß und befindet sich zwischen dem Rügischen Bodden – das ist der Nordteil des Greifswalder Boddens – und dem südwestlichen Eingang des Strelasunds.

Die Verbindung der Halbinsel zu Rügen ist an der schmalsten Stelle 900 m breit. Im Osten der Halbinsel wird mit 25 Meter über NN der höchste Punkt erreicht. Hier kommt auch das Starkstromkabel für die Insel durch den Sund.

Bis zum 12. Juni 2004 war die auf der Halbinsel liegende Gemeinde Zudar selbstständig, ehe sie in die älteste Stadt Rügens, Garz, eingemeindet wurde. Dies trifft damit auch auf die ehemaligen Zudarer Ortsteile wie Freudenberg, Foßberg, Glewitz, Grabow, Losentitz, Maltzien, Poppelvitz und Zicker zu.

Die Glewitzer Fähre – zweitwichtigste Verbindung zwischen Rügen und dem Festland nach der festen Strelasundquerung – verkehrt zwischen Stahlbrode und dem Zudar. Auf der Halbinsel befindet sich auch der südlichste Punkt Rügens, der Palmer Ort. Dieser ist an seiner Spitze sehr winteranfällig, wenn bei Eis der Südwestwind die Schollen erst auf den Strand und dann in den Küstenwald drückt.

Wallfahrtskirche St. Laurentius

Im 3. Jahrhundert n. Chr. lebt der junge Priester Laurentius in Rom. Er kümmerte sich um die Alten, Kranken, Behinderten und Mittellosen der christlichen Gemeinde. Dies tat er mit großer Liebe bis er nach der Enthauptung seines Bischofs Sixtus verhaftet wurde, weil er das Vermögen für die Armen verwaltete. Die Legende erzählt, dass der Kaiser Valerian einen Schatz in der Gemeinde vermutet habe. Innerhalb von drei Tagen sollte der junge Priester diesen herbeischaffen. Zur angegebenen Zeit befanden sich auf dem Hof des Kaiserpalastes Arme, Kranke, Krüppel und Blinde. Dem römischen Kaiser sagte Laurentius: »Siehe, der Hof ist voller goldener Gefäße. Das sind Schätze, die wachsen in aller Zeit. Das Gold, nachdem du verlangst, ist Ursache vieler Verbrechen. Das wahre Gold ist Jesus Christus. Diese aber sind des Lichtes Kinder, der wahre Schatz der Kirche.« Der Kaiser fühlte sich betrogen und ließ Laurentius am 10. August 258 n. Chr. auf einem glühenden Rost verbrennen. Er starb mit einem mutigen Bekenntnis zu seinem Herrn Jesus Christus. »Du armer Mensch, mir ist dieses Feuer eine Kühle, dir aber bringt es ewige Pein.«

Dyckes Grabstein an der Kirche

Zudar und Südwest – Nahezu vergessen?

Über den Bau der Kirche in Zudar

Der in Bergen lebende Professor Alfred Haas berichtet folgende Sage:
Als es sich darum handelte, an welchem Platz auf dem Zudar die Kirche gebaut werden sollte, kamen alle Großen auf Rügen zusammen, um über diese Sache zu verhandeln. Nach langen Beratungen kam man dahin überein, daß die Kirche an der Stelle erbaut werden sollte, welche heutigen Tages »de Jüls« heißt. Und zum Zeichen dafür steckte einer der Anwesenden seinen Speer in die Erde. Am anderen Morgen war jedoch der Speer an dieser Stelle verschwunden. Erst nach langem Suchen fand man ihn weit nördlich in der Erde stecken. So hatte Gott selbst darüber entschieden, wo sein Haus stehen sollte und die Kirche wurde dort hingebaut.

Pilgerfahrten nach Zudar

Schon vor dem Jahre 1370 war die Zudarsche Kirche das Ziel vieler Wallfahrten. Ein wundertätiges Marienbild machte die schlichte Inselkirche berühmt, zu einem rügenschen Lourdes, einem weithin bekannten Wallfahrtsort zur Stärkung des christlichen Glaubens. Die Pilger brachten alle Vorhaben und Anliegen der Heiligen Maria vor, um dann beglückt wieder heimzuwandern. Eine Reise nach dem Zudar stand in Norddeutschland halb so hoch im Kurs wie eine Pilgerfahrt nach Rom zum Sitz des Papstes. Zweimal Zudar und man war alle Sünden los. Aber mit dem Besuch der Zudarschen Wallfahrtskirche nahm es im Jahre 1372 ein unglückliches Ende. Ein Pilgerschiff kenterte auf der Reise nach Zudar im Sund, denn es kam ein »wedder und groth storm« und alle 90 Pilger kamen ums Leben. Seither glaubten die Leute nicht mehr daran, dass von Zudar Wunderkraft ausgeht – »also wardt dett afflath wedder gelecht, wante dar schach groth schade«.

Dycke-Haus

Im Ortsteil Losentitz gibt es ein sehenswertes altes Gutshaus mit einer bemerkenswerten, etwa Sechs Hektar großen Parkanlage. Dieser Landschaftspark mit seltenen Gewächsen und Bäumen wurde vom schwedischen Generalmajor Dycke angelegt. Durch seine großen Reisen in viele Länder der Erde war es ihm möglich, eine umfangreiche Gehölzsammlung in dem schönen Park anzulegen. Namentlich bekannt sind 229 Gehölzarten, die in den Jahren 1803 und 1810 gepflanzt wurden. Für die Region hat Dycke eine ähnliche Bedeutung, wie Picht für Gingst. Es setzte sich aktiv für die Aufhebung der Leibeigenschaft ein. Das Familiengrab liegt direkt an der Kirche.

Maltziener Leuchtfeuer

Fährt man nach Maltzien und durchfährt den Ort bis zum Sund, kommt eine kleine Schiffsrampe mit Winde. Dort am flachen Ufer unten oder oben links gehalten, stößt der interessierte »Spotter« nach wenigen Metern auf das Leuchtfeuer Maltzien. Ihnen egal? Nun, wer Leuchtfeuer sammelt... Bildlich. Am Steilufer macht das mehr Mühe.

Glewitzer Ort

Der aufgespülte Strand bei Drigge nahe dem künftigen Naturhafen Gustow

Magischer Platz mit jahrhundertealter Eibe im Hintergrund

Pfarrhaus von Swantow, dem Ort, dem auch ein Roman von Hans Cibulka gewidmet ist.

Gustow unter Schneedecke

Zudar und Südwest – Nahezu vergessen?

Landschaf, vorpommersch, rauhwollig

25 Jahre Überlebensgeschichte

Wenn Schaftag ist in Drigge, belebt sich das ruhige Fleckchen Erde nahe Gustow. Dort, wo der aufgespülte Sandstrand liegt, nahe einer alten Verteidigungsschanze und einem riesen Spülfeld für die Fahrrinnenausbaggerung. Direkt unter der Peilmarke für den alten Verlade- und künftigen Naturhafen Gustow. Immer an einem Sonnabend. 2008 ist es der vierte Schaftag in Folge an diesem Ort, nachdem sich der Aussteiger und heutige Schafzüchter Reinhard Martin 2005 erfolgreich um die Bockauktion beworben hatte. Seither führt er sie als eine Traditionsveranstaltung auf seinem Gelände durch. Der Genauigkeit halber muss erwähnt werden, dass dies den Züchtern auf der Rügener Schwesterinsel Ummanz zu verdanken ist. Das traditionelle Tonnenabschlagen mit den dort gezüchteten Haflingern ist auf Ummanz geblieben, die Bockauktion drumrum und die Körung ist gewandert. Obwohl eigentlich beides zusammen eine schöne Kombination wäre. »Über 700 Besucher konnten wir schon mit Veranstaltungen wie dem Hundewettbewerb von Border-Collies oder anderem auf die Halbinsel Drigge locken« Martin ist heute überzeugt, dass diese Veranstaltung sich weiter profilieren wird. Vorläufiger Höhepunkt war 2006 zudem, dass das rauhwollige vorpommersche Landschaf zum Tier des Jahres auf der MeLa gekürt worden ist und sich so die Aufmerksamkeit für die fast ausgestorbene, regionaltypische Rasse erneut erhöht hat.

Jeder Handgriff der Juroren wird mittels Mikrofon vom Landeszuchtleiter kommentiert.

Reinhard Martin ist Veranstalter des Schaftages.

Fast ausgestorben

Die Aufmerksamkeit für die Landschafrasse mit der so typischen Wolle war nicht immer so. Rund 11 000 Züchter verzeichneten die Bücher noch in den 50er Jahren. Feinere Wolle und mehr Fleisch trugen dann das ihre zugunsten anderer Schafrassen am Verdrängungswettbewerb bei, obwohl eben nur dieses Schaf in die hiesige Landschaft gehört. 1982 dann wurde auf Rügen eine Erhaltungszucht aufgelegt. »Das ist über 25 Jahre her und begann mit sieben Böcken und 25 Muttertieren. Also kurz vor dem Aussterben«, hat sich Martin in die Materie eingearbeitet.
Elf Züchter bewahrten dieses Vermächtnis und retteten so die Rauhwoller über die Zeit nach der Wende. Da waren Schafe generell auch wegen veränderter Pflegerichtlinien auf Brachflächen ins Abseits geraten. Rund 1885 Mutterschafe und 119 Zuchtböcke bei 57 Züchtern verzeichnen die Zuchtbücher heute wieder. Viele schätzen die Ursprünglichkeit der zutraulichen Rasse, deren Fleisch weitaus bessere Eigenschaften als das der

Zudar und Südwest – Nahezu vergessen?

nur auf Nutzbarkeit gezüchteten Fleischschafrassen hat. Sagt Reinhard Martin, selbst mit rund 200 Tieren im Bestand. »Das Fleisch erinnert im Geschmack etwas an Wildbret, ist reich an ungesättigten Fettsäuren und dadurch wertvoll für die ausgewogene menschliche Ernährung.« Kann natürlich nur derjenige sagen, der das Fleisch mag. Die Schafe werden nach den Regeln des ökologischen Landbaus in Mecklenburg-Vorpommern gehalten. Dies erhöht die Qualität der Tiere noch zusätzlich.

Mit den neuen Erkenntnissen über Landschaftspflege kommen die Schafe hierfür auch wieder zum Einsatz. Auf den Deichen sorgen die Tritte der Tiere für eine Verfestigung und ebenso der Verbiss an den Pflanzen. Auf Hiddensee hat man die Kühe wieder von den Heideflächen genommen. Sie waren einfach zu schwer und der Schaden hob den Nutzen auf.

Problematischer Wollabsatz

Die Wolle und deren Absatz ist trotz erwiesener Qualität nach wie vor ein Problem. Es besteht kein Markt. »Auch der Absatz für Handwerk oder Hobby ist schlecht. Doch geschoren müssen die Schafe wegen der Sommerhitze werden«, nennt der Züchter die Schattenseiten. Und verschenkt seine Wolle regelmäßig gegen eine kleine Spende beispielsweise an die Putbusser Spinnfrauen. Die richteten ihm dafür auch mal den Wettbewerb des längsten gesponnenen Fadens auf dem Schaftag aus. Ziel sei es, bis 2009, dem Jahr der Naturfasern, in MV einen funktionierenden Kreislauf vorzuweisen.

Mehr als Schaf geboten

Der Schaftag in Drigge beginnt immer an einem Sonnabend im August um neun Uhr mit dem Auftrieb und Wiegen der Tiere. Der Schafzuchtverband und der Verband der Schaf- und Ziegenzüchter eröffnen den Schaftag, bevor der Handwerkermarkt auf dem Wiesengelände rund um den Imbiss mit Schafprodukten beginnt. Da ist Reinhard Martin konsequent und nutzt den Tag zum Verkosten seiner Schafprodukte, auch um die Direktvermarktung anzukurbeln. »Es ist für einen Einzelnen schwer, alles anzuleiern«, sagt er.
Körung der Böcke und Prämierung laufen derweil parallel und es empfiehlt sich, einen taktisch klugen Moment an dem sechseckigen Stand zu erwischen.
Ausgesuchte Tiere kommen dann ab 13 Uhr in die Auktion, der vielleicht Border-Collie-Vorführungen oder andere Attraktionen wir Kutschfahrten mit Kleinponies folgen. Die Aktionen um den längsten Wollfaden, Kinderponyreiten, Vorführungen eines Waffenschmieds oder die eines Schafscherers begleiten den Tag bis zum Abschluss um 18 Uhr. Apropos, Schafscherer. Wenn Reinhard Martin Ende Mai, Anfang Juni den Schafscherer auf seinem Schafhof hat, können sich auf Absprache auch Kleinschafhalter einklinken und ihre Tiere anmelden.

Es geht nicht um die Wurst sondern ums Schaf: Es gibt also Schafswurst.

Katze – mal was anderes für Schafe. Sie kennen sonst nur Hund.

Zudar und Südwest – Nahezu vergessen?

Lernen im Gutsgalopp
Rüganer folgen der Literatur im fünften Jahr

Heimat auf Rügen bedeutet auch Geschichte. Leidvoll und wechselhaft. Gutshäuser zeugen davon. Ob Politik, Besitzverhältnisse, Agrarwirtschaft oder Literatur. Professor Karl Ewald Tietz ist die Klammer für diese Themen. Zudem gibt er literarischen Größen in Verbindung mit den Gutshäusern wieder eine Heimat. Doch Literatur an authentischen Plätzen hat noch Seltenheitswert. Ist leider noch ein Insidertipp. Während andernorts ganze Crime-Wochenenden oder literarische Quartette den Urlaubern neue Ziele bieten, bleibt die Insel gegen solche Angebote eher resistent. Oder es fehlt an Phantasie, dass derlei Veranstaltungen geschichtsträchtige Orte wie das Schloss Spyker mit beispielsweise Philipp Galen, Gastro und Grusel verbinden könnten.

Vorlesung an der Straßenkreuzung

»Es ist nicht mein Ziel, einseitig auf die Entrechtungen seit 1945 zu verweisen. Zumal vieles in Straßburg ja auch abgewiesen worden ist. Außer acht gelassen kann es jedoch nicht werden.« Karl Ewald Tietz lehrt im Freien. An der Kreuzung zwischen Puddemin und Groß Schoritz geht es um Gutsanlagen. Um ihn herum steht eine Gruppe gemischten Alters. Eben, es ist 13 Uhr am Freitag, hat sie sich getroffen. Genau dann, wenn jeder ab eins sein's macht. Die Gruppe lauscht der Klassifizierung in drei Gutshaustypen, als ob es der Hörsaal wäre. »Wir haben die stattlichen Renaissancebauten, wie Ralswiek, Ueselitz, Renz, Boldevitz oder Venz, um nur einige zu nennen. Darauf folgen die der Barockzeit. Sie sind gefälliger, nicht mehr so wehrhaft und bestehen häufig aus überbauter, älterer Substanz. Im 18./19. Jahrhundert wird zum Wohnen und Repräsentieren erneut umgebaut. Allentscheidend ist jedoch die Zeit des Bischofs von Roskilde (1311–1318). Dort liegt aller Anfang.«

Tietz lässt sich nur ungern unterbrechen. Die Zeit drängt, das Programm ist eng gesteckt. Losentitz, Maltzien, Poppelvitz, Neparmitz, Ueselitz bis Endstation Renz an diesem Tag. So der Fahrplan. Auch das Gut Reischvitz derer von Platen ist auf einer Tour Programmpunkt. Oder das Venz von Blücher.

Eigentümer, Parks und Geschichten

Eigentümer, Parks und Geschichten warten. Meistens. Wie die der Familie Dycke, vor der Zudarer Wallfahrtskirche St. Laurentius begraben. Für damalige Landarbeiter waren die Dyckes so etwas wie der Gingster Pastor Picht bei Aufhebung der Leibeigenschaft. »Bis in die Neunziger war das Gutshaus moderner Art bewohnt, der Park ist von Arbeitsbeschaffungs-Kräften entholzt worden. Jetzt aber ruht alles wieder«, weiß Tietz. »Maltzien, vielleicht Siedlung des Malesch«, muss die nächste Station für Sprach-

Details künden noch vom technischen Fortschritt auf den Gütern.

Professor Karl Ewald Tietz zeigt sich detailgetreu und bestens vorbereitet.

Erkundung im Park nahe Poppelvitz mit Blick auf Insel und Begräbnisstätte

Zudar und Südwest – Nahezu vergessen?

Alles toppmodern.« Dampfheizung, Kühlhaus und Warmwasser muss es gegeben haben in dem villenartigen Gutshaus, an dem das Kruppsche Familienwappen prangt. »In Bayern hätte ich das nie machen können«, sagt der Hausherr anerkennend zur Kooperation mit dem Denkmalschutz. »Deshalb saniert dort auch niemand mehr. Die werden sich noch umschauen.«

Reste guten Willens

»Neparmitz zeigt, was dann übrig bleibt,« sagt einer. Wunderbare Reste, eingebettet in billige Sanierung und verkommene Ruinen. »Der Schaden nach der Auktion 1998 ist kaum noch abzuwenden.«

Bei Üselitz zumindest ist ein Versuch erkennbar. Allerdings eher auf Jahrzehnte bemessen. Nach erster Euphorie mit Land-Art-Messe und Kino, vor der Expo ambitioniert, danach eher mager. Ein Versuch, der hiesiger Vegetation nicht lange standhalten dürfte. Dann sind sehr schnell auch die Fördergelder für den Expo-Außenstandort wieder zugewachsen.

Doch alles endet im Guten: Brigitte Pfefferkorn empfängt auf Renz (Anno 1314). Im Seminarraum. Ihr Institut bewirtschaftet den sanierten Teil des Gutshauses mit Fortbildungen. Sohn Tom hat weitere Pläne, sowie das Geld reicht.

»Dieses hier füllt das Herz mit Wärme«, sagt Karl-Ewald Tietz. Ein schönes Schlusswort. Und ein Mittel gegen die Erschöpfung der Teilnehmer. Es ist nach 19 Uhr. Der Grill wird Abhilfe schaffen. Und auch der Grillmeister kommt aus den Reihen der Tour und bewirtet die Gastgeber mit.

Gastlicher Empfang in Poppelvitz

Auch heute noch sind Spuren aller Zeiten gegenwärtig.

wissenschaft der Slawen herhalten. Seltene gelbe Klinker und Tudor-Gotik sind zu sehen. Vensmer ist der hier ansässige Familienname, Begräbnisstätte auf dem Tollow. Das Haus ist heute wieder bewohnt, doch weit entfernt von touristischer Nutzung. Wer das Umfeld betrachtet, ahnt, warum. Schilder sagen ihr Übriges. Ein Gedichtband von Naema Loesche macht die Runde: ›Von Pommernstrand und Inselland‹. Jemand trägt am Zaun daraus vor.

In Poppelvitz hat Robert Oehme trotz seines Schlagbaumes mit Schild »Freistaat Bayern« das Tor offen. Kaffeepause für die Teilnehmer, die selbst Gebackenes mitbringen und verzehren. Währenddessen kann der fränkische Gastgeber frei weg von seinen Forschungen erzählen: »1894/95 wurde das Haus von der Familie von Bohlen und Halbach gebaut. Nicht, wie im Gutshausführer geschrieben, 1914/15.« Das weiß Oehme, weil er eigenhändig die alten Rohre in den Doppelmauern entfernt hat. Bleivewahrungen isolierten die Geschossdecken unter den Bädern im Obergeschoss gegen Wasserdurchschlag. »Überall waren Datierungen.

Trotz Verfalls ist dieses Gutshaus noch immer ein imposanter Anblick. Von hinten. Denn von vorne zieren es unproportionierte Anbauten.

269

Rügen – Abgang mit »Wellenbrusen«

Vom Holzfass zur Frühwarntonne
Wasser und Schifffahrtsamt geizt nicht mit Wissen

Die Entwicklung der Seezeichen von der Feuerbake bis zur LED-Leuchte sind immer wieder gern gesehene Vortragsthemen von den Experten des Stralsunder Wasser- und Schifffahrtsamtes. Klaus Adam ist einer davon. Der Leiter des Tonnenhofes weiß nahezu alles über Leuchtfeuer und Seezeichen.

»Ich mache Dauerlicht,« sagt Klaus Adam zu seinem Kollegen Dirk Berger angesichts eines blinkenden Leuchtfeuers. Beide sind Diplomingenieure beim Stralsunder Wasser- und Schifffahrtsamt und für das Sassnitzer Fischerei- und Hafenmuseum auf Vortragstour beim Sturmgespräch. Denn ganz Rügen ist von derlei Seezeichen umgeben. »Sassnitz ist eine der wenigen Kommunen, die einen Leuchtturm in ihrem Wappen trägt«, wissen sie. Auf dem Wappen ist der Leuchtturm rot, in natura inzwischen grün. Grün musste er getsrichen werden, weil er Backbord, also links, steht und nach internationalen Vorschriften heutzutage dann nicht mehr rot gestrichen sein darf. Die Sassnitzer wollten ihr Wappen aber auch nicht ändern.

Türme und Zeichen sind beliebt

Die 35 Gäste beim bereits 54. Sturmgespräch des Museumsvereines, ebenso wie andere, die die Experten buchen, erfahren jedenfalls Details, die interessierte Küstenbewohner von ihren Seezeichen gerne wissen. Vor allem Bewohner stellen sich angesichts manchen Ausverkaufs von Ansteuerungen, wie dem Leitfeuer Ranzow, die Frage, wie lange es Leuchtfeuer, Leuchttürme und Fahrrinnentonnen noch geben wird. Nebenbei: Das Leuchtfeuer Ranzow steht nun vor den Bunkern vom Kap Arkona, denn der zuständige Bürgermeister war schneller als der von Lohme.

Klaus Adam konnte jedoch mit seiner Entgegnung die Wogen glätten: »Nicht nur, dass sie zur Seeromantik und schützenswerten Architektur gehören. Visuelle Schifffahrtszeichen sind weiterhin unverzichtbar.«

Jetzt setzt Dirk Berger ein. Anders als Klaus Adam kommt er aus der Entwicklung und schildert in Ergänzung zum Vortrag seines Kollegen den Weg vom Gas zu den heutigen LED-Leuchten.

Maritime Verbundenheit

Geschichten von Verbundenheit auf vielfältiger Ebene kann Berger zum Besten geben. Beispielsweise, wie das ehemalige Richtfeuer Viehrendehlgrund der Firma Julius Pintsch nach Fürstenwalde zurückgelangte, wo es 1911 gebaut wurde. »Ehemalige Pintsch-Mitarbeiter haben sich dort zusammengeschlossen und den Feinschliff der Restaurierung vollbracht. Zur Einweihung kamen 2000 Menschen.« Das Wasser- und Schifffahrtsamt ist stolz auf die Bewahrung solcherlei technischen Kulturerbes und freut sich am Interesse der Menschen.

Auch das vorher beschriebene Sassnitzer Leuchtfeuer ist von der Firma Pintsch gebaut, mit Gastank damals. Derzeit wird es neu gemalert: Grün und weiß.

Azetylenbrenner mit Regulator

Wer weiß schon, dass Nils Gustav Dalén 1912 den Nobelpreis für Physik dafür erhalten hat, dass seine Azetylenbrenner mit einem selbst entwi-

Alte Glühbirne und ein LED-Licht im Vergleich.

Das Sassnitzer Leuchtfeuer an der Hafeneinfahrt

Klaus Adam vom Wasser- und Schifffahrtsamt mit einem Lampenwechsler und alten Zeichnungen

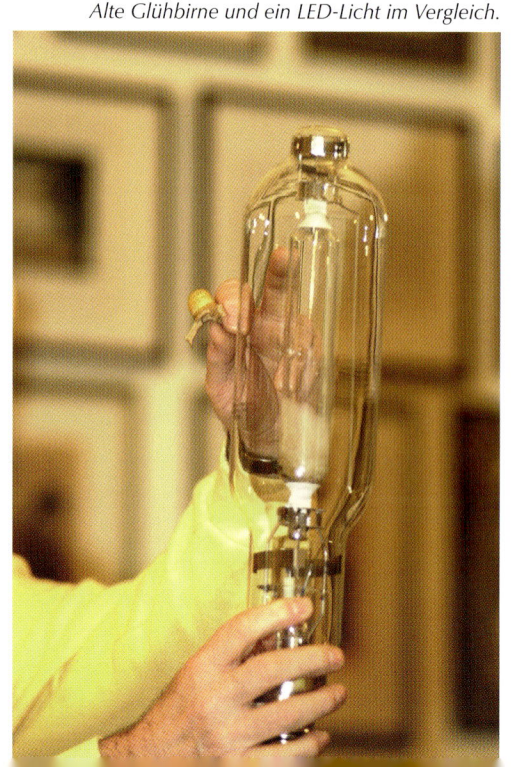

Rügen – Abgang mit »Wellenbrusen«

ckelten Regulator gleich die Kennung der Tonne als Lichtsignal erzeugten. Pintsch nutzte zu dieser Zeit noch Leuchtstrümpfe wie den Petromax-Spezialbrenner. »Bis in die 70er Jahre hat sich dann seit 1912 nicht mehr viel verändert«, überspringt Berger die folgenden, eher ereignislosen Zeiträume. »Die Gastechnik wurde in den siebziger Jahren abgeschafft, weil sauberes Gas für die feine Technik Mangelware war. Aus heutiger Sicht ist es kaum nachvollziehbar, dass Strom in Form von Batterien die Alternative der DDR wurde.« Sagt Berger und manchmal richtet dabei auch einer der Zuhörer den Focus auf die längst vergangene Mangelwirtschaft und ihre Erfindungen. Ladestationen für die Batterieträger mussten aufgebaut werden, und die ersten Tonnen hielten damit drei Monate, je nach Intensität der Kennung.

Das Modell des Molenfeuers am Hafen von Sassnitz

Die DDR vereinheitlichte zwar zwei Tonnentypen für Tief- und Flachwasser. Weil der freiberufliche Konstrukteur der Tonnen und Tonnenleger, Lothar Reichert, aus Radebeul stammte, kamen daher auch die Tonnen aus Sachsen. »Was am Ende der DDR und ihrer guten Entwicklung bei Tonnen deutlich nachteilig zu Buche schlug, waren die Betriebskosten. 4,5 Millionen DDR-Mark waren das, während die Gastonnen der BRD rund 100 000 D-Mark verbrauchten. Die schwermetallhaltigen Zellen der DDR-Leuchttechnik waren mit enormen Entsorgungskosten verbunden und keiner wollte sie haben.

Flachwassertonnen mit Gas und Solar

»Seit 1992 laufen nun Flachwassertonnen mit Gas und Solar parallel. Und neueste Solaraufsätze kommen auch in lichtarmer Zeit über den Winter«, schildert Berger den aktuellen Stand der zunehmend angepassten Technologie. Dann dokumentiert er gemeinsam mit seinem Kollegen Klaus Adam noch schnell die transportablen Beispiele von Leuchtfeuern, vor allem jedoch die Entwicklung der Größe von Glühbirnen bis zur bläulichen LED-Leuchte. Das ist im Übrigen besonders beeindruckend, wenn die frühen Birnen von Leuchtfeuern zum Vergleich bereit stehen.

»Wie gut unsere Technologie beim Bau von Tonnen heute ist, zeigt sich an der Tsunami-Frühwarntonne. Nachdem die erste Lieferung anderer Hersteller ein Misserfolg war, kommt der zweite Typ vom Geoforschungsinstitut Potsdam. Darin eingeflossen sind die Erfahrungen des Wasser- und Schifffahrtsamtes.« Das bedeutet also, dass auch die Erfahrungen von der Insel Rügen in die Welt gehen.

www.leuchtturmpfad.de

Die Experten schauen sich eine gasbetriebene Befeuerung als Vorfürmodell an.

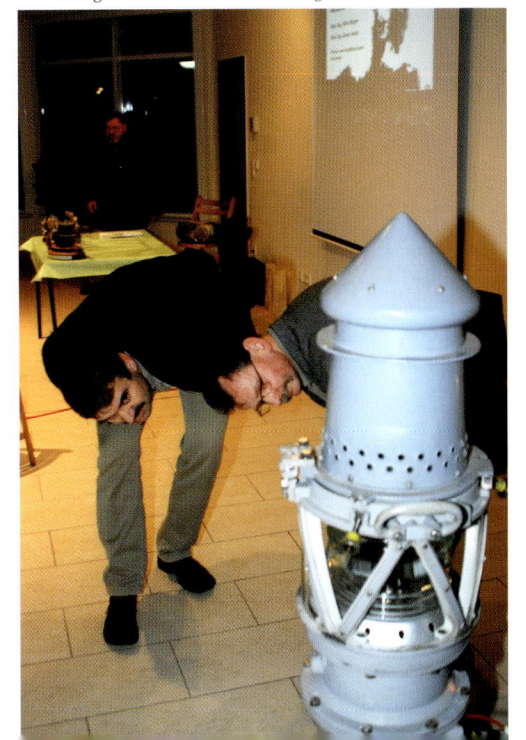

Auch die sogenannten Fresnet-Linsen an einem Leuchtturm müssen geputzt werden

Hier zwei Leuchtturmbirnen im Original auf der Insel Oie.

Das Mehrzweckschiff Arkona, das auch Tonnen auslegt und im Winter einholt, wenn Eisgang droht.

Leuchtfeuer am Kolliker Ort nördlich von Sassnitz

271

Rügen – Abgang mit »Wellenbrusen«

Was geht, wenn nichts mehr geht?
Rügen mit eisigem Panzer

Der Winter 1978/1979 war auf Rügen so etwas wie ein Phänomen. Ein Blizzard schaffte es bei Nordostwind, die komplette Insel binnen weniger Stunden unter Schnee zu begraben. Und das wortwörtlich. Schweineställe waren nur noch an ihren Verfärbungen des Daches im Schnee zu erkennen, Hochschwangere wurden mit Helikoptern ausgeflogen und die russischen Soldaten buken Brot, schaufelten auch Schnee. Horst Fink, der damals dank des Urlaubs seines Vorgesetzten eine Ausbildungskompagnie zum Räumen übernahm, hat das Geschehen so beeindruckt, dass er noch 2007 unter dem Titel »Als die Insel Rügen im Schnee versank« ein Büchlein herausgab. Nützlich, da nur Militärs zu dieser Zeit überall hin kamen, so dass die Fotodokumente daher vor allem von Angehörigen der NVA entstanden sind. Im Ausnahmezustand vermutlich auch leichter, als im geheimen Alltag. Da nehmen wir die Uniformen und die Dokumentation eines Universalpionierfahrzeugs gerne hin.

Bei Eis alles außer Rand und Band

Rügen liegt häufiger unter Schnee und Eis. Meist sind es dann die Spitzen der Insel, sei es am Kap Arkona, dem Haken bei Groß Zicker oder auch am Zudar der Palmer Ort. Zwei Wochen Schnee sind keine Seltenheit. Zwei Monate und mehr wie in jenem Winter kämen auch heute einer Katastrophe gleich.

Wenn die Ostsee gefriert, ist plötzlich alles außer Rand und Band. Eine Zeit lang fahren die Fähren der Weißen Flotte mit kleiner Eisklasse noch, um die Fahrrinnen nach Hiddensee frei zu halten. Der Sassnitzer Schlepper Petersdorf, bekannt durch die Verfilmung der Tragödie um die Wilhelm Gustloff, hält die Fahrrinne nach der Naturschutzinsel Vilm wie im Bild zu sehen, frei. Dann kommt der magische Moment, bei dem die Ostsee grisselig wird und in ihrer sanften Bewegung plötzlich erstarrt. Danach geht alles schnell, sofern die Kälte bei heftigen Minusgraden bleibt. Denn die Ostsee

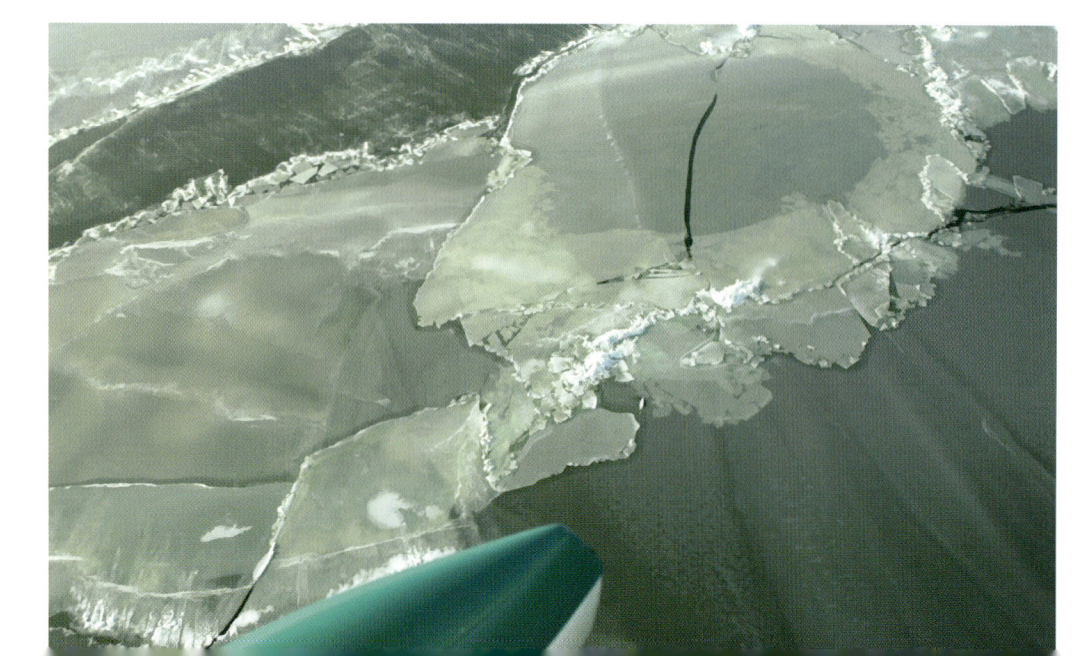

Rügen – Abgang mit »Wellenbrusen«

hat kaum Salz und friert daher schnell und tief zu. Dann werden die Tiefen geprüft. Jeden Tag. Die ersten Verrückten gehen zu Fuß, später mit Auto, Moped oder anderem aufs Eis. Bis zur Fahrrinne der Fähre manchmal. Die Hiddenseer wollen per Kremser den Verkehr aufrecht erhalten und werden amtlich gestoppt. Dann ist plötzlich Wind unterm Eis und irgendwo an einer Küste schieben sich die Schollen zusammen. Fegen die Bäume weg, den Sand... Und ziehen die Massen an, die auf dem Eis klettern.

Aus der Luft betrachtet sieht man dann Trauben von Menschen bei sonnenklarem und kaltem Wetter durchs Packeis klettern. Wo es geht, stehen schnell aktivierte Imbissbuden, gar Tische und Stühle... Und jeder versucht, so nahe wie möglich ans Wasser respektive an's Eis zu kommen. Naturschutz? Uferschutz? Freie Fahrt für freie Bürger. Da kennt niemand mehr was. Zum in die Luft gehen. Eben! Und wird dabei statt in der Masse laut in der Kleinheit der Höhe und mit dem Surren des Propellers demütig und klein, genießt dieses Naturschauspiel und hat ebenso etwas zu erzählen. Wie jene Soldaten der NVA im Winter 78/79. Horst Fink sei dank, wissen wir, was nicht mehr geht, wenn es so abgeht.

Rügen – Abgang mit »Wellenbrusen«

Glewitzer Fähre zum Verlassen der Insel

Vorbereitungen des Fährschiffes auf die Saison in der Volkswerft Stralsund.

Das Wasser zeigt uns die Grenzen

Epilog über das stilgerechte Verlassen eines Eilandes

»Wie eine Insel betreten?«, war die Frage, die sich mit viel Aufwand und Geschichtsforschung am Anfang dieser Lektüre stellte. Über die neue und sicher beeindruckende Brücke? Über die alte, schon traditionelle Brücke, wo die Wartezeit in regelmäßigen Abständen vom Waagebalken der Brücke und den sich lustig anstellenden Schiffen und Booten vorgegeben wird, damit die Schiffsaufbauten bis zum Mast der Gorch Fock 1 unten durch passen. Übrigens, nur so am Rande: Auch dort gibt es sozusagen eine Abschiedsstation, wo zwar keine Flaggen gehisst, jedoch Musik gespielt wird. Dazu muss man jedoch ganz nahe der Klappbrücke zum Hören verweilen. Empfohlen war ja auch das Boot als Klassiker, um die Insel zu betreten oder bei einer Fähre eben das Schiff (Unterschied ist aber zwischen groß und klein... – Sachsen sagen allerdings zu allem Dampfer.) Der Vollständigkeit halber sei gesagt, dass uns die DBAG auch noch Züge zum Betreten beschert. Leider immer sparsamer, was Nacht- und Autozüge anbelangt.

Mit dem Schiff die Insel betreten hat sich von Stralsund aus allerdings nur noch Hiddensee vorbehalten. Raus aus dem Zug, rein ins Schiff. Nun gut, wer im Sommer kommt, könnte noch die Hafenrundfahrt oder den Pendelverkehr der Weißen Flotte nutzen. Tut aber natürlich niemand, da das Angebot der freien Fahrt für freie Bürger meist unwiderstehlich ist und somit auch genutzt wird. Wer mit der Fähre Stahlbrode kommt, hat meist den über Greifswald kommenden Anfahrtsweg. Oder geht es dabei doch um ein wenig Inselfeeling beim Betreten?

Der gute Abgang

Nun geht es um den guten Abgang. Das Verlassen eines liebgewonnenen Ortes. Ist doch so, oder? Die Reise mit dieser Lektüre, abgebogen von der Magistrale und über den Westen gen Norden gezogen, brachte doch ein paar neue Erkenntnisse? Es geht also um den wahren, den guten, den stimmigen, schmackhaften, unverwechselbaren, ja, eben den »richtigen« Inselabgang. Tage, gar Wochen liegen hinter einem und nun soll keine Zeit sein, nochmals einen sehnsüchtigen, melancholischen Blick über die Schulter oder gar frontal zurück zu werfen? Die Fahrer- und Beifahrertüre nach dem Feststellen der Handbremse zu öffnen, zur Seite auf dem Deck des stampfenden und rein zweckmäßig konzipierten Transportmittels Fähre zu treten. Und in vollen Zügen die Zeit auf der Insel nochmals Revue passieren lassen. Nur einen Augenblick. Es riecht noch nach Insel, die Möwen kreischen in vollen Zügen im Achterwasser der Fähre, ein Segler grüßt... So den langen Augenblick, die Viertelstunde zu genießen, in der sich das Land auf der anderen Seite des modernen Fährterminals von Glewitz nach Stahlbrode entfernt, sich die Perspektive verschiebt und doch so ein Gefühl wie »Ciao, Bella!« übrig bleibt.

Zwar prosaisch, aber doch erwähnenswert, dass auch die Weiße Flotte als Betreiber des Verkehrsmittels Glewitzer Fähre mit solchen Image- und

Rügen – Abgang mit »Wellenbrusen«

Dieses Foto zeigt einen Grund, warum die Glewitzer Fähre im Winter nicht fährt.

Auch andere Fähren verlassen die Insel gen Norden.

weichen Faktoren rechnet. Längst geht es nicht mehr ausschließlich um Verkehr und, einmal krass gesagt, wer nicht Fähre fährt, wenigstens ab und an mal, gefährdet sie. Auch wenn nun wegen Treibstoffverteuerung 40 Cent mehr auf das Fahrzeug kommen.

Die Insel entfernt sich

Aber zurück. Der Blick zur anderen, der Festlandsseite zeigt, dass diese schon weitaus näher ist und die Insel fern. Dass alle schon auf Deck mit den Hufen scharren, da der Abgang von der Fähre im Gegensatz zum Hinauffahren einen kollektiven Akt darstellt und gemeinsam erfolgen muss. Auf die Plätze, fertig, Heimfahrt: Startschuss ist das Öffnen der Schranke. Der zweiten Schranke wohlbemerkt, sonst gibt es einen bösen Blick des Bootsmannes. Und ja, ein kleiner Tipp, zur Planung der Spontaneität, bevor die Schranke sich dann wirklich hebt: In Stahlbrode ist es ganz einfach, kurz nochmals eben rechts ran zu fahren und den Blick von der Fähre, den Abschied mit mehr oder weniger »Wellenbrusen«, ganz individuell zu verlängern. »Wellenbrusen« übrigens ist einfach das Rauschen, Brausen, Sausen, das Kräuseln oder Kochen der Wellen, das ein quer zum Hauptstrom fahrendes Schiff wie eine Fähre noch zusätzlich erzeugt. Aber das haben Sie am Klang des plattdeutschen Wortes nach so viel Insel schon erkannt...?

Bevor es also diesen kleinen Hügel der anderen Seite am Fähranleger hinauf geht, nochmals einen letzten Blick. Dort beim Zollboot, genau. Der verschafft dem, mit den dauernden Richtungswechseln auf Rügen nun schon vertrauten Besucher, kurzfristig nochmals Überblick. Sie erinnern sich? Boddenlandschaft bedeutet die Durchdringung von Land und Wasser. Als ob sie ihre Finger spreizen. Sie wissen nun, wie sich das in punkto Orientierung anfühlt? Das ständige Wechseln der Fahrtrichtung, weil eben nicht überall gleich Brücken gebaut werden können.

Reisende soll man nicht halten!

Das war also Rügen. Das war der Abschied. Und es ist doch ein völlig anderes Gefühl, die Insel, wenn schon nicht so zu betreten, dann doch wieder per Fähre, also auf dem Wasserweg, zu verlassen. Das ist also der Punkt, an dem ein Gedanke einfach keinen Widerspruch mehr duldet: Auf Wiedersehen!

Die kürzere, Wittower Fährverbindung für das kurze Inselfeeling der Insulaner

Orts-, Personen- und Sachregister

A

Ackerbürgerdorf	30
Aeroclub	33
Ahrenshoop	83
Altefähr	13
Altenkirchen	72
Altensien	195
Alt Reddevitz	223
Arkonaburg	74, 250
Armfüßler	107
Arndt, Ernst Moritz	116, 256

B

Baabe	196
Badearzt	85
Bäderarchitektur	150
Barnim Grüneberg	59
Belemnit	106
Bergen	114, 253
Bernstein	202
Bernsteinmuseum Sellin	202
Binz	138, 150, 213
Biosphärenreservat	112
Brückenbau	14
Bücherdorf	24
Bug	79

D

Donnerkeil	106
Dranske	56, 71
Duvenbeek	38, 44
Dwasieden	79, 104

E

Effi	82

F

Fähre	13
Fährhof	66
Fallada, Hans	56, 70
Fischerei, nachhaltig	105
Fischerei- und Hafenmuseum Sassnitz	270
Fischereihafen Gager	222
Fischkutter, 26-er	88
Flettner-Rotor	91
Fliegerberg	223, 224
Fokker Strom	38
Friedrich, Caspar David	100

G

Gager	220
Galen, Philipp	87
Garz	252, 259
Gerhard Hauptmann	54
Gestüt	40
Gingst	22
Glowe	78
Göhren	139, 202, 206, 210
Granzow, Waldemar	116
Groß Schoritz	256, 257
Groß Zicker	220
Gudderitz	56, 70

H

Haflingergestüt	40
Hängende Gärten von Bergen	124
Hangmodell-Segelflug	67
Hansemann, Adolph von	104
Heilkreide	84
Heimatmuseum	53
Heimatmuseum Göhren	205
Henni-Lehmann-Haus	53

J

Jacobikirche	22
Jaromar	250
Jasmund	84
Jasmunder Bodden, groß	78, 136
Juniorranger	243

K

Käning, Günter	58
Kap Arkona	57, 74, 250
Keramik	45
Kessler, Elias	72
Kleinbahn	11, 244
Kleiner Königsstuhl	100
Kliefert, Erich	72
Kloster	53
Knospe, Hans	151, 183
Königsstuhl	100, 111
Kosegarten, Gotthard Ludwig	72, 256
Kreide	84, 97
Kreidebrücke Wiek	69
Kreidemuseum	100
Kreiskulturhaus Bergen	117
Kulturscheune	43

L

Lange, Ernst Philipp Carl	87
Lauterbach	236, 248
Leuchtfeuer	270
Lietzow	235
Lohme	108

M

Mann, Thomas	54
Middelhagen	217, 218
Minnesänger	140
Mole Sassnitz	139
Mönchgut	196, 217
Mönchguter Museen e. V.	209
Moritzdorf	195
Mukran	79
Müller, Michael	59
Museumshof	26
Museumsschiff Luise	210
Müther Architektur	196

N

Nationalpark Jasmund	112
Nationalpark Vorpommersche Boddenlandschaft	10, 44, 112
Neuendorf	236
Neuensien	195
Nonnensee	116

O

Offene Gärten	31
Orangerie	246

P

Petit Montmartre	145
Picht, Johann Gottlieb	26
Pommersches Landschaf	229, 266
Prora	78
Putbus	236, 246
Putbus, Malte I. zu	237, 256
Putbus, Wilhelm Malte I. Fürst und Herr zu	236
Putbus, Circus	237, 238

R

Raddampfer Freia	216
Ralswieker Freilichtbühne	136

Rambin 21	Stubbenkammer 101, 111	**W**
Ranen 250	Stutenmilch 41	
Rasender Roland 244	Suhrendorf 43	Waase 42
Rassower Strom 60	Svantovit-Heiligtum 250	Waldemar I., König von Dänemark 250
Rattenort 65	Svanvithe 254	Wallfahrtskirche 264
Reddevitz 224		Warmbäder 93
Reddevitzer Berge 223	**T**	Wegekirche Landow 18
Rittergut Liddow 36		Westrügen 22
Rockel, Peter 196	Theater 34, 51	Wiek 58
Rookhus 210	Thiessow 212, 235	Wieker Blasmusik 58
Rosengarten, Gut 259	Tonnenabschlagen 46	Wieker Heimatverein 58
Rothenkirchen 17	Trajekt 10	Wilhelmstraße 151
Ruden 228	Trockenrasen 228	Willich, Heinrich Christoph von 93
Rugard 116		Wittow 56, 67
Rugard Freilichtbühne 116	**U**	Wittower Kohl 57
Rügenbrücke 12		Wizlaw von Rügen 140
Rügendamm 12, 78	U-Boot-Hafen 78	Wollin 139
Rügener Fayence 21	Ummanz 38, 43	
Rügener Heilkreide 84		**Z**
Rügener Holzmesse 242	**V**	
		Zickersche Berge 223, 224
S	Victoria-Sicht 111	Zudar 264
	Vitte 53	
Sagard 93	Vögel 44	
Salzwiesen 228		
Samtens 20		
Sassnitz 14, 101, 151, 253		
Saxo Grammaticus 75		
Schaabe 78		
Schaprode 53		
Schimmelmann,		
Gräfin Adelaide Karoline Luise 204		
Schinkel, Karl Friedrich 75		
Schnuppe-Figuren-Theater 34		
Schöpfwerk Lobbe 219		
Schulmuseum 218		
Seebrücken 138, 216		
Seebrücke Binz 138		
Seebrücke Göhren 139		
Seebrücke Sellin 138		
Seebühne 51		
Seedorf 195		
Seemannsheim 204		
Seezeichen 270		
Sellin 138, 194, 195		
Senf, Helmut 196		
Solthus 204		
Spuren jüdischen Lebens 73, 150, 214, 252		
St. Georg 59		
St. Jacobi 22		
St. Laurentius 264		
St. Marien 42, 130		
Steinmeyer, Johann Gottfried 237		
Stolpersteine 252		
Störtebeker 136		
Stralsund 13		
Strandvogt von Jasmund 87		
Strelasund 11		

Bildquellennachweis

Die redaktionellen Fotos stammen generell vom ostSeh Redaktionsbureau + verlag, Andreas Küstermann, Luftaufnahmen von der ostSeh Agentur »Luftikus«. Fotos anderweitiger Herkunft sind in der Bildlegende oder gesondert mit einer Quellenangabe benannt. Alle unbenannten Fotos sind von dort genannten Städten, Gemeinden oder Protagonisten geliefert und verantwortet.

Die Bilder auf dem Cover sind alle dem Innenteil des Buches entnommen. Sie stammen bis auf zwei Ausnahmen aus dem Archiv des Autors. Der Adler stammt von Rico Nestmann, der Eisbär von der Kurverwaltung Sellin.

Seite 11 o. r., Seite 12 o. r., o. l.
Verlag Sutton aus »Brücken über den Strelasund

Seite 51
o. r., u. l.: Karsten Bartel

Seite 55
alle Fotos: Buch Hiddensee, Inselgeschichten aus einer anderen Zeit, Marion Magas

Seite 56
Marten Schmidt, Rügens geheime Landzunge

Seite 63
Portrait Rico Nestmann: ostSeh/Küstermann

Seite 72
u. l.: (2) Foto Stavginski, Wiek

Seite 73
alle Fotos außer Uta Ruge, Foto Stavginski, Wiek

Seite 76–77
Alle Fotos EllenNa

Seite 82–83
Fotos Heldt, Stavginski, Archiv Heymann

Seite 85
u. r.: Foto Rugard Strandhotel

Seite 88 Mitte und u. l., Seite 89, Seite 90 u. l.:
Fischerei- und Hafenmuseum

Seite 94
Fotos van Ryk

Seite 104
u. l./u. r.: Archiv Ralph Lindemann

Seite 111
o. r.: Foto Nationalparkzentrum

Seite 172
u. l. und Mitte: Foto Geyer

Seite 213
1–4 von unten: Fotos Milke + Friends

Seite 214 Dokumentationszentrum Prora

Seite 223 oben: Geyer

Seite 238–239
Fotos (6): Archiv IT-College Putbus

Seite 254 u. l., Seite 255 u. r.:
Repro Ernst-Moritz-Arndt-Museum Garz

Seite 255 o. l.: Christin Zech

Seite 255 o. r.: Lisa Burwitz

Seite 256
o. l./o. r.: Repro Ernst-Moritz-Arndt-Museum Garz

Seite 257 u. l.: Reinhard Martin

Seite 259 alle Fotos: Silke Heldt

Wem danke ich nach vier Monaten Klausur?

Dem Verlag für die Geduld, alles hat Ursache und Wirkung! Außerdem der Grafikabteilung des Verlages für den sensiblen Umgang mit seinem Bildmaterial.

Vorrangig jedoch meinem Schatz. Er hielt mir klassisch und wie ich es sonst im Alltag ungern in Anspruch nehme, den Rücken frei. Er ertrug meine nächtlichen Eskapaden, wenn eine Idee wieder nicht in Buchstaben, Worte und Zeilen fließen wollte. Er las mit kritischem Auge und gab mir oft den entscheidenden Hinweis. Sowohl in Wort als auch Bild.

Danke, Silke!

Die schönsten Seiten Deutschlands

Weitere Titel finden Sie im Internet unter www.limosa.de

Foto: ostseh.de

Edition Limosa
Lüchower Straße 13a
29459 Clenze
vertrieb@limosa.de

Edition Limosa | Agrimedia GmbH | Lüchower Straße 13a | 29459 Clenze
Telefon (0 58 44) 97 11 63-0 | Telefax (0 58 44) 97 11 63-9 | mail@limosa.de | www.limosa.de